"十四五"职业教育国家规划教材
全国船舶工业职业教育教学指导委员会推荐教材

船舶信号系统安装与调试

（第 2 版）

主　编　赵　群
副主编　王丽琴　孙艳秋
主　审　王　宇

哈爾濱工程大學出版社
Harbin Engineering University Press

内容简介

本书是按照船舶信号系统安装与调试课程标准的要求编写的。本书按照项目导向、任务驱动式结构展开，便于实施“教、学、做”一体化教学模式，在学、做结合中培养学生的职业技能和职业素质，以适应现代船舶企业对高素质技能型专门人才的需求。

本书可供高等职业教育教学使用，其他形式的职业教育、职工培训、专业考证训练及相关技术人员也可参考使用。

图书在版编目(CIP)数据

船舶信号系统安装与调试 / 赵群主编. — 2版. — 哈尔滨：哈尔滨工程大学出版社，2022.4(2023.11重印)
ISBN 978-7-5661-3495-0

Ⅰ.①船… Ⅱ.①赵… Ⅲ.①航海通信-信号系统-安装②航海通信-信号系统-调试方法 Ⅳ.①U675.3

中国版本图书馆CIP数据核字(2022)第070716号

船舶信号系统安装与调试
CHUANBO XINHAO XITONG ANZHUANG YU TIAOSHI

选题策划 史大伟 雷 霞
责任编辑 雷 霞 丁月华
封面设计 李海波

出版发行 哈尔滨工程大学出版社
社　　址 哈尔滨市南岗区南通大街145号
邮政编码 150001
发行电话 0451-82519328
传　　真 0451-82519699
经　　销 新华书店
印　　刷 哈尔滨午阳印刷有限公司
开　　本 787 mm×1 092 mm 1/16
印　　张 19.25
字　　数 503千字
版　　次 2022年4月第2版
印　　次 2023年11月第2次印刷
定　　价 59.00元

http://www.hrbeupress.com
E-mail:heupress@hrbeu.edu.cn

第 2 版前言

本教材于 2020 年 12 月被教育部评为“十三五”职业教育国家规划教材，教材对应“船舶信号系统安装与调试”课程被辽宁省教育厅评为首批精品在线开放课程，2021 年课程上线学堂在线平台（学堂在线：https://www. xuetangx. com/course/bhcy56051006193/10222531? channel=i. area. recent_search），服务面由学校转化为社会，对象由学生扩展到全社会职业教育、职工培训、专业考证训练等相关技术人员使用。

以党的二十大精神为指引，奋力推进职业教育产教融合，课程团队通过对课程教学资源不断完善，增加近些年行业企业出现的新产品、新技术、新工艺、新方法等新知识，将实际生产与教学内容有机融合，提升教材理论与实践相结合的指导作用。第 2 版教材中对项目二内容结构进行了调整，增加“二氧化碳释放报警任务”，整合原有其他任务知识；修改第 1 版教材中部分图片与错误内容；对第 1 版教材中所有数字资源进行更新，并新增了部分数字资源，形成与省级精品在线开放课程同步的微课、动画、课件等课程资源。

第 2 版编写工作由第 1 版编写团队完成，特别感谢渤海造船厂集团有限公司孟祥洁提出宝贵意见，并参与整个教材的编写过程。本次修订，杭州华雁数码电子有限公司、嘉兴科讯电子有限公司、上海瑞业自动化有限公司、上海欧森船舶设备有限公司等企业提供了新产品手册与技术支持，在此表示感谢。

全书由渤海船舶职业学院赵群统稿，限于编者经历和水平，书中难免有疏漏与不足之处，恳请读者批评指正，以便修订时完善。

编　者

第 1 版前言

为规范高等职业教育船舶技术类专业的教学，积极推进课程改革与教材建设，提高教学质量，更好地满足我国船舶工业快速发展的需要，全国船舶工业职业教育教学指导委员会组织全国开办有船舶技术类专业的职业院校及其骨干教师，编写第一批“十三五”重点规划教材及规划教材。这些教材分别适用于船舶工程技术专业、轮机工程技术专业和船舶电气工程技术专业，以及船舶检验、船舶舾装、焊接技术及自动化、游艇设计与制造等船舶技术类专业。“十三五”高职船舶规划教材大部分是在“十二五”高职船舶规划教材的基础上修订而成。本规划教材注重以就业为导向，以职业能力培养为核心，面向行业企业，充分体现职业教育的特色，满足高素质实用型、技能型船舶技术类专业高等职业人才培养的需要。本规划教材主要是针对高等职业教育编写的，其他形式的职业教育、职工培训、专业考证训练及相关技术人员也可参考使用。

《船舶信号系统安装与调试》是以船舶电气施工调试岗位群对船舶信号系统知识、能力和素质要求为依据，以典型船舶信号系统安装与调试项目任务为主体，以系统安装、调试、维修、管理能力培养为目标编写的。在作者编写的第一版教材基础上，新增加了网络型机舱监测报警系统实例、《SOLAS 公约》中强制要求安装的桥楼航行值班报警系统、船舶信号系统系泊试验与航行试验等内容。书中共有 7 个学习项目，31 个学习任务，即船舶航行信号认识、船舶常见报警系统安装与调试、机舱检测传感器安装与调试、船舶机舱监测报警系统安装与调试、船舶主机遥控系统调试与操作、船舶内部语音通信系统认识、船舶信号系统系泊试验与航行试验，每个项目根据实船工作分解为若干个任务，每个任务都以“任务描述—知识链接—任务实施”的逻辑思路来加以详细阐述，项目后配有相应的思考与练习。在设计工作任务及其相关知识时，注意选取实船上应用的先进船舶电气设备系统；在介绍任务实施步骤时，注重教材的实践指导性，增加船舶电气生产过程的很多实用操作技巧，以达到船舶信号系统安装与调试方面的岗位职业能力培养的目标。本书在相应重点、难点处配套了视频、动画、微课等数字资源，读者通过扫描相应二维码可获取这些数字资源，其能够给相应老师教学带来便利，同时能够使学生学习相关知识更加直观，便于理解。

本书编写分工如下：渤海船舶职业学院船舶电气工程技术专业负责人赵群担任主编（编写项目 1 至项目 3）；渤海船舶职业学院王丽琴担任副主编（编写项目 4、项目 5）；渤海船舶职业学院孙艳秋担任副主编（编写项目 6、项目 7），渤海装备辽河重工有限公司周博、吴薇参编（编写附录、项目 5 任务 3）。同时，本书在编写过程中参考了杭州华雁数码电子有限公司、嘉兴科讯电子有限公司、上海瑞业自动化有限公司、上海欧森船舶设备有限公司等企业的产品手册，在此表示感谢。全书由赵群统稿，渤海船舶职业学院王宇教授担任主审。

由于编者经历和水平有限，书中难免有疏漏与不足之处，恳请读者批评指正，以便修订时完善。

编　者

2019 年 7 月

目　　录

项目 1　船舶航行信号认识

任务 1.1　船舶分类与船舶结构认知

【任务描述】

1. 了解船舶分类与各类船舶特点;
2. 认识船舶主要结构;
3. 了解主要电气设备系统分布。

【知识链接】

1.1.1　船舶种类

现代船舶是为交通运输、港口建设、渔业生产和科研勘测等服务的,随着工业的发展,船舶服务面的扩大,船舶也日趋专业化。不同的部门对船舶有不同的要求,船舶的航行区域、航行状态、推进方式、动力装置、造船材料和用途等也各不相同,因而船舶种类繁多,而这些船舶在船型、构造、运用性能和设备等方面又各有特点。船舶分类形式、船舶按用途分类见表 1-1-1、表 1-1-2。

表 1-1-1　船舶分类形式

分类形式	船舶名称
航区	远洋船、近洋船、沿海船和内河船等
用途	运输船舶、工程船舶、工作船舶、特殊性能船舶等
动力装置	蒸汽机船、内燃机船、汽轮船和核动力船等
推进器形式	明轮船、螺旋桨船、平旋推进器船、喷水推进船、吊舱推进船等
建造材料	钢质船、木质船、水泥船、铝合金船和玻璃钢船等

表 1-1-2　船舶按用途分类

用途类型	船舶名称
运输船舶	客船、散货船、杂货船、油船、液体化学品船、集装箱船、滚装船、拖船、冷藏船等
工程船舶	挖泥船、起重船、浮船坞、敷缆船
工作船舶	航标船、供水船、供油船、消防船、打捞船、海难救助船、破冰船、科学考察船等
特殊性能船舶	气垫船、水翼艇、双体船、穿浪船、地效翼船

微课:船舶分类

1. 运输船舶

(1)客船

客船(passenger vessel)是用于运送旅客及其携带行李的船舶。兼运少量货物的客船也称客货船。由于客船多为定期定航线航行,故其又称客班船。客船具有多层甲板的上层建筑,有较好的抗沉性,一般为“二舱不沉制”,船速较高,一般为 16~20 kn①。乘客多于 12 人。

《国际海上人命安全公约》(International Convention for Safety of Life at Sea, SOLAS)中规定,凡载客超过 12 人的船舶应视为客船。客船的外形如图 1-1-1、图 1-1-2 所示。

图 1-1-1 “皇家公主号”邮轮

图 1-1-2 “海上航行者 3 号”客轮

(2)散货船

散货船是散装货船的简称,专门用来运输不加包扎的大宗干散货物,如煤炭、矿石、木材、盐、水泥、谷物等。

图 1-1-3 国产 40 万吨级散货船

视频:CBC(好望角型散货船)离泊航拍

① 1 kn=1 n mile=1 852 m。

(3)杂货船

杂货船是干货船的一种,它是装载一般包装、袋装、箱装和桶装的普通货物船。散货船和杂货船的主要区别在于:散货船载重量普遍要比杂货船大很多。因为成本的问题,一般散货船都比较大,小的几万吨,大的几十万吨;散货船一般没有自己的装卸设备,而杂货船一般都有自装自卸的设备(如起重机、大吊等);杂货船结构比散货船复杂很多,舱内设备比较多。

未来杂货船很可能要被淘汰出航运领域,集装箱船的功能越来越强,杂货船的前景可能是很悲观的。新加坡 Kota budaya 杂货船如图 1-1-4 所示。

图 1-1-4 新加坡 Kota budaya 杂货船

(4)油船

油船是专运散装油类的船。油船多为艉机型、双底、纵舱壁、双层壳结构、单层甲板,吨位大。油舱由纵横舱壁分隔为若干个独立舱,以增加强度,减小自由液面的影响。由于石油及其制品易挥发、易燃,因而油船对防火和消防设备有特殊的要求。国产 30 万吨级 VLCC“新宁洋”轮如图 1-1-5 所示。

图 1-1-5 国产 30 万吨级 VLCC“新宁洋”轮

(5)液体化学品船

液体化学品船是专门运输有毒、易挥发的化学物质的船舶。液体化学品船要求货舱必须与机器处所和居住处所分隔开来,货舱还要求有透气系统和温度控制系统,货舱和泵舱必须有足够大的出入口,如图 1-1-6 所示。

图 1-1-6　国产 3.8 万吨双相不锈钢化学品船

(6)液化气船

液化气船是运输液化石油气或液化天然气的船。专门散装运输液化石油气的船舶称为液化石油气船(图 1-1-7),简称 LPG 船;专门散装运输液化天然气的船舶称为液化天然气船(图 1-1-8),简称 LNG 船。

图 1-1-7　液化石油气船(LPG)

图 1-1-8　液化天然气船(LNG)

(7)集装箱船

集装箱船又称货柜船。广义是指可用于装载国际标准集装箱的船舶;狭义是指全部舱室及甲板专用于装载集装箱的全集装箱船舶。其运货能力通常以装载20 ft①换算标准箱的箱位表示。第1艘集装箱船是美国于1957年用一艘货船改装而成的。由于它装卸效率极高,停港时间大为缩短,并减少了运输装卸中的货损,因而得到迅速发展,其优点如下。

第一,可以节约装卸劳动力,减少运输费用。一般货船采用单件或小型组合件形式装运,费力又费时。集装箱船采用国际统一规格的集装箱运输货物,打破了一捆、一包单件装卸的传统形式,大大减轻了装卸工人的劳动强度,加快了装卸速度,减少了人工装卸费用。

第二,利用集装箱船运输,可以减少货物的损耗和损失,保证运输质量。这是因为货物在生产工厂里就被装进一只只集装箱,中途经公路、铁路、水上运输,均不开箱,可把货物直接运到用户手中。这样,可减少货物在运输途中的损耗和遗失,还可节约包装费用。

第三,集装箱船装卸效率高。一艘集装箱船的货物装卸速度大约是相同吨位的普通货船3倍,而大型高速集装箱船的装卸速度差不多是同吨位普通货船的4~5倍。这样,可减少船舶停靠码头时间,加快船舶周转,提高船舶、车辆及其他交通工具的利用率。

由于集装箱船进行集装箱运输具有上述优点,因此集装箱船和集装箱运输得到迅速发展。同时,集装箱船的出现,对港口、码头又提出了新的要求。于是,出现了传送带、货架搬运车、铲车及各种形式的装卸机,还出现了专门停靠集装箱船的码头。集装箱船码头又长又宽,可停靠各种类型的集装箱船,码头上还有相当宽大的堆放集装箱的场地。大型集装箱船如图1-1-9所示。

图1-1-9 大型集装箱船

(8)滚装船

滚装船主要用于运送汽车和集装箱。这种船不需要装卸设备,一般在船侧或船的首尾有开口斜坡连接码头,装卸货物时,汽车或集装箱(装在拖车上的)直接开进或开出船舱。这种船的优点是不依赖码头上的装卸设备,装卸速度快,可加速船舶周转。

① 1 ft=0.304 8 m。

滚装船的货物装卸是通过船舶首尾或两舷的开口及搭到码头上的跳板,用拖车或叉式装卸车把集装箱或货物连同带轮子的底盘从船舱至码头拖进拖出。滚装船的甲板面积大、层数多,所占舱容大,货舱利用率低。

滚装船的主要优点是不需要起货设备,装卸速度快,货损较小,码头投资小,便于特大、特重货物运输。巴拿马“Dream orchid”滚装货船如图 1-1-10 所示。

图 1-1-10　巴拿马“Dream orchid”滚装货船

视频:滚装船

(9)拖船

拖船(图 1-1-11)是专用于拖曳其他船只或浮体的船。

按用途区分:运输拖船、港作拖船和救助拖船等。

按航区区分:远洋拖船、沿海拖船、内河拖船和港口拖船等。

拖船具有拖曳设备和较大功率的主机,拖钩多置于接近船中的部位。上层建筑比较丰满,船长较短。操纵要求灵活方便,常采用导管螺旋桨提高推进效率。

图 1-1-11　拖船

(10)冷藏船

冷藏船是使鱼、肉、水果、蔬菜等易腐食品处于冻结状态或某种低温条件下进行载运的专用运输船舶。受货运批量限制,冷藏船吨位不大,通常为数百吨到数千吨。冷藏船的货舱为冷藏舱,常隔成若干个舱室。每个舱室是一个独立的封闭的装货空间。舱壁、舱门均为气密,并覆盖有泡沫塑料、铝板聚合物等隔热材料,使相邻舱室互不导热,以满足不同货种对温度的不同要求。冷藏舱的上下层甲板之间或甲板和舱底之间的高度较其他货船的小,以防货物堆积过高而压坏下层货物。利比里亚"Uruguay star"冷藏船如图 1-1-12 所示。

图 1-1-12 利比里亚"Uruguay star"冷藏船

2. 工程船舶

(1)挖泥船、挖沙船

挖泥船负责清挖水道与河川淤泥,以便其他船舶顺利通过,河道的畅通依赖于挖泥船。此外,挖泥船还是吹沙填海的利器,可分为绞吸式挖泥船、耙吸式挖泥船等。

挖沙船是在河道里采沙的专用机器,由浮体浮起整体装置。船上配有挖掘装置、筛选装置、提升装置、传送装置等。通过动力装置驱动挖斗上料,石块通过筛选后由输送带传出,沙子由输送带传到指定地点。绞吸式挖泥船如图 1-1-13 所示。

图 1-1-13 绞吸式挖泥船

(2)起重船

起重船又称浮吊,是用于起吊水上建筑构件、搬运和安装大型机械、在港口码头起卸特大件货物等起重作业的船。“蓝鲸号”自航全旋转起重船如图 1-1-14 所示。

图 1-1-14 “蓝鲸号”自航全旋转起重船

(3)浮船坞

浮船坞是能调节沉浮,用于修船和造船的工程船舶。军用浮船坞如图 1-1-15 所示。

用途:拆换底部外板、清除污底、船底涂漆、修理螺旋桨和舵设备等水下工程。

特点:浮船坞具有箱形坞底和左右对称的两个箱形坞墙,其上设起重设备。通过对坞底水舱进行排灌,可以调节坞的沉浮。浮船坞由于造价比干船坞低,且可以移泊,在内河的修造船中被广泛使用。

图 1-1-15 军用浮船坞

(4)敷缆船

敷缆船(图 1-1-16)又称“敷设用船舶”(cable ship),是用于在海底、水下敷设电缆的专用船,也可兼作电缆维修船。该船首部形状较特殊,设有几个大直径的导缆滑轮。

图 1-1-16 敷缆船

3. 工作船舶

(1)航标船

航标船是指设有起放航标的起重机和绞盘等设备,在航道与其附近的暗礁、浅滩、岩石处进行航标布设、巡检、补给、修理、维护作业的船舶。它的外形与小型货船相似,甲板上设有一台起吊航标的起重机,在艄部设有货舱及宽敞的甲板,用来储放大型浮标,船上甲板室内有航标修理室和航标仪器仪表仓库。除布设航标外,航标船平时用来定期巡视水上各处的灯塔、灯船、灯标,进行维护修理及更换电池等补给工作,多用于内河。"海标 15"轮航标船如图 1-1-17 所示。

图 1-1-17 "海标 15"轮航标船

(2)消防船

消防船是对港内船舶或岸边临水建筑物消防灭火的专业船。消防船外形很像拖船,所以也有兼作拖船使用的消防船。船上备有大功率水泵系统、高压喷水枪和灭火剂等消防器材,并配有救护人员和医疗设备。为适应油船消防,还设有专门的消防泡沫炮。消防水枪设在离水面很高的消防塔架上,有的设在加粗的船桅顶上,其射程可达 40 m 以上。为了能更深入火区救火,船上还设有水幕装置。进入火区时,全船由水幕罩着。消防船被漆成红色,从外观上很易识别。消防船航速较高,并有良好的耐波性,还要求有很好的操纵性,使船能在狭窄水道或拥挤的港口内执行消防任务。“骁龙 119”消防船如图 1-1-18 所示。

图 1-1-18 “骁龙 119”消防船

(3)供水船、供油船

“云油 1 号”供油船、“金航二号”供水船如图 1-1-19 和图 1-1-20 所示。

图 1-1-19 “云油 1 号”供油船

图 1-1-20 “金航二号”供水船

(4)海难救助船

海难救助船(图 1-1-21)是专用于救援难船的工作船,其外形与大型拖船相似,但航速较快,具有良好的适航性能,并配有各种救助设备。

图 1-1-21 海难救助船

(5)破冰船

破冰船是用于破碎水面冰层,开辟航道,保障舰船进出冰封港口、锚地,或引导舰船在冰区航行的勤务船,分为江河、湖泊、港湾或海洋破冰船。破冰船船身短而宽,长宽比值小,底部艏艉上翘,艏柱尖削前倾,总体强度高,艏艉和水线区用厚钢板和密骨架加强。推进系统多采用双轴和双轴以上多螺旋桨装置,以柴油机为原动力。螺旋桨和舵有防护和加强。破冰时,艏部压挤冰层在行进中连续破冰或反复突进破冰。“雪龙号”破冰船如图 1-1-22 所示。

图 1-1-22 “雪龙号”破冰船

视频:“雪龙号”破冰船

(6)科学考察船

科学考察船是指用于调查研究海洋水文、地质、气象、生物等特殊任务的船舶。“东方红 2 号”科学考察船如图 1-1-23 所示。

图 1-1-23 “东方红 2 号”科学考察船

4. 特殊性能船舶

(1)气垫船

气垫船是指利用表面效应原理，依靠高于大气压的空气在船体与支撑面（水面或地面）间形成气垫，使船体全部或部分脱离支撑面航行的高速船舶。按产生气垫的方式不同，气垫船可分为全垫升式气垫船和侧壁式气垫船。气垫船多用轻合金材料制成，船上装有鼓风机和轻型柴油机或燃气轮机等产生气垫和驱动船舶前进的动力装置，并有空气螺旋桨或水螺旋桨、喷水推进器等推进器。由鼓风机产生的高压空气，通过管道送入船底空腔的气室内形成气垫托起船体，并由发动机驱动推进器使船贴近支撑面航行。气垫船的航行阻力很小，可使航速高达 60~80 km/h。目前，气垫船多用作高速客船、交通艇、货船和渡船，尤其适合在内河急流、险滩和沼泽地使用。美国军用气垫船如图 1-1-24 所示。

图 1-1-24 美国军用气垫船

视频：气垫船

(2)水翼艇

水翼艇是指艇体下装有浸入水中的水翼的艇。高速航行时艇重完全由水对水翼产生的升力支持，使艇体全部离开水面，减少了水的阻力，故可达较高速度。水翼的作用原理与飞机的机翼相似。有的快艇仅艏部装有水翼,使前部离开水面,后部仍在水面上滑行。水翼艇常用来载客及军用。“土星号”水翼艇如图 1-1-25 所示。

图 1-1-25 “土星号”水翼艇

视频:水翼船

(3)双体船

双体船(图 1-1-26)是指在两个分离的水下船体上部用加强构架连接成一个整体的“船舶”。两个船体内各设一部主机和一个推进器。连接两个船体的强力构架称为连接桥,上设较多舱室。双体船具有稳定性好、安全舒适和操纵灵活等优点,常用作中、小型客船和渡船,但结构复杂,摇摆周期短,中间体结构较弱,不宜远洋航行。有两个以上船体的船称为多体船。

图 1-1-26 双体船

(4)穿浪船

双体穿浪船的特点是两侧的舰非常锋利,它的作用是降低海浪对舰体的扰动和冲击,这对提高整个舰体的航行速度有着巨大帮助。双体穿浪船大多用于军事活动。“杰维斯湾号”高速双体穿浪船如图 1-1-27 所示。

图 1-1-27 “杰维斯湾号”高速双体穿浪船

(5)地效翼船

地效翼船(wing-in-ground-effect vehicles)是利用地面效应原理制成的船只。地效翼船可分为冲翼艇和气翼艇,其中冲翼艇由提供浮力的船体和一定展弦比的机翼组成。利用机翼贴近表面运动时表面对气流的影响而产生表面效应,使机翼升阻比增加,既可以减少推进功率,又可以保持离开地面的航行。“翔州 1 号”地效翼船如图 1-1-28 所示。

图 1-1-28 “翔州 1 号”地效翼船

视频:地效翼船

1.1.2 船级及船级社

1. 船级社

船级是表示船舶技术状态的一种指标。在国际航运界,凡注册总吨在 100 总吨以上的海运船舶,必须在某船级社或船舶检验机构监督下进行监造。在船舶开始建造之前,船舶各部分的规格须经船级社或船舶检验机构批准。每艘船建造完毕后,由船级社或船舶检验局对船体、船上机器设备、吃水标志等项目和性能进行鉴定,颁发船级证书。证书有效期一般为 4 年,期满后需重新鉴定。

船舶入级可保证船舶安全航行,有利于国家对船舶进行技术监督,便于租船人和托运人选择适当的船只,以满足进出口货物运输的需要,便于保险公司决定船、货的保险费用。

船级社最早诞生于英国。18 世纪中期,英国伦敦泰晤士河畔设有若干咖啡馆,从事船舶生意的人们常在此聚谈,其中营业最盛者是爱德华・劳埃德,所有船舶和货物保险,大部分均在该咖啡馆办理,于是形成了海上保险中心。由于保险需要了解船舶的技术状况,遂于 1760 年成立了劳埃德船级社,并开始实施船舶检验和登记入级。初期的验船师大多是退休的船长和船上的木匠,经验丰富,一验便知船舶优劣(那时都是木帆船)。他们最初把船体技术状况划分为五类:A(最好)、E(较好)、I(中等)、O(较坏)、U(最坏);又将所备帆、锚等分为三类:G(好)、M(中)、B(坏)。后来逐步根据需要,变革到现在的入级符号。Classification 一词原是分级的意思,现指入级,不再对船舶划分等级。只要船舶建造符合船级社的建造规范,并经检验合格,该船即在该船级社入级。劳埃德船级社成立以后,鉴于船级社的作用和实际需要,各航运发达国家及部分发展中国家也相继成立了自己的船级机构,以便发展航运事业和增强国际竞争能力。迄今世界上已有近 50 家船级社。

2. 船级社的发展

随着船级社的逐步发展,船级社的业务也有所变化。船级社成立之初,其为保险商提供的入级服务完全是自愿的,保险公司可以委托船级社进行船级划分,也可以不委托。而现在的入级服务已不仅仅是为保险商服务,政府希望通过入级服务,代替政府执行有关国际公约的要求,以保障船舶的质量和安全。因此各国政府均赋予船级社更大的权力,并从法律法规上给予保障。船舶从设计、建造、营运到维修的各个阶段都要受到船级社的监督。不通过船级社的检验和发证,船舶不能营运。在近几年的国际公约中,出现了船舶必须达到某些入级规范标准的要求。正是这种具体技术要求的一致性,使得入级检验也具有了一定的法定特征。

船级社的业务范围也从航运领域扩展到相关的工业领域。船级社在 200 多年的发展历程中,一直是作为公益性的机构而发展起来的,随着国际船级社间竞争的加剧,经营成本的增大,各个船级社纷纷寻找出路,传统的理念受到了挑战。激烈的市场竞争将迫使船级社将注意力从有限的航运服务市场转向工业服务市场。由上可知,最初的船级社认证是针对船舶的生产和制造进行的技术分级判定,而现在船级社认证的范围涵盖了入级船舶检验、国内船舶检验、海洋工程检验和工业服务,风险管理为其业务的基本属性。所以现在很多国内的制造企业,尽管其产品和船舶没有关系,但还是做船级社认证。只不过这个认证是质量认证或质量体系认证。

3. 世界上比较著名的船级社

英国劳埃德船级社是世界上历史最悠久、规模最大的船级社。该船级社由船东、海运保险业承保人、造船业、钢铁制造业和发动机制造业等各方面委员会组成并管理,其主要职责是为商船分类定级。

中国船级社是中华人民共和国交通运输部所属的船舶检验局。1996 年中国船级社第一次被选任国际船级社协会理事会主席,任期一年(1996 年 7 月 1 日—1997 年 6 月 30 日),这标志着中国验船技术的权威性受到国际认可。近年来,由于全球经济持续走低,国际航运市场持续低迷,船舶制造业及相关配套产业也处于不景气的状态,全球运力和产能严重过剩。亚洲是世界造船业的主要区域。目前,中国船级社市场份额更是位居世界第七,如何制定与调整相应的战略发展方向,在新的历史阶段如何发挥自身优势,不断缩小和世界一流船级社的差距，同时在航运经济持续低迷的情况下，如何借助中国的政治、经济发展趋势，在国内市场不断做大做强的同时不断扩大影响力，扩大海外市场份额，显得尤为重要。

4. 船级符号

船级证书除了记载船舶的主要技术性能外，还绘制出相应的船级符号。各国船级社对船级符号的规定各不相同。船级社与缩写符号见表 1-1-3。

表 1-1-3　船级社与缩写符号

船级社		缩写
American Bureau of Shipping	美国船级社	ABS
Bureau Veritas	法国船级社	BV
China Classification Society	中国船级社	CCS
Det Norske Veritas	挪威船级社	DNV
Germanischer Lloyd	德国船级社	GL
Korean Register of Shipping	韩国船级社	KR
Lloyd' s Register of Shipping	劳埃德船级社	LR
Nippon Kaiji Kyokai	日本船级社	NK
Registro Italiano Navale	意大利船级社	RINA
Polish Register of Shipping	波兰船舶登记局	PRS
Russian Maritime Register of Shipping	俄罗斯船舶登记局	RS
India Register of Shipping	印度船级社	IRS
Croatian Register of Shipping	克罗地亚船舶登记局	CRS
Hellenic Register of Shipping	希腊船级社	HRS
The Australian Maritime Safety Authority	澳大利亚船舶登记局	AMSA
PT. Biro Klasifikasi Indonesia	印度尼西亚船级社	BKI
Bulgaria Register of Shipping	保加利亚船舶登记局	BRS 或 BKR
Egyptian Register of Shipping	埃及船舶登记局	ERS
Ukrainian Register of Shipping	乌克兰船级社	URS 或 RU
Yugoslav Register of Shipping Bureau	南斯拉夫船舶登记局	JR
Czech Register of Shipping Bureau	捷克船舶登记局	CSLR
Romanian Register of Shipping Bureau	罗马尼亚船舶登记局	RN
Serbian Register of Shipping	塞尔维亚船级社	SRS
The Philippine Register of Shipping, Inc.	菲律宾船级社	PRS
Vietnam Register	越南船级社	VR
International Association of Classification Societies	国际船级社联合会	IACS

5. 航速

航速以"节(kn)"表示。船舶的航速依船型不同而不同，其中干散货船和油轮的航速较慢，一般为 13～17 kn；集装箱船的航速较快，目前最快的集装箱船航速可达 24. 5 kn。客船的航速也较快。

1.1.3 船舶结构与舱室分布

船舶各部位名称如图 1-1-29 所示。船的前端叫船首(艏);后端叫船尾(艉);船首两侧船壳板弯曲处叫艏舷;船尾两侧船壳板弯曲处叫艉舷;船两边叫船舷;船舷与船底交接的弯曲部叫舭部。连接船首和船尾的直线叫艏艉线。艏艉线把船体分为左右两半,从船尾向前看,在艏艉线右边的叫右舷;在艏艉线左边的叫左舷。与艏艉线中点相垂直的方向叫正横,在左舷的叫左正横;在右舷的叫右正横。

微课:船舶结构认知

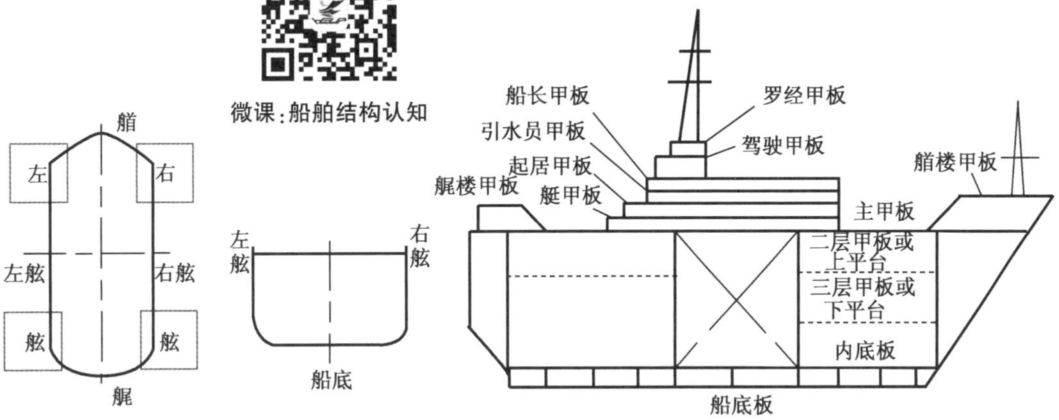

图 1-1-29 船舶甲板分布示意图

船体水平方向布置的钢板称为甲板,船体被甲板分为上下若干层。最上一层船首尾的通长甲板称上甲板,也可称主甲板,在丈量时又称量吨甲板。甲板把船分为上下两部分:在主甲板以上的部分统称为上层建筑;在主甲板以下的部分称为主船体。在主甲板以下的各层统长甲板,从上到下依次称为二层甲板、三层甲板,等等。主甲板以上均为短段甲板,习惯上是按照该层甲板的舱室名称或用途来命名的。

1. 主船体

主船体是指上甲板(或强力甲板)以下的船体,由甲板及船壳外板组成一个水密的船舶主体。其内部被甲板、纵横舱壁等分隔成许多舱室。

主船体由下列部分组成:

(1)外板

外板是构成船体底部、舭部及舷侧外壳的板,又称船壳板。

(2)甲板

甲板是指在船深方向把船体内部空间分隔成层的纵向连续的大型板架。按照甲板在船深方向位置的高低不同,自上而下分别将甲板称为上甲板、二层甲板、三层甲板,……,以及双层底等。

(3)内底板

内底板是指在双层底上面的一层纵向连续甲板。

(4)舱壁

舱壁主船体内沿船宽方向设置的横壁称为横舱壁,沿船长方向设置的竖壁称为纵舱壁。各层甲板与各舱壁将主船体分隔成各种用途的大小不同的舱室。这些舱室一般以其用途而命名。最前端的一道水密横舱壁称防撞舱壁或艏尖舱舱壁。在防撞舱壁之前的舱室称为艏尖舱,而在最后一道水密横舱壁之后的舱室称为艉尖舱。安置主机、副机的处所称为机舱。

在主船体内,根据需要用横向舱壁分隔成很多大小不同的舱室,这些舱室都按照各自的用途或所在部位而命名,如从艏到艉分别叫艏尖舱、锚链舱、货舱、机舱、艉尖舱和压载舱等。在货舱中两层甲板之间所形成的舱间称甲板间舱,也叫二层舱或二层柜。

2. 上层建筑

上层建筑分船楼和甲板两大类型。船楼是指两侧都延伸至船舷或很接近船舷的上层建筑;甲板是指两侧不接近舷边的上层建筑。船楼又有艏楼、艉楼和驾驶台之分。上层建筑的各舱室一般按舱室用途命名。上层建筑包含的楼室与甲板见表 1-1-4。

表 1-1-4　上层建筑包含的楼室与甲板

	名称	描述
上层建筑的楼室	艏楼	位于船首部的船楼,一般只设一层。艏楼的作用是减少船舶首部甲板上浪,并可减少纵摇,改善船舶航行条件,艏楼内的舱室可作为储藏室
	桥楼	位于船中部的船楼,桥楼主要用来布置驾驶室和船员居住处所并保护机舱
	艉楼	位于船尾部的船楼,是减少船尾甲板上浪和保护机舱,并可布置甲板室、船员居住处所和其他用途的舱室
	甲板室	甲板室多见于大型船舶,因为大型船舶甲板面积大,布置船员房间等并不困难,所以在上甲板中部或艉部可设甲板室,这样有利于甲板上的操作和行走
上层建筑的甲板	罗经甲板	设有罗经的甲板,又称为顶甲板,是船舶最高的一层甲板
	驾驶甲板	设置驾驶室的甲板,该层甲板上的舱室处于船舶最高位置,布置有驾驶室、海图室、报务室和引水员房间等
	艇甲板	放置救生艇和工作艇的甲板,救生艇放置在两舷侧,便于快速放艇。此外,船舶的应急发电机室、蓄电池室和空调器室一般也布置在该层甲板
	起居甲板	主要用于布置船员的居住舱室,如轮机员、电机员、电工等房间,以及生活服务舱室如盥洗室等
	上甲板	一般用来布置厨房、餐厅、医务室等房间,以及伙食冷库等

3. 船舶工作舱室的布置

船舶工作舱室可分为驾驶、轮机、甲板三个部门的工作舱室,其布置见表 1-1-5。杂货船主要部位和舱室名称、杂货船总体结构立体视图及其对应标号名称如图 1-1-30、图 1-1-31、表 1-1-6 所示。

表 1-1-5 船舶工作舱室的布置

分类	舱室名称	描述
驾驶工作舱室	驾驶室	要求有良好的视线,通常是布置在船舶最高一层的舱室
	海图室	海图作业与驾驶联系密切,一般布置在驾驶室的后右侧,有门相通
	报务室	报务室一般布置在驾驶室的后左侧或在海图室的后侧
轮机工作舱室	机舱	机舱是集中放置船舶动力装置中绝大部分机电设备的船舱。运输船舶的机舱几乎均设在驾驶船楼的下方。机舱必须与货舱分开,因此机舱前后端都设有水密横舱壁
	应急发电机室	该室是放置应急发电机组及其配电板的舱室。按《SOLAS 公约》要求,应急发电机室应置于最高一层甲板以上且易于从露天甲板到达之处,一般位于艇甲板,不能与机炉舱相通,门开向露天甲板
	蓄电池室	按《SOLAS 公约》规定,蓄电池组不应与应急配电板装设在同一处所,所以蓄电池室应是独立的舱室,一般也位于艇甲板上
	舵机间	舵机间是用于布置舵机的舱室,位于舵的上方艉尖舱顶部水密平台甲板上
	应急消防泵舱	根据《SOLAS 公约》的要求,当船舶任一舱室失火会使所有的消防泵失去作用时,应设有固定独立驱动的应急消防泵。应急消防泵应布置在机舱之外的水密舱室内
甲板工作舱室	理货室	理货室是远洋运输船舶专为陆上理货人员及海关人员等来船接洽工作所设的场所,一般布置在靠近舷梯的船楼入口处
	锚链舱	锚链舱是收存锚链的舱室,位于锚机下方的艏尖舱内,是用钢板围起来的两个左右对称的圆形或长方形的水密小舱室
	木匠工作间	这些舱室通常位于艏楼内、起货机平台下面的桅屋内
	灯具间	
	油漆间	

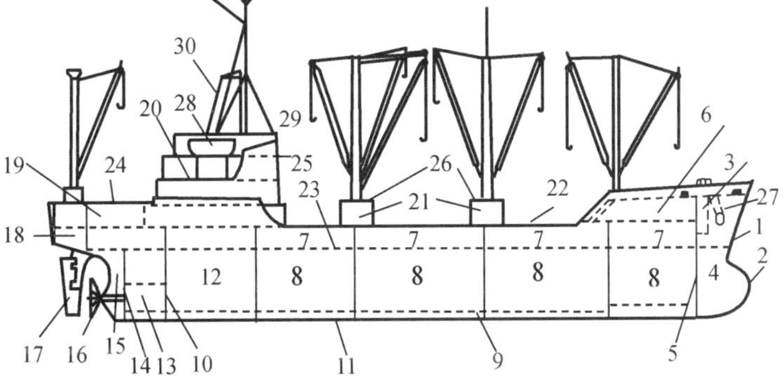

图 1-1-30 杂货船主要部位和舱室名称

微课:实船舱室结构与设备布置

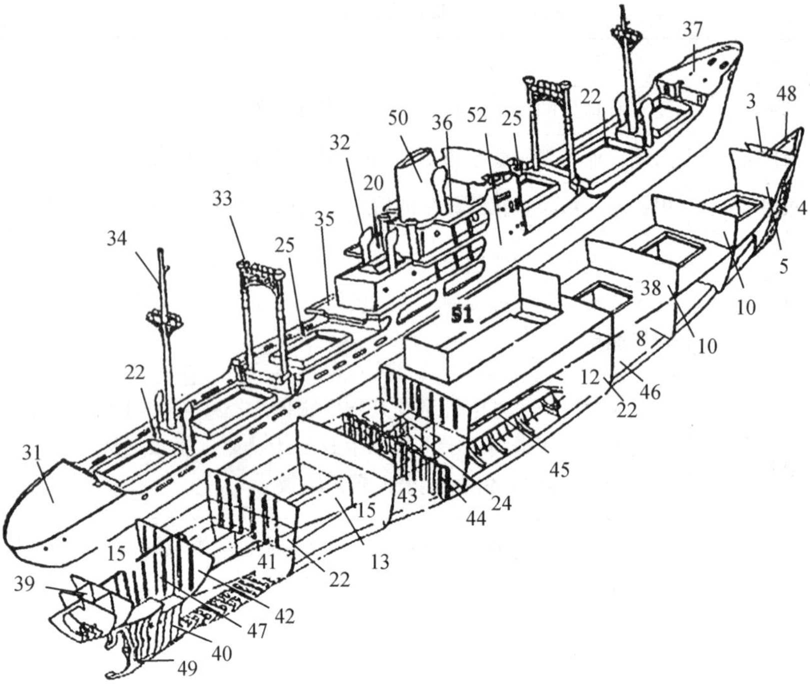

图 1-1-31　杂货船总体结构立体视图

表 1-1-6　图 1-1-30、图 1-1-31 对应标号名称

序号	名称	英文翻译	序号	名称	英文翻译
1	艏柱	stem post	27	锚链筒	hawsepipe
2	球鼻艏	bulbous bow	28	救生艇	lifeboat
3	锚链舱	chain locker	29	罗经甲板	compass deck
4	艏尖舱	fore peak tank	30	烟囱	funnel
5	防撞舱壁	collusion ulkhead	32	头巾型通风筒	cowl head ventilator
6	艏楼	forecastle	33	门形桅	goalpost
7	甲板间舱	tweendeck space	34	桅杆	mast
8	货舱	cargo hold	35	游步甲板	promenade deck
9	双层底舱	double bottom tank	36	航海甲板	navigation deck
10	水密横舱壁	watertight transverse bulkhead	37	艏楼甲板	forecastle deck
11	船底	bottom	38	二甲板	second deck
12	机舱	engine room	39	舵轴孔、舵杆围阱	rudder trunk
13	轴隧	shaft tunnel	40	深肋板	deep floor
14	艉尖舱壁	aft peak bulkhead	41	舷侧液体舱	wing tank
15	艉尖舱	aft peak tank	42	船尾横舱壁	aft peak bulkhead
16	螺旋桨	screw，screw propeller	43	深舱	deep tank

表 1-1-6(续)

序号	名称	英文翻译	序号	名称	英文翻译
17	舵	rudder	44	波形舱壁	corrugated bulkhead
18	舵机舱	steering gear room	45	主机基座	main engine foundation
19	艉楼	poop	46	双层底	double bottom
20	艇甲板	boat deck	47	中纵舱壁	center line bulkhead
21	桅屋	mast room	48	甲板纵桁	deck girder
22	上甲板	upper deck	49	船尾肋骨	stern frame
23	下甲板	lower deck	50	舱壁龛	bulkhead recess
24,31	艉楼甲板	poop deck	51	机舱棚	engine room casing
25	驾驶甲板	bridge deck	52	桥楼	bridge
26	起货机平台	winch platform			

1.1.4 船舶的主要标志

船舶主船体根据需要,在其外壳板上勘划各种标志,主要有以下几个:

1. 球鼻艏和艏侧推器标志

球鼻艏标志(bulbous bow mark)为球鼻艏船舶的一种特有标志,主要用于表明在其设计水线以下艏部前端有球鼻型突出体,并勘划于船首左右两舷重载水线以上的艏部处。

对艏部装有艏侧推装置的船舶,均须用艏侧推器标志(bow thruster mark)来加以表明,该标志勘划于船首左右两舷重载水线以上的艏部处,并位于球鼻艏标志的后面,以引起靠近船舶的注意。图 1-1-32、图 1-1-33 所示为球鼻艏和艏侧推器标志。

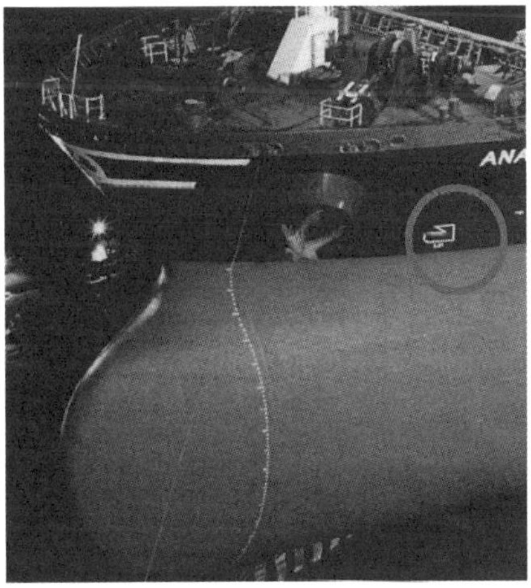

图 1-1-32 球鼻艏标志

图 1-1-33 艏侧推器标志

2. 吃水标志

船舶靠码头、进出浅水航道或锚泊时都需要精确地掌握当时船舶的吃水,水尺标志是绘在船首尾及船中两侧船壳上的吃水数值，俗称六面水尺。

国际上有两种表示形式：一种称为公制（或称米制），用阿拉伯数字标绘，每个数字的高度为 10 cm，上下两数字的间距也是 10 cm，并以数字下缘为准；另一种称为英制，可以用阿拉伯数字标绘，也可以用罗马数字标绘，每个数字高度为 6 in[①]，数字与数字的间距也是 6 in，读数时仍以下缘为准，按比例增加，如图 1-1-34 所示。

有些大型船舶设有吃水的指示系统，可以在驾驶台上直接读出 6 面吃水的读数，吃水遥测系统目前主要有三种类型：浮子式遥测系统，超声波探测或遥测系统，吹气式遥测系统。

3. 甲板线

甲板线（deck line）（图 1-1-35）为一长 300 mm、宽 25 mm 的水平线，勘划于船中的两侧，其上边缘一般应经过干舷甲板（freeboard deck）上表面向外延伸与船壳板外表面相交。如果干舷甲板经过相应的修正，甲板线也可以参照船上某一固定点来画定。参考点的定位和干舷甲板的标定，在任何情况下均应在国际船舶载重线上标写清楚。

图 1-1-34　吃水线

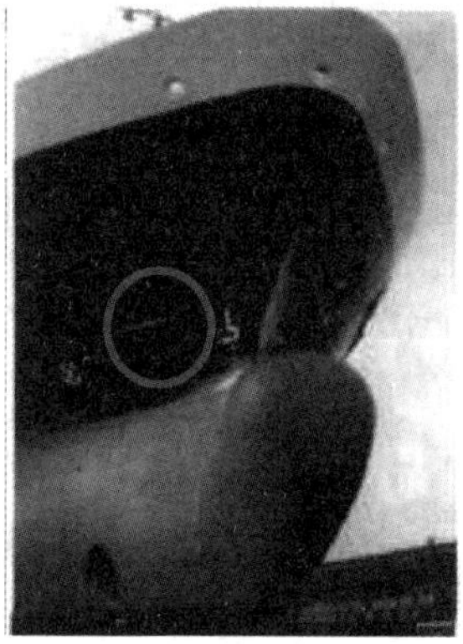

图 1-1-35　甲板线

4. 载重线标志

船舶载重线标志（图 1-1-36）是指为标明船舶载重线位置，用以检查装载状态使之不小于已核定的最小干舷而按载重线公约或规范所规定的式样勘划于船中两舷的标志。

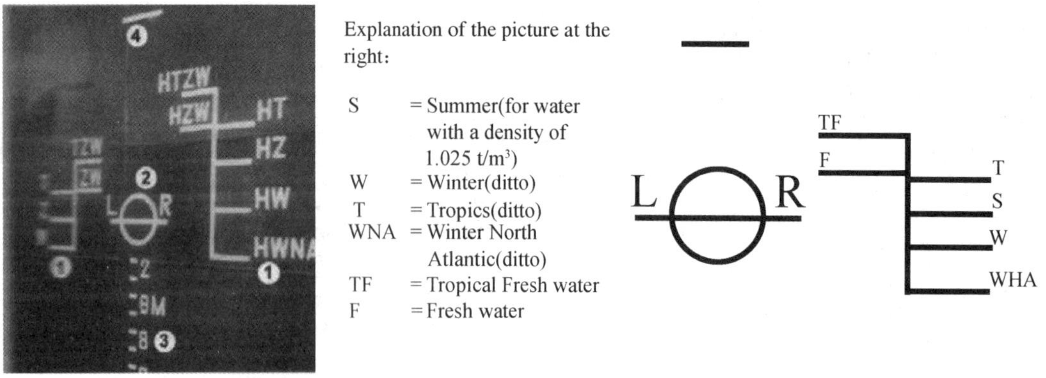

图 1-1-36　载重线标志

① 1 in = 2.54 cm。

如图 1-1-36 所示,载重线包括一外径为 300 mm 的圆形和与圆环相交的一条水平线,水平线的上缘通过圆环中心。圆环中心位于船中,它的上方有与圆环外径等长的一甲板线,甲板线上边缘通过干舷甲板上表面与船壳板外表面的交点。圆环两侧加绘“C”“S”,表示勘定干舷高度的主管机关是中华人民共和国船舶检验局。

图 1-1-36 中的圆环叫载重线圆盘,圆盘向船首方向还绘有各区域和季节区的载重水线,它们是:

夏季载重线“S”(summer loadline)。该水线与圆盘中心线处于同一高度。

冬季载重线“W”(winter loadline)。

冬季北大西洋载重线“WNA”(winter north atlantic loadline)。船长大于 100 m 的船舶可以不勘划。

热带载重线“T”(tropical loadline)。

夏季淡水载重线“F”(fresh water loadline)。

热带淡水载重线“TF”(tropical fresh water loadline)。

任务 1.2 船舶航行灯系统安装与调试

【任务描述】

通过识读航行灯系统图、系统接线图、系统原理图等相关技术图纸,掌握航行灯系统的功能、组成、工作原理及安装与调试方法;使用通用或专用电气工具与仪器,按照作业规范与图纸要求,完成系统设备领用、设备安装与接线、系统接线正确性检查、系统完整性确认、系统功能逐项试验等工作任务。

微课:船舶航行灯系统安装与调试

【知识链接】

船舶航行灯是船舶在夜间航行时,为了表明船舶所在位置、航向、类型、有无拖船或其他状态,而设置在日落到日出期间需点亮的各种灯具,以保证船舶在海上的安全。航行灯是船舶照明系统中的一个独立部分,在任何情况下,都必须保证它的明亮,以防止周围或过往船舶误会,造成碰撞的海损事故。

1.2.1 航行灯种类、性能及技术要求

航行灯,又称“号灯”,用于显示船舶航行或停泊状态,可表示夜间本船的航行方向和本船的大小。一切航行于海洋、江河、湖泊的船舶必须严格按照我国《海轮信号设备规范》(以下简称《规范》)和《中华人民共和国内河避碰规则》(2003 年修正)(交通部令 1991 年第 30 号发布;交海发[2003]357 号修改)所规定的数量和类型设置各种航行灯。

1.《规范》航行灯规定

航行灯是关系到船舶航行安全的信号设备,其光照度要符合有关避碰规则,可靠性好,布置合理,因此《规范》对航行灯设备做了较详尽的规定:

(1)航行灯具有防水功能,灯头应具有防止自行松脱的结构。

(2)航行灯应采用双丝灯泡,其控制箱应在驾驶室内,控制箱上的开关、指示器应有铭牌,以

说明其用途。每只航行灯均应有声、光报警装置,航行灯线路的绝缘电阻应不低于 1.0 MΩ。

(3)航行灯控制箱应由两路馈线供电:一路应由主配电板或应急配电板(若需要由应急电源供电时)设独立馈线供电;另一路可以从附近的照明配电板设独立分路供电。两路馈线的转换开关需设在控制箱上或驾驶室内的适当场所。每只航行灯均由航行灯控制箱引出的独立分路供电,而且必须在这些分路的每个绝缘板上,用安装在该控制箱内的开关和熔断器或自动开关来进行控制和保护。

(4)当航行灯配电屏位于船中部的舱室内时,船中部的副配电板若是由主配电板以两路电缆供电,且每路电缆均能承担负载,则它可以被看作主配电板的延伸。

(5)必须设置有在每一航行灯发生故障时能发出声响和视觉信号的自动指示器,同时报警指示灯线路故障不影响主电路工作。如果采用与航行灯串联连接的灯光信号,应该有防止由于信号灯故障而导致航行灯熄灭的措施(本条不适用于小型船舶)。

在船上不论主用航行灯是电气的还是燃油的,应再备用燃油的或蓄电池的航行灯一套,若是运送一、二级石油的船舶,则其备用灯不允许用蓄电池的。

2. 船舶航行灯种类

《规范》规定:"一切海船,不论其航区及用途,航行灯具配备分为两大类:第一类是总吨位在 40 登记吨及 40 登记吨以上的机动船舶及总吨位在 20 登记吨及 20 登记吨以上的非机动船舶;第二类是总吨位在 40 登记吨以下的机动船舶及总吨位在 20 登记吨以下的非机动船舶"。因此,航行灯也分两类:第一类船舶的航行灯是"甲种灯";第二类船舶的航行灯是"乙种灯"。目前,我国远洋运输船舶上航行灯多属于第一类,其种类及安装要求见表 1-2-1。

表 1-2-1　船舶航行灯种类及安装要求

名称	灯光颜色	可见距离/n mile		在水平面上灯的可见角度			用途(位置)
		甲种灯	乙种灯	方位点	总角度	可见角度分布	
桅灯(前后)	白	5	3	20	225	自船首至船舷各 $112\frac{1}{2}$	定位(桅杆)
右舷灯	绿	2	1	10	$112\frac{1}{2}$	自船首至正横后 $112\frac{1}{2}$	定位(驾驶室)
左舷灯	红	2	1	10	$112\frac{1}{2}$	自船首至正横后 $112\frac{1}{2}$	定位(驾驶室)
艉灯	白	2	2	12	135	在船尾自纵舯剖面两边各 $67\frac{1}{2}$	照明、定位(艉旗杆)
白色环照灯	白	2	1	32	360	环照	照明(桅杆)

航行灯的布置和安装在《规范》中都做了严格的规定,可查看有关手册。现仅以船长 20 m 或 20 m 以上的机动船舶为例作介绍,其布置如图 1-2-1 所示。一般船舶上的航行灯包括前桅灯 1 盏(白)、后桅灯 3 盏(白),左舷灯(红)、右舷灯 2 盏(绿),艉灯 4 盏(白)等,舷灯和艉灯的光弧合起来应是 360°的水平弧度。其中左右舷灯光弧各为 112.5°,艉灯光弧为 135°。

锚灯:显示船舶处于停泊状态的白色环照灯。前锚灯装于前桅或艏甲板的灯桅上,到甲板高度小于 6.1 m,不大于 12.2 m。后锚灯装于后桅或艉甲板的灯桅上,后锚灯应比前锚灯至少低 4.75 m,原则上尽量靠近船的两端,并保证四面可见。前、后锚灯都是使用普通的白色环照灯。对于船长小于 45.75 m 的第一类船舶和第二类船舶，只需在船首最易见处装置一盏锚灯，且距甲板的高度不应小于 2.75 m。

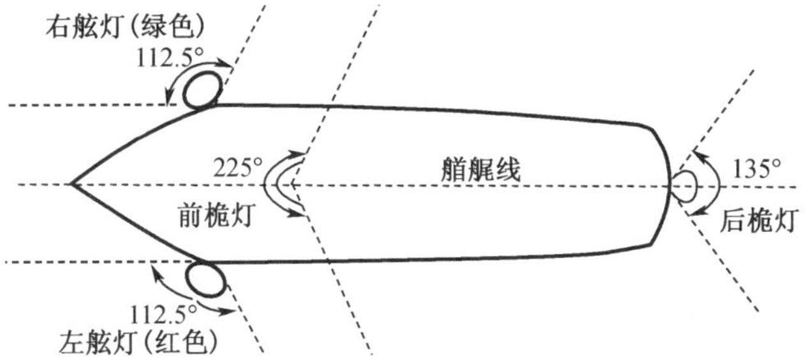

图 1-2-1　远洋船舶航行灯布置图

仿真软件：航行灯仿真

由于做了统一规定，在夜间航行时，如果只看到艉灯，说明本船在该船的后方；如果同时看到某船的红绿灯，说明本船在该船的正前方；如果只看到某船的红灯（或绿灯），说明本船在该船的左方（或右方）。同时，还可以根据前后桅灯在不同时刻的位置变化，判断出该船的航行方向。

1.2.2　船舶航行灯系统的组成及分布

航行灯系统（marine navigation light system）主要由航行灯控制板、控制电路和航行灯具组成。全船的航行灯是由安装在驾驶室内的航行灯控制板控制的。航行灯控制板及指示灯一般安装于驾驶室的导航控制台上，其作用是控制和监视航行灯的工况。航行灯系统组成分布如图 1-2-2 所示。航行灯控制板外形及航行灯具如图 1-2-3 所示。

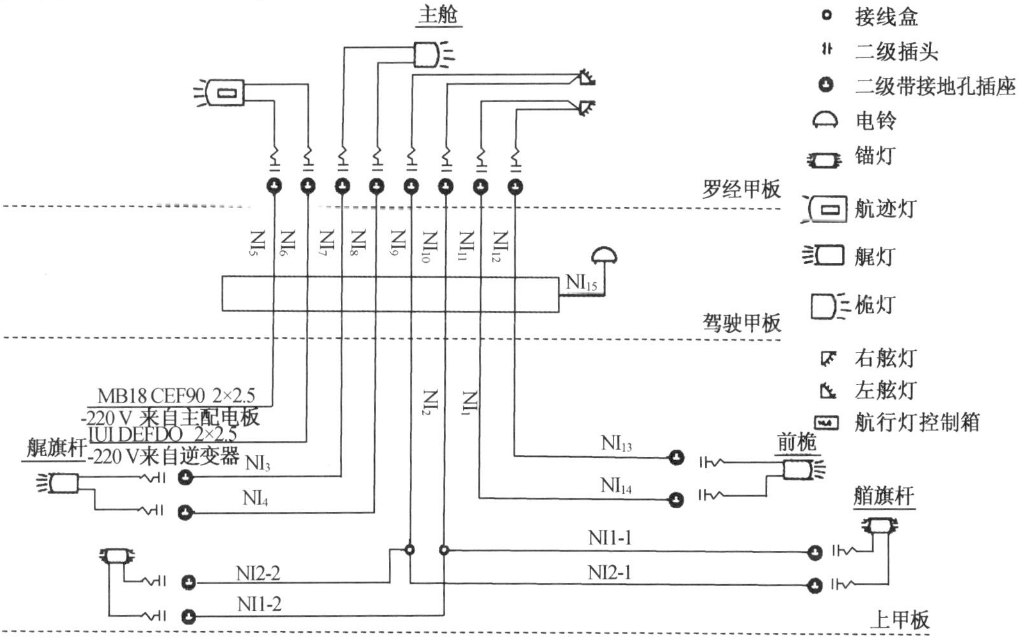

注：1. 电缆型号除注明外均为CEF80 2×1；
2. 软电缆均为CEF80 2×1

图 1-2-2　航行灯系统组成分布

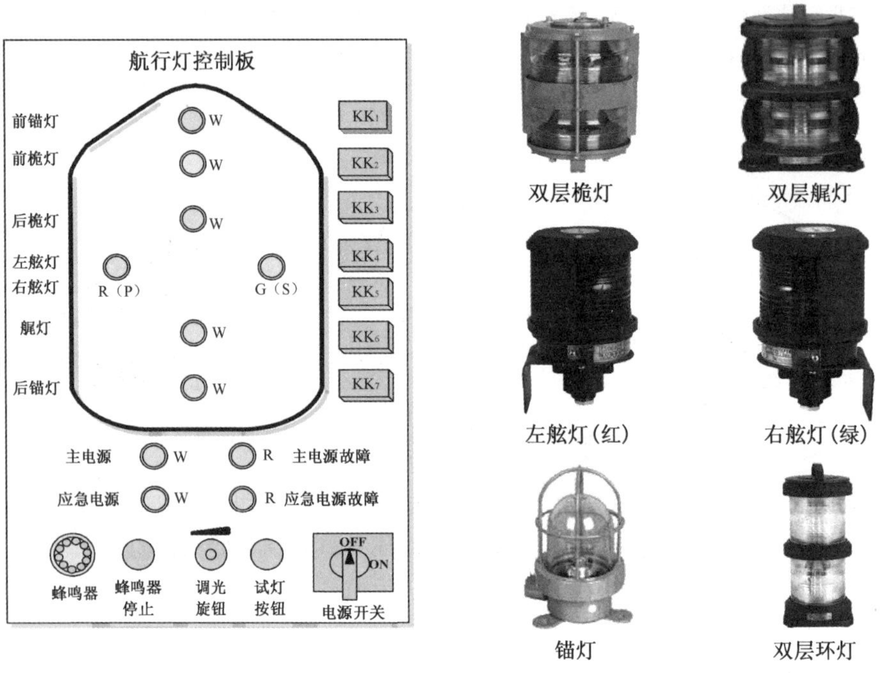

图 1-2-3　航行灯控制板外形及航行灯具

1.2.3　航行灯监控系统工作原理

航行灯控制板负责控制和监视航行灯的工况。航行灯的监视方法大致分为两种方式：第一种是通过灯丝的电流去驱动继电器工作，利用电流继电器的触点控制指示灯板上的指示灯，在航行灯工作时，电流继电器工作指示灯变亮，相反指示灯变暗；第二种是在航行灯的灯丝回路中串接一个分压电阻，在灯具工作时产生的电流会在分压电阻上产生压降，使低压指示灯发光，监视航行灯的正常工作。控制器上装有指示航行灯“正常”和“故障”的指示器及报警信号装置，以便在航行灯发生故障时及时发出故障报警并进行双灯的转换。

目前船舶上采用的航行灯控制板有两种：一种是利用球形继电器作故障检测器的 K 系列航行灯控制板；另一种是利用可编程控制器作为电路的监控核心来实现的。

下面以 28 000 t 散货船的航行灯系统为例，介绍一下航行灯系统的控制和工作情况。为了方便地控制和观察航行灯的工作状况，一般大型船舶都将航行灯的控制指示灯板安装在集中导航台上。根据《规范》要求，夜间航行时驾驶室的照明要全部停止工作。所以驾驶室导航台和报警台等驾驶室导航设备上的指示灯要求全部具有调光功能。作为导航设备中指示灯最多且必不可少的航行灯的控制指示灯板的调光功能是必不可少的，但作为失电报警的警灯不要求调光。所以航行灯控制板除包括各航行灯的控制开关外，还包括航行灯位置示意图、电源失电报警灯、蜂鸣器、报警消音按钮和指示灯板的调光器等。

航行灯的灯具一般有两种：一种是采用双丝灯泡（低压 24 V 航行灯除外）；另外一种是在灯具中分为两个灯头，如图 1-2-4 所示。双丝灯泡航行灯在调试过程中要防止接错，不能让两组灯丝串联起来同时通电。航行灯控制开关一般采用两个接通位置。双灯丝电路以第 1 路和第 2 路来区分，通常是以第 1 路作为正常工作位置，让其接通下面的 1 根（一般为靠近灯头的）灯丝；用第 2 路来接通上面的 1 根灯丝。这样做是为了保证航行灯的正常工作,如果经常使用上面的1组灯丝,当灯丝损坏时脱落碰到下面1组尚好的灯丝时,会使其破损,导致2组灯丝同时损坏。具有两个灯头的航行灯灯具则是以上下两路来区分的,正常工作时一般是上面的1路工作。当上面1路发生故障时,投入第2路继续工作,以保证工作的连续可靠性。航行灯灯泡的功率比设计功率大时,串接在电路中的电流继电器将被烧坏,而用电阻分压的则会损坏分压电阻。灯泡比设计值小的电流继电器不能正常工作或者分压电阻所分得的电压不足以使指示灯发亮。

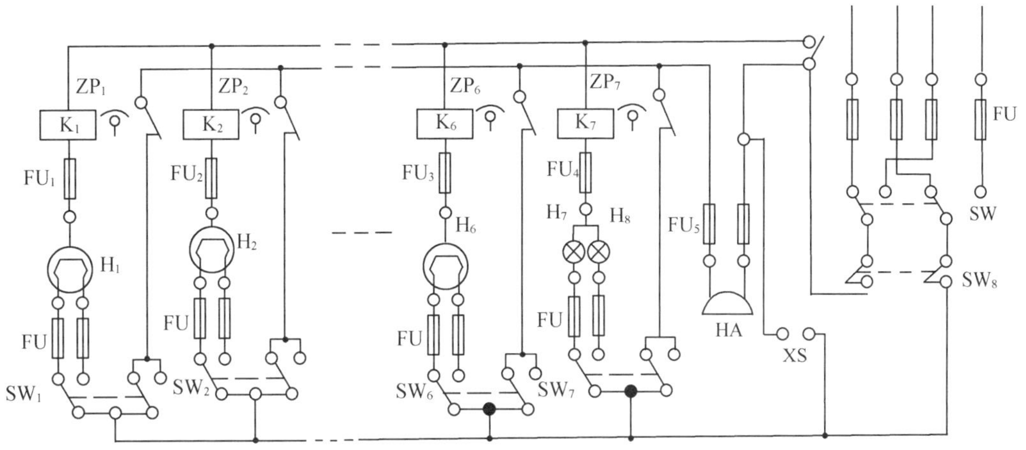

图 1-2-4 双丝灯泡供电示例

航行灯及其指示灯控制电路的工作状况如图 1-2-5 和图 1-2-6 所示。在此典型线路中,航行灯指示灯的电源为独立的直流 24 V 电源供电。调光器由三端可调稳压集成块组成,同时具有试灯功能。正常工作状态下,依靠串接在航行灯控制回路中的电流继电器辅助触点来控制指示灯。当航行灯灯具电路正常工作时,电流继电器由于回路中有额定电流流过而使电流继电器工作,同时辅助常开触点闭合,每1路航行灯对应的指示灯得电工作。如果所有指示灯均处于非工作状态,在检测指示灯是否完好时,可按下试灯按钮,此时电源通过电流继电器及电流继电器的常闭触点使指示灯通电发亮,从而达到检测的目的。如果需要改变导航控制台上指示灯的亮度,可以调整三端稳压电路中的电位器,改变指示灯电源电压,以达到所需要的亮度。

主电源和应急电源同时供电时,通过导航台上的电源控制开关 PH1-1、PH1-2 通电源后(图 1-2-5(a)),主电源接触器 V_{2A} 和应急电源接触器 V_{3A} 通电工作,电路电源转换接触器 V_1、中间继电器 V_2 得电工作。由于 V_1 继电器常闭触点串接在应急电源接触器线圈回路中,所以应急电源接触器 V_3 不能动作,这时主电源向电路供电,主电源工作指示灯得电工作。如果主电源故障,这时通过电源转换继电器 V_1 的常闭触点将应急电源投入工作。中间继电器 V_3 工作,应急电源指示灯亮。三位三相控制开关 KK_1 ~ KK_7 控制航行灯的工作,将电流继电器 C_1 ~ C_9 的常闭触点串接在指示灯回路和报警回路中。这里以 KK_1 控制的前锚灯为例说明航行灯的具体工作过程。当 KK_1 开关打到上端灯具时,KK_1 接通电流继电器 C_1,同时断开报警电路中的常闭触点。如果灯具正常,前锚灯通电工作。将 KK_1 开关转换到下端灯具时,其工作过程不变,只是下端前锚灯得电工作。灯具或灯泡灯丝故障时,电流继电器 C_1 没有额定电流通过,继电器不工作。电流继电器常闭触点闭合,报警回路电源通

过 KK_1 接通报警灯、报警蜂鸣器，报警电路得电报警。只有断开航行灯电源开关或者排除故障后，报警电路才停止报警。所有的航行灯控制都是同样的道理。K_1、K_2 控制的失控灯没有此功能，靠人为控制。

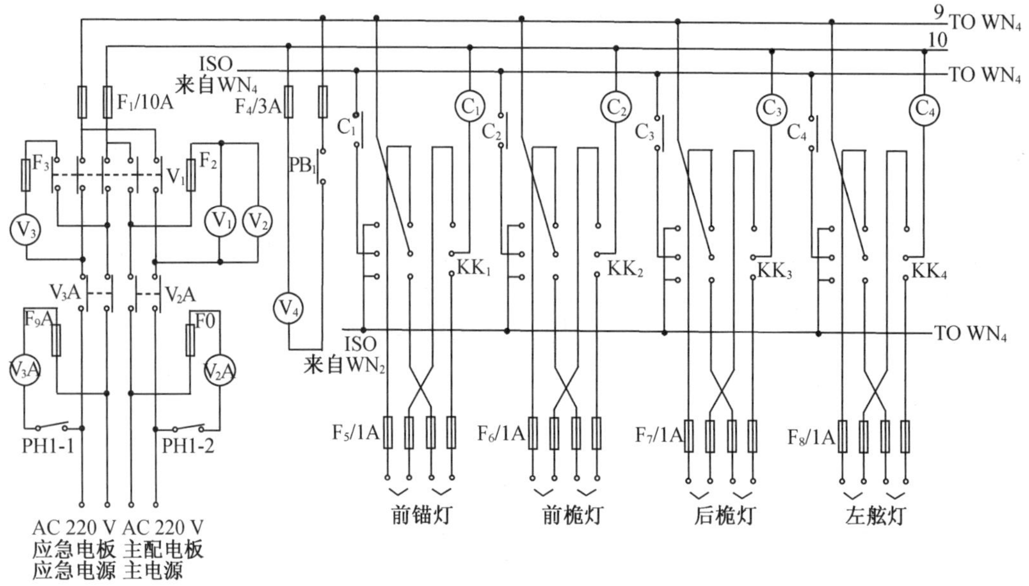

（a）控制电路WN_2部分图

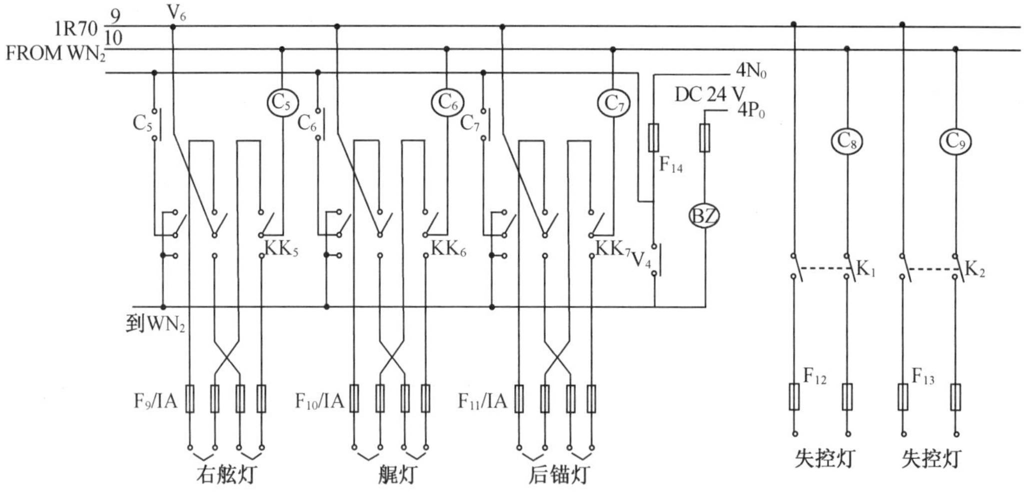

（b）控制电路WN_4部分图

图 1-2-5　航行灯控制电路

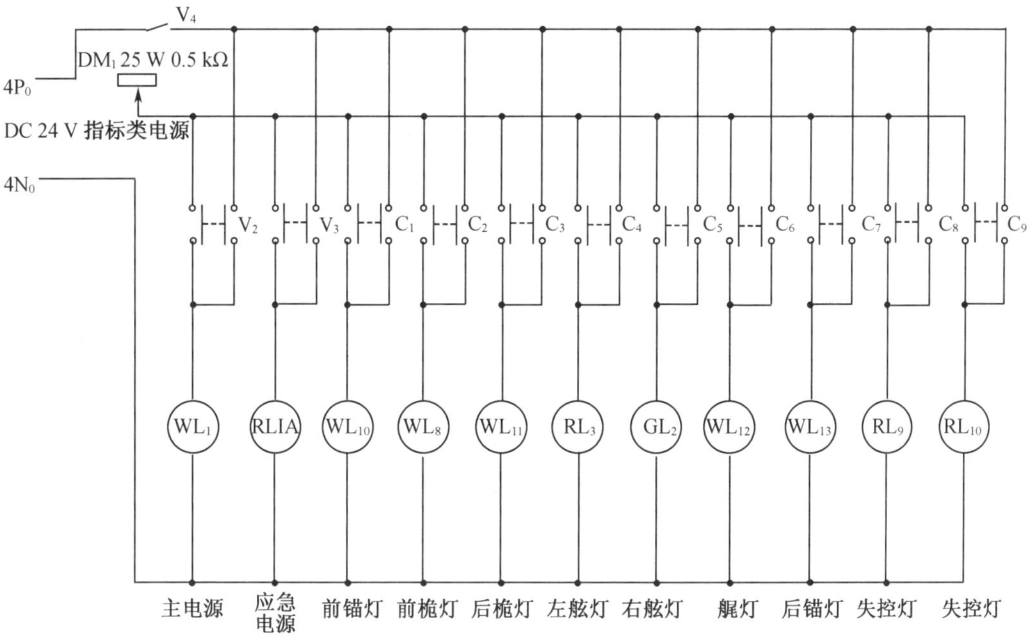

图 1-2-6 指示灯控制电路

【任务实施】

航行灯安装与调试

1. 航行灯系统安装检查

在调试通电之前,要检查每只航行灯灯具里的灯泡功率与图纸设计功率是否相同,切莫随意改变灯泡的功率,还要逐路检查线路的绝缘,最重要的一点是要按照图纸设计的要求安装灯罩。灯罩的颜色除与图纸要求的颜色一致外,同样要保证控制指示灯板上的颜色与信号灯的颜色一致。驾驶室内指示灯的亮度要做调光试验,在夜间所调整的亮度要适中,既不能太亮影响夜间航行,同时还要保证信号指示清楚。

2. 航行灯系统的功能试验

首先要将航行灯回路中的两组灯泡安装齐全,控制回路中的所有熔断器按设计容量安装结束,航行灯三位控制开关打到断开位置。将主电源控制开关 PH1-2 闭合,使主电源供电,电源指示灯应正常工作。

其次进行指示灯板的试灯,这样可以在检测试灯电路工作性能的同时,对指示灯泡的完好性也进行检测。按下试灯按钮 PB_1 后,指示灯应该全部得电工作,同时声光报警电路也得电工作。松开试灯按钮,指示灯全部变暗,声光报警电路也断电停止报警。接着逐路对航行灯进行通电试验。将 $KK_1 \sim KK_7$ 开关分别打到上端灯具、下端灯具和断开位置。开关无论在上端位置还是下端位置都应检测对应的灯泡发光工作情况。

若进行电源转换工作的调试,应将电路中的应急电源投入。此时将主电源断开,应急电源应自动投入对线路供电。观察航行灯控制面板(图 1-2-7)上主电源失电及应急电源供电指示情况。

航行灯在首制船试航期间,要在夜间对航行灯的亮度和方位角度进行检查。此时船舶一般停泊不动,同时关闭室外照明,采取措施使室内灯光不外泄。让检查人员登上其他工作船舶距离被检查船舶 2 n mile 以外,围绕试航船舶做圆周运动,两只船舶保持联系,利用试航船舶的雷达和罗经确定航行灯的方位角度。检查航行灯的光照角度是否满足设计要求,如果出现问题要进行调整。

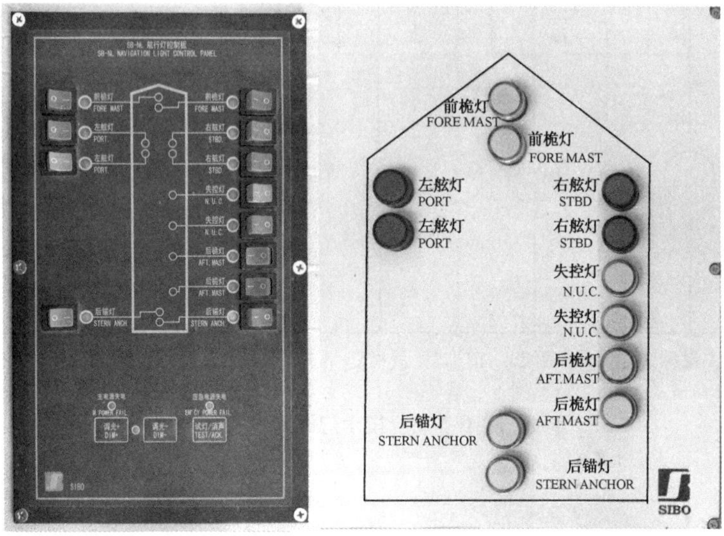

图 1-2-7　航行灯控制面板

3. 系统常见故障分析及排除

(1)航行灯系统电源故障

主电源和应急电源系统没有供电或者电源开关断开时,应检测电源部分是否正常。

电源供电接触器损坏时,应更换接触器。

电源熔断器熔芯损坏时,应更换熔断器熔芯。

(2)航行灯系统电源不能转换

①主电源或者应急电源有一路没有正常供电时,可检查电源的供电是否正常。

②电源转换接触器电路断路时,可检查熔断器的熔芯是否损坏,检查接触器线圈是否断路。

(3)调光电路不能正常调光

①检查调光控制电源是否供电,电源电压是否在正常范围内。

②三端稳压块 LM317 组合电路故障时,应更换损坏的电气元件。

(4)试灯功能故障

①试灯按钮的触点不能接通时,应检修试灯按钮触点。

②试灯电路的电源故障时,可检查试灯电路中的供电电源是否正常。

③指示灯灯泡损坏时,应更换损坏的指示灯。

(5)声光报警功能故障

①声光报警电源不供电时,检查报警线路电源。

②报警灯或者蜂鸣器元件故障时,应更换损坏的电气元件。

③电路中的电流继电器故障时,应更换电流继电器。

(6)航行灯控制故障

①控制开关不能接通或断开时,应更换控制开关。

②电路中的电流继电器不能工作时,应检查航行灯的灯泡功率是否与设计一致,否则更换灯泡;或者检查电流继电器线圈是否断路,更换电流继电器。

③线路中的熔断器熔芯损坏时,应更换熔断器熔芯。

④指示灯回路没有电源或者指示灯灯泡损坏时,应检查指示灯电路是否正常。

4. 实训内容及操作步骤

航行灯实训操作见表1-2-2。

表1-2-2 航行灯实训操作表

步骤	名称	操作
1	打开电源	打开驾控台 AC 220 V 分电箱处航行灯控制板主电源开关和应急电源开关
2	试灯	分别长按航行灯控制面板上的【试灯/消声】按键,面板上的指示灯全部点亮
3	调光	按下航行灯控制面板【调光+】按键,指示灯变亮;按下【调光-】按键,指示灯变暗
4	电源自动切换,失电报警	①切断航行灯系统的主电源,控制面板上红色的【主电源失电】指示灯开始闪烁,并发出声音报警,系统通过应急电源继续工作。 ②按控制面板上的【试灯/消声】按键,可消除报警声音,同时主电源失电指示灯平光,只亮红灯,不再闪烁。 ③恢复系统主电源供电,主电源失电报警指示灯灭。若完成步骤①后,没有进行消声,则恢复主电源供电后,仍然发出声光报警信号,按下【试灯/消声】按键,报警取消。 ④切断系统应急电源,系统发出应急电源失电报警,系统通过主电源继续工作。报警及警报消除情况同主电源失电
5	航行灯控制及指示	①逐个打开航行灯控制面板上每一路航行灯控制开关,实训台上航行灯模拟板上对应的航行灯灯泡点亮。 ②逐个关闭控制面板上每一路航行灯控制开关,外部相应航行灯模拟灯泡逐个熄灭
6	断线报警	①打开航行灯控制面板上的所有航行灯控制开关。 ②拆除一个航行灯外部模拟灯泡,在控制面板上被拆除灯泡所对应的指示灯立即快速闪烁,控制面板发出声光报警
7	应答	在"断线报警"试验时,短按控制面板上的【试灯/消声】按键,报警声响立即停止
8	航行灯RS4585通信接口调试	①将 USB 接口与 RS485 串口转换器 UT890 接在航行灯控制板上 RS-485 通信信号输出接口 X1102 的 1,2 两个端子上。 ②在电脑上安装 USB 接口与 RS485 串口转换器驱动程序: UT890→\winxp. server2003. 2008. vista7. 8. 32-64bit. CDM20828. setup。 ③在电脑上插上 USB 口设备,驱动程序自动安装。 ④右击"我的电脑"→打开"设备管理器"→选择"通用串行总线控制器"→找到"USB serial corverter"→右击"属性"→查看端口号(如"port #0003")。 ⑤在电脑上安装好串口调试助手软件(201s. exe),根据航行灯系统通信协议,设置调试软件界面。 ⑥打开航行灯系统电源,打开串口调试软件,按照 SB-NL 航行灯控制装置通信协议进行设置,在电脑上观察数据接收结果

任务 1.3　船舶信号灯系统安装与调试

【任务描述】

通过识读信号灯系统图、系统接线图、系统原理图等相关技术图纸，掌握信号灯系统的功能、组成、工作原理及安装与调试方法；使用通用或专用电气工具与仪器，按照作业规范与图纸要求，完成系统设备领用、设备安装与接线、系统接线正确性检查、系统完整性确认、系统功能逐项试验等工作任务。

微课：船舶信号灯与雾笛

【知识链接】

船舶信号灯是船舶在海上航行时，为了表明：船舶发生火灾，需要立即援助救火及交通船；船舶失去控制，载有易燃易爆等危险货物；船舶正在经过狭水道、转弯等状态而设置的各种信号灯，因此信号灯是船舶航行不可缺少的设备之一。信号灯的种类有很多，其布置和配置都有严格要求。

1.3.1　船舶信号灯的种类

信号灯用有色、无遮拦（360°可见）、无防护的灯具，安装在罗经甲板上的信号灯灯桅上，左右、上下排列，光源采用白炽灯。按国家规定的信号意义点亮一组灯，表示本船的状态或需求。例如：上下白、绿、红，表示“本船在船厂码头试车”；白、红、绿，表示“需要污水船”；白、绿，表示“本船需要拖轮”等。信号灯种类与功能见表 1-3-1。

表 1-3-1　信号灯种类与功能

类型	各种灯具说明		图示
操纵失灵灯（失控灯）	这是两盏红色环照灯，两灯上下成一线，间距不小于 1.83 m，距甲板的最低高度不小于 4.27 m，且要求双路供电，其中一路应为应急电源或蓄电池供电。该灯装于信号灯桅或雷达桅上。可以固定安装，也可以临时悬挂，但应四周可见		
通信闪光灯	莫尔斯信号灯	装于信号灯桅或雷达桅上，采用 4 盏能见度为 6 n mile 的白色环照灯，控制灯的按键通常装在驾驶室前面墙的两边	
	手提式白昼信号灯	通过按键控制长闪、短闪表达不同含义的摩斯码，主要发送遇险信号。由于全球海上遇险与安全系统（GMDSS）的存在基本没有意义，《SOLAS 公约》并没有规定必须配备 GMDSS，而是国际信号规则的要求	

表 1-3-1(续)

类型	各种灯具说明	图示
转弯闪光灯	布置于驾驶室顶左右两舷或驾驶室左右两舷,但要保证其闪光不影响驾驶人员正常工作,左为红色,右为绿色。其闪光频率为120次/分左右,由闪光控制器控制,也可在信号灯桅或雷达灯桅上装1盏白色闪光灯。该灯可供油轮过狭航道或内河船转弯时使用	
雾笛信号灯	装于信号灯桅或雷达桅上,采用黄色环照灯。由雾笛控制器控制,与雾笛声同时发出光信号,进行声光报警	
冲车信号灯	装于艉部左右两舷,悬吊型的两只红色环照灯。该灯对于双螺旋桨船舶尤为必要	
挖泥船信号灯	该灯为2红3白环照灯,装成三角形。在挖泥工作时,开3盏,顶上1盏常开,再开左红1盏和右白1盏,表示左舷在挖泥,禁止船舶通行,或开左白1盏和右红1盏,表示右舷在挖泥,禁止船舶通行	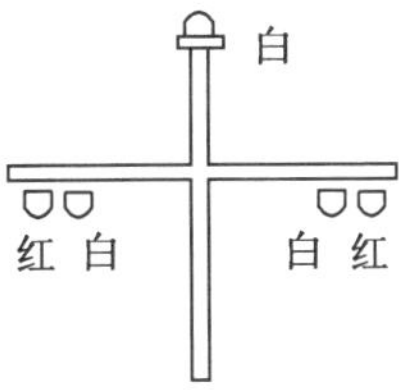
领港灯	各个港口的要求信号不尽相同,种类繁多。因此,常在驾驶室顶上安装一个信号灯桅或将信号灯安装在雷达桅两旁,分两行安装8盏或12盏;或分3行安装12盏红、绿、白等颜色的环照灯。使用时按各港口要求的形式控制明亮灯的数目(盏数)和灯的颜色配置。若操纵失灵灯没有独立设置,也可用领港灯中2盏红色信号灯代替,亦可以在横担上另外安装2盏红色信号灯,但两灯上下间距必须满足1.83 m	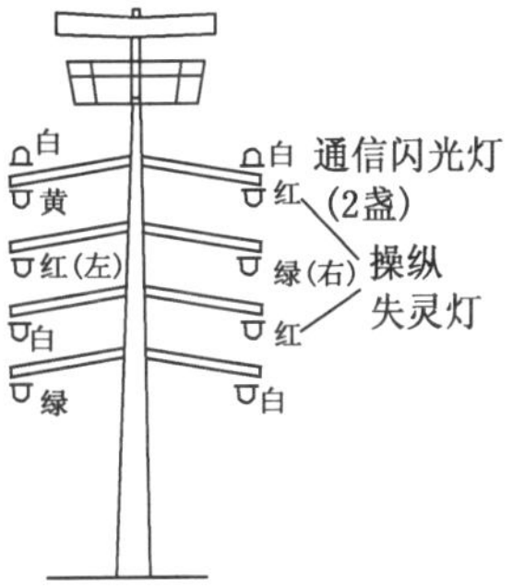
苏伊士运河灯	按苏伊士运河当局规定,船舶在夜间通过苏伊士运河时必须安装3种灯具:在艉灯上方设置1盏显示不间断灯光的专用红色艉灯;在左右桥舷各安置1盏桥舷投光灯;在船首中心线位置安装专用的苏伊士运河探照灯。有些船不备苏伊士运河灯,过运河时临时租用,也需要一个小吊杆将灯吊上船。一般挂一个木滑车作为动滑轮就可以了,电动的很少见	
基尔运河绿灯	基尔运河绿灯是装于船尾的1盏绿灯,照射弧度与艉航行灯一样,为135°	

表 1-3-1(续)

类型	各种灯具说明	图示
巴拿马运河舵机灯	巴拿马运河规则规定船舶夜间在运河航行时挂在两舷的灯具。它的控制开关和亮度调节设备都必须安装在驾驶室内	
圣劳伦斯灯	船舶经过加拿大和美国之间的一条人工修建的“圣劳伦斯水道”时使用此灯组,它包括:①导航灯:装于信号灯桅或雷达桅上,采用1盏白色环照灯。②锚灯:共需4盏白色环照灯,其中2盏装在艏甲板,2盏装在艉甲板的后部	

1.3.2　船舶信号灯系统组成及分布

船舶信号灯系统(marine signal light system)主要由信号灯控制板、控制电路和各种信号灯具组成。全船的信号灯是由安装在驾驶室内的信号灯控制板控制的。信号灯控制板及指示灯一般安装于驾驶室的导航控制台上。其作用是控制和监视信号灯的工况。信号灯布置及控制板如图 1-3-1 所示。

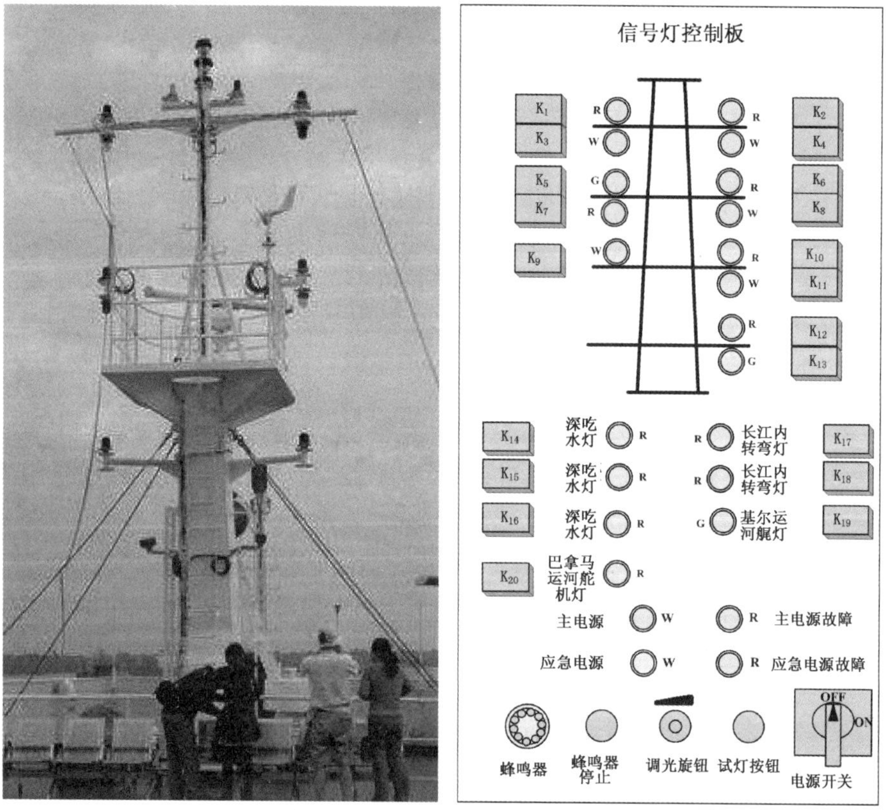

图 1-3-1　信号灯布置及控制板

1.3.3 信号灯系统工作原理

信号灯是船舶各种特殊情况的灯光标志,在驾驶室集中控制。为保证信号灯的可靠性,必须采用两路独立的馈电线供电,且信号灯控制器上应有表示信号灯工作正常与否的指示。信号灯控制电路图和控制回路电路图如图 1-3-2、图 1-3-3 所示。

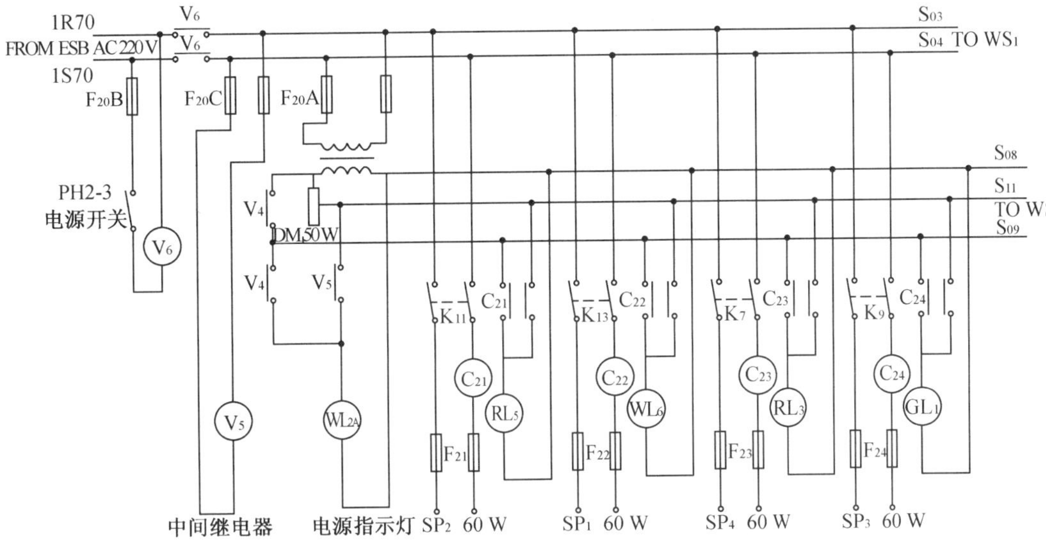

图 1-3-2 信号灯控制电路图

由于信号种类多且有不同的用途,故其控制方式也不相同。信号灯控制器一般可分为环照信号灯控制器、莫氏信号灯控制器、闪光信号灯控制器。

(1)环照信号灯控制器

环照信号灯由红、黄、绿、紫、白等色灯组成,安装于信号灯桅杆上,其控制器安装于驾驶室内,控制器面板上有与信号灯布置相对应的指示器,信号灯与电阻串联连接,电阻上并联连接指示灯。当信号灯正常时,则对应的指示灯亮;如信号灯故障,则对应的指示灯灭。因为信号灯与电阻串联连接,则信号灯泡功率与电阻应相配套使用,灯泡功率过大则会使指示灯烧坏;如灯泡功率小,则指示灯不亮,造成误指示。

(2)莫氏信号灯控制器

莫氏信号灯作为船舶与船舶、船舶与港口等联络之用。莫氏信号灯一般有两种:一种是安装在桅顶或桅横两端,它是由装在驾驶室附近的电键来操作的,也可叫作电键式信号灯。这种信号灯光强度较差,向四周照射,仅能在夜间使用,并且受桅灯灯光的干扰,不易看清。另一种是有百叶遮板的莫氏信号灯,它用遮板的开闭来拍发,灯后有反光镜,使灯光集中一个方向照射,灯体有在固定位置的或手提式的。固定装置的信号灯灯光强,通常为 1 000~1 500 W,灯体可以上下左右转动。此外,还有一种手提式信号灯,头端外套有一圆筒管,灯泡玻璃正前涂上不透光的黑颜色,然后利用圆筒管的前后移动,使反光镜反射出来的光束呈不同角度照射,使用时必须对准目标,一般附有望远镜。使用百叶式莫氏信号灯发送信号时,必须把扣柄按到底,使百叶板水平张开,以便让最大的光量通过。相互距离较近时,灯光的照射方向不能直接对准对方的驾驶室,以免对方炫眼而妨碍收读和航行。用完后要养成随手关灯和检查的习惯,防止灯泡烧坏。

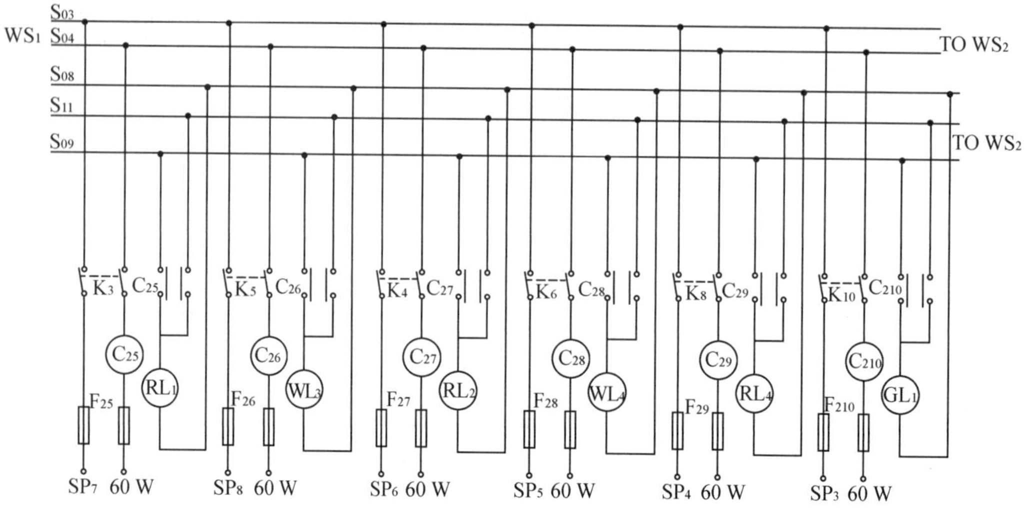

(a)

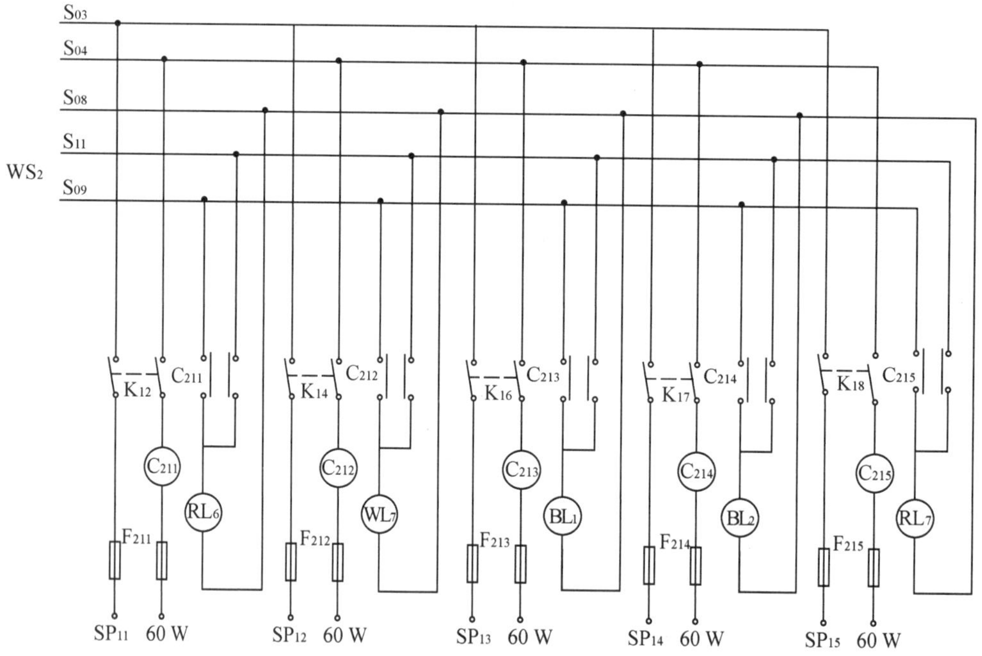

(b)

图 1-3-3 信号灯控制回路电路图

(3)闪光信号灯控制器

闪光信号灯有通信闪光灯和转弯闪光灯两种。前者是由驾驶员按照统一规定用电键控制发出信号和回答信号;后者是由专用电路产生固定频率的灯光信号。按控制方式,闪光信号灯分继电器接触形式(有触点)和可控制硅(无触点)控制形式两种。本书只介绍继电器接触形式的闪光控制器。继电器接触形式的闪光控制器通常有直流、交流两种:

①FSCQ 型闪光控制器

FSCQ 型闪光控制器采用直流继电器控制，其电路原理如图 1-3-4(a)所示。利用电容器作为储能延时元件，调整其充放电回路的 R_1、C、R_2 值，继电器的释放电压和动作电压值，即可确定其闪光的燃熄时间。图中 HW、HR、HG 分别为白色、红色、绿色闪光灯。SW 为手动和自动转换开关，A 点为手动位，B 点为自动位。SW_1、SW_2、SW_3 是红色、绿色、白色闪光灯选择开关。SW_1 是控制转弯灯的开关；SW_3 是控制左、右转弯的闪光开关。SB 为手动按钮，可用来控制莫氏信号灯。

当电路工作时，合上开关 SW_1 或 SW_2，将 SW 置自控，SW_3 置左转位置，这时电源对电容 C 充电，经过时间 t_1 电容两端电压达到一定值，直流继电器 K 动作，其常开触点闭合，转弯灯 HL_2、HR 灯亮，表明向左转。同时常闭触点断开，继电器 K 切断电源，但此时电容器 C 对 K 充电，K 仍继续工作，经过时间 t_2，放电电流减少到不能维持继电器 K 吸合时，K 便释放，其常开触点打开，切断转弯指示灯 HL_2、HR，使其熄灭。K 的常闭触点闭合，又接通电源对电容 C 充电，直到电容器电压达到继电器 K 的吸动值时，继电器再次动作。这样周而复始，使灯 HR、HL_2 一明一暗自动交替。只要继电器 K、电容器 C 选择合适，调节电阻 R_1 和 R_2，就可以得到所需的燃熄时间，灯光燃灭时间为 t_1，点亮时间为 t_2。

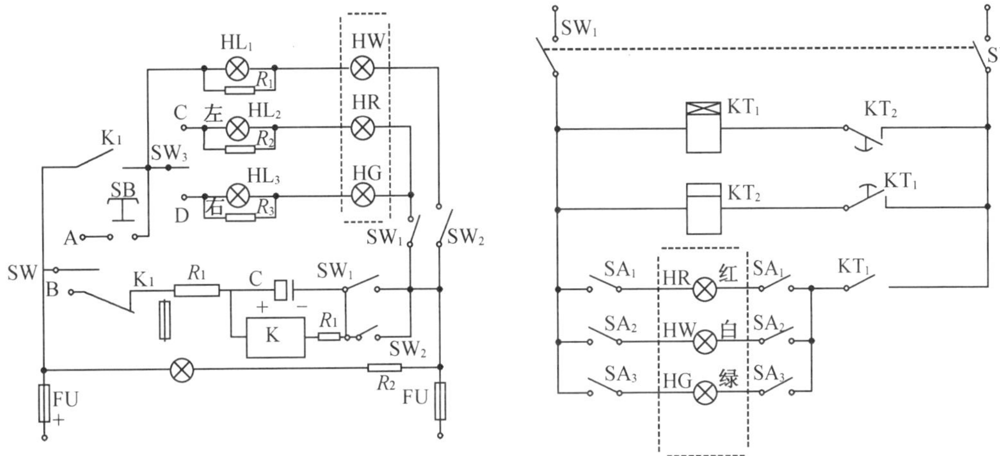

(a) 直流继电器原理图　　(b) 交流延时继电器原理图

图 1-3-4　继电器型(有触点)闪光灯电路原理

若需进行手控闪光，可将开关 SW 置“手控”位置，通过按钮 SB 的通断，控制闪光灯的点亮和熄灭时间来进行灯光通信。若选择绿色闪光灯，除 SW_1 合上外，把 SW_3 置于 D 位置即可。若选择白色闪光灯，只要把开关 SW_2 合上即可。另外，还可以实现红色和白色或绿色和白色同时闪光，但不能实现红色和绿色同时闪光。

②交流继电器闪光控制器

交流继电器闪光控制器是利用交流延时继电器作为闪光控制，其原理如图 1-3-4(b)所示。该电路采用气囊式交流延时继电器 KT_1 和 KT_2 接成连锁的振荡电路，其中 KT_1 是动作延时，但它有两个常开触点，一个为延时闭合，另一个为瞬时闭合，KT_2 是释放延时，它只有一个常闭触点是延时闭合。HR、HW、HG 分别为红色、白色、绿色闪光灯，可用开关 SA_1、SA_2、SA_3 进行选择，可选择其中一个，也可选择其中任意两个，还可以三个同时选择。SW_1

为电源开关。闪光灯正常工作时，合上电源开关 SW_1 及相应的信号灯开关 SA_1（或 SA_2、SA_3）后，KT_1 线圈得电动作，其瞬时闭合触点闭合，红色闪光灯 HR 亮，经过一段延时后 KT_1 线圈的延时闭合触点也闭合，使时间继电器 KT_1 线圈得电动作，瞬时打开其常闭触头，又使 KT_1 线圈断电释放，打开它的两个常开触点，一方面使闪光灯 HR 燃灭，另一方面使 KT_2 断电延时。当 KT_2 延时结束，其常闭触点闭合，使 KT_1 又得电动作，从而完成了一个闪光周期。这样，KT_1、KT_2 交替工作，使信号灯明暗交替变化。调整 KT_2 的延时时间可控制闪光灯的明亮时间，调整 KT_2 的延时时间可控制熄灭时间。所以通过调整时间继电器 0.4~40 s 延时值，可得到不同时间间隔的一亮一熄闪光信号。

【任务实施】

信号灯安装与调试

1. 信号灯系统安装检查

在调试通电之前，要检查每只信号灯灯具里的灯泡功率与图纸设计功率是否相同，切莫随意改变灯泡的功率，还要逐路检查线路的绝缘，最重要的一点是要按照图纸设计的要求安装灯罩。灯罩的颜色除与图纸要求的颜色一致外，同样要保证控制指示灯板上的颜色与信号灯的颜色一致。驾驶室内指示灯的亮度要做调光试验，在夜间所调整的亮度要适中，既不能太亮影响夜间航行，同时还要保证信号指示清楚。

2. 信号灯系统功能调试

首先要将信号灯回路中的两组灯泡安装齐全，控制回路中的所有熔断器按设计容量安装结束，将主电源控制开关闭合，使主电源供电，电源指示灯应正常工作。

其次进行指示灯板的试灯，这样可以在检测试灯电路工作性能的同时，对指示灯泡的完好性也进行检测。按下面板上的试灯按钮后，指示灯应该全部得电工作，同时声光报警电路也得电工作。松开试灯按钮，指示灯全部变暗，声光报警电路也断电停止报警。接着逐路对信号灯进行通电试验，检测对应的灯泡发光工作情况。

若进行电源转换工作的调试，应将电路中的应急电源投入。此时将主电源断开，应急电源应自动投入对线路供电。观察信号灯控制板上主电源失电及应急电源供电指示情况。

信号灯在首制船试航期间，要在夜间对信号灯的亮度和方位角度进行检查。此时船舶一般停泊不动，同时关闭室外照明，采取措施使室内灯光不外泄。让检查人员登上其他工作船舶在距离待检查船舶 2 n mile 以外，围绕试航船舶做圆周运动，两只船舶保持联系，利用试航船舶的雷达和罗经确定航行信号灯的方位角度。检查信号灯的光照角度是否满足设计要求，如果出现问题要进行调整。

3. 信号灯系统常见故障分析及排除

(1) 信号灯系统电源故障

①主电源和应急电源系统没有供电或者电源开关断开时，应检测电源部分是否正常。

②电源供电接触器损坏时，应更换接触器。

③电源熔断器熔芯损坏时，应更换熔断器熔芯。

(2) 信号灯系统电源不能转换

①主电源或者应急电源有一路没有正常供电时，可检查电源的供电是否正常。

②电源转换接触器电路中断路时，可检查熔断器的熔芯是否损坏，检查接触器线圈是

否断路。

(3)调光电路不能正常调光

①检查调光控制电源是否供电,电源电压是否在正常范围内。

②三端稳压块 LM317 组合电路故障时,应更换损坏的电气元件。

(4)试灯功能故障

①试灯按钮的触点不能接通时,应检修试灯按钮触点。

②试灯电路的电源故障时,可检查试灯电路中的供电电源是否正常。

③指示灯灯泡损坏时,应更换损坏的指示灯。

(5)信号灯控制故障

①控制开关不能接通或断开时,应更换控制开关。

②电路中的电流继电器不能工作时,应检查信号灯的灯泡功率是否与设计一致,否则更换灯泡;或者检查电流继电器线圈是否断路,否则更换电流继电器。

③线路中的熔断器熔芯损坏时,应更换熔断器熔芯。

④指示灯回路没有电源或者指示灯灯泡损坏时,应检查指示灯电路是否正常。

4. 实训操作

信号灯实训操作见表 1-3-2。

表 1-3-2 信号灯实训操作表

步骤	名称	操作
1	打开电源	打开驾控台 AC 220 V 分电箱处信号灯控制板主电源开关和应急电源开关
2	试灯	分别长按信号灯控制面板上的【试灯/消声】按键,面板上的指示灯全部点亮
3	调光	按下信号灯控制面板【调光+】按键,指示灯变亮;按下【调光-】按键,指示灯变暗
4	电源自动切换,失电报警	①切断信号灯系统的主电源,控制面板上红色的【主电源失电】指示灯开始闪烁,并发出声音报警,系统通过应急电源继续工作。 ②按控制面板上的【试灯/消声】按键,可消除报警声音,同时主电源失电指示灯平光,只亮红灯,不再闪烁。 ③恢复系统主电源供电,主电源失电报警指示灯灭。若完成步骤①后,没有进行消声,则恢复主电源供电后,仍然发出声光报警信号,按下【试灯/消声】按键,报警取消。 ④切断系统应急电源,系统发出应急电源失电报警,系统通过主电源继续工作。报警及警报消除情况同主电源失电
5	信号灯控制及指示	①逐个打开信号灯控制面板上每一路信号灯控制开关,实训台上信号灯模拟板上对应的信号灯灯泡点亮。 ②逐个关闭控制面板上每一路信号灯控制开关,外部相应信号灯模拟灯泡逐个熄灭
6	断线报警	①打开信号灯控制面板上所有的信号灯控制开关。 ②拆除一个信号灯外部模拟灯泡,在控制面板上被拆除灯泡所对应的指示灯立即快速闪烁,控制面板发出声光报警
7	应答	在"断线报警"试验时,短按控制面板上的【试灯/消声】按键,报警声响立即停止

任务1.4　雾笛控制系统安装与调试

【任务描述】

通过识读雾笛系统图、系统接线图、系统原理图等相关技术图纸，掌握雾笛系统的功能、组成、工作原理及安装与调试方法；使用通用或专用电气工具与仪器，按照作业规范与图纸要求，完成系统设备领用、设备安装与接线、系统接线正确性检查、系统完整性确认、系统功能逐项试验等工作任务。

【知识链接】

1.4.1　雾号种类及技术要求

船舶在雾中航行时，为了减轻船员的劳动强度，正确执行海船避碰规则，避免船只的相互碰撞，弥补能见度的不足及为了确保航行安全，要求船舶在雾中必须鸣气笛声和发出黄色灯光，这称为施放雾号。完成施放雾号功能的设备系统称为雾笛系统。

根据中华人民共和国海事局《船舶与海上设施法定检验规范——国际航行海船法定检验技术规则》(2014)及其修改通报第4篇第13章，《1972年国际海上避碰规则》等要求，船舶在雾中航行时，雾笛发出的声音信号和雾灯(也叫莫尔斯灯)发出的光信号种类有多种。表1-4-1所示是某船的雾号种类及技术要求表。

表1-4-1　雾号种类及技术要求表

船舶	声号	含义	声响设备
在航机动船	一短声	我正在向右转向	号笛
	二短声	当和其他船舶对驶相遇时，要求从我左舷会船	
	三短声	我正在向左转向	
	四短声	当和其他船舶对驶相遇时，要求从我右舷会船	
	五短声	表示正在倒车或者有后退倾向	
	一长声	不同意你的要求	
	二长声	怀疑对方是否已经采取充分避让行动，并警告对方注意	
	一长一短声	我将要离泊	
	一长二短声	我将要横越	
	二长一短声	要求来船或者附近船舶注意	
	二长二短声	我要靠泊	
	一短一长一短声	我要求通过船闸	
	一短一长声	掉头时，表示“我向右掉头”	

表 1-4-1(续)

船舶	声号	含义	声响设备
在航机动船	一长一短一长声	进出干、支流交汇水域或者汊河口时,表示“我将要或者正向右转弯”	号笛
	一长一短一长一短声	掉头时,表示“我向左掉头”	
	一长二短一长声	进出干、支流交汇水域或者汊河口时,表示“我将要或者正向左转弯”	
	三长声	追越船要求从前船右舷通过	
	一长三短声	追越船要求从前船左舷通过	
		要求他船减速或者停车	
		我已减速或者停车	
		我希望和你联系	
		同意你的要求	
		要求来船同意我通过	
		有人落水	
		拖船通知被拖船舶、排筏注意	

注:长声为 5 s,短声为 1 s,间隔 2 s,但对大湖和圣劳伦斯运河航道雾笛信号间隔为 1 s。信号周期有 120 s、90 s、60 s 等供选择。

1.4.2 雾笛控制系统组成及分布

雾笛控制系统(whistle control system),供船舶在航行时通过自动或手动方式控制雾笛鸣放笛声和控制雾灯施放灯光信号,也可转发通用紧急报警信号至雾笛。同时具有莫氏灯手动控制、雾笛加热、电源失电报警、调光和夜光功能。

通常雾笛控制系统由雾笛控制板、雾笛、雾灯(或莫尔斯操纵灯)、莫尔斯电键、连接电缆等组成。雾笛控制板安装在驾控台上,主要负责转发通用紧急报警信号和系统的信号控制,一般分为声信号控制和光信号控制两部分,其间有一转换控制开关,使这两部分可以一起工作,也可分别独立工作。在船上,常设两只雾笛,一只是气动雾笛(图 1-4-1),装于雷达桅;另一只是电动雾笛(图 1-4-2),装于前桅。电笛(带 200 W 电加热器)、气笛(带 300 W 电加热器)在雾笛控制板上,设有选择开关,可选择其中一只,如两只雾笛间距小于 100 m,两只雾笛也可同时工作。雾灯发出黄色灯光,安装在雷达桅上,由安装在驾驶室及其两翼的莫尔斯电键通过雾笛控制板控制。雾笛控制器面板及实物如图 1-4-3 所示。

某 18 万吨散货船雾笛系统配置及分布如图 1-4-4 所示。

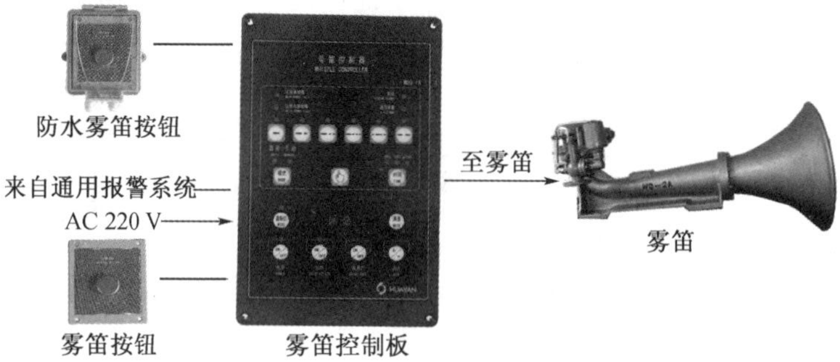

图 1-4-1　气动雾笛系统组成

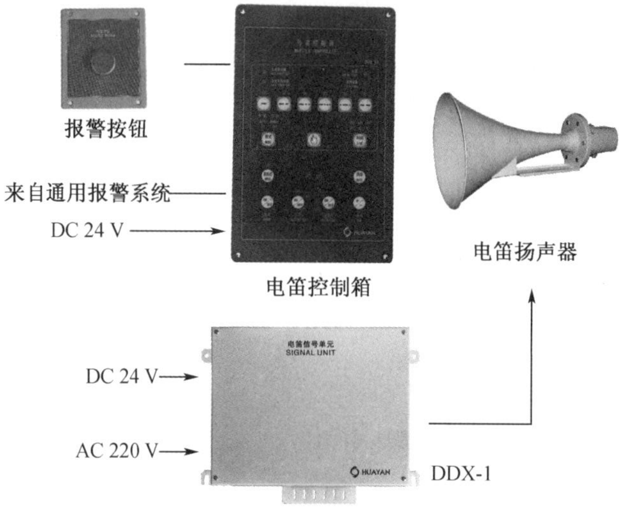

图 1-4-2　电动雾笛系统组成

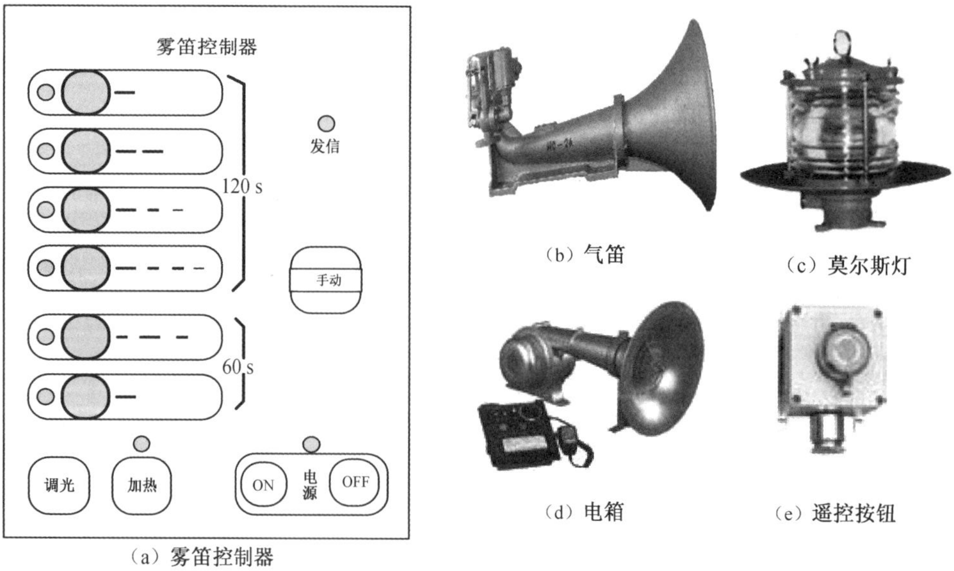

图 1-4-3　雾笛控制器面板及实物图

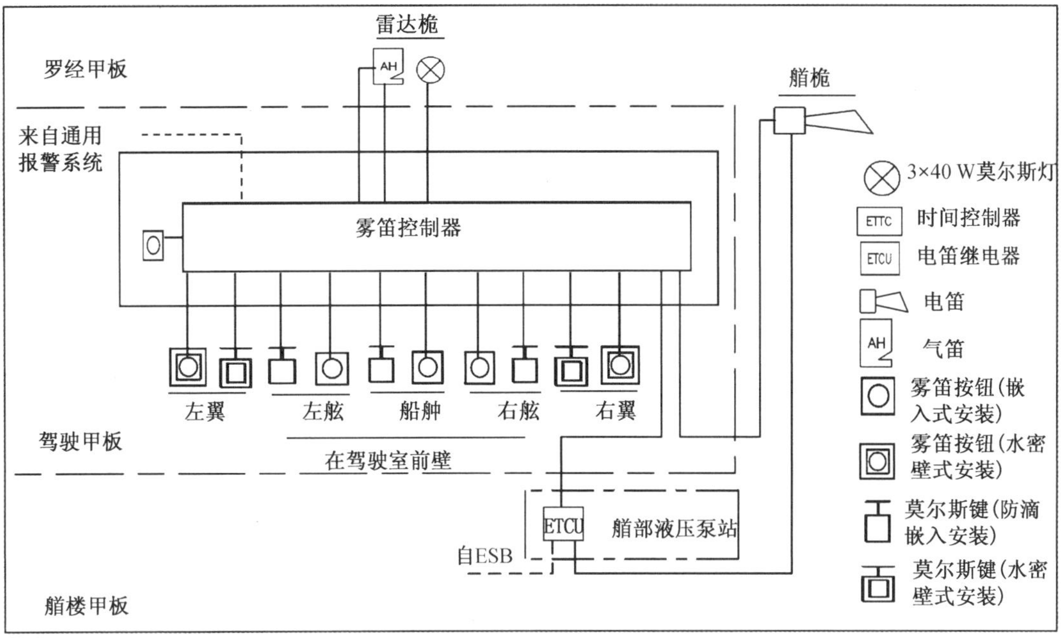

图 1-4-4 某 18 万吨散货船雾笛系统配置及分布

1.4.3 雾笛控制系统工作原理

以某散货船配备的 WDK 型自动雾笛控制系统为例加以介绍。该系统所施放雾号的类型有以下三种：

(1)以 1 min 为 1 个周期,长声(4~6 s)1 响,表示我船在雾中航行。

(2)以 2 min 为 1 个周期,长声(8~12 s)1 响,表示我船在雾中抛锚。

(3)以 2 min 为 1 个周期,连续长声(4~6 s)2 响,间隔 2 s,表示我船在雾中失去控制。

WDK 型雾笛工作前,首先应将电源总开关的钥匙向右方旋到“开”的位置,使开关 SA_1 接通,桥式整流器工作,红色的电源指示灯亮。WDK 型自动雾笛的操作方式分手动控制、自动控制、自动控制转手动控制三种方式。

1. 手动控制

按下手动控制按钮(左、中、右),则电源正极经过按钮常开触点、继电器 K_1 线圈、0.75 A 熔断丝到负极,使继电器 K_1 动作,其常开触点闭合,同时电源正极经 16 接点、04 接点、K_1 的常开触点、08 接点分为气笛、雾灯、雾号信号灯三路。K_1 触点、03 接点回到负极,使气笛 WD_2 和雾灯发出雾号,红色雾号信号灯发出指示。合上开关 SA_2、气笛 WD_2 也同时发出雾号。

2. 自动控制

按动“自动控制启动”按钮,电源正极经手控按钮、04 接点、自动按钮触点(自锁电路:手控按钮、自动按钮触点、0.5 A 熔断丝、K_2 触点)、K_2 线圈、自动指示灯、电动机、0.5 A 熔断丝回到负极,使电机控制继电器 K_2 通电吸合,K_2 触点自锁,电动机通电,带动三对控制凸轮 KT 恒转旋转,同时自动指示灯亮。与此同时,电源正极经 011 接点,KT 某接点、K_1 线圈、

0.75 A 熔断丝回到负极，使 K_1 线圈受 KT 控制，按给定时间吸合和释放。

雾航气笛施放雾号有三种规定，三种规定是通过雾号转换开关 KT 来实现的，由凸轮 KT_1 实现 2 min 接通一次，每次接通 8～12 s；由凸轮 KT_2 实现 1 min 接通一次，每次接通 4～6 s；由凸轮 KT_3 实现 2 min 接通两次，每次 4～6 s，间隔 2 s。自动雾笛控制原理如图 1-4-5 所示。

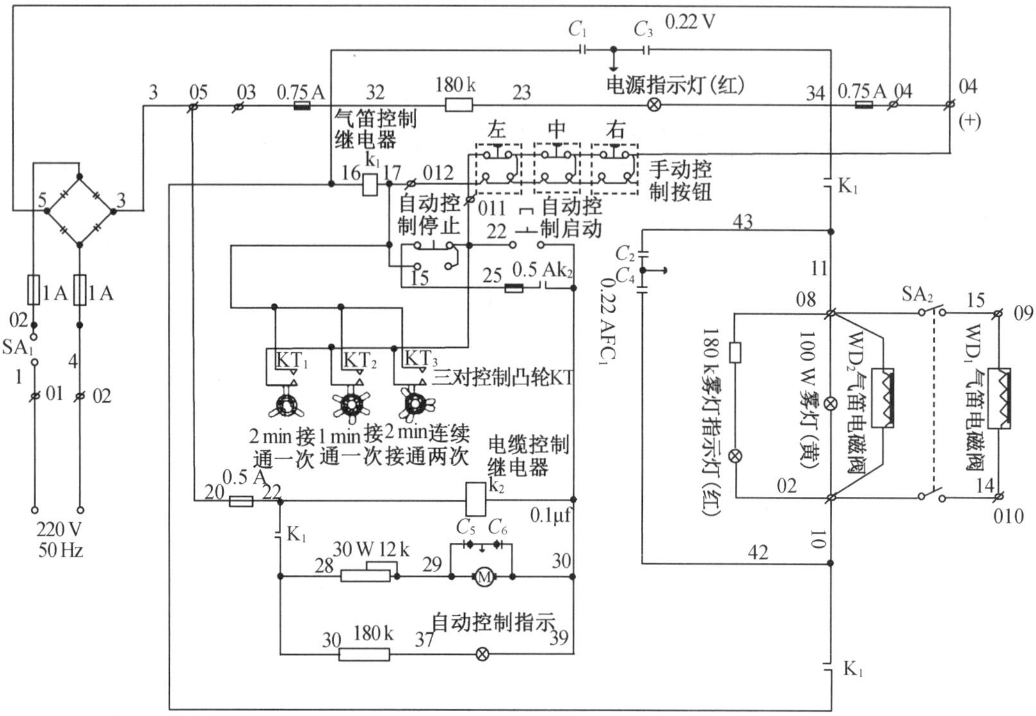

图 1-4-5　自动雾笛控制原理图

3. 自动控制转为手动控制

按下任一手动控制按钮（左、中、右）即可使继电器 K_2 释放，电动机停转，电路恢复手动状态，过程与手动控制相同，在此不作赘述。

4. 转发通用紧急报警信号

雾笛控制器在工作状态下，输入通用紧急报警信号时，控制器随通用紧急报警信号的通断节奏向外输出雾灯和雾笛信号。当通用紧急报警结束后，控制器切换到手动鸣笛或者自动鸣笛时会有 5 s 延时。当控制器工作在通用紧急报警状态下，自动鸣笛或者手动鸣笛无效。

【任务实施】

雾笛系统安装与功能调试

1. 雾笛系统安装检查

对整个系统进行安装完整性检查，包括：船头储藏室电笛接线箱及电机马达接线结束，驾驶室前壁及室外按钮安装接线结束，主桅杆气笛电磁阀接线结束，驾驶室两侧莫尔斯电键安装结束，罗经甲板钢丝绳接头处护套圈安装结束，气笛管路交验结束，莫氏灯安装接线结束。

通电前确认设备接线情况，即接线牢固，线号清晰，特别要注意有源电缆与无源信号线的区分及绝缘的测量，无源信号线须检查感应电压情况。

2. 雾笛系统功能调试

给气笛管路供气，接通控制板及电笛电源，测试控制板自动功能状态下，电笛、气笛、雾灯是否按雾号规则施放雾号；测试控制板雾灯和雾笛的信号选择功能；测试控制板及分布在驾驶室及其前壁、两翼的所有手动按钮、莫尔斯电键的手动控制功能。

3. 雾笛系统常见故障分析与排除

(1)打开电源，雾笛控制器没有工作

①检查电源是否连接，接线是否正确，熔断器是否正常；

②检查电源开关是否打开；

③检查外界光线是否较强，面板上电源灯和状态指示灯较暗，按“调光”按键调高亮度。

(2)手动信号输入，雾笛控制器没有输出

检查雾笛控制器面板“Light or Horn Selector”区是否至少有“Light”或“Horn” 一种输出选择。

思考与练习

1. 现代船舶上的航行灯主要有哪几种，灯具颜色如何，采用哪种灯具？
2. 船舶航行灯系统由哪几部分组成，分别安装在船上的什么位置？
3. 船舶信号灯系统由哪几部分组成，各有什么作用？
4. 船舶航行灯和信号灯的工作状态是如何监视的？
5. 什么是船舶信号灯，其常用灯具有哪些，是如何配置的？
6. WDK型自动雾笛的控制方式有哪几种，是如何实现的？
7. 什么是施放雾号？船舶施放雾号的规定是什么？
8. 简述航行灯和信号灯系统的调试方法。
9. 船舶按用途分有哪几类，分别有哪些形式？
10. 简述集装箱货船的特点。

项目 2　船舶常见报警系统安装与调试

船舶报警信号系统是指当出现可能会导致危及人员、船舶、机器、设备或货物等安全的情况时，能实现船舶内部声光警示、呼叫等功能的设备系统。不同的报警信号系统担负不同的报警任务，如车钟呼叫系统在船舶操纵系统传送操车指令和回答命令时，发出引起人们警觉的音响和灯光信号；火灾报警系统在船舶处于失火、失事等紧急状态时，及时发出报警和施救信号；机舱监测报警系统在各种机器、设备出现故障时，及时发出自动报警信号及船上有关工作部位的简单联络信号等。

船舶报警信号系统的信号形式有音响式、灯光式和音响灯光组合式，可根据不同工作环境和不同规范要求来选用。音响式报警设备主要有电铃、气笛、电笛、蜂鸣器、广播等，多用在一般舱室或公共场所；灯光式报警设备主要有各种指示灯，主要用在防止噪声干扰的区域；声光组合式报警设备常用带灯电铃，主要用在机舱。

微课：通用紧急报警系统　　　　仿真软件：通用报警器仿真

任务 2.1　通用紧急报警系统安装与调试

【任务描述】

通过识读通用紧急报警系统组成图、系统接线图等相关技术图纸，掌握通用紧急报警系统的功能、组成、工作原理及安装与调试方法；按照作业规范与图纸要求，完成系统设备领用、设备安装与接线、系统接线正确性检查、系统完整性确认、系统功能逐项试验等工作任务。

【知识链接】

2.1.1　通用紧急报警系统组成

通用紧急报警系统（general emergency alarm system），是在船舶发生重大海损事故或火灾等紧急情况下，对全体船员和旅客发布紧急总动员和集合的报警系统。

通用紧急报警系统能提供手动人工报警信号、全船报警信号、火灾报警信号、弃船信号等报警形式，一旦报警系统被触发，会向全船发出伴 7 短 1 长循环输出报警声音（注：以上信号短音为 1 s，长音为 5 s，间隔 1 s），同时，机舱组合报警灯箱、报警铃和雾笛控制器接通电源,进行声光报警,通知全船人员,同时公共广播系统被自动关闭。通用紧急报警系统采用主、备 AC 220 V±10%和 DC 24 V±10%三路电源同时供电,自动切换的方式供电保障系统能够在紧急情况下正常运行。

通用紧急报警系统由通用报警控制器、报警器电源箱、警报装置、遥控按钮盒、连接电缆等组成。通用报警控制器和电源箱通常安装在驾驶室内,控制器上须有指示警报装置正常工作的指示灯。警报装置的信号器采用报警铃、报警灯,分散安装在全船各处。通常报警铃安装在全船有人到达且又能听清楚声响信号的地方,红色报警灯安装在须免除声响干扰的无线电室和广播室;在噪声大的舱室(如舵机舱),除安装报警铃外,还安装报警灯作为辅助信号。以杭州华雁电子数码公司产品为例,其系统组成框图如图 2-1-1 所示。

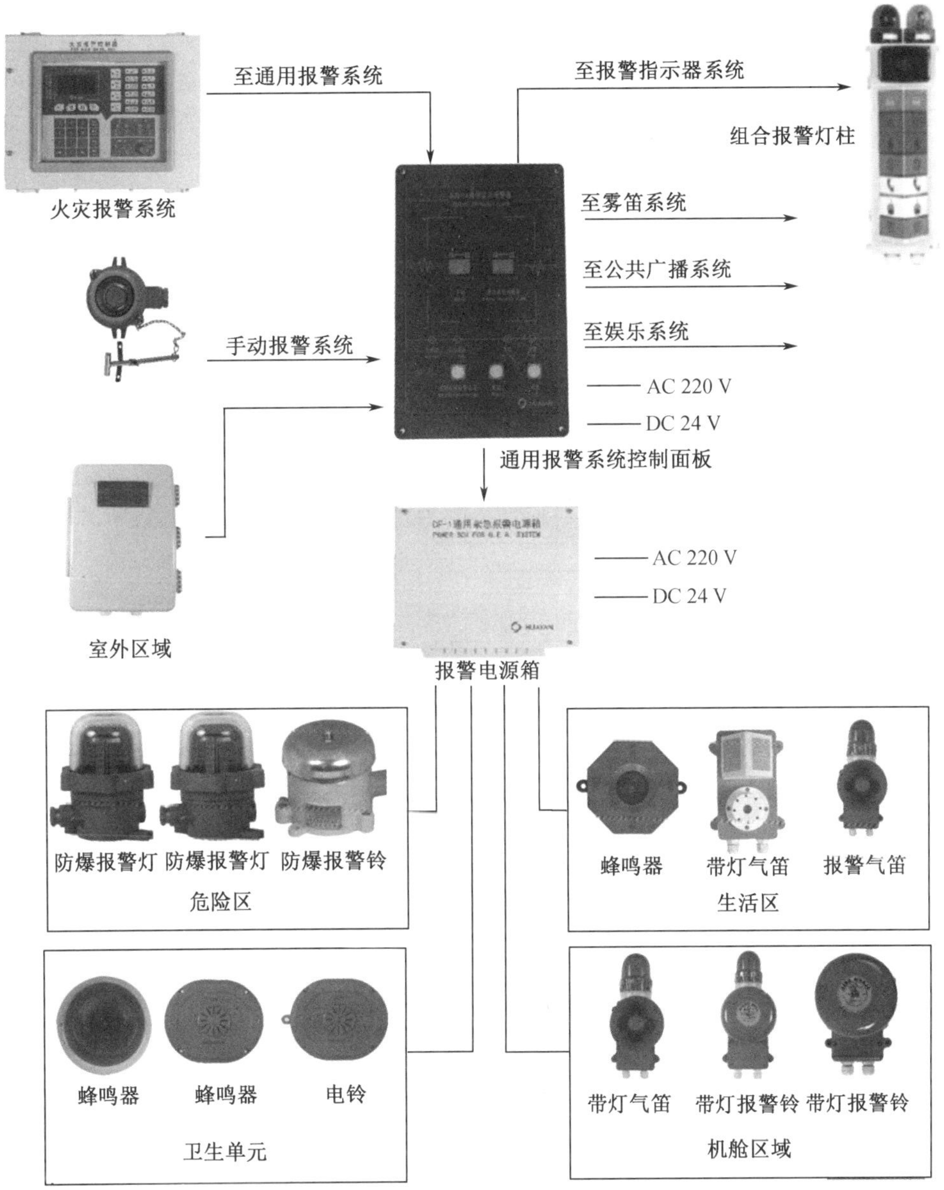

图 2-1-1 通用报警系统组成框图

2.1.2 通用报警系统的技术要求

根据中国船级社《钢质海船入级规范》(2018)及其修改通报第四篇第一章，MSC. 48(66)国际救生设备规则 LS(a)及 MSC. 218(82)第六章，以及国际海事组织 A. 1021(26)决议《2009 报警器和指示器规则》等要求，船舶通用报警器必须满足以下要求：

(1)为发出通用紧急报警信号，所有客船和 500 总吨及以上货船应设有由船舶号笛或气笛以及附加电铃或小型振膜电警笛或其他等效设备组成的通用紧急报警系统(图 2-1-2)。

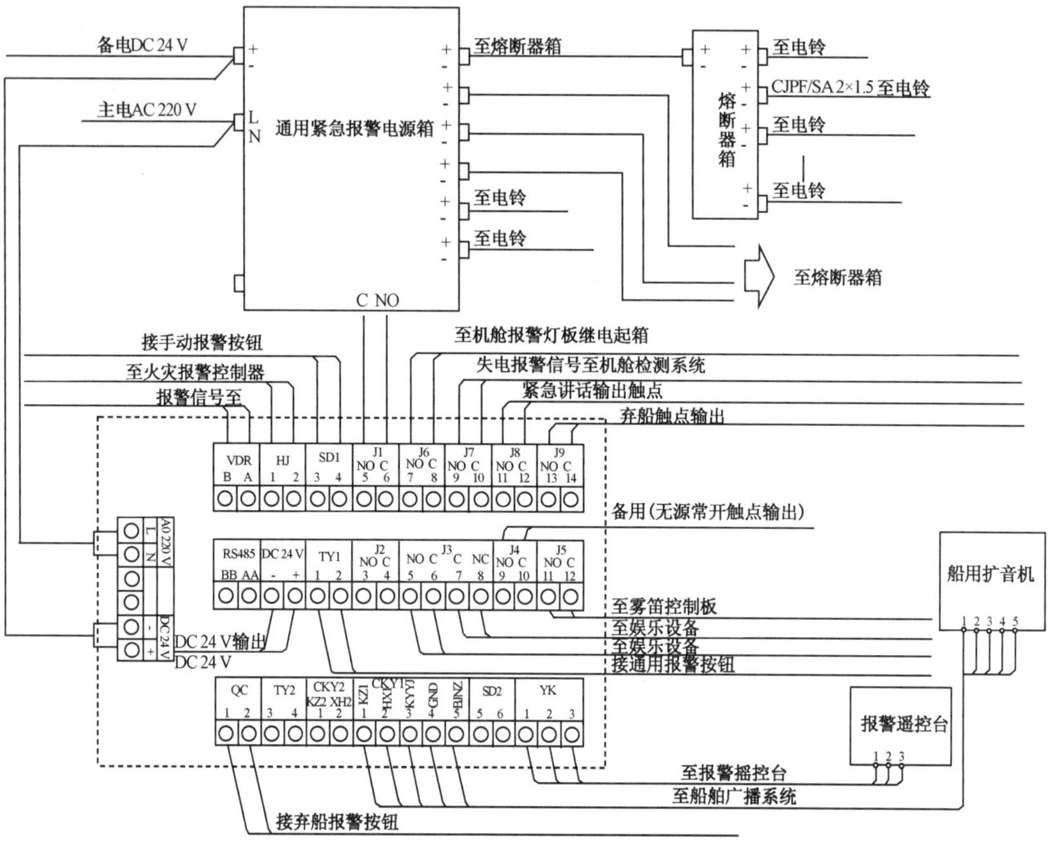

图 2-1-2 通用紧急报警系统接线图

(2)在客船上该报警信号应能分别向船员和乘客，以及同时向两者发出。

(3)除船舶号笛或气笛外，该报警系统应能自驾驶室和其他要害位置(如消防控制站、救生艇筏登乘位置等)进行操作，并应在被触发后一直保持报警状态，直至人工将其关闭或由于公共广播系统工作而暂时中断。

(4)当通用紧急报警系统工作时，应自动关闭娱乐音响系统。

(5)该报警系统应由专门的馈电线供电，在主电源失电后应能自动转换至应急电源供电。在客船上该报警系统还应由临时应急电源供电。

(6)在全船所有起居处所、通常船员工作处所(客船还应包括开敞甲板上)均能听到该报警信号。

(7)在内外部处所中,该紧急报警的最小声压级应为 80 dB,并至少高出船舶在中等气候条件下和正常设备运转情况下的环境噪声 10 dB。在舱室内睡眠位置和浴室内的声压级应至少为 75 dB,并至少高出环境噪声 10 dB。

【任务实施】

通用紧急报警系统安装与调试

1. 通用紧急报警系统安装检查

识读报警系统图、系统接线端子图等相关图纸进行系统安装接线检查。以杭州华雁电子数码公司为某船配置的通用紧急报警系统为例,如图 2-1-3 所示。确认报警系统各部分安装完整、接线正确无误,确认报警系统与公共广播系统、雾笛系统、机舱组合报警灯系统、火警系统接口接线完成。

2. 通用紧急报警系统调试

按下通用报警系统面板上的手动按钮,通用报警器工作,报警灯亮,电铃响;松开按钮,报警停,属于点动控制。

自动按钮属于带自锁的开关型按钮,一旦触发,在复位之前,将保持报警状态。按下自动按钮,报警灯点亮,报警铃按照 7 短 1 长的音调循环输出报警且保持。同时该报警以无源触点的形式被送入雾笛控制板、广播、机舱报警灯柱。以上信号短音为 1 s,长音为 5 s,间隔 1 s 循环。

发生火灾报警且延时 2 min 后,火警信号以无源触点的形式被送入通用报警,通用报警系统报警灯及铃工作,音调连续。

通用报警系统电源箱采用两路 AC 220 V 供电,主电源优先,当主电源失电时,自动切换为应急电源供电,同时,输出一个主电源失电信号(无源触点)到监测报警系统。

按下“消音”按钮,报警控制器上蜂鸣器消声。

按下“复位”按钮,报警器复位。

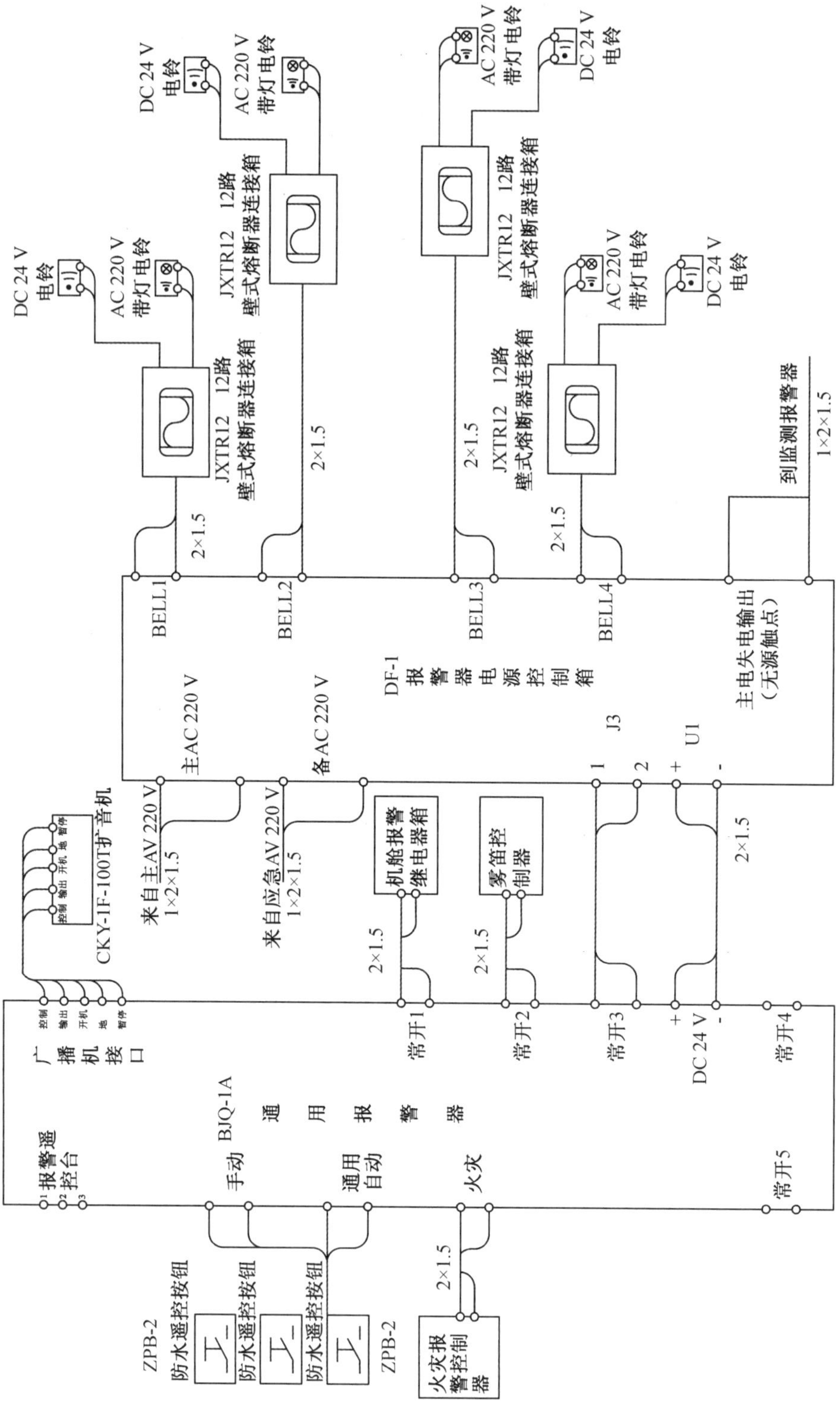

图 2-1-3　通用紧急报警系统图

任务2.2 轮机员安全报警系统安装与调试

【任务描述】

通过识读轮机员安全报警系统图、系统接线图、系统原理图等相关技术图纸，掌握轮机员安全报警系统的功能、组成、工作原理及安装与调试方法;使用通用或专用电气工具与仪器,按照作业规范与图纸要求,完成系统设备领用、设备安装与接线,系统接线正确性检查、系统完整性确认、系统功能逐项试验等工作任务。

【知识链接】

2.2.1 轮机员安全报警系统功能及组成

微课:轮机员安全报警系统

随着船舶建造水平的发展,大量高科技设备得到应用,很多设备的运行已不再需要人工看护和操纵,出现了无人机舱或一人机舱,人们只需在必要的时候对机舱设备进行巡检就可以了。因此,为了保证轮机员的安全,产生了轮机员安全报警系统。

轮机员安全报警系统(engineer safety man alarm system)主要由轮机员安全报警系统主机(面板和控制回路)、启停按钮箱、复位按钮箱、轮机员安全报警复示器等组成。其中,轮机员安全报警系统主机通常安装在集控室,启停按钮箱安装在机舱内某个区域的入口处,复位按钮箱安装在机舱内一个区域的多部位,报警复示器则一般安装在驾驶室。轮机员安全报警系统组成如图2-2-1所示。

当轮机员下机舱工作前,开通此系统就可以保证轮机员安全地工作。如果在工作期间出现了人身的伤害,不能在固定时间内(通常为27 min)将本系统复位时,本系统会发出报警,报警信号同时会被送至机舱组合报警灯柱,称为预报警;如果再过一段时间(通常为3 min)还没有复位,真正的轮机员安全报警就会发生,监测报警系统会通过延伸报警等方式把报警信号送至驾驶室及相关船员房间及公共场所,提醒大家进入机舱救人。反之,值班轮机员能够在固定时间内复位本系统,则本系统将会重新报警计时,直到轮机员安全离开机舱关闭本系统时,本系统才不再进行报警计时。该系统的采用大大提高了轮机员的人身安全系数,有的船厂将其称为死人报警。

2.2.2 轮机员安全报警系统工作原理

由于每个厂家电路原理大同小异,这里仅以一种继电器控制实现的报警电路为例(图2-2-2),介绍该系统工作原理。

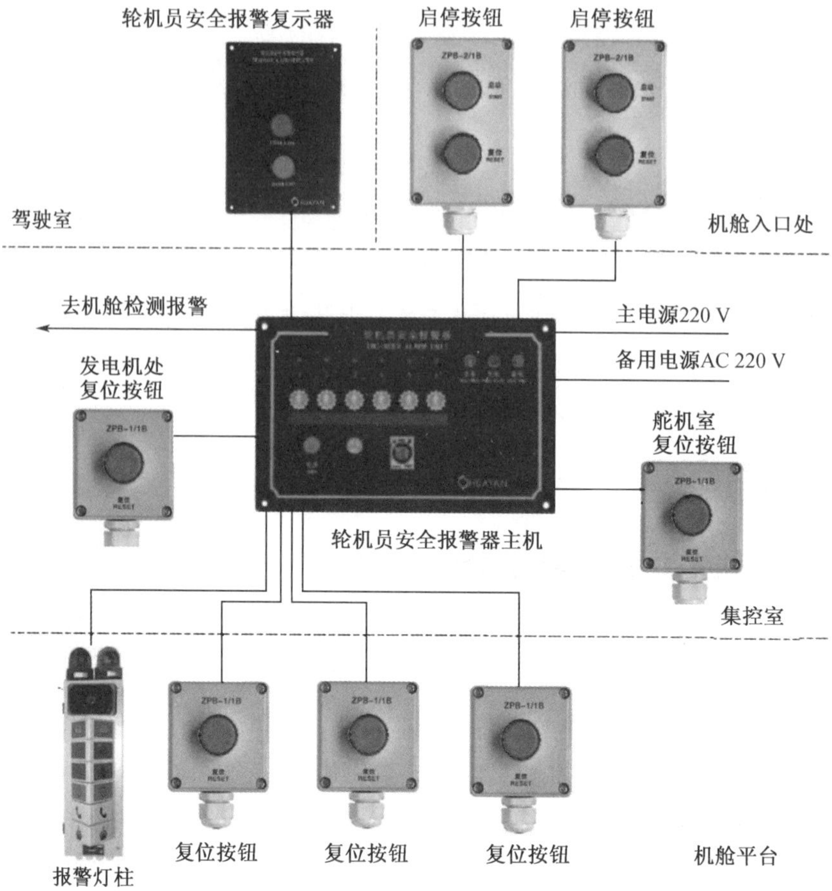

图 2-2-1　轮机员安全报警系统组成

线路原理分析：由图 2-2-2 可以看出，在控制回路中的 K_2 旋钮开关和机舱入口位置的启动停止按钮，它们的关系是并联的，都可以将本系统启动和停止。当按下启动按钮时，继电器 KM_2 动作。KM_1 继电器经 KM_3 继电器的常闭触点（1,9）和 KM_2 继电器的常开触点（5,9）闭合而动作，并经自身的触点 KM_1（5,9）自保，启动/停止按钮箱的指示灯 H_1 由于 KM_1 继电器的触点（6,10）闭合，并经 KM_6 继电器的常闭触点（8,11）供电灯亮，表示系统开始工作。同时 KM_1 继电器的触点（7,11）闭合，使控制板上的指示灯 H_2 也得电灯亮。此时，时间继电器 KT_1 经 KM_8 继电器的常闭触点（1,9）得电开始延时。当延时到设定时间时，时间继电器 KT_1 动作，它的延时闭合触点（1,3）闭合使继电器 KM_5、KM_6 和时间继电器 KT_2 线圈得电，KM_6 继电器的常闭触点（8,11）断开，切断遥控启动/停止按钮箱上指示灯 H_1 的电源，指示灯熄灭。KM_5 继电器的常开触点（8,11）闭合，将信号传送至机舱组合报警灯柱，整个机舱出现声光报警，并且 KM_5 继电器的触点使报警灯板的鸣音器发出声响。如果经过 3 min 没有复位或停止系统的操作，时间继电器 KT_2 将延时动作，它的常开触点（8,11）闭合，将信号传至机舱监测报警系统，机舱监测报警输送至延伸报警系统，送到公共场所和值班轮机员房间，通知船员下机舱救人。

如果在 KT_1 时间继电器延时过程中，复位按钮箱的复位按钮被按下或控制板上的 T_1 复位按钮被按下，继电器 KM_3 动作，它的常闭触点（1,9）断开，切断时间继电器 KT_1 的电源。

当复位按钮松手后，继电器 KM_8 失电，它的常闭触点(1,9)闭合，恢复对时间继电器 KT_1 供电，重新进行报警计时。如果系统启动后的任何时间内，在控制板或启动/停止按钮箱按下停止按钮，KM_3 继电器得电动作，它的常闭点(1,9)断开，切断 KM_1 继电器的电源，KM_1 继电器自保点(5,9)脱开，同时因 KM_1 的常开触点(11,7)断开，切断时间继电器 KT_2 电源，控制板上的指示灯 H_2 熄灭，KT_1 的常开触点(6,10)切断启动/停止遥控按钮箱上指示灯 H_1 的电源，指示灯熄灭，表示值班轮机员安全离开机舱。

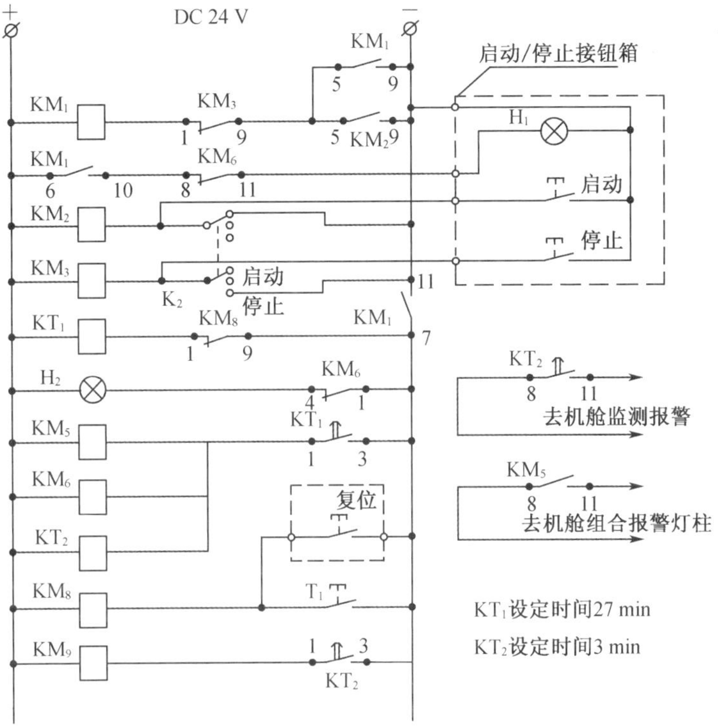

图 2-2-2　轮机员安全报警系统工作电路

【任务实施】

轮机员安全报警系统安装及试验

对照系统图、系统接线图、系统说明书等，对轮机员安全报警系统进行安装检查与功能试验。

1. 通电前的安装检查

(1)检查所有元件接线是否正确、牢固。要求安装正确、牢固、清洁干净、系统完整。

(2)测量电源侧无短路现象，极性正确，绝缘良好。

(3)为了调试方便将时间继电器 KT_1 的延时时间 27 min 调至 2 min，KT_2 调至 1 min。

2. 通电调试

(1)控制板功能调试。测量电源 24 V 电压正常后将电源送上，扭动启动/停止旋钮开关 K_1 至启动位置，KM_2 继电器动作，KM_1 继电器动作，其常开触点(7,11)闭合，面板上指示灯 H_2 亮，遥控启动/停止按钮箱上指示灯 H_1 亮。时间继电器 KT_1 延时 2 min 后触后动作，

继电器 KM_6 动作,其常闭触点(8,11)断开,切断遥控启动/停止按钮箱上指示灯 H_1 的电源,指示灯熄灭。KM_5 继电器动作送至机舱延伸报警灯柱的信号闭合输出。同时集控台上鸣音器发出声音报警。再将启动/停止旋钮开关 K_2 旋至“停止”位置,鸣音器声响停止,面板指示灯 H_2 熄灭,然后将启动/停止旋钮开关 K_2 旋至“启动”位置,KM_2 继电器动作,KM_1 继电器动作,面板上指示灯 H_2 亮,时间继电器 KT_1 延时,在 KT_1 延时未到 2 min 时,将复位按钮 T_1 按下,继电器 KM_8 动作,使时间继电器 KT_1 失电断开。当松开 T_1 复位按钮后,因继电器 KM_8 没有自保触点,所以 KM_8 失电断开,其常闭触点又重新闭合,时间继电器 KT_1 动作而又重新开始延时。

(2)外部遥控按钮及复位按钮检查调试。将控制板电源送上后,在机舱入口遥控启动/停止按钮箱处,将启动按钮按下,按钮箱上的指示灯和控制板上的指示灯亮;按下停止按钮,按钮上的指示灯和控制板上的指示灯都熄灭,重新按下启动按钮,等 2 min 后集控室的鸣音器发出声音报警,至机舱报警灯柱的信号闭合输出,1 min 后至机舱监测报警的信号闭合输出,指示灯熄灭,然后至复位按钮箱处按每个复位按钮,看 KT_1 时间继电器是否有复位重新计时的过程。全部调试好后,将时间继电器恢复至原来的值。

3. 报警系统电路故障分析及排除

(1)遥控启动/停止按钮只有一个按钮好用时,检查遥控按钮的公共线连接是否正确。

(2)遥控按钮和控制板上启动操作没有反应时,检查遥控启动/停止按钮是否接于常闭触点,是则改为常开触点。

(3)按启动/停止按钮箱的按钮和控制板上启动操作后,时间继电器 KT_1 没有动作时,检查遥控复位按钮是否接于常闭触点,是则改为常开触点。

(4)启动操作后,遥控启动/停止按钮指示灯亮,控制板上指示灯不亮时,检查电源极是否接反,是则改正。

任务 2.3　桥楼航行值班报警系统安装与调试

【任务描述】

通过识读系统图、系统接线图及系统使用说明书,掌握系统工作原理和工作过程,进行系统安装检查、接线检查和系统功能试验。

【知识链接】

2.3.1　桥楼航行值班报警系统概述

桥楼航行值班报警系统(bridge navigational watch alarm system,BNWAS),主要用于监视驾驶室值班员的活动。

当值班驾驶员失去履行其职责的能力时发出警报,尽可能避免与驾驶员操作有关的海上事故。特别是当船舶处于自动驾驶状态时,BNWAS 可以监视驾驶员,避免驾驶室出现长时间无人值守的情况,能明显提高驾驶员的警觉意识而避免失职。该系统主控面板安装在驾控台上。

微课:桥楼值班报警系统

按照《国际海上人命安全公约》在 2009 年修订的 SOLAS V/19 条关

于 BNWAS 的部分,规定按照以下要求配备驾驶台航行值班报警系统:

(1)2011 年 7 月 1 日以后新造的 150 总吨及以上的货船和任何载重的客船都必须配备 BNWAS。

(2)2011 年 7 月 1 日以前建造的客船,2012 年 7 月 1 日后第一次安全设备检验前。

(3)2011 年 7 月 1 日以前建造的 3 000 总吨及以上的货船,2012 年 7 月 1 日后第一次安全设备检验前。

(4)2011 年 7 月 1 日以前建造的 500~3 000 总吨的货船,2013 年 7 月 1 日后第一次安全设备检验前。

(5)2011 年 7 月 1 日以前建造的 150~500 总吨的货船,2014 年 7 月 1 日后第一次安全设备检验前。

规定还要求船舶在海上航行途中的任何时候,桥楼航行值班报警系统均应保持运行。

2.3.2 桥楼航行值班报警系统组成

BNWAS 系统主要包括中央控制器、一级报警复位单元、二级报警单元、三级报警单元、人体感应复位单元(可选)、桥楼航行值班报警系统与其他系统的接口。以杭州华雁 BNWAS 系统为例,其组成及分布如图 2-3-1 所示。

1. 中央控制器主机

中央控制器主机包括控制箱和显示控制面板,通常安装在驾驶室监控台上,主要是对各级报警时间间隔进行设置和调试,以及对监视的驾驶台其他设备进行报警并显示。同时,也处理来自各按钮和传感器的信号,把相关信号输出给相应的设备。中央控制器的运行监视模式通常有三种:自动运行模式、手动运行模式和关闭模式。自动运行模式时,此设备接入自动舵控制系统的信号,时间显示窗从休眠期开始倒计时运行,驾驶室值班员必须在一级报警发生前的时间段内复位。如果驾驶员不动作,则相应地发出一级、二级和三级报警,如此循环复位操作。此自动运行模式是当船舶处于自动舵运行时,规范要求必须采用的,以确保驾驶室值班员监视船舶自动驾驶的情况,驾驶员履行其值班职责。手动运行模式下,船舶没有处于自动驾驶状态,其工作操作过程与自动运行模式相同, 区别是此模式不接入自动舵信号。关闭模式是 BNWAS 系统关闭,内部计时器不再计时。

2. 一级报警复位单元

通常配置有复位按钮盒及报警显示,安装在驾驶室和驾驶室左右翼瞭望区内。主要作用是驾驶室值班员通过按下复位按钮,让 BNWAS 中的计时器重新开始倒计时。

3. 二级和三级报警单元

二级和三级报警单元通常配有声光报警显示和系统运行指示,但没有复位按钮,可输出听觉及视觉报警。二级报警单元安装在驾驶室以外的值班驾驶官员(船长、大副、二副、三副)房间,三级报警单元则安装在餐厅、办公室、医务室等公共场所。二级报警发出后,相关人员应立即采取行动到驾驶室查看,在驾驶室内复位。否则将在规定的延时时间内继续发出三级报警,通知相关人员,到驾驶室查看并复位。二级和三级报警单元之所以不在本地配置复位按钮, 就是为了避免相关人员在本地复位后不行动而出现事故。

4. 人体感应复位单元

这是感应人体的运动来产生复位信号的探头,一般应用的有红外的(人走过时光热变化会产生复位信号),还有重力式的(人走过时重力变化会产生复位信号)。目前各个厂家选配的多是红外的，通过检测人体运动来确定值班员的状态。如果值班员在规定的设置时间内没有任何动作，则会依次触发一级、二级和三级报警。如果值班员相应操作，则BNWAS将根据检测到的信号重新开始倒计时。此设备不需要值班员重复按下复位按钮，而通过监测值班员的肢体动作实现系统的复位，确保值班员正常工作。桥楼航行值班报警系统组成及分布如图2-3-1所示。

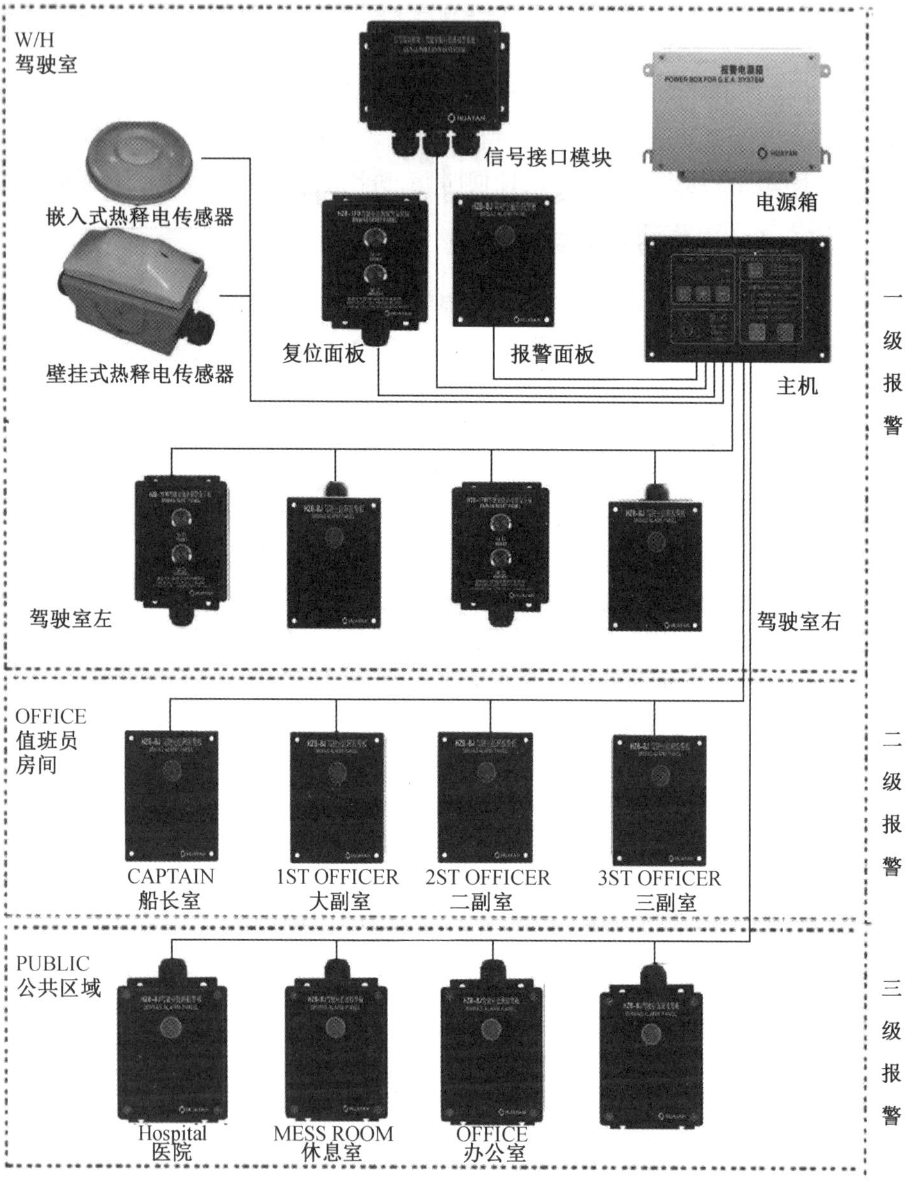

图2-3-1 桥楼航行值班报警系统组成及分布

5. 系统接口(信号接口模块)

桥楼航行值班报警系统与VDR、自动舵、雷达系统、电子海图等系统有接口，如该系统可以接入自动舵、ECDIS(可选)和RADAR(可选)，同时，BNWAS将实时的数据信息输出到

VDR,以记录当前的情况,便于日后查究。目前常用的接口是 VDR 和自动舵。

6. 电源单元

BNWAS 电源通常要求为 DC 24 V 或者 AC 220 V 电源。电源单元一般安装在驾控台内,具有两路电源无扰动切换功能,正常情况下保证主电源供电,带有失电报警信号输出。

2.3.3 桥楼航行值班报警系统工作模式

通过设定时间间隔的报警,提醒值班驾驶员进行复位操作。如果没有及时复位或者驾驶员不在岗,则报警会延伸到其他位置,如船长室或者其他驾驶员的位置,从而避免驾驶室出现长期无人值守的情况。BNWAS 的报警通常分为三级,具体报警过程说明如下:

1. 手动运行模式

将操作模式转换开关置于"手动启动"的位置,桥楼航行值班报警系统开始倒计时,休眠时间以剩余时间的形式显示在数码管上;

(1)当预设时间到达休眠时间 T_1(3~15 min 可调)时,数码管闪烁,系统发出桥楼视觉报警,表示第一级报警被激发,数码管显示到下一级报警的剩余时间。而桥楼上的复位按钮指示灯闪烁。

(2)桥楼视觉报警激活后,如果在 15 s 内,桥楼值班人员没有按下复位按钮,则系统自动激活第一级听觉报警。主控制面板及桥楼上的复位按钮盒会发出报警声响。

(3)在第一级听觉报警被激活后,如果设定时间 T_2 为 15 s(T_2:第 2 级远程报警(远距离听觉报警)设定时间,系统默认为 15 s),没有按下复位按钮,则系统自动激活第二级远程报警,替补驾驶员/船长等处所的报警盒发出声光报警。替补驾驶员/船长处所可以通过控制面板上的呼叫选择开关进行选择。

(4)在第二级远程听觉报警被激活后,如果设定时间 T_3 为 30 s(T_3:第三级远程报警设定时间,系统默认为 30 s)内,没有按下复位按钮,则系统自动激活第三级远程报警,安装在公共场所的报警盒会发出声光报警。

(5)在任意时刻,任何位置值班人员按下复位按钮,桥楼航行值班报警装置会立即取消所有听觉及视觉指示,并自复位时刻起开始新的一轮休眠时间计时。

报警未确认状态时报警顺序如图 2-3-2 所示。

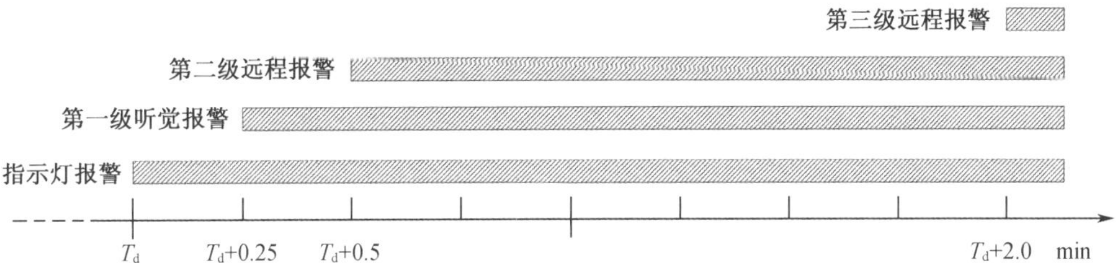

图 2-3-2 报警未确认状态时报警顺序

2. 自动运行模式

将操作模式转换开关置于"自动"位置,则系统处于自动运行准备状态,此时系统可以被遥控启动,当船首航向或航迹控制系统启动或禁止时,桥楼航行值班报警装置自动启动,休眠时间自动计时,并在计时结束后自动触发报警。

【任务实施】

桥楼航行值班报警系统操作

1. 任务要求

认识桥楼航行值班报警系统各组成设备(图 2-3-3)及其连接关系,掌握桥楼航行值班报警系统安装检查与报警复位操作方法,掌握桥楼航行值班报警系统功能试验及报警时间设定方法。

2. 实训设备系统简介

SB-BNWAS 桥楼航行值班报警系统旨在监视值班驾驶员的意识,如由于任何原因而使值班驾驶员失去执行能力时,该系统将自动向船长或其他有能力的值班员报警。

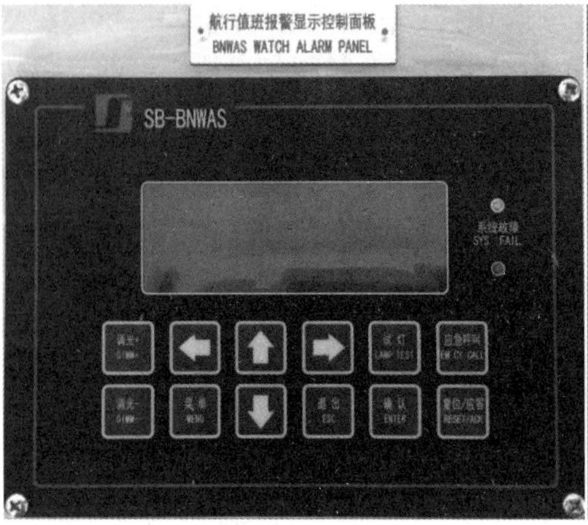

(a) 显示控制面板(驾控室)

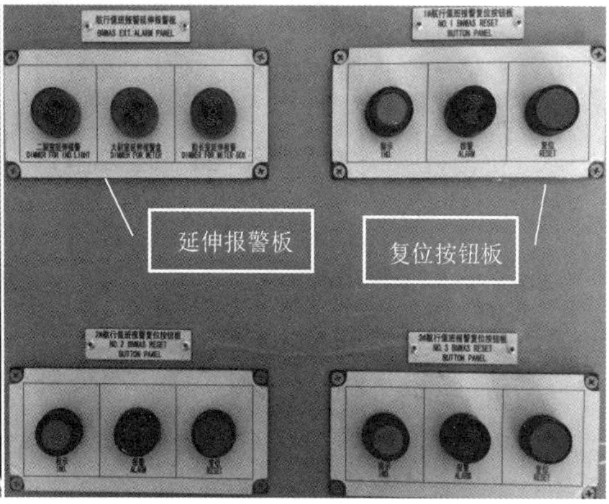

(b) 报警复位按钮板(实训台台面)

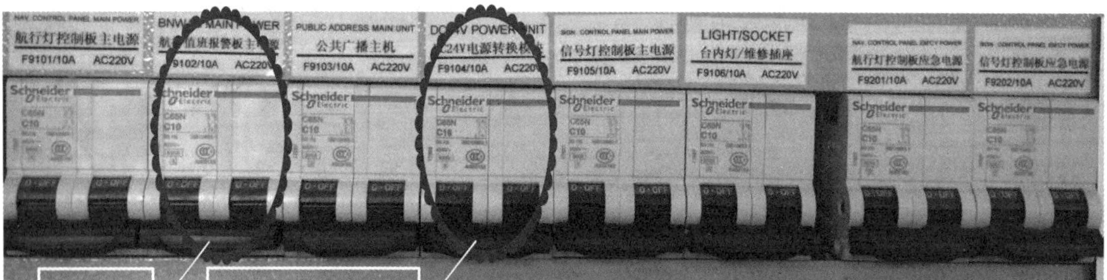

(c) 电源控制箱(实训台下)

图 2-3-3 桥楼航行值班报警系统组成

3. 实训内容及操作步骤

(1)打开驾控台 AC 220 V 分电箱内“航行值班报警板主电源”和“DC 24 V 电源转换模块开关”,打开驾控台 DC 24 V 分电箱内“航行值班报警板应急电源”。

(2)按下显示控制面板上的【试灯】按键,面板上指示灯全部点亮。

(3)按下显示控制面板上的【调光+】、【调光-】按键,显示控制面板的屏幕对应变亮、变暗。

(4)电源自动切换,失电报警。

切断主电源 AC 220 V,显示控制板屏幕上显示“AC 电源故障”,同时发出主电源失电报警,系统通过应急电源继续工作。按下显示控制板上“应答/复位”按钮,可对报警进行消声。恢复 AC 220 V 主电源供电,显示控制板屏幕上仍显示“AC 电源故障”,长按“应答/复位”按钮,屏幕上才会显示“AC 电源正常”。恢复主电源 AC 220 V,切断应急电源 DC 24 V,显示控制板屏幕上显示“DC 电源故障”,同时系统发出应急电源失电报警。应急电源报警后按“应答/复位”按钮,可对报警进行消声。恢复电源供电后,显示控制板屏幕上仍显示“AC 电源故障”,长按“复位/应答”按钮,消除故障显示。

(5)模式选择。

按下显示控制面板上的【菜单】按键,将屏幕切换至“菜单界面”。通过【→】、【←】、【↑】、【↓】、【确认】按键,进入“密码输入”选项,输入正确密码。回到“菜单界面”,进入“工作模式界面”,可选择“自动开”“手动开”“自动关”三种工作模式。工作模式选择“自动开”模式时,按照图纸,用短接线在接线模块的相应端子上模拟“自动开”信号输入,显示控制面板液晶屏幕上,显示为“自动开”,屏幕上倒计时开始跳动,系统进入值班报警工作状态;工作模式选为“手动开”时,显示控制面板液晶屏幕上显示为“手动开”,屏幕上倒计时开始跳动,系统进入值班报警工作状态。工作模式选为“手动关”时,显示控制面板液晶屏幕上显示为“手动关”,屏幕上倒计时停止跳动,系统退出值班报警工作状态。

(6)报警时间设定。

按下显示控制面板上的【菜单】按键,将屏幕切换至“菜单界面”。通过【→】、【←】、【↑】、【↓】、【确认】按键,进入“密码输入”选项,输入正确密码。进入“时间设置界面”,将报警休眠时间在 3~12 min 可设置,常选 3 min。

(7)3 min 值班报警。

系统运行后,系统开始倒计时,延时时间 3 min 后,驾控台桥楼航行值班报警显示控制板上产生视觉报警。视觉报警 15 s 后,若视觉报警未被复位,加发一级报警,1#、2#、3#航行值班报警复位按钮板上发出声光报警。一级报警 15 s 后,若仍然未被复位,加发二级报警,延伸至二副处发出声光报警。二级报警 90 s 后,若仍然未被复位,加发三级报警,延伸至大副、船长处发出声光报警。桥楼航行值班报警系统接线如图 2-3-4 所示。

(8)值班复位。

重新进行四次“3 min 值班报警”功能试验,在以下报警出现前按下“复位”按钮。第一次:视觉报警指示出现前。第二次:第一阶段报警声响出现前。第三次:第二阶段报警声响出现前。第四次:第三阶段报警声响出现前。每一次按复位按钮,屏幕上倒计时都重新开始计时,系统开始新一轮的报警工作流程。试验过程中分别试验显示控制面板、复位按钮盒上的复位按钮,确认每一个按钮都有效工作。

(9)后备值班人员切换。

回到“菜单界面”,进入“选项设置界面”,将“后备值班人员”设定为“船长”“大副”“二副”“三副”中的任意一人。重复“3 min 值班报警”功能试验,第二阶段延伸报警声响将延伸到选择的后备值班人员的延伸报警板发出声光报警。

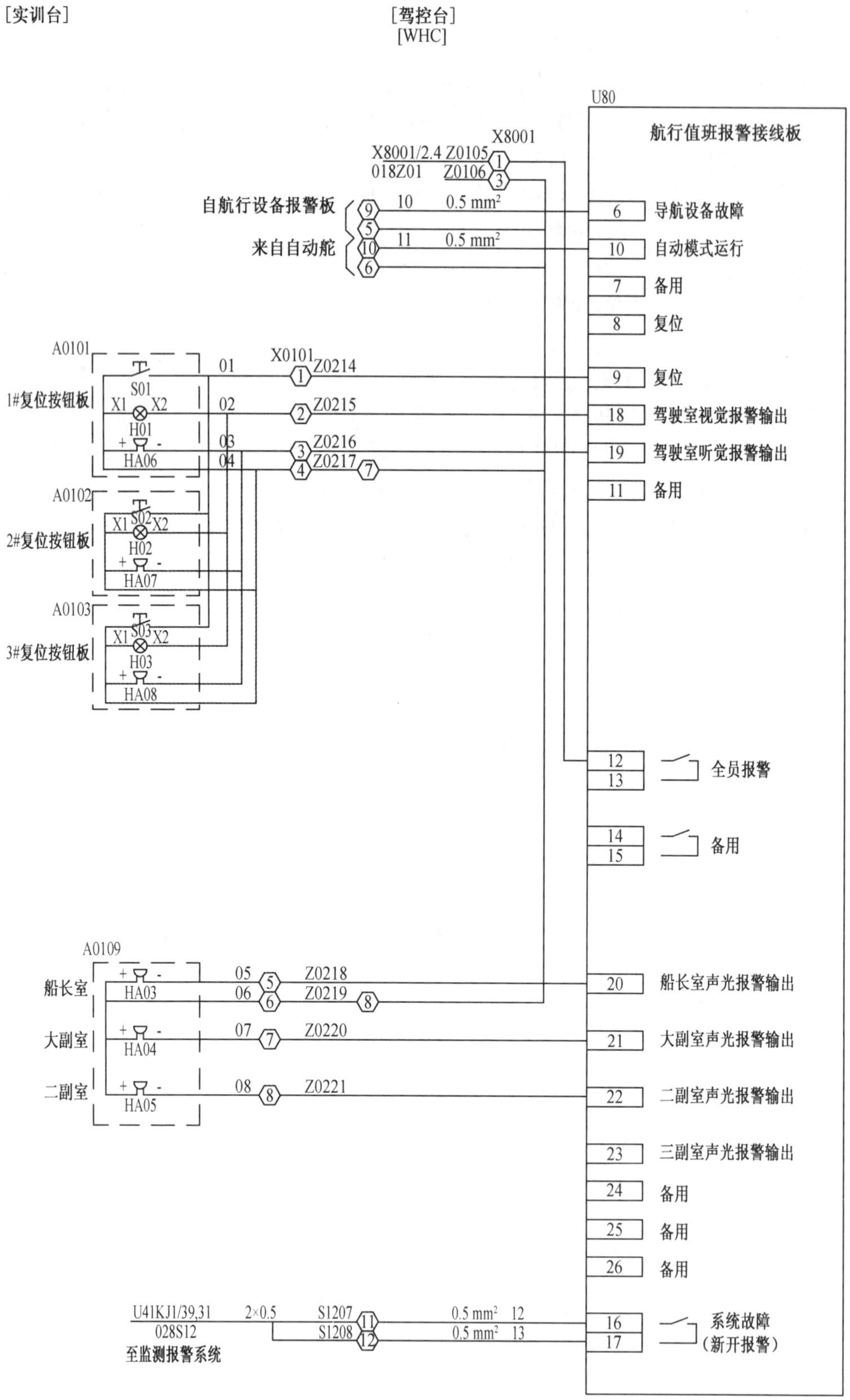

图 2-3-4　桥楼航行值班报警系统接线图

任务 2.4 火灾探测报警系统安装与调试

【任务描述】

识读火灾探测报警系统图、系统接线图、火灾探测器接线图等相关技术图纸，掌握火灾报警系统的功能、组成、工作原理及安装与调试方法；掌握各种火警探头的安装与连接方法；掌握总线型火灾报警系统的功能调试及故障分析方法；按照作业规范与图纸要求，完成系统设备领用，系统安装完整性、接线正确性检查，完成火警系统功能试验。

【知识链接】

2.4.1 火灾探测报警系统概述

1. 船舶火灾报警器功能

(1)船舶火灾报警系统(fire detector & alarm system)能在火灾初期，将燃烧产生的烟雾、热量、火焰等物理量，通过火灾探测器变成电信号，传输到火灾报警控制器。火灾报警控制器接收到火警信号后进行声光报警并显示报警的区域或位置。

微课：火灾探测报警系统

(2)船舶火灾报警系统本身线路检测，发出故障报警。

(3)船舶火灾报警系统报警信号输出：火警信号送入通用紧急报警、机舱组合报警灯柱、机舱监测报警系统等。

(4)发出联动控制信号，控制相应的防火设备，如关闭相应分区的防火风闸和梯道的防火门，或视需要关闭相应分区内的风机、启动自动灭火装置，等等。

2. 船舶火灾报警器报警信号

船舶报警时的应变信号由船舶气笛或电动警钟灯释放，为了快速区分船舶发生火灾时的着火位置，应设置应变信号类型，具体见表 2-4-1。

表 2-4-1 应变信号类型

报警事项	报警声类型	信号形式
救生	警铃和气笛短声	6 短 1 长
救火	警铃和气笛短声	乱钟或连放 1 min
船首失火	警铃和气笛短声	连放 1 min，鸣 1 长声
船舯失火	警铃和气笛短声	连放 1 min 后，鸣 2 长声
船尾失火	警铃和气笛短声	连放 1 min 后，鸣 3 长声
机舱失火	警铃和气笛短声	连放 1 min 后，鸣 4 长声
上层建筑失火	警铃和气笛短声	放 1 min 后，鸣 5 长声
船进水	警铃和气笛短声	2 长 1 短
人落水	警铃和气笛短声	3 长声
人自右舷落水	警铃和气笛短声	3 长 1 短
人自左舷落水	警铃和气笛短声	3 长 2 短
解除警报	警铃和气笛短声	1 长

3. 船舶火灾报警系统类型

按照船舶火灾报警系统控制器的工作原理，船舶火灾报警系统可分为如下类型：

(1)逻辑回路主机。

这种主机是较早期产品，它是由分立的或集成的电子元件组成，全部工作(检查探测回路状态、确认报警、显示报警、输出报警、控制防火设备及自身故障检测等)都是由模拟或数字电路来完成。其工作可靠性好，动作迅速，可维修，价格低廉；但智能化程度低，功能简单，灵敏度低，抗扰动能力差。

(2)可编程控制器主机。

当探测回路探测到火灾时，将火灾信号转化为电信号，输入到主机的输入电路，输入电路把模拟量的电信号转化为数字量信号。可编程控制器不停地巡回检测各输入回路，当检测到某个回路信号变化时，则对其进行分析，若在去掉抖动干扰后报警仍然存在，可编程控制器将确认此报警并输出报警，同时控制防火设备灭火。可编程控制器还可以对系统自身的故障进行检查，并将故障输出。其具有一定的智能，可以对各种输入信号进行综合分析，排除各种干扰，得到的结果有较高的灵敏性和正确性。系统功能增多、增强，人机交流界面更明了，系统自检能力高，操作人工作量减少。

(3)微型计算机主机。

由微型计算机主机担负中央控制任务，报警信号由报警器发出，分别安装于驾驶室、机舱操纵室、火警站、各个交通要道等处所，并覆盖全船，形成完善的火灾报警系统。这种主机的工作原理与可编程控制器型主机基本相同，它具有可编程控制器型主机的全部优点，而且更准确、灵敏，功能更强，尤其可以通过更新软件来升级系统，已成为主流产品。

4. 船舶火灾报警器规范要求

根据中国船级社《钢质海船入级规范》(2018)及其修改通报第四篇第二章，国际海事组织 A. 1021(26)决议《2009 报警器和指示器规则》，MSC. 311(88)修正的《国际消防安全系统规则第九章》，EN54-2:1997《探火与失火报警系统第二部分：控制和显示设备》等对船舶火灾报警系统技术要求如下：

(1)火灾报警系统的电源应保证系统在任何时间均不断电。当采用蓄电池供电时，其容量需考虑使用 1 周以上，为了轮换使用还需要设置备用蓄电池组。

(2)客船和客货船上的火灾报警信号应将旅客和船员分开，设计成独立的两组。

(3)在油船上安装的火灾报警系统，不能选用有电火花发生的装置。

(4)火灾报警系统的报警路数根据防火警戒区来确定。防火警戒区通常按甲板、船舷、水密隔堵、舱室面积和防火等级要求进行划分，每一警戒区为一路。

(5)火灾报警系统适用的船舶：所有航行于国内的海上客船，总吨位大于 1 000 登记吨的海上机动货船，油船，用以装载棉花、麻、亚麻、火柴及其他易燃物的干货船。

(6)火警按钮应遍及起居住所、服务处所和控制站，每个通道出口应安装一个火警按钮。在每层甲板的走廊内，火警按钮应便于到达，并使走廊任何部分与火警按钮的距离不大于 20 m。

(7)整个特种处所应按需要遍设火警按钮，并在这些处所的每个出口处附近设置 1 个。火警按钮检测方法是在每个探测回路末端的探头或按钮上并联一个约 10 kΩ 的电阻。在正常情况下，主机通过检测流过电阻的微弱电流来确定回路接线是否良好，没有开路。

2.4.2 火灾报警系统构成

1. 船舶火灾报警器构成

火灾报警系统不论采用哪种主机,它们在系统构成上都大致相同,主要有主机、遥控显示器、探头回路、报警回路、防火设备回路和电源回路,如图 2-4-1 所示。

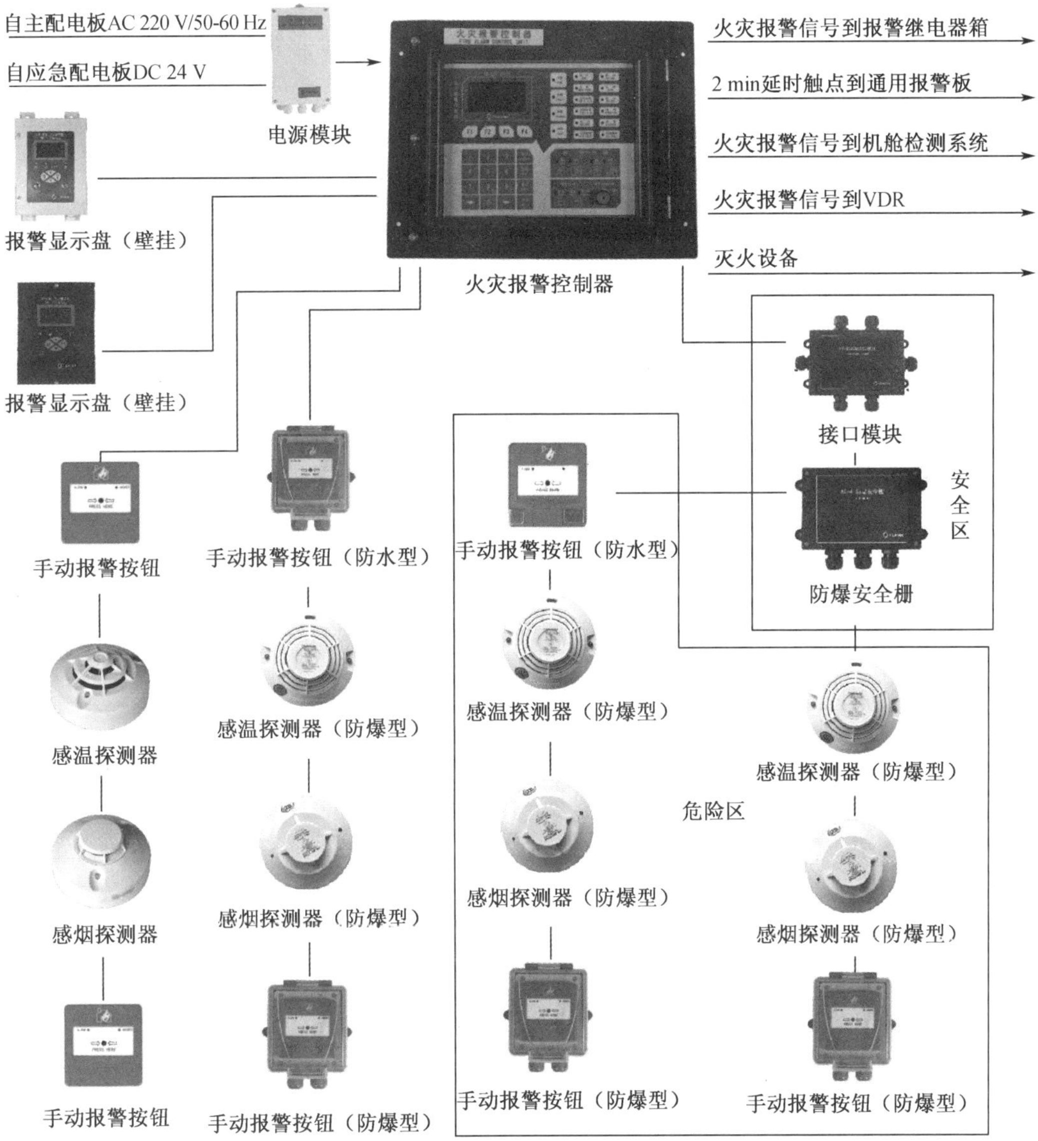

图 2-4-1 船舶火灾报警系统构成

随着船舶自动化程度的不断提高,船上的工作人员越来越少,机舱、集控室等易于失火的舱室和场所实现了无人值班,这样对船舶火灾报警系统提出了更高的要求。主机(又称中央控制板)是整个火灾报警系统的控制中心,多安装于驾驶室或火警控制站,它对全船的火警探测器进行统一的监测处理，一旦发生火灾，可立即向全船（特别是驾驶室、机舱操作室、火警站、交通要道等处）的火灾报警器发出火灾报警信号。同时在主机的控制下，按一定的程序控制灭火装置自动进行灭火工作，及时扑灭火灾。

（1）在使用中，火灾报警系统对电源的可靠性要求很高，电源必须能长时间地供给系统工作，因此火灾报警系统的主电源是应急配电板供给的交流电。应急电源是充放电板供给的直流电。同时，在系统主机内有一套整流充电装置将交流电变压整流后，为蓄电池充电。当主电源和应急电源都无法为系统供电时，蓄电池将释放电能，继续为系统供电。并由电源模块控制各部分报警系统供电，电源模块的主要作用是在某个总线支路中出现短路时可以自动屏蔽该区域，保障其他区域报警正常运行。

（2）由图 2-4-1 可以看出，整个火警系统呈放射状分布，而中心是主机，它既是接线的中心，又是工作的中心。全部元件都与其相连，全部信号都在这里汇总，全部分析处理都在这里完成。也可以通过接口模块进行区域扩展，并保障区域间的报警信号不会因为特殊情况相互干扰。

（3）遥控显示板最多可有三块，安放在集控室、货控室及船舶办公室等处。在遥控显示板上可以读到火警报警信息、故障报警信息和进行报警复位、消音。

（4）自动火警探头按类型可分为三类：感温探头、感烟探头和感火焰探头。一个火灾报警系统可连接多条探头回路，而一条回路可存在多个各种类型探头和火警控钮。通过这些探头和按钮的合理搭配，可以探测全船的火灾情况。

（5）报警输出设备包括 24 V/220 V 报警笛、故障蜂鸣器、报警输出继电器等，通过这些设备，火警系统可以把报警信号传递到全船各个角落。针对船上各种干扰（噪声）区域，应选用不同类型的报警器，如报警笛、报警铃、报警灯等。

（6）防火设备包括自动停止风机、门电磁铁、自动灭火器等。当探测到火灾后，系统将马上控制这些设备动作：切断空气、隔离火灾区域、自动灭火，在操作人员处理之前有效地控制和消灭火灾。

2. 火警按钮

火警按钮（图 2-4-2）属于手动（人工）探头，是一个装在铁盒内的按钮，盒盖镶有玻璃，利用玻璃压下按钮，铁盒边附有一个小锤。如 DK-7（220 V、10 A）火警按钮。火警按钮通常安装在经常有人出现或易于见到的场所，如门口、走廊、扶梯口、逃生通道、餐厅等。遇有火灾时，用小锤敲破玻璃，使按钮复位，即可发出火灾报警。

火警按钮　　火警按钮　　火警按钮　　防爆型

图 2-4-2　火警按钮

火警按钮的优点是结构简单、动作可靠、维护方便；但其最大的缺点是只有在人们发现火灾以后才能进行人工报警。如果火灾发生在不易发现的舱室，就很难及时发现火情。因此，船上广泛使用了自动火警探头即感温、感烟和感火焰探头。

《钢质海船入级与建造规范》对火警按钮做出如下规定：

(1)火警按钮应遍及起居住所、服务处所和控制站，每个通道出口应安装一个火警按钮。在每层甲板的走廊内，火警按钮应便于到达，并使走廊任何部分与火警按钮的距离不大于 20 m。

(2)整个特种处所应按需要遍设火警按钮，并在这些处所的每个出口处附近设置 1 个。

火警按钮检测方法是在每个探测回路末端的探头或按钮上并联一个约 10 kΩ 的电阻。在正常情况下，主机通过检测流过电阻的微弱电流来确定回路接线是否良好，没有开路。

3. 感温探头

(1)感温探头的原理及分类

感温探头(图 2-4-3)是选用对温度或温升变化率敏感的元件，如双金属片、易熔断元件、热电阻、热电偶、易膨胀液体等。利用火灾发生时舱室温度升高(升速)达到规定值时引起探头感温元件触点闭合，自动发出火灾报警信号。根据工作原理，感温探头又可分为恒温式和温升式两种。

(a) 感温探头

(b) 防爆型感温探头

图 2-4-3 感温探头

①恒温式探头。当其周围环境温度高于动作温度时，即向集中控制室发出火警信号。整定动作温度可在 60~360 ℃范围内调整，一般多用在预期环境温度剧增和无人值班的舱室。一般的舱室在 70 ℃动作，厨房在 75 ℃动作。该发讯器的有效感温半径为 2.5 m。为了扩大防火警戒面积，提高火灾报警的灵敏度和工作的可靠性，其每一探测回路可同时并联几个感温探头，以便当火警出现时，该线路中的任何一个探头发生动作即能自动报警。

②温差式探头(包括温差式和差定温式)。它是根据监测区温度的上升率作为火灾前兆的火灾报警信号；如每分钟的温升超过 5.5 ℃的变化率，这是目前常用的限值，作为火警信号的最低动作值。

它是由空气室、波纹式、小气孔、电触点和引出线等部分组成。当周围温度升高时，气室内的气体膨胀，企图迫使波纹片向下，去闭合触点；而小气孔又将室内气体泄放出来，阻碍电触点的闭合。只有温升超过整定值，使气室内的压力升高速度超过小气孔泄放气体的速度，电触点才可闭合，发出火警信号。它适合于不易感烟和感火焰探头的场所，如洗衣间、干洗房等，其要求的工作温度一般高于 30 ℃。

(2)典型的双金属片探头

目前，应用广泛的感温探头其核心元件是双金属片温度开关，它是将两种热膨胀系数不同的薄金属片焊接在一起，将其一端固定，自由端与触点相连。当金属片受热后膨胀率较大的金属片长度增加较大，而膨胀率小的金属片长度增加较小。这样，自由端将向一个方向弯曲，从而带动触点动作，将温度信号转化为电信号。在探头外面，朝向下方有一片传热良好的金属片,它将空气的温度收集并传导给双金属片,当温度超过设定值时,双金属片带动触点动作,由断开状态变为闭合状态。

(3)感温探头的报警及显示

①对于逻辑回路主机,在触点两端串联一个发光二极管(安装在探头外壳),直流电压直接加于触点和二极管两端,回路中有电流通过,主机报警,同时二极管发光指示报警位置。在火警发生后,发光二极管将一直发光,直到温度正常后触点复位,并且人工在主机上复位后才停止发光。

②对于可编程控制器主机和微型计算机主机,在触点和发光二极管之外还有附加电路,使探头的两种状态以如下方式表达出来:正常状态时流过探头较小电流(0.1 mA 级),报警状态流过较大电流(10 mA 级)。报警时发光二极管发光,触点复位并在主机复位后二极管停止发光。

③随着科技的发展,新型感温探头不断出现。如可编程探头,通过设定探头上的地址码开关,每个探头都有一个自己的地址,当有报警发生时,在主机上将立即显示出火警发生的位置。

(4)感温探头的设定及适用场所

感温探头的温度设定在出厂前已经调好,一般在一条船上会使用 3 种温度的感温探头,在常温区域(生活区、集控室、船首部等)的探头温度设定较低,通常在 50~60 ℃;在整个机舱的敞开部分采用 60~70 ℃感温探头;在高温区域(分油机室、锅炉附件、桅井、厨房等)的探头温度设定在 70 ℃以上。

在船舶中感温探头多装于船员的住房、走廊、集控室和其他舱室面积较小的场所。每个感温探头监室的面积,《国际海上人命安全公约》规定不大于 37 m^2,且两探头中心之间的最大距离为 9 m,离开舱壁的最大距离为 4.5 m。感温探头的灵敏度随安装高度的增加而降低,因此当安装高度为 0~3 m,两探头间距以 9 m 为准时,其高度与规定间距之间的关系见表 2-4-2。

表 2-4-2 感温探头安装高度与间距参照表

安装高度/m	0~3	3~4	4~5	5~6	6~7	7~8
规定间距与标准间距(9 m)之比	1	0.84	0.77	0.64	0.52	0.4

4. 感烟探头

感烟探头(图 2-4-4)是利用火灾发生之前所出现的烟雾浓度达到规定值时引起探头感烟元件触点闭合,自动发出火灾报警信号的器件。

(a) 感烟探头

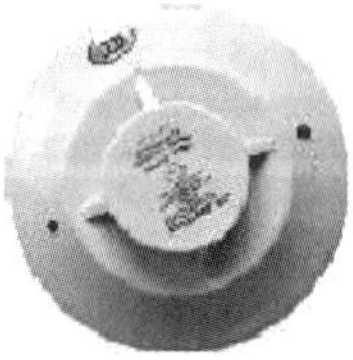

(b) 防爆型感烟探头

图 2-4-4 感烟探头

(1)感烟管式火警探头

感烟管式火警探头是由电光源3、聚光镜2、集烟管6、抽风箱4、放大器5及两个光电池1和7组成,其原理如图2-4-5所示。

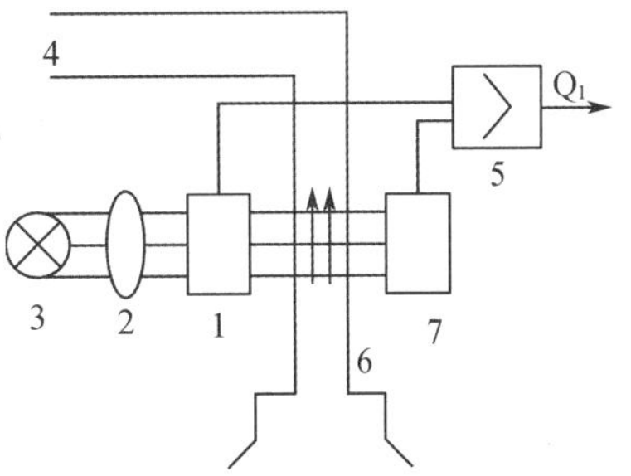

1—光电池;2—聚光镜;3—电光源;4—抽风箱;5—放大器;6—集烟管;7—光电池。

图2-4-5 感烟管式火警探测器

感烟管式火警探头工作时,由抽风箱把被监视舱室的气样吸进集烟管。无火灾时,没有烟雾,两个光电池得到的光度一样,放大器无输出,不发出报警信号。当火灾发生时,烟雾浓度变大,烟雾经过集中观察室的玻璃管时,照射到光电池7。由于光电池7上的光通量受到烟雾的影响,显然光电池1所得的光度远大于光电池7,它们产生的光电势不同,使光电池电桥失去平衡。它们的差值经过放大器放大后,使探头动作,其触点闭合而发出报警信号(音响和灯光),并能指示出火灾发生的地点。同时报警探头还具有故障报警信号。其灵敏度为光电元件上光通量受到10%~15%的影响时立即发出报警信号。

集烟器是报警探头的吸烟口,作为抽取火灾警戒舱室烟雾之用,它与直径为25 mm的烟管相连,通常布置在无人值班的防火舱室,如货舱、储藏室、仓库等处。集烟器所连接的烟管直径为19 mm。为了扩大防火警戒区面积,提高报警探头灵敏度和可靠性,火警探头的每个报警管路只允许并联两个集烟器,并要求集烟器布置在该警戒区的抽风口附近,以便当火警出现时,两个集烟器都可发生作用。为了防止积水和使烟顺利地被抽至报警器,应保证从集烟器到报警装置的烟道逐渐向上倾斜。

另外还有吸风电机箱和警钟。吸风电机箱由两台电动机组成,供日常轮换使用。电动机为直流220 V、200 W,吸风速度128 m/s。警钟为直流220 V,故障报警采用鸣音器。

(2)光电管式火警探头

光电管式火警探头是日常船舶上应用最广泛的感烟探头。在感烟探头的侧面是由金属网形成的烟气通道,里面是一个小暗室。在暗室中有一个光电管,在暗室外有一个发光二极管,发光二极管的光通过一面凸透镜形成光束进入暗室,但光束并不直接照射在光电管上。当微粒状的烟气进入暗室后,光束经微粒折射后照在光电管上,使光电管导通烟气信号转变为电信号。然后,探头内的辅助电路将这一通断信号转化为各自主机需要的信号,传输给主机。其特点是结构简单、安全可靠、灵敏度高、应用性强。

(3)离子式火警探头

离子式火警探头是由内电离室FSY_1、外电离式FSY_2及晶闸管SCR_1、场效应管V_1、三极管V_2等半导体元件接成的控制电路组成,电路原理如图2-4-6所示,其内、外电离室内均存有放射性同位素镅241和一个电极,镅241发出δ射线使气体电离。工作时,被监视舱室气体进入外电离室,若是火灾前兆,气样中会充满烟雾,由于烟雾颗粒能吸附一部分离子,使到达外电离室FSY_2的电极的离子数减少(即离子电流小),相当于它的等效电阻增大。内电离室FSY_1是封闭的,烟雾不能进入,所以它的等效电阻与烟雾无关,这样场效应管V_1的栅极电位UA点提高,该信号经

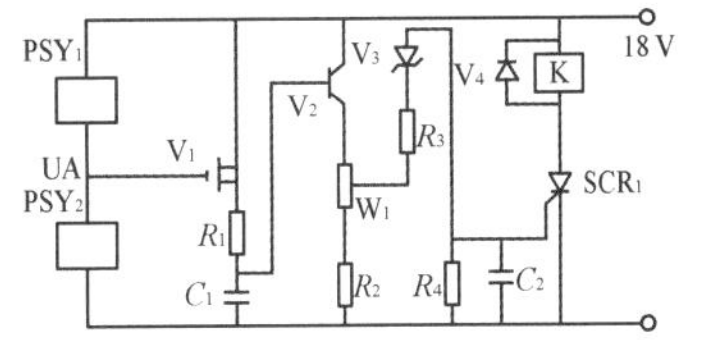

图2-4-6 离子感烟式火警探测器

过场效应管 V_1 的源极跟随器耦合,再经三极管 V_2 放大,由射极 X 跟随输出。如果进入外电离室的烟雾浓度达到电路的整定值,从电位器 W_1 的输出信号使稳压管 V_3 击穿,触发晶闸管 SCR_1,使其导通。那么 18 V 电源使报警继电器 K 动作,发出火警的声光信号。由于不同场所要求的灵敏度不同,所以电路中有一电位器 W_1 可供调节,但也不可太高,否则香烟的烟雾或灰尘也可能引起误报警。

(4)感烟式探头适用场所及要求

感烟管式、光电管式火灾探头只适用于可见烟的检测,主要设置在机舱、货舱等监视面积较大的场所,用来探测可见烟的火灾预兆。其视角一般为 140°,所以安装时要使其保护面积覆盖在其视域内。离子式火灾探头对于有形(可见)和无形(不可见)烟雾均能探测。在船舶上普遍布置在走廊、梯道、起居住所、脱险通道和机舱各处,但有人吸烟的公共场所除外。

《国际海上人命安全公约》规定:感烟式探头保护的最大地板面积为 74 m^2,两探头中心间距为 11 m,离开舱壁的最大距离为 5. 5 m。同时还应注意,保护面积与安装高度也有关系,公约规定的最大地板面积 74 m^2 是对安装高度为 4~8 m 而言。由于各厂家生产的离子式探测器保护面积不尽相同,所以在布置安装时,既要遵守公约,又要参照厂商的规定。同时,还应避开横梁、管道等影响气流正常流通的地方和有物理性损坏探测器的位置,合理确定间距,以取得最佳效果。

5. 感火焰探头

感火焰探头(图 2-4-7)是利用火灾前兆的光波效应达到规定值时引起探头触点闭合,发出火灾报警信号的器件。常用紫外线光敏管、红外线光敏管、光敏电阻等作为检测元件。如紫外线感火焰探头的感光元件是冷阴极金属,当紫外线照射到冷阴极金属上时,使其电极上激发出大量的光电子。光电子受外场的作用加速运动,同时电离了管内的惰性气体,促使电路导通,光电管发出火灾报警的光信号。同时,利用辅助电路能把这种变化转化为主机可识别的信号。另外,在辅助回路中有一套过滤回路,它能把其他物体发出的不同波长的紫外线,如太阳、日光灯引起的报警过滤掉。当报警发生后,安装在探头上的发光二极管报警复位后停止发光。这种探头具有视域广泛、灵敏度高、抗干扰性强等优点。

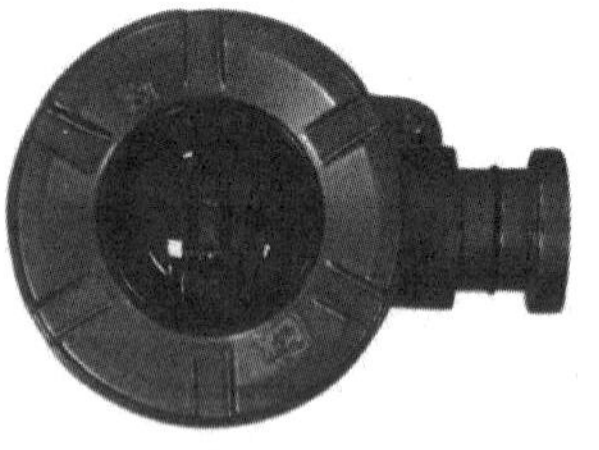
(a)紫外火焰探测器

(b)双红外探测器

图 2-4-7 感火焰探头

感火焰探头使用在可能发生有可见火焰、烟气较小的高度危险火灾的区域,同时在同一区域必须有感烟或感温探头作为辅助探测。由于感火焰探头的灵敏度很高,甚至有时会把其他光线误认为火灾,所以在探测区域内不要有与探头波长相同的光线。一般安装在钻井平台上的油处理区、井口、油船、化学品船上的防爆区,但不适用于相应光线灯和明火作业的场所。安装时应注意探头的覆盖角,一般红外线探头的探测角为140°,紫外线探头的探测角为90°,安装时应使保护面积都处在覆盖面之内。

6. 火警探测回路

火警探测回路的数量由船舶防火警戒区的数目和防火等级决定。防火警戒区划分方法一般是以各层甲板和左右舷边界进行划分的。《国际海上人命安全公约》规定:一个分区的探测器所服务的处所不得同时包括船舶的左、右舷,不得多于一层甲板,也不得超过一个立竖区。

一套火警系统可以包含多条探测回路,一条探测回路可以包含多个火警探头和火警按钮。按照防火分割图,一条船被分为若干个防火区域,每条探测回路覆盖一个或几个防火区。针对各区域的特点布置探头和火警按钮,有效地监视各区域的火灾险情。

火警探头是火警探测回路中最基本、最重要的部件之一。它是根据火灾发生时的物理现象,通过感应元件采集到热、烟、光等信号,再将这些信号转化为电信号。当达到整定值时,触头自动闭合而发出报警信号传输给主机,供主机分析处理。

目前船舶上安装的火灾报警系统,其火灾探头有手动和自动之分。自动探头包括感温、感烟和感火焰探头等多种传感器。感温探头通常安装在客船和油船上;感烟探头通常安装于货船上;感火焰探头多用于高度火灾危险区。手动式多为玻璃按压按钮(DK-7)式,发讯时敲碎玻璃装置可接通报警。

2.4.4 防火设备和报警输出回路

1. 防火设备

防火设备包括风机自动停止、防火门电磁铁、灭火器自动控制等。根据不同船舶的特点防火设备的选择有所不同。既可以选择厂家提供的全部设备,也可以有针对性地选择部分设备。火灾报警系统有三种输出方式控制防火设备:无源触点、直流有源输出、交流有源输出。

(1)风机自动停止。火灾报警系统的一组无源触点通过连线串接到所控制的风机控制回路中。当探测到火灾后,无源触点翻转,切断所控制的风机电源,使火灾区域因无氧而熄灭或减小。

(2)防火门电磁铁。在全船的重要防火区域使用防火门,防火门上安装有弹簧复位的闭门器和一块铁板,门电磁铁安装在墙壁与铁板相应的位置上。在正常状态下,电磁铁带电,磁力吸住铁板使闭门器无法关住防火门。火灾发生后,系统切断电磁铁电源,磁力消失,闭门器将防火门关闭。

(3)灭火器自动控制器。灭火器控制有两种方式:一种是与其他系统(二氧化碳系统、惰气系统等)相连,通过无源触点信号将火警信息传递过去,再由该系统执行动作;另一种是系统直接发出有源信号控制灭火器。灭火器的打开是气动式,在气动管路上安装一电磁阀,火警发生时,电磁阀得电打开(发出灭火报警信号),高压气体打开灭火器,灭火剂通过管路到达火灾处灭火。

2. 报警输出回路

火灾报警系统共有两种报警输出,即火灾报警和故障报警。故障报警发生时会有声光报警和具体的故障信息同时出现,但故障警报只在主机报警板和遥控报警板处有。火灾报警输出有三种方式:无源触点输出、直流输出、交流输出,其中两路有源输出可以直接驱动电铃、电笛等设备;无源触点输出连接到内部通信系统和机舱组合报警系统,当报警发生时触点翻转,内部通信系统驱动的内通喇叭及组合报警转灯将火灾报警传播到全船各处。

2.4.5 火灾报警控制器主机

JB-QB-GST200(以下简称为 GST200)火灾报警控制器(联动型)是海湾公司推出的新一代火灾报警控制器,为适应工程设计的需要本控制器兼有联动控制功能,可与海湾公司的其他产品配套使用,组成配置灵活的报警联动一体化控制系统,具有较高的性价比,特别适合中小型火灾报警及消防联动一体化控制系统的应用。

1. GST200 火灾报警控制器特点

(1)配置灵活,可靠性高

本控制器是采用双微处理器并行处理的系列产品,包括 16 点、32 点、64 点、96 点、128 点、192 点及 242 点火灾报警控制器(联动型),可以满足小型工程的不同需要。不论对联动类还是报警类总线设备,控制器都设有不掉电备份,保证系统调试完成时注册到的设备全部受到监控。

(2)功能强,控制方式灵活

本控制器为一个完全开放的系统,可通过扩展接口连接数字化网络系统,完成控制器网络通信要求。同时本控制器可挂接防盗模块并设有自动防盗功能,可自动定时开启和关闭防盗模块。

(3)智能化操作,简单方便

本控制器具有智能化操作的特点,即在特定的信息屏幕下,可通过快捷键来实现对外部设备的相关操作,而不需要输入设备的二次编码,从而大大简化了操作过程,提供了良好的人机界面。

(4)窗口化,汉字菜单式显示界面

本控制器采用窗口化菜单式命令,增加了每屏中所包含的信息量,当有多种类型的信息存在时,通过"►""◄"键操作可以方便地看到各种全面细致的显示信息,汉字菜单做到简洁、易懂、方便、直观,通过简单的操作(选择数字或移动光条)就可实现系统提供的多种功能。

(5)全面的自检功能

本控制器开机自检时,不仅自动检测本机设备(指示灯、功能键等),同时还逐条检测外部设备的注册信息及联动公式信息,如信息发生变化,系统将作相应的处理。

(6)配备智能化手动消防启动盘

本控制器配备的智能化手动消防启动盘,操作方便、可靠性高,手动消防启动盘上的每一个启/停键均可通过定义与系统所连接的任意一个总线设备关联,完成对该总线制联动设备的启/停控制,彻底解决了报警联动一体化系统的工程布线、设备配置及安装调试存在的固有问题。

(7)配备直接控制盘

本控制器具有 6 路直接控制输出,可完成对消防泵、排烟机、送风机等重要设备的直接启/停控制。每路输出具有短路和断路检测功能,并有相应的灯光指示。

(8)独立的气体喷洒控制密码和联动公式编程

本控制器对具有特殊重要意义的气体喷洒设备提供了独立的控制密码和联动编程空

间，并有相应的声光指示，使气体喷洒设备受到了更严格的监控。

2. GST200 火灾报警控制器

GST200 火灾报警控制器（联动型）典型配置包括主控制器、显示操作盘和智能手动操作盘。本控制器集报警、联动于一体，通过总线、多线的控制可完成探测报警及消防设备的启/停控制等功能。GST200 火灾报警控制器（联动型）的外观示意如图 2-4-8 所示。

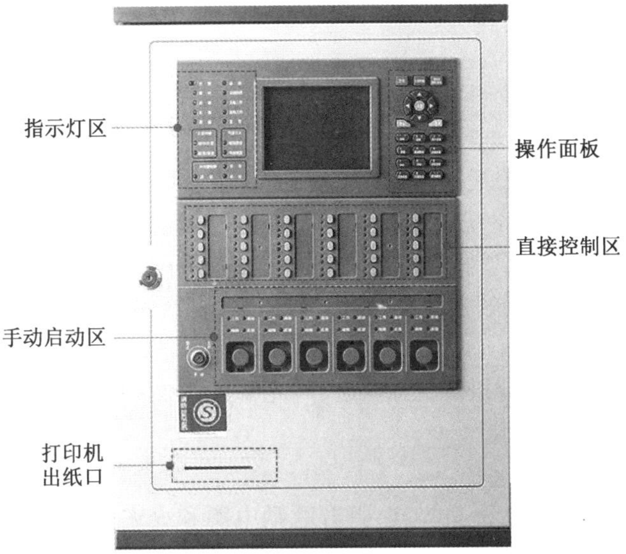

图 2-4-8 GST200 火灾报警控制器（联动型）外观示意图

视频：GST200 火灾报警控制操作

指示灯说明如下：

火警灯：红色，此灯亮表示控制器检测到外接探测器、手动报警按钮等处于火警状态。控制器进行复位操作后，此灯熄灭。

延时灯：红色，指示控制器处于延时状态。

启动灯：红色，当控制器发出启动命令时，此灯闪亮；在启动过程中，当控制器检测到反馈信号时，此灯常亮。控制器进行复位操作后，此灯熄灭。

反馈灯：红色，此灯亮表示控制器检测到外接被控设备的反馈信号。反馈信号消失或控制器进行复位操作后，此灯熄灭。

屏蔽灯：黄色，有设备处于被屏蔽状态时，此灯点亮，此时报警系统中被屏蔽设备的功能丧失，需要尽快恢复，并加强被屏蔽设备所处区域的人工检查。控制器没有屏蔽信息时，此灯自动熄灭。

故障灯：黄色，此灯亮表示控制器检测到外部设备（探测器、模块或火灾显示盘）有故障或控制器本身出现故障。除总线短路故障需要手动清除外，其他故障排除后可自动恢复，所有故障排除或控制器进行复位操作后，此灯熄灭。

系统故障灯：黄色，此灯亮，指示控制器处于不能正常使用的故障状态，需要维修。

主电工作灯：绿色，控制器使用主电源供电时，此灯点亮。

备电工作灯：绿色，控制器使用备用电源供电时，此灯点亮。

监管灯：红色，此灯亮表示控制器检测到总线上的监管类设备报警，控制器进行复位操作后，此灯熄灭。

火警传输动作/反馈灯：红色，此灯闪亮表示控制器对火警传输线路上的设备发送启动信息；此灯常亮表示控制器接收到火警传输设备反馈回来的信号，控制器进行复位操作后，此灯熄灭。

火警传输故障/屏蔽灯：黄色，此灯闪亮表示控制器检测到火警传输线路上的设备故障；此灯常亮表示控制器屏蔽掉火警传输线路上的设备，当设备恢复正常后，此灯自动熄灭。

气体灭火喷洒请求灯：红色，此灯亮表示控制器已发出气体启动命令，启动命令消失或控制器进行复位操作后，此灯熄灭。

气体灭火气体喷洒灯：红色，气体灭火设备喷洒后，控制器收到气体灭火设备的反馈信息后，此灯点亮。反馈信息消失或控制器进行复位操作后，此灯熄灭。

声光警报器屏蔽灯：黄色，指示声光警报器屏蔽状态，声光警报器屏蔽时，此灯点亮。

声光警报器消音灯：黄色，指示报警系统内的警报器是否处于消音状态。当警报器处于输出状态时，按“警报器消音/启动”键，警报器输出将停止，同时警报器消音指示灯点亮。如再次按下“警报器消音/启动”键或有新的警报发生时，警报器将再次输出，同时警报器消音指示灯熄灭。

声光警报器故障灯：黄色，指示声光警报器故障状态，声光警报器故障时，此灯点亮。

3. GST-200 火灾报警控制器基本操作

(1)开机、关机与自检

用户使用本系统时应按以下顺序进行开机操作；打开联动电源和火灾显示盘电源的主备电开关；打开控制器的主备电开关；完成以上操作后，系统上电进入自动检查状态。控制器提示系统处于自检状态，显示该控制器授权的点数。显示网络及打印机信息。自动检测键盘、指示灯、液晶屏幕及声音。自检完毕后，开机过程结束，系统进入正常监控状态。主机键盘上设有“自检”键，按下此键后系统将进行声光检查，屏幕显示如图 2-4-9 所示。

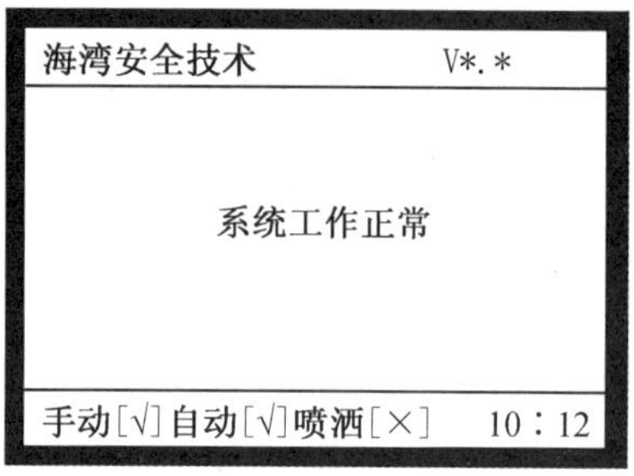

图 2-4-9　系统启动成功

关机过程按照与开机时相反的顺序关掉各开关即可。要注意备电开关一定要关掉，否则，由于控制器内部依然有用电电路，将导致备电放空，有损坏电池的可能。由于控制器使用的免维护铅酸电池有微小的自放电电流，需要定期充电维护，如控制器长时间不使用，需要每个月开机充电 48 h。如果控制器主电断电后使用备电工作到备电保护，此时电池容量为空，需要尽快恢复主电供电并给电池充电 48 h，如果备电放空后超过 1 周不进行充电，可能损坏电池。

(2)键盘的命令功能和字符功能

控制器的键盘多数为双功能键，下部标识为命令功能，上部标识为字符功能。命令功能只在监控状态下起作用，并且多数功能键受锁键功能限制；字符功能，只在进入菜单后，进行数据输入时才使用。

(3)数据输入的一般方法

在开始输入字符时，屏幕上会反白提示数据输入区域，按“确认”键或方向“△”“▽”“◁”“▷”键，系统将默认反白提示数据为输入数据。按下字符键，提示区原来显示的所有字符消失,显示的为刚刚键入的字符,并在下一输入位置显示提示光标(提示光标总指向新的字符输入位置,到输入区尾后自动指向输入区首位)。按“◁”或“▷”键,将光标移至输入区的任何一个字符位置,可对该字符进行修改。

编辑完一个数据输入区后,按“▽”键,系统将反白提示下一个数据输入区。当位于最后一个数据输入区时,按“▽”键将返回到第一个数据输入区。不论光标位置在何处,按下“确认”键,会将所有屏幕上显示的字符都存储。在进行数据输入时,如果停止键盘输入,40 s 后系统将自动退出当前的数据输入状态,并且不存储当前的输入。

(4)信息查看操作的方法

信息查看主要包括注册信息、事件信息、联动公式及运行记录四种,其基本方法如下。

进入注册设备信息查看状态时,屏幕显示的第一条信息呈反白状态(即该条信息被置为当前查看的信息),当信息多于 8 条时,可按“◁”“▷”键进行翻屏查看;按“△”“▽”键可对每一屏信息进行逐条选择;按下“确认”键,将显示有关该信息的更详细的内容。

查看事件信息时,分屏状态下按“◁”“▷”键可切换焦点屏幕,通过按“△”“▽”键可逐条查看焦点屏幕的各条信息。

进行联动公式检查时,按“确认”键可对各条联动公式进行查看。运行记录检查时,可通过按“△”“▽”键对其进行逐条查看。

注意:在正常监控状态下进行操作时,“取消”键可使液晶屏幕返回到该屏幕的上一级屏幕,直至返回到初始状态屏幕,此时液晶屏的背光将延时 30 s 后关闭。

(5)键盘解锁和锁键盘

控制器开机默认为“锁键”状态,若进行功能键(除“消音”“记录检查”“联动检查”“设备检查”“△”“▽”“◁”“▷”键外)操作,液晶屏显示一个要求输入密码的画面,此时输入正确的密码并按下“确认”键,才可继续操作,同时完成键盘解锁。

按下“锁键”功能键,屏幕上显示:“请确认锁键”;按下“确认”键,锁键操作完成。同时系统提供了自动锁键功能:当键盘解锁后,90 s 内不对控制器进行任何键盘操作,则系统进入锁键状态。

【任务实施】

火灾报警系统调试与排故

1. 火灾报警系统安装检查与通电调试

(1)在整个系统安装完成后,先对系统的完整性、接线的正确性进行检查,然后准备进行通电调试。

(2)在给系统供电时要一路一路分别送电,检查每一路单独供电时的工作情况。使用蓄电池为系统供电前要对其进行充电,测量电池电压。如果电压低则不能用电池供电,以免损坏电池。

(3)通电正常后,检查面板功能:先对系统进行测试(将各个测试按钮打到“TEST”位置),检查每一个按钮、指示灯、蜂鸣器是否正常工作。

(4)检查各条外部回路:重点是检测各回路的火警探头是否正常,检查火警探头时需使用辅助工具进行。

①感温探头可使用加热枪或加热电吹风。用加热枪时,将加热面与探头集热金属片接

触,直到报警发生;用电吹风时,风筒离金属片约 3 cm,直到报警发生。探头测试结束后系统必须复位。为了使探头快速冷却复位,可用一块湿毛巾盖在金属片上,当听到内部“咔哒”一声后,探头就复位了。

②感烟探头可使用专用的测试气罐,但这种气罐成本较高,操作不太方便。在实践中一线工人总结出一个简单实用的方法:让会吸烟的同志用一段塑料软管(塑料套管),将香烟直接吹到探头内,报警后还可以将探头内的香烟吸出,快速复位。

③感火焰探头可用明火试验,将一约 5 cm 高火焰(打火机火焰)置于探头下方 5 m 处,微微晃动即可触发探头,发出警报。

④在检查报警探头时,可以将“ALARM OUTPUT OFF”开关和“EXT. CONTROL OFF”开关打到“OFF”位置。在检查报警回路和报警响度时,将开关“ALARM OUTPUT OFF”打开,模拟一个火警信号,报警装置将启动。在检查防火设备控制时,将开关“EXT. CONTROL OFF”打开,模拟一个火警信号,防火设备将启动。

2. 火灾报警系统故障排查

(1)探测回路故障

当主机板上的探测回路故障指示灯亮时,首先要确定故障位置是内部还是外部。将故障回路接线拆下,在该位置连接一个 10 kΩ 的电阻,如果故障依然存在,说明是主机内部故障,需要更换备件;如果故障指示消失,说明是外部接线或探头故障,需要对探头和电缆进行检查,在此提供两种方法以供参考:

①火警测试法。先将控制外部设备回路断开,按照安装图从距离主机最近的探头开始模拟火警。如果一个探头对火警没有反应,则说明故障在这个探头或前一个探头上,或两个探头间的连线上。

②测量电压法。测量每一个探头的输入输出电压,这种方法可采用二分法来加快速度:先检查位于故障回路中间的那个探头,若正常表明故障在后半段,若不正常表明故障在前半段。继续将存在故障的部分二分检查,直到查出故障。

(2)报警铃回路故障

可以将故障回路拆下,在原处接一个 1 kΩ 电阻,如果故障依然存在,说明是内部故障,更换备件;如果故障消失,说明是外部回路故障,检查回路接线、绝缘、设备情况。

(3)绝缘故障

绝缘故障是最难发现和排除的,下面一步一步地检查和确定故障原因。注意:在整个检查过程中不能使用兆欧表,以免破坏内部电器元件。

①把所有的回路开关都打到关的位置,通过回路故障测试开关进行测试。如果故障存在,那么可能是电源部分故障;如果故障消失,那么是外部回路绝缘故障。

②如果是外部故障,一个接一个地打开回路开关。

③当故障再次出现时,说明刚刚打开的回路有故障。

④将故障回路接线拆下,用万用表检查绝缘,并注意是否有探头正负极反接。排除故障后恢复接线。

⑤继续步骤②,直到全部回路检查结束。

⑥如果故障来自供电电源,将主电源接线拆下。此时系统由应急电源供电,如果绝缘故障消失,那么故障来自主电源回路。

⑦如果故障还存在就是主机内部故障,应联系专业人员维修。

(4)电池故障

充电装置熔断丝烧毁或充电装置充电电流过小,将引起蓄电池电压过低,此时应检查熔断丝和充电电流。

(5)熔断丝故障

检查全部熔断丝。

(6)主电源供电故障

检查端子排上主电源是否中断;检查熔断丝是否熔断;检查接线端子是否接触良好。

任务2.5 二氧化碳灭火与释放报警系统安装与调试

2.5.1 常用典型灭火系统

船舶无论是在海上航行、停泊或是进坞修理,随时都有发生火灾的危险。不同类型和用途的船舶,发生火灾的起因和火情也各不相同,所以船舶上须装备多种灭火设备。

目前船舶上广泛使用的灭火设备按其使用方式,分为固定灭火系统和消防用品。固定灭火系统是用固定的管路将各种不同的灭火介质输送到火灾发生部位(或舱室)的装置。常用的灭火介质有水、CO_2、干粉、卤代烃、泡沫等。固定灭火系统有喷射水柱式灭火系统、自动喷水器灭火系统、压力水雾灭火系统、CO_2 灭火系统、卤代烃灭火系统、泡沫灭火系统、干粉灭火系统等。消防用品有手提式灭火器、可携式泡沫灭火器、大型泡沫灭火器等。

当船舶的消防水泵不能正常工作时,为保证船舶的施救并能及时把岸上或其他船上的水接到该船舶消防管系上,要求所有船舶必须配有国际通用水管接头,即国际通岸接头。国际通岸接头应用钢材或其他合适的材料制成,并设计成承受 1.0 MPa 的工作压力,其一端为平面法兰,另一端应为配合船上消火栓和消防水带的接口。国际通岸接头应能与承受 1.0 MPa 工作压力的任何材料的垫片一只及长度为 50 mm、直径为 16 mm 的螺栓 4 只和垫圈 8 只,一起保存在船上。下面介绍几种典型的固定灭火系统。

1. 喷射水柱式灭火系统

该灭火系统属于人工灭火系统,它是用高压水柱直接喷射燃烧物而灭火的装置,由消防泵、消防管系及总管、消防栓、消防水带、水枪和国际通岸接头组成。该系统适用于客船或客货两用船舶,如图 2-5-1 所示。

(a) 消防水泵 (a) 消防水带 (c) 消防栓 (d) 消防水枪

图 2-5-1 喷射水柱式灭火系统组成

(1)消防水泵

消防水泵是灭火系统的总动力源,对于 4 000 t 及以上的客船,至少应配备三台独立驱动的消防水泵;对于 1 000 t 及以上的货船,至少应设置两台独立驱动的消防水泵,且提供的消防栓压力应维持在 0.4 MPa 以上。同时还需有备用应急消防水泵,以保证对任何时间、任何地点发生的火灾,消防水泵可以立刻实施灭火。

(2)消防管系

消防管系是由消防总管和通至各消防栓的消防水管网组成,布置在人易到达的地方。消防总管和消防水管的直径应足够有效地分配从两台同时工作的消防泵输送所需要的最大出水量,但对于货船,其直径仅需满足排送 140 m^3/h 的水量。一般消防总管直径应不小于公式 $d=(L/1.2+25)$ mm 的要求(其中 L 为船舶首尾垂线间的距离),对于货船不超过 125 mm,对于客船不超过 180 mm,但任何情况下不应小于 50 mm。

(3)消防栓

每一只消防栓应由阀和接口组成,同时在消防泵工作时,可以拆卸任何消防水带(其数目应可接 2 股不同的消防水带)。其中 1 股消防水带可将水射至船舶在航行时旅客或船员经常到达的任何地方及空舱的任何货舱等处,另一消防水带在保护处所的入口处。

(4)消防水带

消防水带应由不腐烂的材料(帆布等)制成,并具备足够的长度使射出的水柱到达可能需要使用的任一处所,其直径为 50~60 mm,长不超过 20 m。每根水带应配有 1 只水枪和必需的接头,对于 1 500 t 及以上的货船,消防水带配置数目应为每 30 m 船长设有 1 根,备用 1 根,但总数应不少于 5 根。此数目不包括任何机舱或锅炉舱所需的消防水带。

(5)消防水枪

消防水枪的尺寸应为 12 mm、16 mm 和 19 mm。通常在起居室和服务处所内,不必使用大于 12 mm 的水枪,在机器处所等也不必大于 19 mm。所以应使用经认可的设有专门装置的两用型(水雾/水柱)水枪。

2. 自动喷水器式灭火系统

自动喷水器式灭火系统是依靠自动喷水器与消防水管相连平通至压力水柜,平时压力水柜与消防管内有淡水并保持一定压力。喷水器的喷嘴内由低熔点合金的金属片封住喷嘴,使水不能喷出。当火灾发生时,舱室温度达到规定值时,金属熔化,在压力作用下,水从压力水柜中喷出,使压力继电器动作,启动水泵,保持喷水器的连续工作。同时,声光信号发出报警,指出火灾地点。通常起居和服务场所及类似的舱室温度为 60~70 ℃;干燥房及同类型的高温舱室温度为顶部温度再加上 30 ℃。

如图 2-5-2 所示,自动喷水器式灭火系统主要由喷水器、消防水管网、压力水舱、水泵和报警装置组成,主要用于旅客及船员居住所或服务场所。喷水器设置于舱室顶部或天花板下面,并分开若干区,每一分区不得多于 2 层甲板,且不超过 1 个主竖区。一般每 6~10 m 装一个喷水器,喷水器每分钟喷水量不少于 5 L/m^2。该系统的特点是具有一定的淡水压力,必须防冻,只能阻焰但不能有效灭火,容易失控。

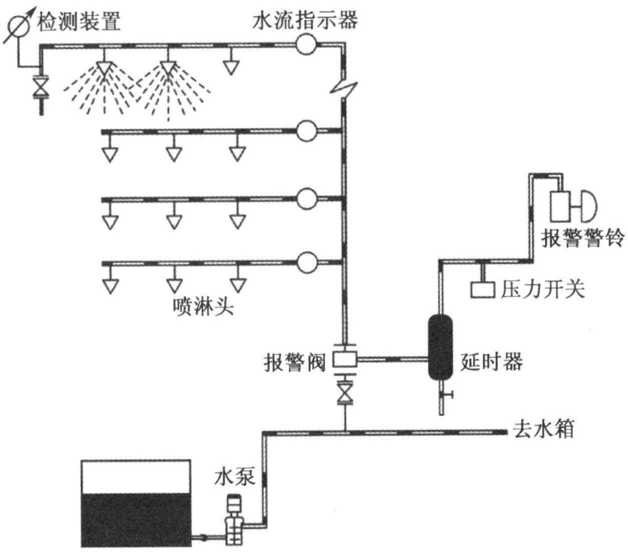

图 2-5-2 自动喷水器式灭火系统图

仿真软件:自动喷水器式灭火系统动画演示

3. 压力水雾式灭火系统

该系统的组成与喷射水柱式的基本相同,其喷射采用水雾式喷头。通过供水管上的分配阀手动控制来实现报警和灭火。该系统一般装在机舱、燃油锅炉舱、辅助及储存多种油类的舱柜处,用于对保护处所的油类火焰进行有效灭火。压力水雾式系统工作时,应使每平方米的被保护面积上,每分钟能得到不少于 5 L 的水量。该系统具有如下功能:

(1)喷水前有一定压力;

(2)喷射时水滴细小,分布均匀,容易吸收热量,冷却效果好;

(3)喷射面积大,容易汽化,水雾变成蒸汽后体积增大 1 650 倍,可有效地覆盖燃烧物的表面而将氧气隔离;

(4)水滴滴在油表面和油混合后,形成不燃烧乳化层;

(5)水雾具有一定的绝缘性能,也适用于电气火灾。

4. 卤代烃灭火系统

卤代烃是无色液化气体,具有高密度、低黏度的物理性质。在通常的环境温度下,它能稳定地长期储存。它不是依靠冷却或稀释氧气,而是依靠其受热产生溴离子,并立即与燃烧中产生的游离子与氢离子化合,使燃烧反应中止且冷却,因而迅速灭火。

目前船舶上使用卤代烃的种类较多,如:一溴二氟一氯甲烷(简称 1211)、一溴三氟甲烷(简称 1301)、三溴二氟甲烷(简称 1202)和三溴四氟乙烷(简称 2402)等。我国普遍采用 1211 灭火剂,它主要用于扑灭油类物质,适用于机器处所、泵舱及装载车辆的处所。

5. 泡沫灭火系统

该系统利用泡沫液与水混合产生大量泡沫,喷向燃烧物使其与空气隔绝而使火熄灭。按其发泡率(泡沫液和泡沫体积之比值)的高低又分为低膨胀泡沫灭火系统和高膨胀泡沫灭火系统。

(1)低膨胀泡沫灭火系统

泡沫剂和水在管路中一般以比例 6:49 混合后输送到可移动的喷筒或固定的泡沫发生器内,与 10 倍以上的空气混合形成肥皂状泡沫,发泡率不大于 12:1的液体即为低膨胀泡沫剂。作为船用泡沫灭火剂,要求形成的泡沫流动性好,在着火的液体表面能迅速扩散,抗燃烧性强,在高温下不被烤焦或破灭,黏附性强,能较长时间黏附在垂直的表面上而不易被气流冲散。当可燃液体着火时,泡沫灭火剂能迅速地覆盖在着火的液体上,隔绝空气,将火熄灭。

它主要用于船舶上的机舱、炉舱和储存油类的舱柜及油船的货油舱、货油泵舱等处。该系统能在不超过 15 min 的时间内通过固定的喷口,喷出的泡沫量足以覆盖燃油所能散布的最大的单位面积处 150 mm 厚度。

(2)高膨胀泡沫灭火系统

泡沫剂和一定比例的水混合后,喷洒到发泡网上,同时用鼓风机向发泡网供气,使黏附在发泡网上的泡沫形成肥皂状的泡沫,其发泡率不小于 1 000:1,故为高膨胀泡沫剂。高膨胀率泡沫灭火系统强度大、速度快,适用于扑灭机舱、炉舱、货油泵舱及飞机库等处的火灾。在发生火灾的舱室,由于很短的时间就能堆积大量的泡沫,所以在施放前要打开舱室的孔道让空气溢出,避免舱内气压增高,影响泡沫流动。该系统通过固定喷射口喷出,泡沫量足以使最大被保护处所每分钟至少铺盖 1 m 厚度。

2.5.2 二氧化碳灭火与释放报警系统

在船舶灭火系统中,固定式二氧化碳灭火系统为重要构成部分,主要应用在保护船舶机舱和船舶货舱等各个区域,一般设于机舱、锅炉舱、辅机舱、货舱、储存舱,以及油船的货油舱、油泵舱等处,用于扑灭油类火灾。由于二氧化碳对人体有害,在施放二氧化碳之前,应发出报警信号以便工作人员撤离。在扑灭火灾之后,需要用通风机排除残留的二氧化碳。

1. 二氧化碳灭火与释放报警系统规范要求

根据《SOLAS 公约》《钢质海船入级与建造规范》《国际海上人命安全公约》《船用二氧化碳灭火装置》(GB/T 3294—1999)等有关规定,对于 2011 年 9 月 1 日以前的船舶,国内法规对于释放控制箱的要求并不是那么严格,对于 2011 年 9 月 1 号以后的船舶,国内法规对于释放控制箱的要求更加明确。

(1)应设置两套独立的控制装置,以将二氧化碳释放至被保护处所,并确保报警装置的启动。一套控制装置应用于开启安装在将气体输送至被保护处所的管路上的阀门,另一套控制装置应用于将气体从所储存的容器中排出,应采取切实可行的措施以确保其按照此顺序操作。

(2)两套控制装置应布置在一个释放箱内,在该箱的特定部位应设醒目标记。如果装有控制装置的释放箱上加锁,用于开启箱子的钥匙应置于设有玻璃面板的盒子里,该盒子应置放在释放箱附近的明显位置处。

(3)固定二氧化碳消防系统对灭火剂剂量有严格的规定。“当灭火剂数量可以保护 1 个以上区域,则供应的灭火剂总额应该控制在保护区域内需要的最大数量”。从货舱的角度出发对其有具体规定,货物中需要的二氧化碳总量可放出的体积,应该等于装货区容积的 30% 自由气体。

（4）二氧化碳释放前应该发出释放报警，提醒被释放区域的工作人员即将释放二氧化碳，应紧急撤离，注意人身安全。释放时控制空气在开启瓶头阀之前会延时不小于 20 s。

2. 二氧化碳灭火与释放报警系统组成

固定式二氧化碳灭火系统应该由下面几个部分构成，如图 2-5-3 所示。

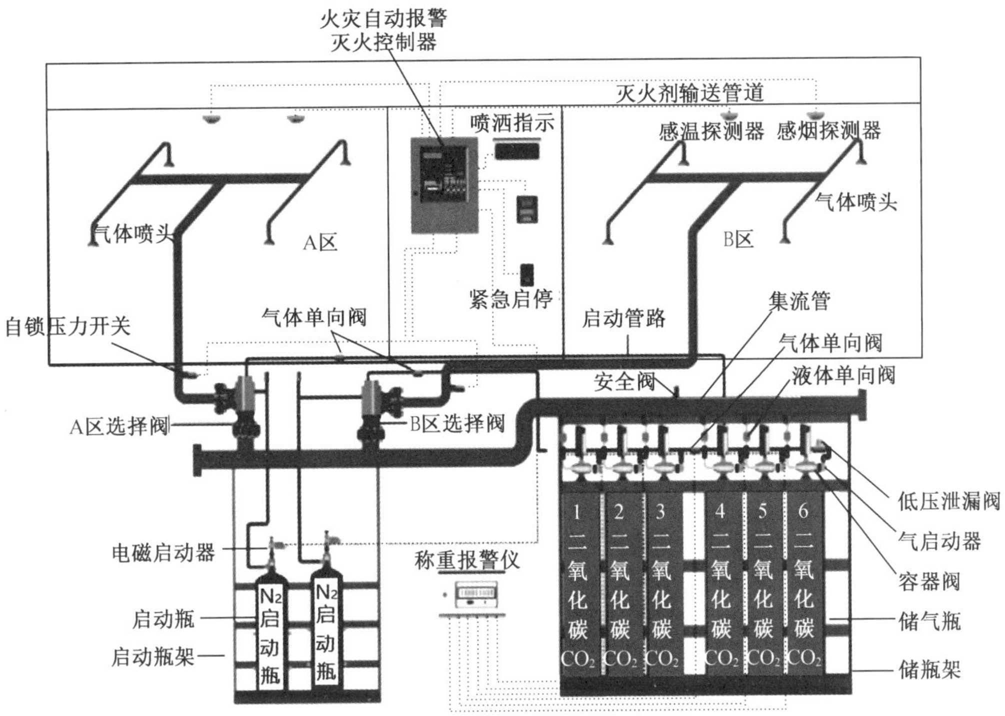

2-5-3 固定式二氧化碳灭火系统图

（1）释放管系和存储装置，主要包括瓶头阀和集合管、二氧化碳钢瓶。其中钢瓶为存储二氧化碳的重要容器。《国际消防安全规则》明确规定，船舶上的灭火装置需要安置排放管连接至空中，避免在控制站中聚集二氧化碳。

（2）遥控释放装置，主要包括控制气瓶和释放箱。释放箱为遥控释放控制箱。在控制箱的外部安置了一个玻璃盒，在盒子内部有一把钥匙，当发生紧急事件时，需要将玻璃打碎，从玻璃盒内取出钥匙，从而打开控制箱。

（3）主选择阀，即释放至机舱和货舱的总阀门。当保护处所不同时，总阀门也存在差异，对货舱区域而言，除包括主阀门外，还包括货舱分阀门，主要是不同货舱中的选择阀。

（4）信号反馈装置。在系统设备内部，应该安装可感应的信号反馈装置，比如在钢瓶内部的气压比较大时，可利用泄压管路达到释放气压的目的，可将压力变化转变成电流信号变化，从而反馈至控制面板中，通过声音和光线报警。

（5）分配管系和喷嘴，即二氧化碳释放管和释放的喷嘴，释放喷嘴位置应该分布在机舱和货舱中。

通过以上分析得知，维护传播设施是一项艰巨的长期性的工作，在维护的过程中，工作人员必须做到认真负责。

3. CDE-2 型船用二氧化碳灭火与释放报警系统

CDE-2 型船用二氧化碳灭火系统采用高压储存,手动操纵和遥控施放方式,在环境温度-10~50 ℃时,系统最高工作压力为 14.7 MPa。系统性能满足《国际海上人命安全公约》,同时满足我国船级社和船舶检验局海船和内河钢船建造规范(CCS 和 ZC)的要求。该灭火系统广泛用于海上平台、船舶机舱、泵舱、货舱、油舱、发电间、油漆间、木工间、厨房等处的消防灭火。

本系统主要由二氧化碳贮存系统和施放控制系统两部分组成,主要部件有船用灭火装置报警箱、船用遥控施放站、二氧化碳气瓶组装、气控施放阀(选择阀)、释放器、压力信号发送器、喷嘴及连接管路等组成。如图 2-5-4 所示为 CDE-2 型船用二氧化碳灭火系统原理图。

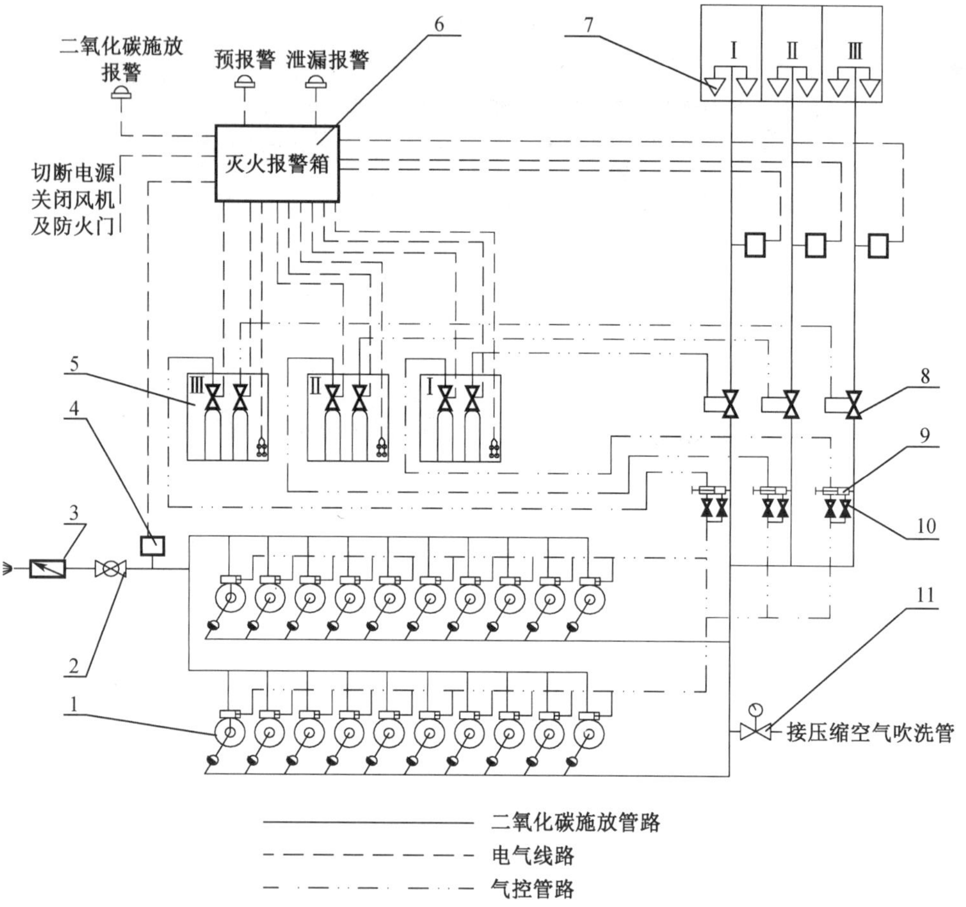

1—气瓶组装;2—背压阀;3—信号叫笛;4—压力信号发送器;5—遥控施放箱;6—灭火报警箱;7—喷嘴;8—气控放放阀(选择阀);9—释放器;10—止回阀;11—吹洗测压阀。

图 2-5-4　CDE-2 型船用二氧化碳灭火系统原理图

(1)船用遥控施放箱(机械延时)

船用遥控施放箱(图 2-5-5)由箱体、氮气瓶、杠杆式瓶头阀、低泄高阻阀、压力表和行程开关等组成。其用于遥控操作灭火站室中的灭火装置,对灭火区间实行手动灭火。使用时,用锤子敲碎箱门上钥匙盒的玻璃,取出钥匙,打开箱门,即发出二氧化碳施放预报警信号。利用预报警信号可进行关闭风机、燃油机及供油泵、鼓风机等操作。确认所有人员已离开失火舱室,关闭失火舱室所有出入口。首先扳下施放阀控制气瓶手柄,打开施放阀,再扳下二氧化碳控制气瓶手柄,驱动气体开始施放,并发出蜂鸣信号,自动延时 20~40 s 后打开二氧化碳气瓶。

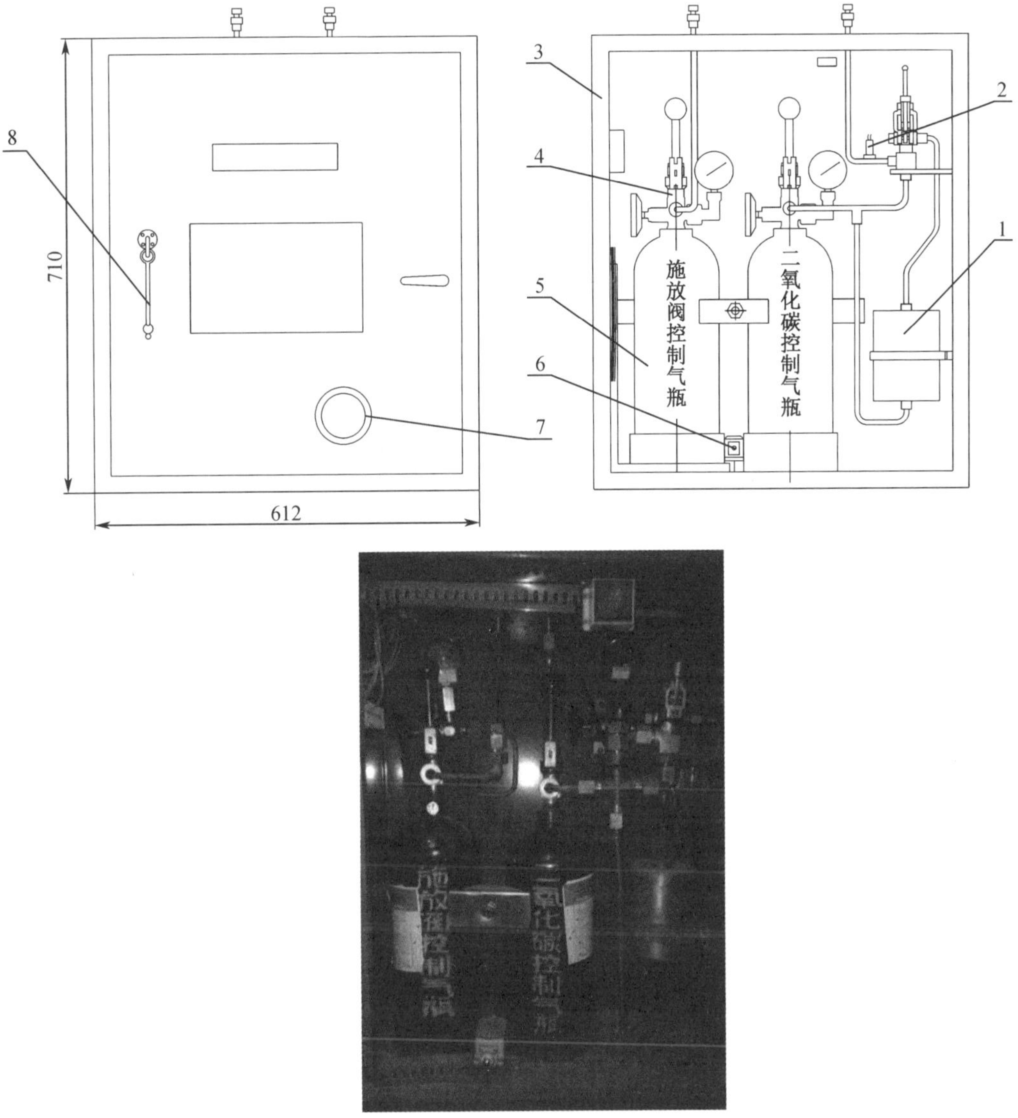

1—延时器;2—低泄高阻阀;3—箱体;4—杠杆式瓶头阀;
5—控制气瓶;6—行程开关;7—钥匙盒;8—锤子。

图 2-5-5 船用遥控施放箱(机械延时)

(2)船用灭火装置报警箱

船用灭火装置报警箱(图 2-5-6)是二氧化碳灭火系统的重要组成部分,主要监视系统工作状态。在二氧化碳灭火剂释放前,船用灭火装置报警箱发出预报警信号,进行切断风机、油泵等操作,同时箱门上相应舱室预释放指示灯亮;在二氧化碳灭火剂释放过程中,船用灭火装置报警箱发出报警信号,同时箱门上相应舱室释放指示灯亮;在二氧化碳灭火剂慢性泄漏或超压泄放时,船用灭火装置报警箱发出报警信号,同时箱门上泄漏指示灯亮。使用时,电源开关置于 ON,接通电源,电源指示灯亮,对外提供 2 组常闭常开失电报警信号。打开遥控施放站箱门或手动扳开施放阀启动手柄,蜂鸣器报警、相应保护区预放指示灯亮,对外提供 4 组常闭常开预放报警触点。灭火剂施放,蜂鸣器报警,相应保护区释放指示灯亮,对外提供 2 组常闭常开施放报警信号。储液瓶瓶头阀安全膜片爆破,泄漏指示灯亮,对外提供 2 组常闭常开泄漏报警信号。报警时,按下消声按钮,蜂鸣器报警声消除,消声指示灯亮。报警时,按下复位按钮,报警箱内部控制全部复位。

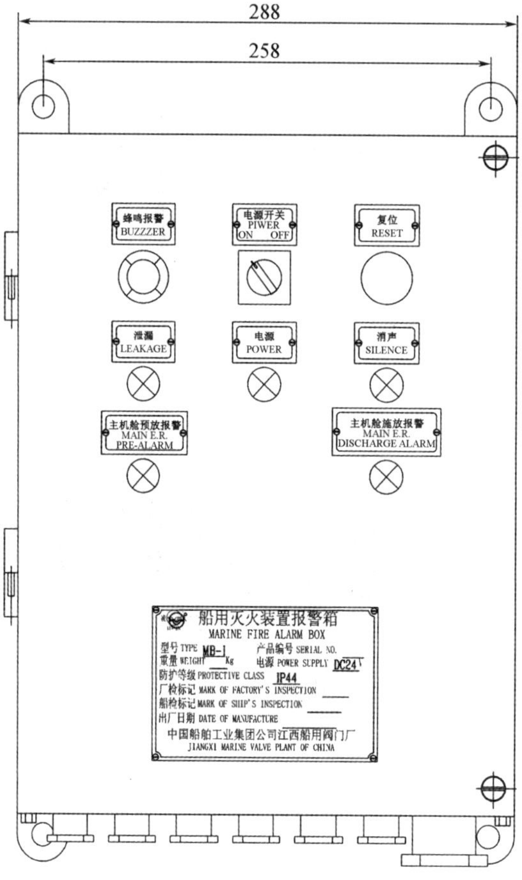

图 2-5-6　船用灭火装置报警箱

4. 二氧化碳灭火与释放报警系统操作步骤

船舶机舱和货舱为重点保护区域,因此必须掌握货舱和机舱运用二氧化碳消防装置的操作流程。

船舶货舱中手动释放为二氧化碳释放的主要形式,根本原因为在不同形式下,失火的货舱在实施封舱灭火的过程中,需要的灭火剂剂量不同,因此必须根据现场装载情况核算需要的钢瓶数量,操作流程如下:利用“抽烟式”设备检测装置,从而确定失火货舱。当船舶在运行的过程中,针对货舱将利用封舱处理。故此确定船舶失火的过程中,将利用船舶配置“抽烟式”设备检测。抽烟式报警装置中有两个风机,并且在航行的过程中,两个风机将 24 小时不间断运行。当船舶中某个区域发生火灾之后,风机将舱内的气送达检测中心,当烟气的含量超过规定的标准之后,便可控制抽烟式检测设备发出警报。这个警报面板中复示器安装于驾驶台中。当驾驶台接收到发送的报警信息,便可自动发出报警信号。当确定失火的位置之后,则应该确保在短时间内完成撤离工作,随后便将失火货舱的通风口和舱门进行关闭,确保货舱始终处在封闭的状态。

船舶机舱释放二氧化碳方式为手动释放与气动释放。根据《SOLAS 公约》的相关规定,当机舱内发生失火的情况,需要保证在两分钟之内将 85%气体注入船舶机舱中。为更好地满足这个要求,应该开展气动释放操作。当机舱内部处在释放的状态时,则应该保证灭火的步骤达到规定的标准。针对气动释放,当船舶发出报警信号之后,应该撤离内部人员,将通风口和出入口进行关闭,保证在开展灭火工作时,机舱始终处在封闭的环境下。安排固定人员在控制站,将释放箱内部的钥匙取出,从而将释放箱打开。当将释放箱打开之后,通过触点开关便可报警,从而将风机和油泵进行关闭。释放箱有两把钥匙,分别放在释放箱的附近和驾驶员手中。当按下启动按钮之后,将释放阀打开,当继电器延时 20 s 之后,则需要将启动瓶打开,这样便可保证机舱区域内覆盖二氧化碳。启动气瓶连接方法有两种,一种为串联释放,依次打开二氧化碳钢瓶的释放阀门和机舱中的释放阀,另一种方法为并联释放,同时二氧化碳钢瓶的释放阀门和机舱中的释放阀。在手动释放过程中,当发现电气线路存在故障、氮气瓶中的压力不足时,便可利用手动释放的方法打开灭火剂。当船舶发出信号之后,工作人员应该通过手动的方法将油泵和风机进行关闭,保证机舱中工作人员全部撤离。安排专业人员在二氧化碳间,通过手动的方式,将机舱中的主阀打开,并且打开二氧化碳气瓶,保证灭火剂可以达到机舱的区域中。

【任务实施】

船用固定式二氧化碳灭火系统检修

固定式二氧化碳灭火系统检修内容通常包括:气瓶称重及检验、管路泵压试验、管路密性试验、管路畅通试验、气缸及施放选择阀的动作试验、压力表年检校正、效能试验等。

进入二氧化碳灭火站室前先要对站室进行通风(如开启站室门、窗和启动通风设备,必要时可要求船方进行强制通风),20 分钟后人员才能进站室工作。同时必须注意,在站室内必须有两个以上并经培训考核合格的人员方可进行施工。

1. 气瓶称重及检验

(1)液位测量

测量室内温度,确保室内温度小于 25 ℃。确认二氧化碳瓶存放的数量及容量,检查原瓶上所贴的标识。用液位仪测出二氧化碳瓶内的液面高度,并逐一标识记号,根据不同液位仪厂家提供的液位高度与质量换算表,计算出每瓶二氧化碳药剂的质量并记录。药剂不足的必须检查原因,修复后补足药剂。液位测量结束后由操作者签名负责,检验员检验合格后贴上认可标识。

(2)直接测量

直接测量即用电子秤分别对每个二氧化碳钢瓶进行称重。称重前必须先关闭二氧化碳管上的各个施放阀。按气瓶的排列和顺序编好序号,登记气瓶编号、气瓶皮重、气瓶的溶剂或气瓶的额定充装量。拆除施放机构、高压软管、气动管及气瓶的固定架。将气瓶逐只称重登记,按规范要求判断该瓶是否失重,若失重,则应检查原因并修复后再充装。经称重合格的气瓶,可进行复位安装,按照上述步骤逆向进行。复位安装需船方确认。称重完工后,称重数据由操作者签名,检验员检验合格后贴上认可标识。

(3)气瓶的检验

气瓶的检验包括气瓶的接受、排放余气、拆卸瓶阀、原始标志登记、气瓶的外表检查、气瓶的内表面检查、音响检查、气瓶质量和容积的测定、气瓶的水压试验、气瓶的干燥、气瓶的壁厚测定和强度校核、瓶阀的检验与安装、检验标志的打铳、气瓶的漆色、气瓶的充装、气瓶的发放。报废的气瓶必须拆除瓶阀,露天放置一段时间后切掉瓶身肩部或在瓶身钻孔。经上述检查及试验后合格的气瓶由检验员负责验收接收贴上认可标识,再进入发放程序。

2. 管路泵压试验

泵压前应先关闭集合管路上的施放阀。泵压时应确保管路内的压力逐步升至11.8 MPa,观察焊缝和各连接处是否有变形、爆裂、渗漏等不正常现象,并保压15 min无缺陷和压降的为合格。泵压结束后应用0.49 MPa的压缩空气作畅通,吹干管系中水分。泵压试验结束后经检验员检验合格后在集合管路上贴上认可标识。

3. 管路的密性试验

管路的密性试验通常与管路的泵压试验(图2-5-7)联做,泵压试验合格后拆除各闷盖,用0.49 MPa的压缩空气吹干管系中的水分,复位后再做0.69 MPa的气密试验,其目的是检查各拆装处是否漏气。具体的方法为关闭集合管路上的所有阀件,用压缩空气对集合管路加压至0.69 MPa,向每个拆装处喷洒肥皂水,仔细观察,若无气泡产生,则为合格。

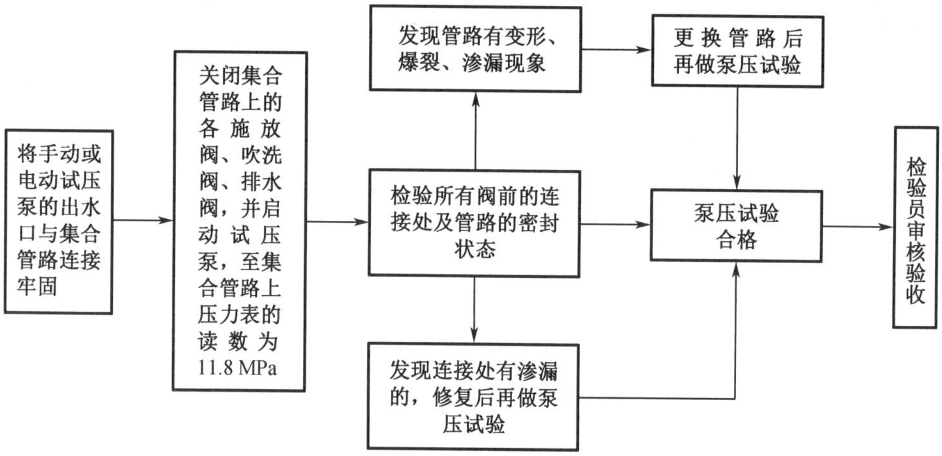

图2-5-7 管路泵压试验流程图

4. 管路畅通试验

在码头或机舱里用耐压在1.0 MPa以上的夹线胶管引压缩空气至二氧化碳间,并与总管或分配阀箱上所设压缩空气吹洗接头连通,中间加装控制阀,阀后加装一只1.6 MPa的压力表。打开空气控制阀,当表压达到0.49 MPa后,打开快开阀,对每路支管分别进行吹通,检查各分路排出口是否有空气排出,用轻物(如纸条/丝带)系于竹竿上,靠近排出口,检查出气是否畅通。以此程序检查各条支管。

5. 气缸及选择阀的动作试验

做此类试验时一定要先将二氧化碳贮气瓶移离二氧化碳站室,目的是保证二氧化碳瓶头阀与瓶头阀上的开启柄完全脱离,确保试验的安全。将手提式二氧化碳灭火器与气动管路连接牢固后,开启灭火器的瓶头阀,二氧化碳气体即进入气动管路,并启动施放总阀和气缸,检查施放总阀和气缸的开启状态,确认其是否完全开启。施放总阀和气缸若不能完全开启,要检查气动管路及各连接处是否有渗漏和变形,并将其修复,直至无上述缺陷为止。

6. 压力表校正年检

船用二氧化碳灭火系统上的压力表通常安装在遥控施放箱内的氮气瓶上和集合管上,前者用于检验氮气瓶的压力状况,后者用于集合管路的泵压和二氧化碳药剂施放时的压力显示。上述压力表每年都应进行校验,并贴校验标识,发衡器强制检定证书。

7. 效能试验

效能试验是二氧化碳灭火系统最基本的应用试验,效能试验能较直观地反映出二氧化碳系统的现实工况。效能试验包括:二氧化碳施放报警试验、风油遥切试验、泄漏报警试验,以及前文已介绍过的阀件动作试验。二氧化碳施放报警试验及风油遥切试验通常可同步操作,具体做法:手动打开施放控制箱箱门(或手动打开施放阀),行程开关无源触点关闭并输出信号,声光报警器开始工作,同时切断风机油泵。做泄漏报警试验时,将一具手提式MT3 二氧化碳灭火器出口与泄漏管连通,打开灭火器瓶头阀,二氧化碳药剂即进入泄漏管,信号叫笛发出报警声,同时泄漏管上压力信号器输出信号提醒驾控台泄漏管内有压力。

任务 2.6 机舱组合报警系统安装与调试

【任务描述】

通过识读机舱组合报警系统系统图、系统接线图、系统原理图等相关技术图纸,掌握机舱组合报警系统的功能、组成、工作原理及安装与调试方法;使用通用或专用电气工具与仪器,按照作业规范与图纸要求,完成系统设备领用、设备安装与接线,系统接线正确性检查、系统完整性确认、系统功能逐项试验等工作任务。

仿真软件:组合报警仿真

微课:机舱组合报警系统

【知识链接】

2.6.1 机舱组合报警系统的功能与组成

在现代船舶中,一些较重要设备的报警,如通用紧急报警、CO_2 释放报警、火灾报警、电话呼叫、车钟呼叫、机器故障报警和轮机员安全报警等,除了有单独的报警板之外,还把报警信号传输到机舱报警灯柱和报警灯板,发出相应的声光报警,以便通知机舱工作人员,称为机舱组合报警系统(E/R alarm group light column)。

各种报警信号被送到组合报警系统继电器箱后，再经过继电器箱的转换把这些报警送到机舱组合报警灯柱和报警灯板，通知机舱内的船员。这些被送到报警灯柱和报警灯板的信号在继电器箱内是并联连接的，只要有报警信号，它们都同时发出灯光信号和音响信号。所以，机舱组合报警系统主要由两部分组成：一是报警继电器箱，也就是系统的控制电路，负责报警信号采集，同时输出信号驱动报警灯柱（板）；二是外围报警灯柱和报警灯板，也就是系统的报警装置，通常布置于机舱、舵机舱，分油机室、集控室、锅炉舱等噪声较大的场所。机舱组合报警系统组成如图 2-6-1 所示。

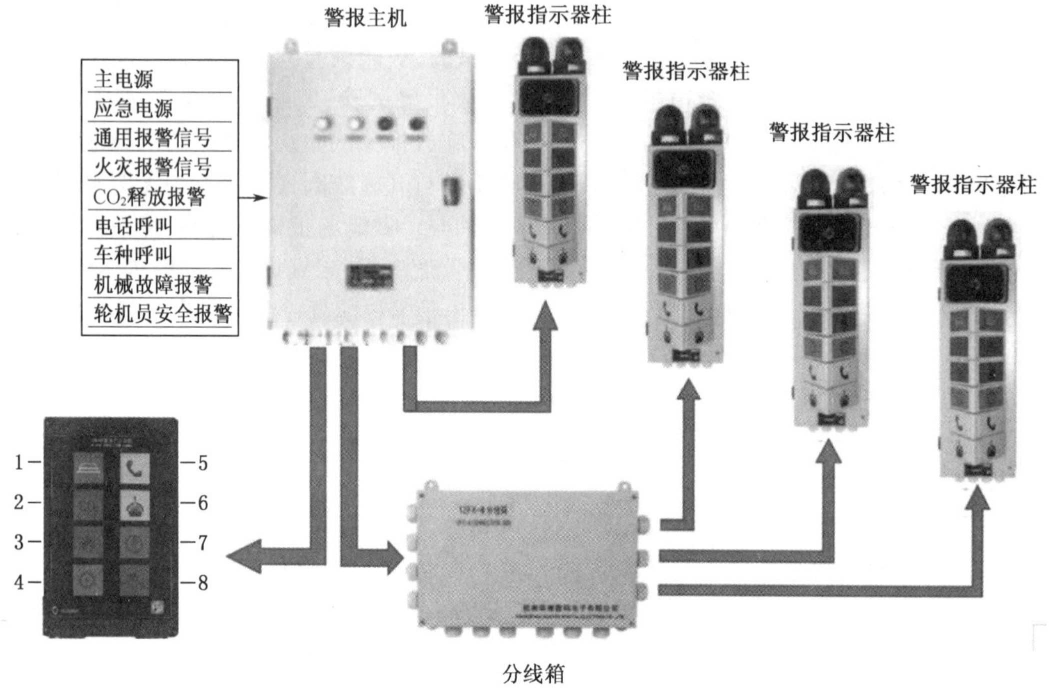

1—通用紧急报警；2—火灾报警；3—CO_2 释放报警；4—机械故障报警；

5—电话呼叫；6—车钟呼叫；7—轮机员安全报警；8—灭火喷淋。

图 2-6-1　机舱组合报警系统组成框图

2.6.2　机舱组合报警系统控制电路工作原理

根据报警灯柱上报警笛和灯柱本身线路的不同，电路也不同。下面介绍一种具有能够发出多种声调的电笛系统的机舱组合报警系统工作原理电路，如图 2-6-2 所示。

1. 两路电源供电，保证系统供电的可靠性

由图 2-6-2(a)可以看出，设计中采用双路电源供电，一路由主配电板供电，另一路由应急配电板供电。当主配电板供电时 H_1 电源指示灯亮，KM_1 继电器得电动作，其常开触点闭合，将主配电板的电源经 FU_3 和 FU_4 熔断丝送至控制回路中；同时 KM_1 继电器的常闭触点断开，切断应急配电板提供的电源。当主配电板供电中止时，KM_1 继电器失电，它的常开触点断开，切断主配电板供电线路，而它的常闭触点闭合，将应急配电板电源接入控制回路中，应急电源指示灯 H_2 亮，继电器 KM_0 动作，KM_0 的常闭触点(9,10)断开使应急电源故障灯熄灭，表示已由应急电源供电，反之则表示应急电源失电报警。同样，KM_1 的一个常闭触点(7,8)也有主电源失电报警的功能，通常这两个触点并联起来，送入机舱监测报警系统。

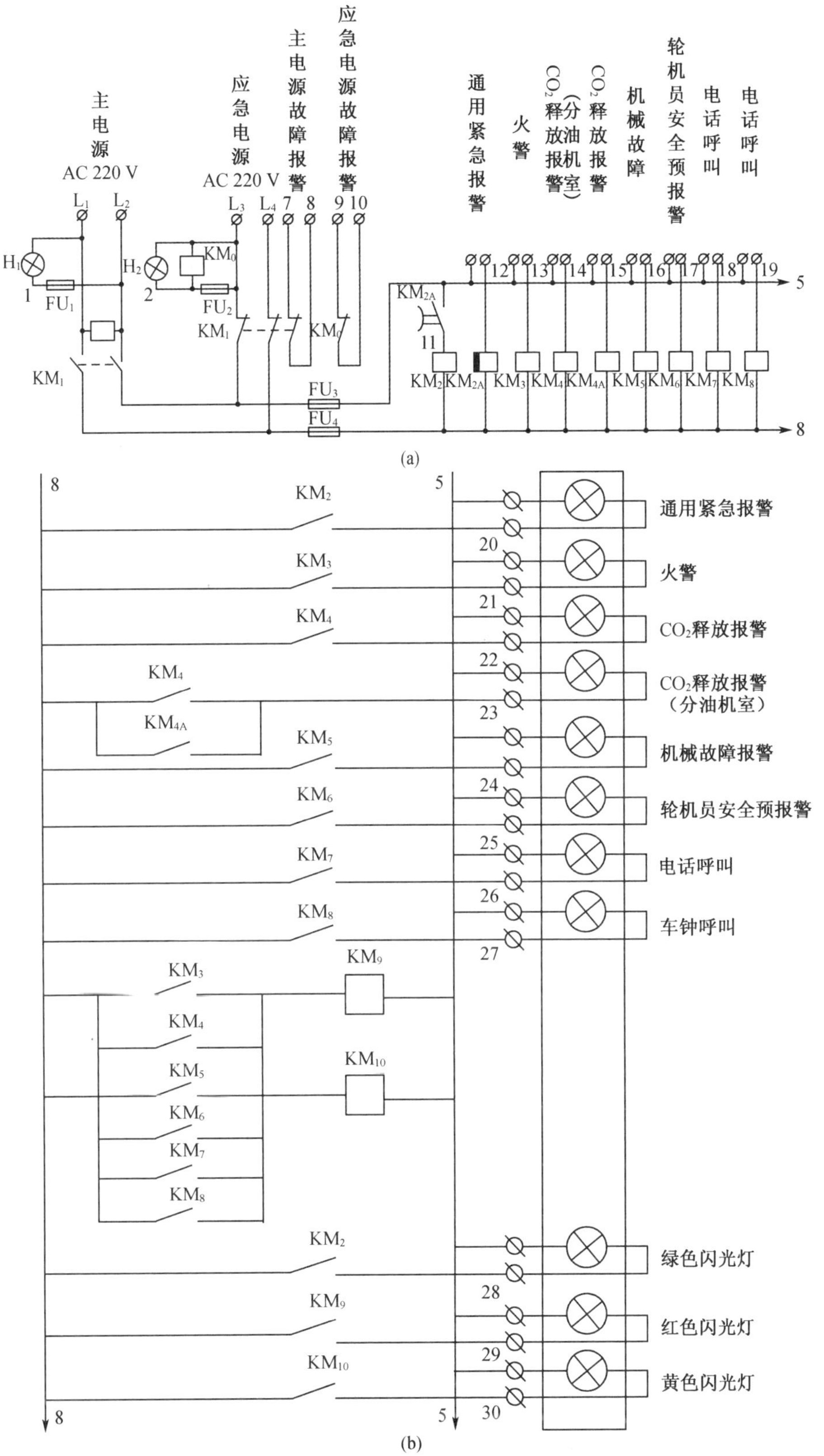

图 2-6-2 继电器箱原理图

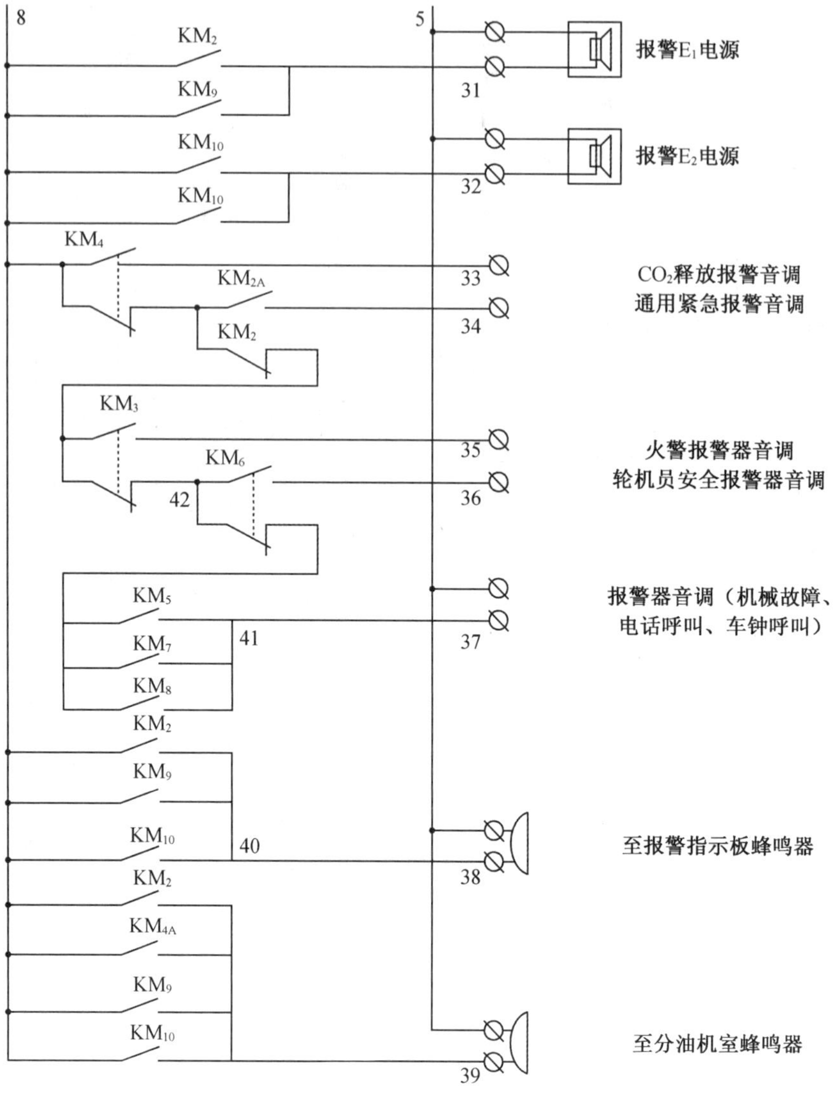

(c)

图 2-6-2(续)

2. 报警过程分析

当电源供电正常时，车钟呼叫、电话呼叫、轮机号安全呼叫、机械故障报警、CO_2 报警、火灾报警、通用紧急报警中的任何一个报警信号输入后，它们所对应的 KM_2～KM_8 继电器动作，继电器的触点会将电源送至报警灯柱上相对应的灯和报警笛上的音调，如图 2-6-3 所示。这些报警信号送来的是一个开关量的触点闭合信号，当闭合信号来时（如火警信号），把接线点（5，12）短接（图 2-6-2（a）），继电器 KM_3 动作，其常开触点（8，21）闭合（图 2-6-2（b）），报警灯柱上火警灯亮。KM_3 的另一个常开触点（8，6）闭合，使继电器 KM_9 动作，KM_9 的常开触点（8，45）闭合（图 2-6-2（c））。报警灯柱上的报警 E_1，电源得电，同时其常开触点（8，40）闭合，报警指示灯板上的蜂鸣器发出报警声，另一个常开触点（8，39）闭合，分油机室的蜂鸣器也发出报警声。这些报警信号不能同时发声，如果同时到达，报警信号也不可能同时发声。因为它们有一个优先发声的控制，在图中是用继电器的触点来实现的。这里优先发声的是 CO_2 释放报警。如分油机室的 CO_2 释放报警信号来时，使继电器 KM_4 动作(图 2-6-2(c))，其常开触点(8,33)闭合，发出 CO_2 释放报警音调，而另一个常闭触点(8,43)断开，切断其他同时送来的报警信号。其次是通用紧急报警继电器 KM_2。再次是火警继电器 KM_3、轮机员安全预报警继电器 KM_6 来切断后面的报警。

3. 报警灯标识说明

从图 2-6-2 中可以看出，每一个报警灯柱和报警灯板上有相对应的指示灯。报警灯柱上还有 3 种不同颜色的转灯，2 个报警笛。当不同的报警到来时，对应的指示灯亮，对应颜色的灯旋转，报警笛发出对应的音调，如车钟呼叫、电话呼叫；轮机员安全报警及机械报警信号输入时黄色转灯闪亮；火警、CO_2 报警为红色转灯闪亮；有通用报警输入时绿色转灯闪亮。报警灯柱上的报警笛根据所来报警的组别发出不同的音调报警。报警电笛音调种类说明如图 2-6-3 所示。

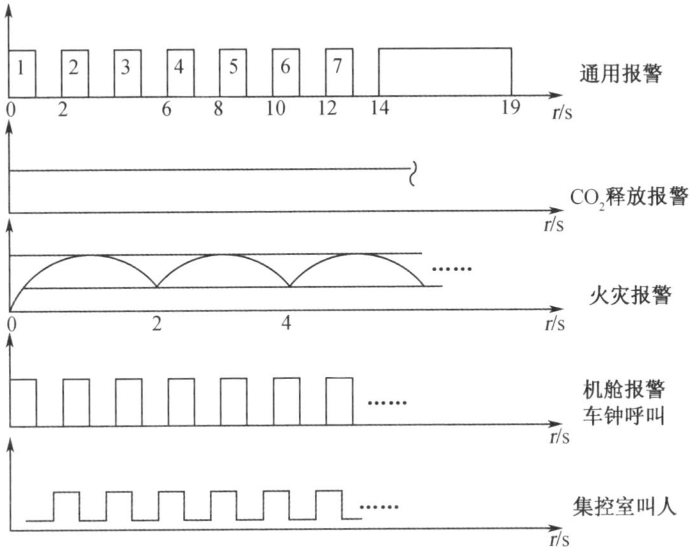

图 2-6-3 报警电笛音调种类

4. 断电延时时间继电器 KM_2A 的作用

由于通用紧急报警信号为 7 短 1 长，当报警信号到来时，7 短 1 长信号由 KM_2 的常闭触点直接送至报警笛，报警笛也发出 7 短 1 长的声音。而报警灯和转灯则是由继电器 KM_2 控制的。KM_2 受时间继电器 KM_{2A} 常开延时断开触点(5,11)的控制，只有 KM_{2A} 常开延时断开触点(5,11)闭合时，它才能动作。当 KM_{2A} 延时时间大于通用报警信号的间隔时间时，报警灯和转灯将长时工作。

5. 报警笛驱动

报警灯柱上的报警笛 E_1，在通用报警、火警、CO_2 报警时鸣响。由于通用报警时继电器 KM_2 动作、火警时继电器 KM_3 动作和 CO_2 报警时继电器 KM_4 动作，它们的触点闭合使继电器 KM_9 动作，它的常开触点(8,45)闭合，把 AC 220 V 电源通过接线点 31 送至报警笛 E_1。报警笛 E_2 在车钟呼叫、电话呼叫、轮机员安全报警和机械故障时鸣响，这些报警使相应的

继电器 KM_8、KM_7、KM_6、KM_5 动作。由于每一个继电器的常开触点(8,39)是并联的,因此它们其中任何一个动作都使继电器 KM_{10} 动作,KM_{10} 的常开触点(8,44)闭合,把 AC 220 V 电源通过接线点 32 送至报警笛 E_2。若所有 7 种报警在同一时刻发生,则报警系统电笛驱动电路设置了优先级选择电路,此时报警电笛只能选择优先级最高的报警信号音调发出声音报警。从图 2-6-2(c)中可以看出,报警信号的优先级为:通用报警、CO_2 报警优先级最高,轮机员安全报警、火灾报警次之,优先级最低的是车钟呼叫、电话呼叫和机械故障报警。

【任务实施】

机舱组合报警系统操作

1. 实训目的

认识机舱组合报警系统各组成设备(表 2-6-1)及其连接关系;掌握机舱组合报警系统安装检查;掌握机舱组合报警系统功能试验。

2. 实训设备系统简介

用于船舶工作状况综合报警的设备。其通过检测通用报警、CO_2 施放、火灾报警、机械故障、自动电话、声力电话、安全报警、车钟信号,发出相应比较醒目的声光报警信号,便于船员、值班员迅速采取相应的应急措施,如图 2-6-4 所示。

型号:SGB-7

电源:AC 220 V/DC 24 V

表 2-6-1　机舱组合报警系统组成及安装位置

名称	安装方式	安装部位
报警灯柱继电器箱	挂壁安装	教学室
报警灯柱	挂壁安装	教学室
机舱组合报警复示器	嵌入安装	驾控台台面
	嵌入安装	集控台台面
机舱声光报警输入按钮	嵌入安装	实训台台面

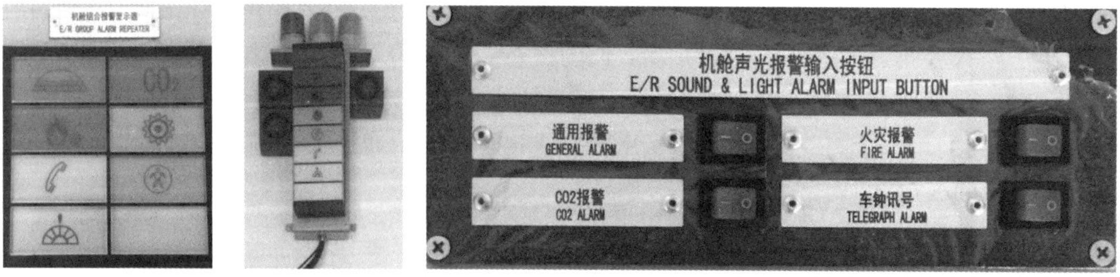

图 2-6-4　实训设备

3. 实训内容及操作步骤

(1)系统通电检查

在集控台 AC 220 V 分电箱处打开报警灯柱继电器箱 AC 220 V 电源，报警灯柱继电器箱上 AC 220 V 电源指示灯亮。在集控台 AC 220 V 分电箱处打开 DC 24 V 电源转换模块开关，并在集控台 DC 24 V 分电箱处打开报警灯柱继电器箱 DC 24 V 电源，报警灯柱继电器箱上 DC 24 V 电源指示灯亮。

(2)功能试验

将报警灯柱继电器箱中测试开关依次转至通用报警、火灾报警、CO_2 释放报警、机器故障报警、车钟呼叫、电话呼叫及轮机员安全报警位置上，或者在实训台上打开相应的报警开关，观察各报警状态下组合报警灯柱的声光报警情况和位于驾控台和集控台的报警复示器的报警指示情况。机舱组合报警灯柱报警信号见表 2-6-2。

表 2-6-2 机舱组合报警灯柱报警信号

报警信号	信号显示颜色	转灯颜色	喇叭声响	图标表示
通用报警	绿色	绿色	7 短 1 长	
火灾报警	红色	红色	定频、变调	
CO_2 释放报警	红色	红色	定频、变调	CO_2
机器故障报警	黄色	黄色	长响	
车钟呼叫	白色	黄色	响和不响交替	
电话呼叫	白色	黄色	两个音调交替	
轮机员安全报警	黄色	黄色	响和不响交替	

(3)报警信号优先级

当电源接通后，外来选通信号的优先级依次为机器报警、车钟、电话、CO_2 释放、火警、通用报警。当优先级不同的两个报警信号同时送入组合报警灯柱，分为以下两种情况：

两个报警信号所用的转灯不同，如通用报警（绿色）和 CO_2 释放报警（红色）。在实训台上，同时按下通用报警和 CO_2 释放报警输入信号按钮开关，报警灯柱同时发出通用报警和 CO_2 释放报警两种声光警报。

两个报警信号所用的转灯相同，如火灾报警（红色）和 CO_2 释放报警（红色）。在实训台上，同时按下火灾报警和 CO_2 释放报警输入信号按钮开关，报警灯柱上火灾报警和 CO_2 释放报警指示灯都亮，但是只发出优先级高的 CO_2 释放报警的声响警报。

任务 2.7　冷库误锁系统安装与调试

【任务描述】

识读冷库误锁呼叫系统系统组成图、系统接线图等相关技术图纸，掌握系统的功能、组成、工作原理及安装与调试方法。按照作业规范与图纸要求，完成冷库误锁呼叫系统设备安装与接线，系统接线正确性检查，系统完整性确认，系统功能逐项试验等工作任务。

【知识链接】

微课：冷库误锁与病房呼叫

2.7.1　冷库误锁呼叫系统功能及组成

船舶冷库作为重要的船舶辅助机械，其能否正常运行，影响到全体船员的正常生产生活，因此在船舶配套设备中，船舶伙食冷藏库是不可缺少的重要装备。一般船舶冷藏库库房由鱼库、肉库、蔬菜库、粮食库等组成。而每个库房设计温度也有所不同，一般鱼库为-18 ℃、肉库为-18 ℃、蔬菜库为+4 ℃、粮食库为+15 ℃。

根据中国船级社《钢质海船入级规范》(2018)及其修改通报第四篇第一章，国际海事组织 A. 1021(26)决议，《2009 报警器和指示器规则》等要求，当船员被误锁在某个冷库(鱼库、肉库、蔬菜库、冷库缓冲间等)时，可以通过扳动库内的呼叫开关或带自锁按钮，使位于厨房、餐厅、驾驶室的呼叫板上出现声光呼叫信号，以便其他人下到冷库开门。若冷库门能内部开启，则此系统可省。该系统是紧急情况下库内人员和外界联系的有效工具。新规范中没有要求冷库必须装设呼叫系统(refrigerator locked call system)，但如果有安装呼叫系统，冷间内门上方要设置长明灯。

冷库误锁呼叫系统由呼叫开关(带指示灯)、呼叫板、冷库呼叫控制器、连接电缆等组成。呼叫开关通常安装在冷库的缓冲间内及冷库的外走道，冷库呼叫控制器通常安装在驾驶室，呼叫报警板则安装在厨房、餐厅等地。控制器和呼叫板能发出声光报警信号。以杭州华雁生产的冷库呼叫系统为例，冷库误锁呼叫系统组成如图 2-7-1 所示。冷库误锁呼叫报警系统接线如图 2-7-2 所示。

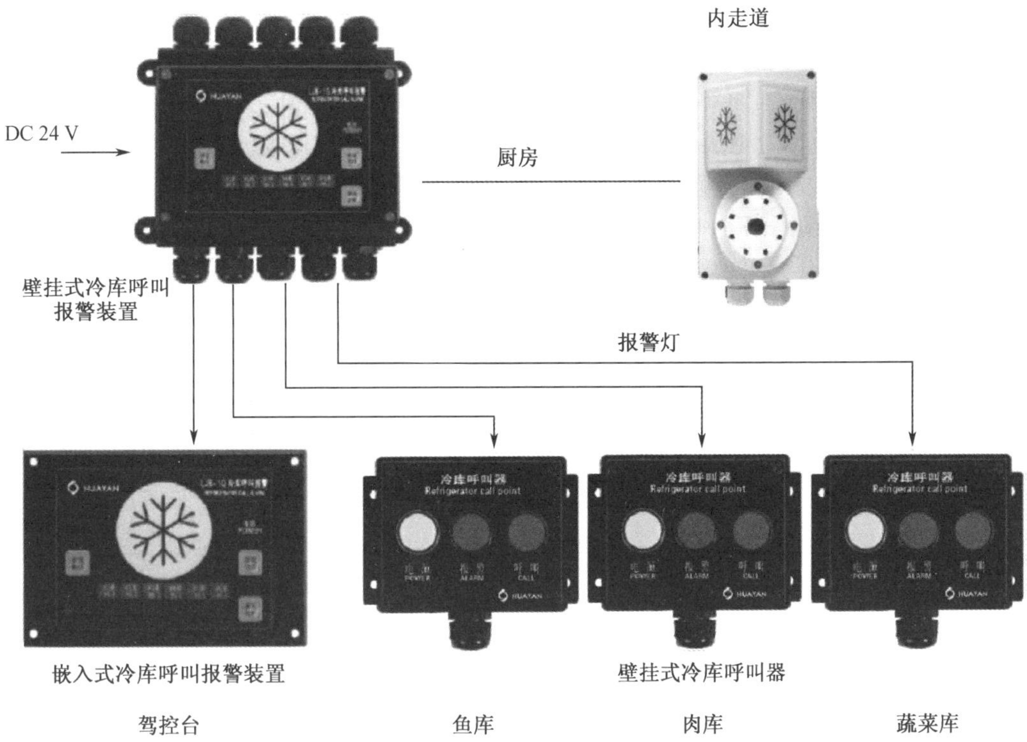

图 2-7-1　冷库误锁呼叫系统组成框图

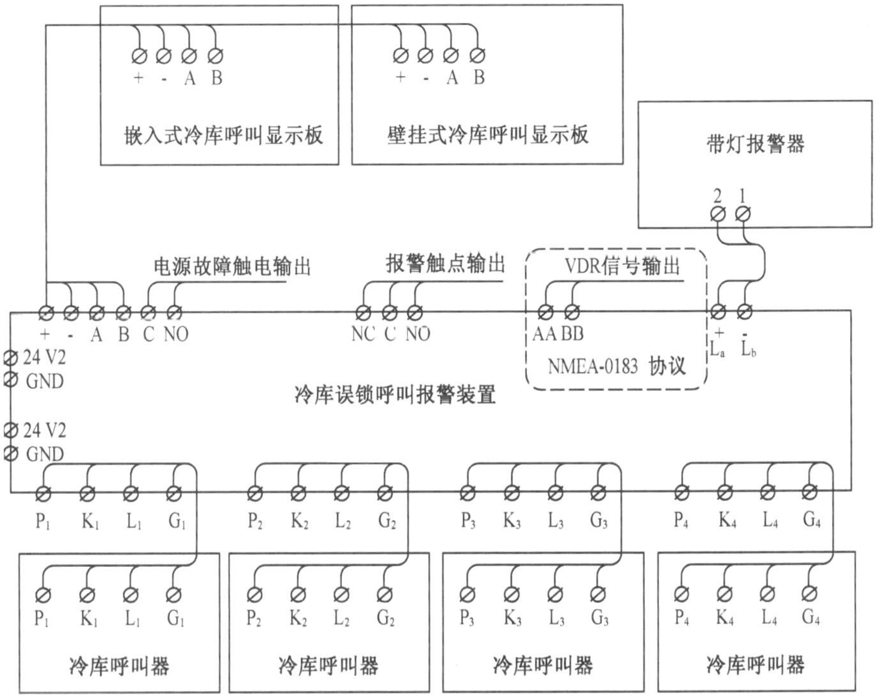

图 2-7-2　冷库误锁呼叫报警系统接线图

2.7.2 冷库误锁呼叫系统工作原理

当船上船员被困在冷库中时,扭动冷库内呼叫器上的呼叫开关,呼叫器上的呼叫指示灯会点亮,表示呼叫信号已成功送出的同时,装在厨房和其他有值班人员房间中的冷库呼叫报警器会发出断续声光报警信号,同时在冷库呼叫报警控制器上相应的指示灯会指示出被困人员的具体位置。当其他船员收到报警信号后,迅速赶到冷库救出被困人员后,将冷库呼叫器上的呼叫开关扭动复位,此时各处声光报警解除。同时,冷库呼叫器上呼叫指示灯会熄灭,表示呼叫解除。

冷库呼叫系统的系统原理如图 2-7-3 所示。如船员被误锁在肉库内出不来时,只要扳动肉库内的呼叫开关 K_1,此时开关 K_1 的一组触点使本库的呼叫灯 H_1 燃亮,说明呼叫信号已发出。同时 K_1 的另一组触点使厨房和餐厅的呼叫铃 L_1 和 L_2 发出救助警报声,此时相应的呼叫灯 H_6 和 H_7 燃亮。当警报解除后把呼叫开关关闭就可以了。

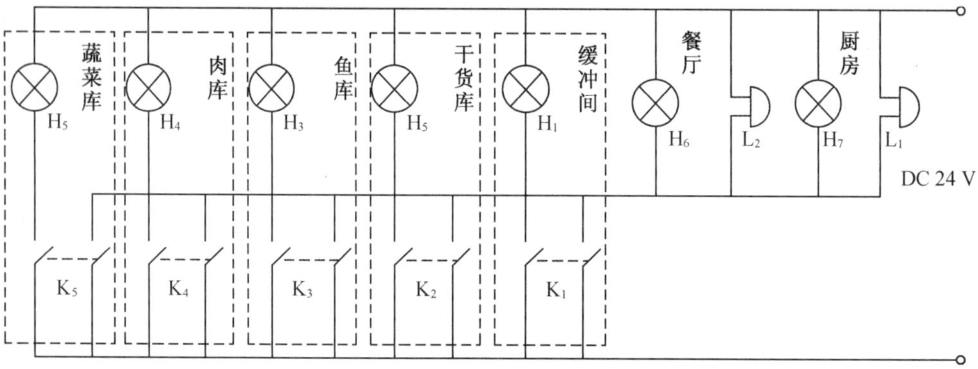

图 2-7-3 冷库误锁呼叫系统原理图

【任务实施】

冷库误锁呼叫系统功能试验

1. 冷库误锁呼叫系统安装检查

进行系统设备外观检查,对照系统图、系统接线图进行系统安装完整性检查;检查设备安装位置是否符合设计图纸要求;使用合适兆欧表测量设备的绝缘电阻;检查各场所设备铭牌是否齐全正确。

2. 冷库误锁呼叫系统功能试验

对照系统说明书、系统图等,在各呼叫开关所在处所扳动呼叫开关,检查驾驶室和其他位置的相应设备声光报警情况;对有应答按钮的,检查应答情况;检查取消呼叫后的系统复位情况。

任务2.8 病房呼叫系统安装与调试

【任务描述】

识读冷库误锁呼叫系统和病房呼叫系统的系统图、系统接线图、系统原理图等相关技术图纸，掌握系统的功能、组成、工作原理及安装与调试方法。使用通用或专用电气工具与仪器，按照作业规范与图纸要求，完成冷库误锁呼叫系统与病房呼叫系统设备领用、设备安装与接线，系统接线正确性检查、系统完整性确认、系统功能逐项试验等工作任务。

2.8.1 病房呼叫系统功能及组成

病房呼叫系统(hospital calling system)供船上病员在医务室的病床上呼叫可能为餐厅、驾驶室、大副办公室等地的医护人员所用。当病人需要呼叫时，按动病床旁的呼叫器，各个呼叫报警器发出声光报警信号，便于医务人员或值班人员迅速采取措施。

以杭州华雁研制的病房呼叫系统为例，病房呼叫系统组成如图2-8-1所示。病房呼叫系统主要由以下几部分组成：安装在病房的呼叫按钮、安装在驾驶室的呼叫控制板(带红色指示灯和蜂鸣器)、安装在餐厅大副等房间的应答器板(带蜂鸣器、指示灯和应答按钮)。

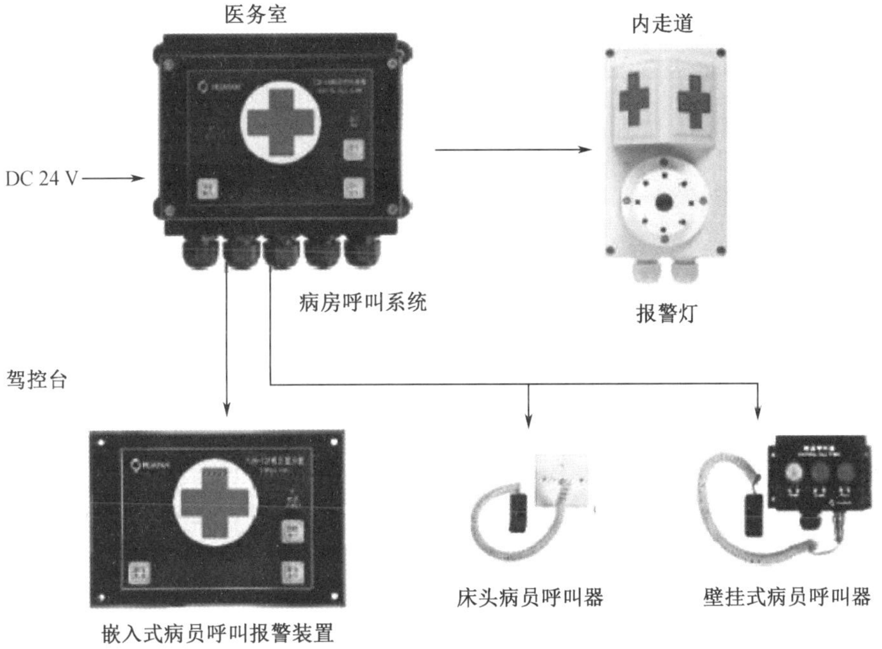

图2-8-1 病房呼叫系统实例

病房呼叫控制器：当检测到病人呼叫时，控制器指示灯常亮并发出报警声，安装在驾驶台、医务室或值班办公室(通常安装在医务室)。

病房呼叫显示板：接收控制器触发的报警信号并发出声光报警信号，安装在驾驶室。

呼叫器：当病人需要帮助时，用于呼叫医务人员。

2.8.2 病房呼叫系统工作原理

病房呼叫系统工作原理如图 2-8-2 所示，船上病员按下病房呼叫器上的“呼叫”按钮 SB_1，中间继电器 KM_1 得电且自锁，其常开触点闭合。结果：呼叫器上指示灯亮，表示呼叫信号已成功发出；呼叫控制板及应答器上的灯亮且蜂鸣器发声。当医务人员或值班人员收到报警信号后，按下病房呼叫报警器上的“应答”按钮，此时声光报警停止。同时，病房呼叫器上呼叫指示灯会熄灭，表示相关人员已收到呼叫信号。当相关人员赶到病房后，将病房呼叫器上“呼叫”按钮复位后，系统复位。

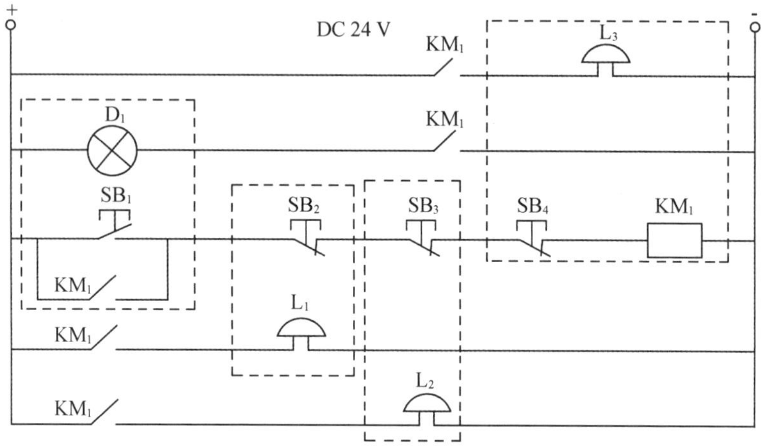

图 2-8-2　病房呼叫系统工作原理

【任务实施】

病房呼叫系统功能试验

1. 病房呼叫系统安装检查

进行系统设备外观检查，对照系统图、系统接线图进行系统安装完整性检查；检查设备安装位置是否符合设计图纸要求；使用合适兆欧表测量设备的绝缘电阻。检查各场所设备铭牌是否齐全正确。

2. 病房呼叫系统功能试验

对照系统说明书、系统图等，在各呼叫开关所在处所，扳动呼叫开关，检查驾驶室和其他位置的相应设备声光报警情况；对有应答按钮的，检查应答情况；检查取消呼叫后的系统复位情况。

任务 2.9 其他报警系统

【任务实施】

了解其他保障船舶安全可靠运行的报警系统,如货舱抽烟报警系统、水密门及防火门提示系统。掌握各种系统的工作特点与使用场所,对每种报警系统的设置调试有初步了解。

【知识链接】

2.9.1 货舱抽烟报警系统

在船舶航行过程中,由于货物性质、气候、船的摇摆等各种原因,货舱内会产生可燃气体或发生火灾。货舱抽烟系统通过对火货舱内的气体采样、分析,确定火灾隐患或已发生的火灾,及时报警将火灾控制、熄灭。

货舱抽烟报警系统如图 2-9-1 所示。由图可见货舱抽烟报警系统主要分布在三处:货舱、CO_2 室、驾驶室。在每一个货舱内设置 2 个喷嘴,将前后或左右布置,尽可能地覆盖整个货舱。两台风机轮流工作,将喷嘴采集到的气样通过管道抽入 CO_2 室的气体探测箱。在每一条管路上都有一个流量传感器,传感器能够感测压力信号,当管路堵塞时,压力降低(负压),传感器动作。每个气体探测箱都有四条气体通道,在每一条通道上有一个传感器,每一个传感器有自己的地址。当采样气体中含有可燃性气体或烟尘时,传感器能检测出杂质浓度,以模拟量形式输出,在探测箱内再转换为数字量,以串行通信发送到报警箱。

报警箱有三种状态:正常、预报警和报警,随着浓度的增加系统报警状态依次改变。

报警时,报警控制箱会驱动报警器向全船发出报警,也可以将报警信号传送到火灾报警系统。此时货舱抽烟系统作为火灾报警系统的一条探测回路。

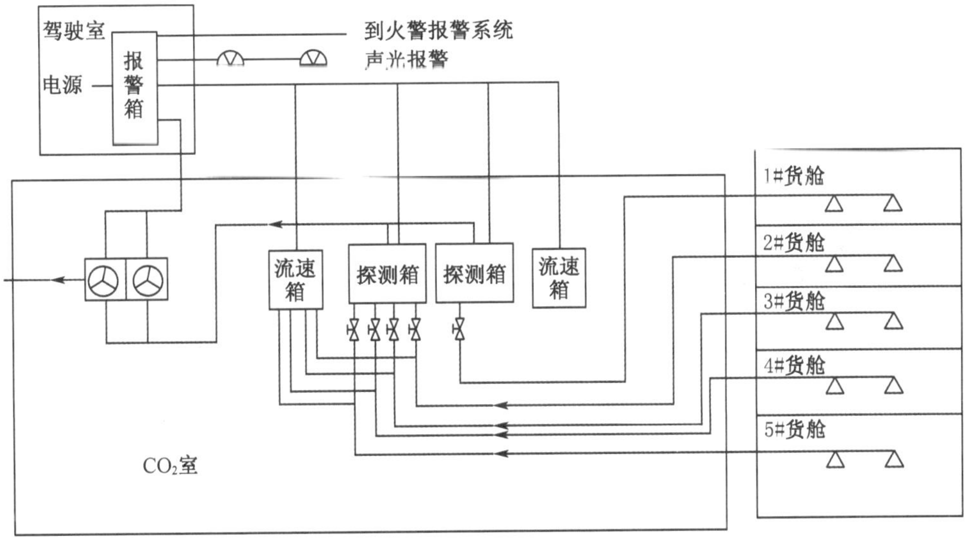

图 2-9-1 货舱抽烟报警系统

2.9.2 水密门提示系统

1. 水密门指示系统执行标准

(1)中国船级社《钢质海船入级规范》;

(2)国际电工委员会 IEC61162 标准。

2. 水密门指示系统功能

船舶的水密门是在船体发生破裂时可抵挡船体浸水的一种机构,用于确保各个分隔舱水密空间的独立性。水密门一般为金属门,需要确保在船体破裂情况出现时为关闭状态。现有的船舶水密封通常无开关检测装置,因此在水密门未关闭时也无特殊的警报。如果水密门未关闭,拖轮事故时容易致使舵桨舱倒灌海水,机舱和舵桨舱之间的水密门未处于常闭状态,机舱大量进水,导致电器设备大面积受损,甚至危及船舶的整体安全。电气防火门/水密门报警显示系统如图 2-9-2 所示。

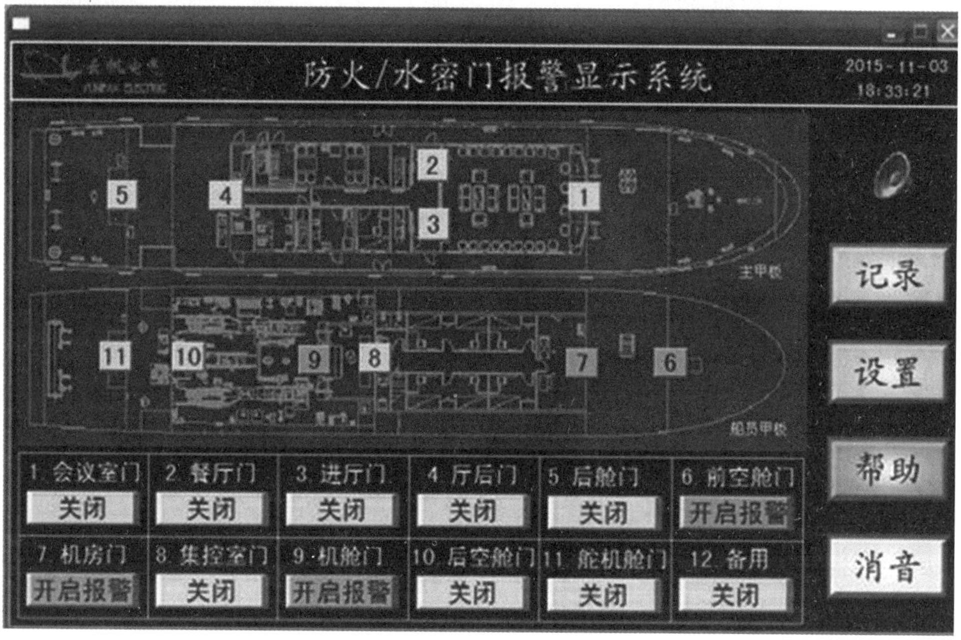

图 2-9-2　电气防火门/水密门报警显示系统

船舶自动化设备是为船舶配套的核心装备之一,包括机舱自动化、航行自动化、船岸信息一体化、阀门遥控等子系统,其中水密门监控系统推动了船舶自动化的进程和"智能型"船舶的实现。水密门监控系统用于确保船舶在行驶过程中的安全性,其主要负责监测船舱内与水密门相关的动力设备的运行状态和运行参数,可以自动监测设备在运行中发生的故障,并记录保存故障信息,发出声光报警信息。该系统可以与船载航行数据记录仪连接,记录水密门在船舶航行过程中的状态信息。水密门监控系统应用范围广,可用于防火门、水密门、舱门、窗户、舱盖等显示报警。

3. 水密门指示系统主要构成

船用水密门监控系统主要包括监控主机、传感开关、报警模块等。该系统通过 RS485 总线进行组网,采用分散控制、集中管理的模块化设计思想,能够就地及远程控制水密门的状态，自动监测系统的各种状态信息，并对系统故障进行实时显示、蜂鸣器报警、记录等功能。水密门指示系统接线图如图 2-9-3 所示。

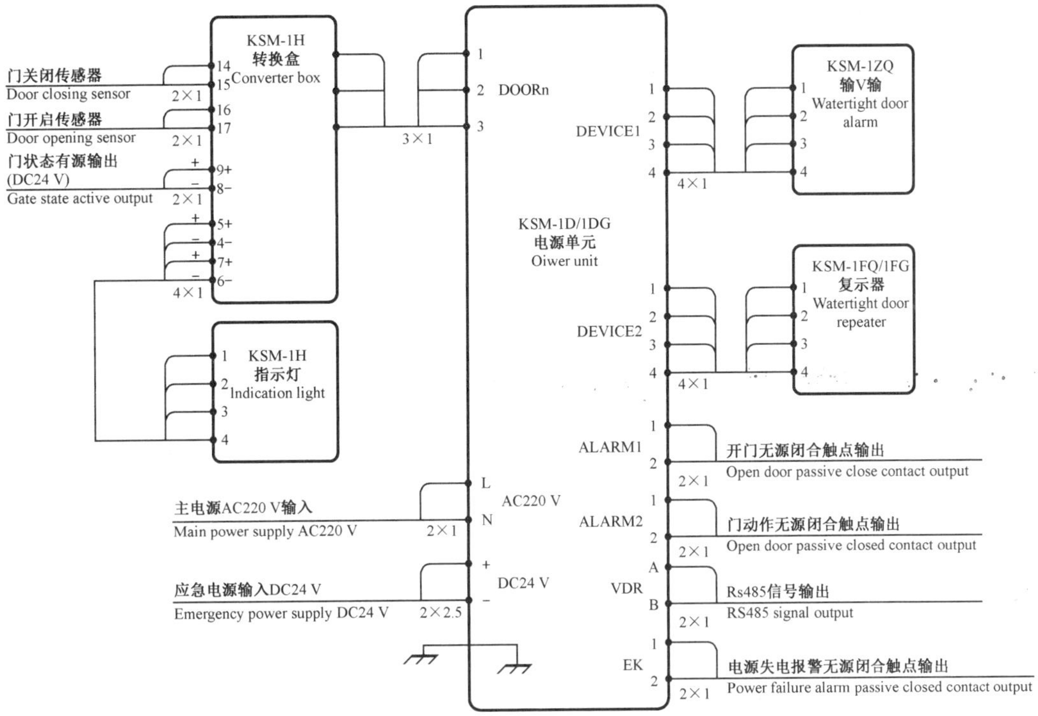

图 2-9-3 水密门指示系统接线图

【任务实施】

云帆电气水密门报警显示系统操作

1. 打开电源指示

轻按电源“开”按钮，电源指示灯长亮，装置进入工作模式，轻按电源“关”按钮，电源指示灯灭，装置停止工作。

2. 水密门状态指示

当接收到外部水密门关闭的状态信号时，面板上对应位置的指示灯显示为绿色，当接收到外部水密门开启的状态信号时，面板上对应位置的指示灯显示为红色。

3. 水密门开启报警

当检测到有水密门开启时，指示面板发出声光报警，面板上对应的指示灯显示为红色闪烁，蜂鸣器报警，消音后蜂鸣器停响，指示灯变为红色平光。

4. 试灯功能

按下试灯按钮，所有指示灯点亮，用来检测状态指示灯是否处于正常状态。

5. 调光功能

按下调光按钮，可以实现面板指示灯调光，以确保值班驾驶员在夜间不受其影响轻松读取信息。

思考与练习

1. 什么是通用紧急报警系统,它的报警信号形式有什么特点?

2. 通用紧急报警信号通常会被自动送入哪些其他报警系统?

3. 冷库误锁呼叫系统由哪些设备组成,它们通常安装在船上的什么位置?

4. 病房呼叫系统由哪些设备组成,它们通常安装在船上的什么位置?

5. 什么是轮机员安全报警,它的报警过程如何?

6. 什么是桥楼航行值班报警系统,它由哪些设备组成,它们通常安装在船上的什么位置?

7. 简述火灾报警系统的组成。

8. 简述船舶火灾报警系统的功能。

9. 简述火灾报警系统的安装要求。

10. 船舶火灾报警系统具有防火设备的联动控制功能,主要包括哪几项?

11. 说明机舱组合报警系统通电调试步骤与方法。

12. 感温探头常用的元件有哪些,其探测原理是什么? 叙述双金属片温度开关的检测原理。

13. 简述实际工作中,感温探头、感烟探头、感火焰探头的检测方法。

14. 何为固定灭火系统,目前船上常用的固定灭火系统有哪些?

项目3　机舱检测传感器安装与调试

人们通常把从被检测与测量对象中感受有用信息，并进行变换、传送的器件称为传感器。它是一个完整的测量器件或装置，能在规定的条件下感受被测物理量，包括温度、压力、流量等，并按照一定规律变换成与之对应的有确定关系的有用信号（通常是电信号），满足信息传输、处理、记录、显示或控制等要求。

传感器是船舶机舱监测报警系统的信号探测器。通常散装在机舱中各种机器上，来监测各机器设备的运行状态。因此传感器是监测报警系统的重要元件之一。

一般来说传感器是由敏感元件、转换元件和测量电路三部分组成。敏感元件泛指能直接感受、获取被测量并能输出与被测量有确定函数关系的其他物理量的元件，它是整个传感器的核心元件；转换元件的作用是把输入非电量转换成与输入有确定关系的其他物理量的输出，它是传感器不可缺少的重要组成部分；测量电路的作用是把转换元件（或敏感元件）输出的电信号转换成便于测量、显示、记录、控制和处理的电信号再输出。

机舱中常用的传感器按其检测参量的不同可分为温度传感器、压力传感器、液位传感器、转速传感器、流量传感器、黏度传感器、水中含油量和含盐量传感器、含氧量传感器、CO_2含量传感器、烟雾浓度和油雾浓度传感器、位移传感器等。

任务3.1　温度传感器安装与调试

【任务描述】

掌握常用测温传感器工作原理，掌握热电阻和热电偶温度传感器的校验方法。

【知识链接】

船上常用的温度传感器有热电阻、热敏电阻、热电偶及温度控制器，用于测量燃油温度、滑油温度、排气温度、水温、轴承温度及温度调节等。各种温度测量传感器比较见表3-1-1。

表3-1-1　各种温度测量传感器比较

形式	传感器种类	优点	缺点	使用范围/℃
接触式	玻璃液体传感器	结构简单，使用方便，测量准确，价格低廉	容易破损，一般只能现场指示，不能远传	-50~600
	双金属传感器	结构简单，机械强度大，价格低廉	精度低，滞后大，不能远传	-80~600
	压力式传感器	结构简单，价格低廉，防爆，耐震	精度低，测温点与显示距离不能太远	-30~600液体型 0~250蒸汽型

表 3-1-1(续)

形式	传感器种类	优点	缺点	使用范围/ ℃
接触式	电阻传感器	精度高,便于远距离、多点、集中测量和自动控制	不能测量高温	-200~850 铂电阻 -50~150 铜电阻 -50~300 热敏电阻
	热电偶传感器	测温范围广,精度高,便于远距离、多点、集中测量和自动控制	需冷端温度补偿,低温段测量精度较低	300~1 600 铂铑-铂 -50~1 000 镍铬-镍硅 -40~800 镍铬-铜镍
非接触式	光学传感器	便携,可测高温,测温时不破坏被测物体温度场	不能远距离测量	900~2 000
	辐射传感器	不破坏温度场,能远距离测量和自动控制	只能测高温,低温误差大	100~2 000

3.1.1 热电阻式温度传感器

1. 热电阻测温原理

该传感器是根据金属导体或半导体材料的电阻值随温度的升高而增大,且在检测范围内它们之间能保持良好的线性关系的特性制造的。热电阻传感器的结构及测量原理如图 3-1-1 所示。

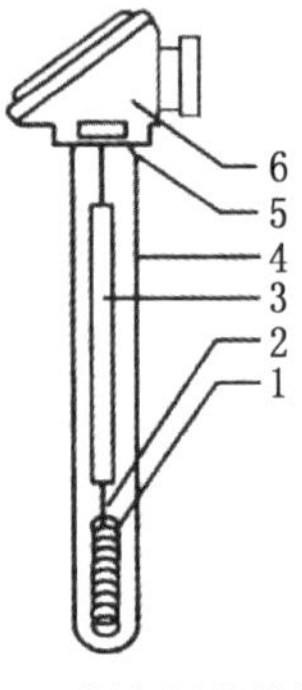

(a) 铜电阻丝结构

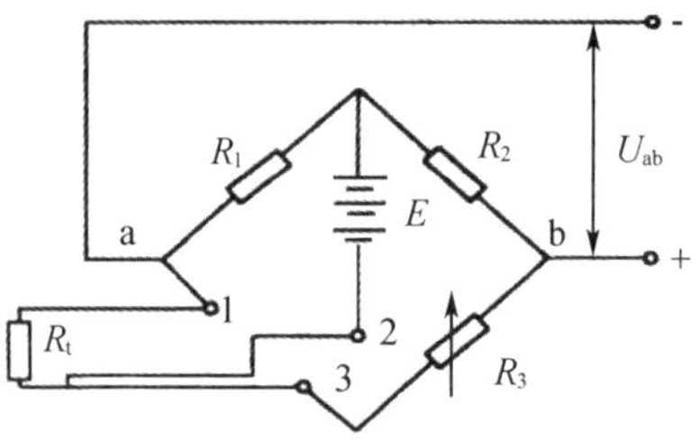

(b) 电路图

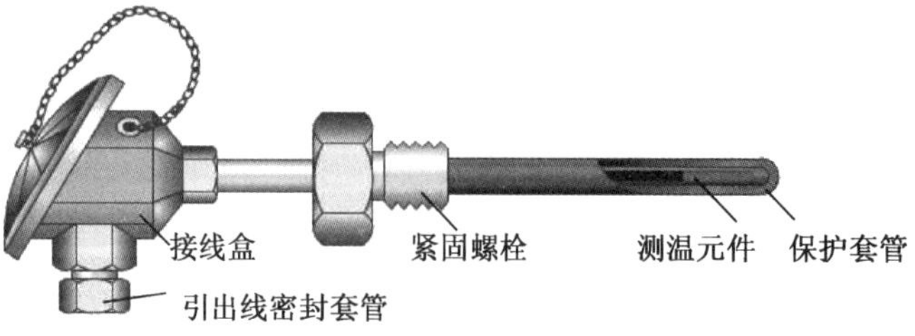

(c) 热电阻外形

1—电阻丝;2—内导线;3—绝缘管;4—保护套管;5—接线座;6—接线盒。

图 3-1-1 热电阻结构与工作原理图

微课:热电阻温度传感器

热电阻式温度传感器由电阻丝（感温元件）1、内导线2、绝缘管3、保护套管4、接线座5和接线盒6组成。

在热电阻测量电路中，由 R_1、R_2、R_3、R_t 组成测量电桥的四臂，E 为直流电源电压，U_{ab} 为电桥输出电压，R_3 为可调电阻，可调整电桥平衡。

当电桥输出端有放大器时，由于放大器的输入阻抗很高，所以可以认为电桥的负载电阻为无穷大，输出电压为电桥输出端的开路电压。此时，桥路的输出电压为

$$U_{ab}=\frac{R_1R_3-R_2R_t}{(R_1+R_2)(R_3+R_4)}E$$

当电桥平衡时，$R_2R_t=R_1R_3$，则输出电压 $U_{ab}=0$。当某一桥臂电阻发生变化时，电桥就会失去平衡，电桥输出电压也不等于0，且在一定条件下，输出电压的大小可以反映桥臂上电阻阻值的变化。

假设电桥桥臂各电阻阻值的变化值为 ΔR_1、ΔR_2、ΔR_3、ΔR_t，则电桥的输出为

$$U_{ab}=\frac{(R_1+\Delta R_1)(R_3+\Delta R_3)-(R_2+\Delta R_2)(R_t+\Delta R_t)}{(R_1+\Delta R_1+R_2+\Delta R_2)(R_t+\Delta R_t+R_3+\Delta R_3)}E$$

若电桥桥臂初始电阻值相等，即，$R_1=R_2=R_3=R_t$ 且 $\Delta R\ll R$，则输出电压为

$$U_{ab}=\frac{E}{4R}(\Delta R_1-\Delta R_2+\Delta R_3-\Delta R_t)$$

当电桥桥臂电阻只有 R_t 有变化量时，测量电桥把测温元件 R_t 的电阻值变化转换成电压信号或电流信号，且该信号与所检测的温度成比例，故根据输出信号的大小就可知温度值，并可用仪表显示出来。感温电阻 R_t 安装在所要检测的管路或设备中，离测量电桥较远。连接感温电阻的两根导线的电阻值将会随环境温度的变化而变化，这样会引起一定的测量误差。

为了减小测量误差，在实际电路中采用"三线制"接法。把感温电阻的两根连线分别接在相邻的桥臂上，如图3-1-1(b)所示，且要求三线的电阻为规定值5 Ω，这样两根导线阻值变化可基本抵消，保证了测量精度。

2. 热电阻材料的特点

优点：测量精度高，在13.8~630.74 ℃范围内，铂电阻温度计作为实用标准温度计，不需要冷端温度补偿，且信号便于远传，所以电阻温度计在温度测量中占有重要的地位。

缺点：不能测量太高的温度，感温部分体积大、热惯性大，不能测量某一点的温度，只能测量一个区域的平均温度；在应用时，需要外电源供电。因此在某些情况下就受限制，而且连接导线的电阻易受环境温度的影响，而产生测量误差。

(1)铜电阻

铜容易加工提纯，价格便宜；它的电阻温度系数很大，且电阻与温度呈线性关系；在测温范围-50~150 ℃内，具有很好的稳定性。其缺点是温度超过150 ℃后易被氧化，氧化后失去良好的线性特性；另外，由于铜的电阻率小，为了要绕得一定的电阻值，铜电阻丝必须较细，长度也要较长，故铜电阻体积较大，机械强度较低。

我国工业上常用的铜电阻有两种类型，分度号为 Cu_{50} 和 Cu_{100}。这两种热电阻在0 ℃时的电阻值分别为 $R_0=50\ \Omega$ 和 $R_0=100\ \Omega$。

(2)铂电阻

金属铂是一种比较理想的材料，它的化学稳定性好，能耐较高的温度，容易得到高纯度

的铂。又因为它的电阻率较大，所以温度计的感温部分可以做得小些。此外，它的测量精度高，应用温度范围广（-200～650 ℃），性能可靠，可做标准测温装置。它的缺点是：在还原性介质中，特别是在高温下很容易被从氧化物中还原出来的蒸汽所沾污，容易使铂丝变脆，并改变它的电阻与温度间的关系。另外，电阻与湿度的关系线性度不好，即 $R_t=R_0(1+at+bt^2)$，其中 $a=3.97\times10^{-3}$ Ω/℃，$b=-5.85\times10^{-7}$ Ω/℃。我国工业常用铂电阻温度计有 Pt_{100} 和 Cu_{50}。其中 Pt_{100} 分度表见表 3-1-2。

表 3-1-2　Pt_{100} 铂热电阻分度简表（$R_0=100$ Ω）

温度/℃	0	10	20	30	40	50	60	70	80	90
	温度值									
-200	17.28	—	—	—	—	—	—	—	—	—
-100	59.65	55.52	51.38	47.21	43.02	38.80	34.56	30.29	25.98	21.65
-0	100.00	96.03	92.04	88.04	84.03	80.00	75.96	71.91	67.84	63.75
0	100.00	103.96	107.91	111.85	115.78	119.70	123.60	127.49	131.37	135.24
100	139.10	142.95	146.78	150.60	154.41	158.21	162.00	165.78	169.54	173.29
200	177.03	180.76	184.48	188.18	191.88	195.56	199.23	202.89	206.53	210.17
300	213.70	217.40	221.00	224.59	228.17	231.73	235.29	238.83	242.36	245.88
400	249.38	252.88	256.36	259.83	263.29	266.74	270.18	273.60	277.01	280.41
500	283.80	287.18	290.55	293.91	297.25	300.58	303.90	307.21	310.50	313.79
600	317.06	320.32	323.57	326.80	330.03	333.25	—	—	—	—

3. 热电阻材料在船舶上的应用

热电阻传感器用于测量温度较低的场所，如检测汽缸冷却水温度，发电机绕组温度，滑油温度、主轴泵温度、燃油温度，艉管轴承温度等，量程大致为 0～200 ℃。但在这些测量点中都是低温测量，如果需要高温测量，可以选用其他测温元件。船舶上热电阻传感器应用如图 3-1-2 所示。

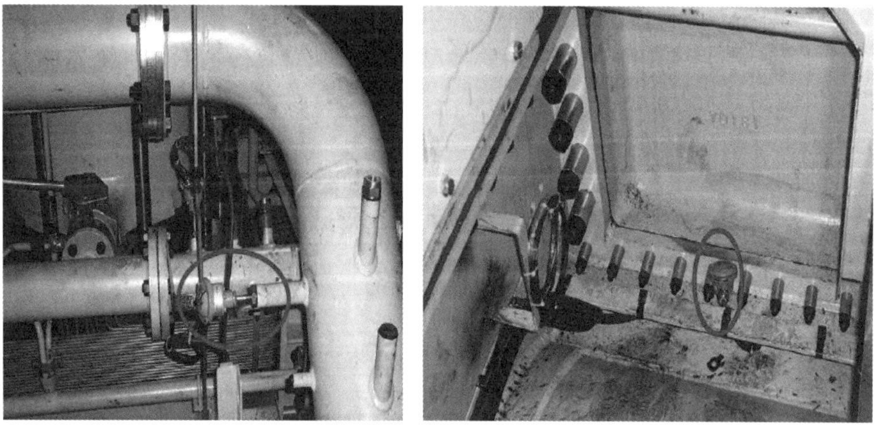

图 3-1-2　船舶上热电阻传感器应用

4. 热敏电阻传感器

它是根据热敏电阻的阻值随温度的变化呈显著的负阻性原理制造的。

热敏电阻的导电性能是由内部载流子密度和迁移率决定的。当温度升高时，晶体内原子外部的束缚电子在热能激发下大量变为载流子，使载流子密度增大，导致电阻下降。热敏电阻具有很高的负电阻温度系数（-0.02～0.06 Ω/℃），故其电阻温度关系是非线性的，其温度特性曲线和检测原理如图 3-1-3 所示。其中 R_1、R_2、R_3 为电桥的 3 个桥臂，另一桥臂 R_t 为热敏电阻，置于被测温度场中。当测温时，R_t 接入，由于 R_t 随温度变化使电桥不平衡产生电流，由此来模拟温度。

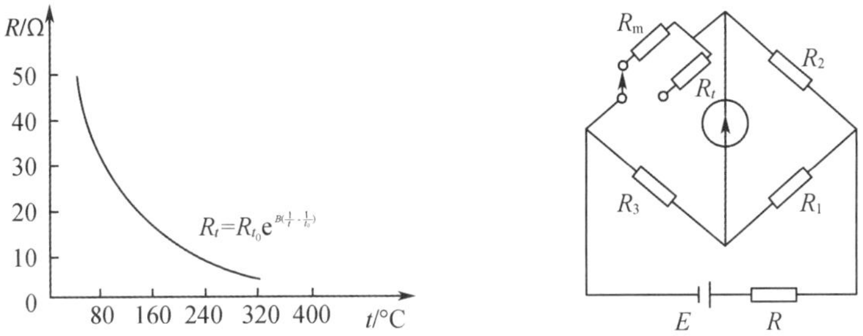

（a）温度特性　（b）测量电桥

图 3-1-3　热敏电阻测量电桥原理

热敏电阻具有高灵敏度、体积小和负的电阻温度特性等优点，广泛地用于监测轴承温度和活塞冷却水是否中断等场所。但因特性很不一致，互换性差，使应用受到限制。目前热敏电阻的使用温度范围为-50～300 ℃。

3.1.2　热电耦式传感器

1. 热电耦的结构及特性

热电耦式传感器是由两根不同的金属导体（或半导体）材料焊接而成的。焊接端称为热端（工作端），与导线连接端称为冷端（自由端）。测温时，热端插在需要测温的地方，冷端置于室温中。若热、冷两端温度不同，则在热电耦回路中产生热电势 E，用电流表将该导线的两端连起来，电流表中就有电流流过，这种现象称为汤姆逊效应，即热电效应。如图 3-1-4 所示。对于一定的热电偶材料，当冷端温度不变（国际统一规定为 0 ℃）时，其热电势 E 随热端温度的升高而增大，且热电势与温度成单值函数关系，因此用仪表测出此热电势的值，便可确定被测温度值。

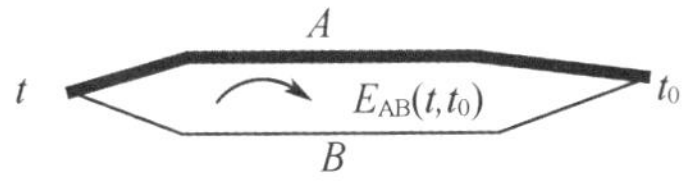

图 3-1-4　热电偶回路

仿真软件：热电偶温度计工作原理

微课：热电偶温度传感器

各种热电偶的外形不相同,但其基本结构通常均由热电偶元件、绝缘管、保护套管和接线盒等主要部分构成。

(1)热电偶元件

组成热电偶元件的两根热偶丝称为热电极,正负热电极的常用材料见表 3-1-3。热电极的直径由材料的价格、机械强度、电导率、热电偶的使用条件和测量范围等决定。贵金属电极丝的直径一般为 0.3~0.65 mm,普通金属电极丝的直径一般为 0.5~3.2 mm,其长度由安装条件及插入深度而定,一般为 350~2 000 mm。

表 3-1-3 常用热电偶

热电偶名称	型号	分度号		热电极材料		测温范围/℃	
		新	旧	正极	负极	长期使用	短期使用
铂铑$_{30}$-铂铑$_{6}$	WRR	B	LL-2	铂铑$_{30}$ 合金	铂铑$_{6}$ 合金	300~1 600	1 800
铂铑$_{10}$-铂	WRP	S	LB-3	铂铑$_{10}$ 合金	铂	-20~1 300	1 600
镍铬-镍硅	WRN	K	EU-2	镍铬合金	镍硅合金	-50~1 000	1 200
镍铬-铜镍	WRE	E	—	镍铬合金	铜镍合金	-40~800	900
铁-铜镍	WRF	J	—	铁	铜镍合金	-40~700	750
铜-铜镍	WRC	T	CK	铜	铜镍合金	-40~300	350

(2)绝缘管

绝缘管也称绝缘子,用于防止两根热电极短路。选用的材料可根据使用温度范围而定,其结构绝缘管通常有单孔、双孔及四孔的瓷管和氧化铝管等。常用材料有石英管(1 200 ℃)、瓷管(1 400 ℃)和纯氧化铝管(1 700 ℃)。

(3)保护套管

为使热电极免受化学侵蚀和机械损伤,确保使用寿命和测温的准确性,通常将热电偶元件套上绝缘管再装入保护套管内。保护套管材料的选择一般根据被测介质、测温范围、插入深度、环境条件及测温的时间常数等因素来决定。对保护套管材料和结构的要求是:保证它能耐高温、能承受温度的剧变、耐腐蚀、有良好气密性和足够的机械强度、高的导热系数、在高温下不会分解出对热电偶有害的气体等。常用的保护套管材料有无缝钢管、不锈钢、耐高温陶瓷和石英管等。

(4)接线盒

热电偶接线盒用于连接热电偶和导线,由接线端子和外壳组成。外壳一般由铝合金制成,并分为普通式和密封式两种形式。为了防止灰尘和有害气体进入热电偶保护套管内,接线盒的出线孔和盖子均用橡胶垫片和垫圈加以密封。接线盒内用于连接热电极和导线的螺丝必须紧固,以免产生较大的接触电阻而影响测量的准确性。普通型热电偶如图 3-1-5 所示。

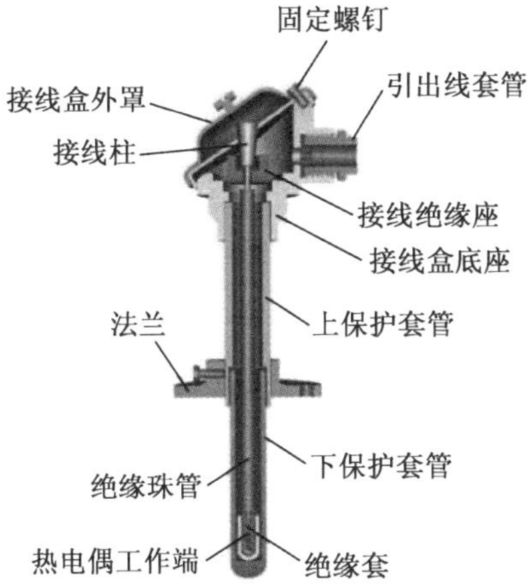

图 3-1-5 热电偶传感器结构

2. 热电偶的种类及分度

我国常用热电偶分为标准热电偶和非标准热电偶两大类。所谓的标准热电偶就是国家标准规定了其热电势与温度的关系、允许误差,并有统一的标准分度表的热电偶,它有与其配套的显示仪表可供选用。非标准化的热电偶在使用范围或数量级上均不及标准化热电偶,一般也没有统一的分度表,主要用于某些特殊场合的测量。对于标准化热电偶,我国从 1988 年 1 月 1 日起,热电偶和热电阻全部按 IEC 标准生产,并指定 S、B、E、K、R、J、T 7 种标准化热电偶为我国统一设计型热电偶见表 3-1-3。

热电偶材料有正、负极之分。其极性判别方法有两种:一是根据导体材料的颜色;二是采用热电势法判别。即热端加热,两冷端接入毫伏表,若读数增加,则接仪表正端为正极,另一端为负极。铂铑 10-铂热电偶(WRL(b):铂铑合金和纯铂分别为热电偶两个极,铂铑为正极,铂为负极。铂铑合金中铂占 90%,铑占 10%。长时间测温范围在 0~1 300 ℃,在良好的使用环境下可短时测量 1 600 ℃的高温。这种热电偶的优点是测量精度高,便于复制;缺点是热电特性是非线性的。铂铑-铂热电偶与热电势的对应关系(也叫作分度表)如表 3-1-4 所示。

表 3-1-4 铂铑-铂热电偶与热电势的对应关系

工作端温度/℃	0	10	20	30	40	50	60	70	80	90
	热电势/mV									
0	0.000	0.056	0.113	0.173	0.235	0.299	0.364	0.431	0.500	0.571
100	0.643	0.717	0.792	0.869	0.946	1.025	1.106	1.187	1.269	1.352
200	1.436	1.521	1.607	1.693	1.780	1.867	1.955	2.044	2.134	2.224
300	2.315	2.407	2.498	2.591	2.684	2.777	2.871	2.965	3.060	3.151
400	3.250	3.346	3.441	3.538	3.634	3.731	3.828	3.925	4.023	4.121
500	4.220	4.318	4.418	4.517	4.617	4.717	4.817	4.918	5.019	5.121

表 3-1-4(续)

工作端温度/ ℃	0	10	20	30	40	50	60	70	80	90
	热电势/mV									
600	5.222	5.324	5.427	5.530	5.633	5.735	5.839	5.943	6.046	6.151
700	6.256	6.361	6.406	6.572	6.677	6.784	6.891	6.999	7.105	7.213
800	7.322	7.430	7.539	7.648	7.757	7.867	7.978	8.088	8.199	8.310
900	8.421	8.534	8.646	8.758	8.871	8.985	9.098	9.212	9.326	9.441
1 000	9.556	9.671	9.787	9.902	10.019	10.136	10.252	10.370	10.488	10.605
1 100	10.723	10.824	10.961	11.080	11.198	11.317	11.437	11.556	11.676	11.795
1 200	11.915	12.035	12.155	12.275	12.375	12.515	12.636	12.756	12.875	12.996
1 300	13.116	13.236	13.356	13.475	13.595	13.715	13.835	13.955	14.074	14.193
1 400	14.313	14.433	14.552	14.671	14.790	14.910	15.092	15.148	15.266	15.385
1 500	15.504	15.623	15.742	15.860	15.979	16.097	16.216	16.334	16.451	16.569
1 600	16.688									

3. 热电偶冷端补偿

在工程测量中,由于冷端距热端近且随温度变化,若热端测量温度不变而室温升高,则因热、冷端之间温差减小使热电势 E 也减小,影响了测量精度。为了消除由此造成的误差,采用以下的冷端补偿措施。

(1)恒温法

恒温法是准确度很高的冷端处理方法,用清洁的水制成冰屑与清洁的水相混合盛于冰点槽的保温瓶内,并使其达到平衡而保持恒定的 0 ℃,然而使用比较麻烦,需要保持冰、水两相共存。

(2)机械零点

仪表的机械零点为仪表输入电势为零时,指针停留的刻度点,也就是仪表的起始点。仪表机械零点调整法比较简单,如热电偶冷端温度波动频繁,变化较大,不宜采用此法。

(3)计算修正

将 t_0 温度的仪表实测读数与相应的校正值代数相加得 EAB(t,0),然后从分度表查得被测温度 t 值。这种方法只适用于实验室。

(4)补偿导线法

补偿导线法(图 3-1-6)利用中间导体定律,在工作端与冷端添加导线,避免工作端影响冷端,但还会受室温影响,适用于测量温度较高的环境。

(5)电桥补偿法

利用直流不平衡电桥产生的电势来补偿热电偶冷端温度变化而引起的热电势的变化值。

热电偶式传感器适于测量温度较高的场所,如船舶柴油机各气缸排气温度、主机缸套表面温度及材料温度就是用这种传感器监测的。热电偶是目前接触式测温中应用最为广泛的温度传感器。微型热电偶适用于动态快速测量。

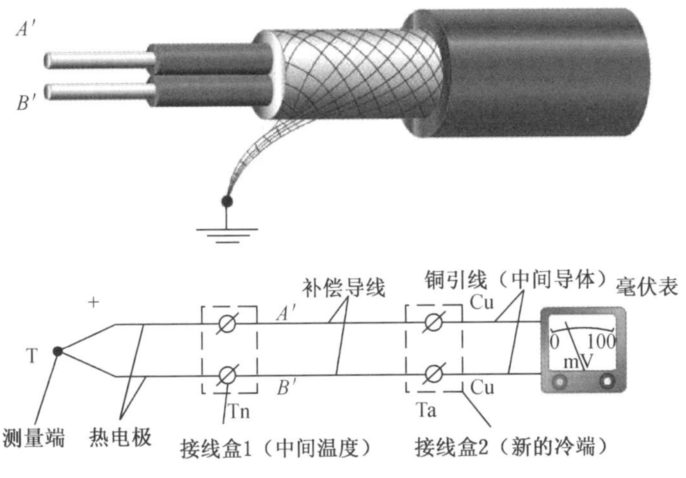

图 3-1-6　补偿导线法

仿真软件：用侵入式热电偶测量熔融金属的原理

【任务实施】

1. 铂电阻温度特性仿真

(1) 实验目的

了解铂电阻的特性与应用。

(2) 实验原理

利用导体电阻随温度变化的特性，热电阻用于测量时，要求其材料电阻温度系数大，稳定性好，电阻率高，电阻与温度之间最好有线性关系，常用铂电阻、铂电阻为 0~630.74 ℃，电阻 R_t 与温度 t 的关系：$R_t=R_0(1+At+Bt_2)$。

R_0 系温度为 0 ℃时的电阻。要实验 $R_0=100$ ℃，$At=3.968\ 4\times10^{-2}/$ ℃，$Bt=-5.847\times10^{-7}/$ ℃，铂电阻是三线连接，其中一端接两根引线主要为消除引线电阻对测量的影响。

(3) 仿真实验步骤

扫描二维码连接进入仿真软件(图 3-1-7)。

①连接台上±15 V 电源线和地线。

②连接作图工具两端到 U_{o2} 输出端口，并点击图标，弹出作图工具窗口。

③打开电源开关，并调节 R_{w4}，将 Y 轴上的红点原点调零。

④调好后，自动完成部分接线，打开智能调节仪的温度开关和电源开关。

⑤连接台上的+5 V 电源线和地线(参考仿真软件使用说明书)。

⑥调节温度源显示表的“+”“-”，则输出波形。

⑦实验做好后，可以点击保存或清除图标，来保存或清除保存的波形。

⑧要重新做实验则点击电源开关的“关”，要返回主菜单则点击“返回菜单”。

2. 热电偶测温实验

(1) 实验目的

了解热电偶测温特性与应用。

(2) 实验原理

当镍铬-镍硅(镍铝)两种不同的金属组成回路，产生的两个接点有温度差，会产生热电势，这就是热电效应。温度高的接点就是工作端，将其置于被测温度场配以相应电路就可间接测得被测温度值。

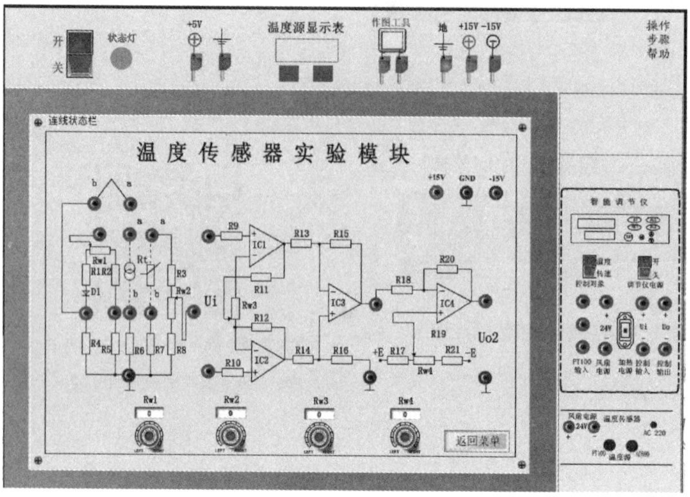

图 3-1-7　铂电阻温度特性仿真软件

仿真软件:铂电阻温度特性实验

(3)仿真实验步骤

扫描二维码连接进入仿真软件(图 3-1-8)。

①连接台上±15 V 电源线和底线。

②连接作图工具两端到 U_{o2} 输出端口，并点击图标，弹出作图工具窗口。

③打开电源开关，并调节 R_{w4}，将 Y 轴上的红点原点调零。

④调好后，自动完成部分接线，打开智能调节仪的温度开关和电源开关。

⑤调节温度源显示表的“+”“-”，则输出波形。

⑥实验做好后，可以点击保存或清除图标，来保存或清除保存的波形。

⑦要重新做实验则点击电源开关的“关”，要返回主菜单则点击“返回菜单”。

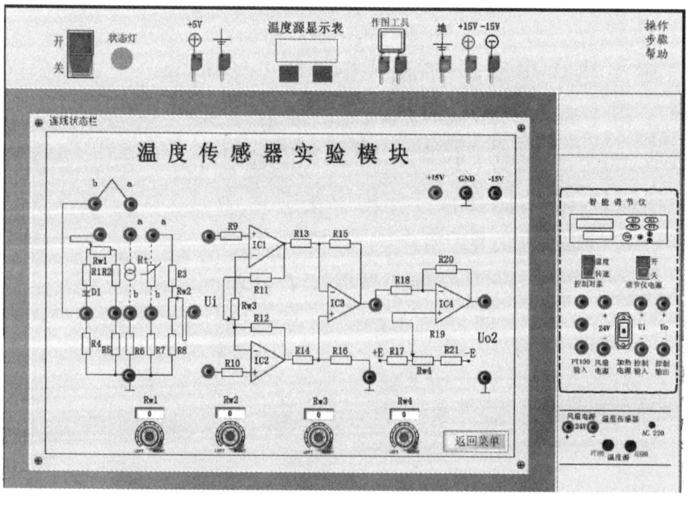

图 3-1-8　K 型热电偶温度特性仿真软件

仿真软件:热电偶测温实验

任务 3.2 压力传感器安装与调试

【任务描述】

掌握常用压力传感器工作原理及应用,掌握压力传感器的安装与调试方法。

【知识链接】

船舶上常用的压力传感器元件有弹性压力元件和应变片,它们输出的压力信号可供压力开关、压力显示仪表、压力调节器进行压力检测和控制。

3.2.1 弹性压力计

船用弹性压力传感元件有膜片、膜盒、弹簧管、波纹管等,它们都是应用了弹性元件受力变形而起作用的原理。弹性式压力计是利用各种形式的弹性元件,在被测介质压力的作用下,使弹性元件受压后产生弹性变形的原理而制成的测压仪表。这种仪表具有结构简单、价格低廉、读数清晰、工作可靠、测量范围广及有足够的精度等优点。

1. 弹性元件

弹性元件是一种简易可靠的测压敏感元件。当测压范围不同时,所用的弹性元件也不一样,常用的几种弹性元件结构如图 3-2-1 所示。

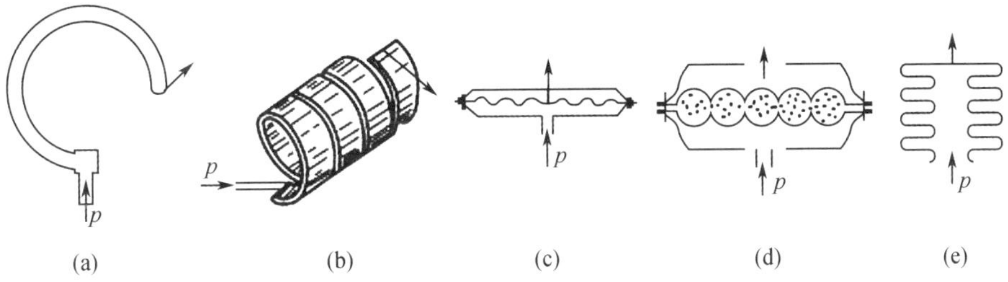

图 3-2-1 弹性元件结构

(1)弹簧管式弹性元件

弹簧管式弹性元件的测压范围较宽,可测量高达 1 000 MPa 的压力。单圈弹簧管是弯成圆弧形的金属管子,它的截面做成扁圆形或椭圆形,如图 3-2-1(a)所示。当通入压力 p 后,它的自由端就会产生位移。这种单圈弹簧管自由端位移较小,因此能测量较高的压力。为了增加自由端的位移,可以制成多圈弹簧管,如图 3-2-1(b)所示。

(2)薄膜式弹性元件

薄膜式弹性元件根据其结构不同还可以分为膜片与膜盒等。它的测压范围较弹簧管式的低。图 3-2-1(c)为膜片式弹性元件,它是由金属或非金属材料做成的具有弹性的一张膜片(有平膜片与波纹膜片两种形式),在压力作用下能产生变形。有时也可以由两张金属膜片沿周围对焊起来,成一薄壁盒子,内充液体(例如硅油),称为膜盒,如图 3-2-1(d)所示。

(3)波纹管式弹性元件

波纹管式弹性元件是一个周围为波纹状的薄壁金属筒体,如图 3-2-1(e)所示。这种弹性元件易于变形,而且位移较大,常用于微压与低压的测量(一般不超过 1 MPa)。

2. 弹簧管压力表

利用弹性元件制成的弹簧管压力表(图 3-2-2)的测量范围极广,品种规格繁多。其按所使用的测压元件不同,分为单圈弹簧管压力表与多圈弹簧管压力表;按用途不同,除普通弹簧管压力表外,还有耐腐蚀的氨用压力表、禁油的氧气压力表等。它们的外形与结构基本上是相同的,只是所用的材料有所不同。

单圈弹簧管压力表是弹性压力计的典型代表。若增加附加装置,如记录机构、电气变换装置、控制元件等,则可以实现压力的记录、远传、报警、自动控制等。弹性式压力计可以用来测量几百帕到数千兆帕范围内的压力,因此在工业上应用得非常广泛。

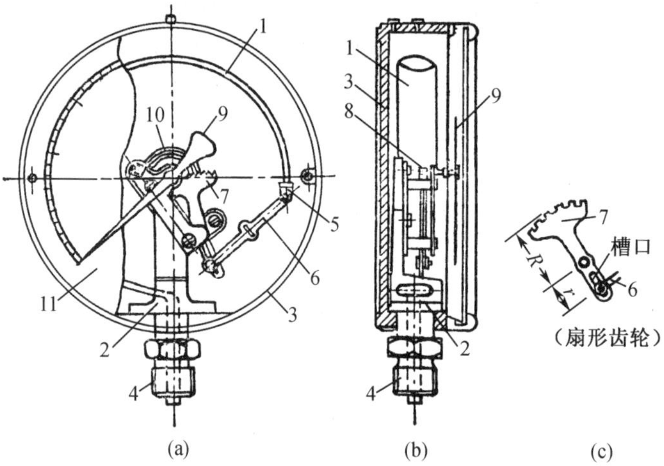

1—弹簧管;2—支座;3—外壳;4—接头;5—带有铰轴的塞子;6—拉杆;
7—扇形齿轮;8—小齿轮;9—指针;10—游丝;11—刻度盘。

图 3-2-2 弹簧管压力表

微课:弹性压力计

仿真软件:弹簧管式压力仪表

弹簧管压力表的结构原理如图 3-2-2 所示,图中所示为单圈弹簧管,它是一根弯成 270°圆弧的椭圆截面的空心金属管子。管子的自由端 5 封闭,管子的另一端固定在接头 4 上。当通入被测压力 p 后,由于椭圆形截面在压力 p 的作用下,将趋于圆形,弯成圆弧形的弹簧管随之产生向外挺直的扩张变形。由于变形,使弹簧管的自由端产生位移。输入压力 p 越大,产生的变形也越大。由于输入压力与弹簧管自由端的位移成正比,所以只要测得自由端的位移量,就能反映压力 p 的大小,这就是弹簧管压力计的基本测量原理。弹簧管自由端的位移量一般很小,直接显示有困难,所以必须通过放大机构才能指示出来。具体过程是这样的:弹簧管自由端的位移通过拉杆 6 使扇形齿轮 7 作逆时针偏转,于是指针 9 通过同轴的小齿轮 8 的带动而作顺时针偏转,在面板 11 的刻度盘标尺上显示出被测压力 p 的数值。由于弹簧管自由端的位移与被测压力之间具有正比关系,因此弹簧管压力表的刻度标尺是线性的。游丝 10 用来克服因扇形齿轮和中心齿轮间的传动间隙而产生的仪表变差。

在压力表使用过程中,常常需要把压力控制在某一范围内,即当压力低于或高于给定范围时，生产过程有可能出现问题，甚至可能发生危险。这时就应采用带有报警或控制触点的压力表。将普通弹簧管压力表稍加变化，便可成为电接点信号压力表，它能在压力偏离给定范围时，及时发出信号，以提醒操作人员注意或通过中间继电器实现压力的自动控制。电接点式压力仪表如图 3-2-3 所示。

图 3-2-3　电接点式压力仪表

3.2.2　压力检测传感器应用实例

在船用压力检测传感器中通常采用电测式压力计，由于它能输出标准电信号，因而易于显示传输和控制。它主要有电容式压力计、霍尔式压力计、应变式压力计等几种类型。其中以应变效应原理的应变式压力传感器使用最为普遍，为了方便数据传输与处理，常将应变式传感器集成在变送器中使用。

1. 电容式压力传感器

电容式传感器由敏感元件和转换元件为一体的电容量可变的电容器和测量电路组成，其变量间的转换关系原理如图 3-2-4 所示。

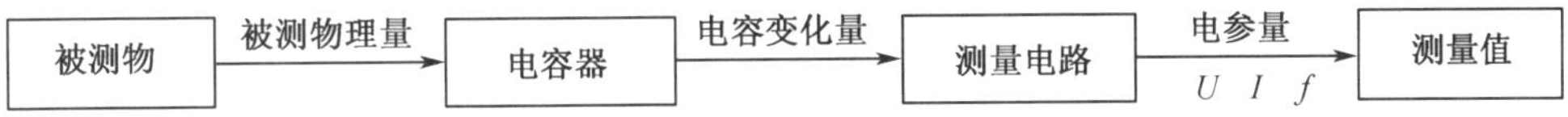

图 3-2-4　电容式传感器转换关系原理图

由物理学可知，当忽略电容器边缘效应时，对平行极板电容器，电容量为

$$C=\frac{\varepsilon S}{d}$$

可见：在 S、d、ε 三个参量中，改变其中任意一个量，均可使电容量 C 改变。也就是说，如果被检测参数（如位移、压力、液位等）的变化引起 S、d、ε 三个参量中之一发生变化，就可利用相应的电容量的改变实现参数测量。据此，电容式传感器可分为以下三大类：

（1）极距变化型电容传感器；

（2）面积变化型电容传感器；

（3）介质变化型电容传感器。

CECY 型电容式压力传感器如图 3-2-5 所示。它的基本部件由平膜片和两个固定极板组成，形成两个电容，平膜片（可动电极）将工艺流程的被测压力变换为微小位移，再由差动电容将位移变换成直流电流信号，传感器本体为一全封闭焊接的整体结构，在两个玻璃圆盘上各有深约 25 μm 的凹面，其上镀金，作为电容传感器的两个电极。两个凹面电极合龙形成的空隙中注满绝缘液体，不锈钢形成的平膜片夹于两圆盘之间作为电容传感器的可动电极，通过液体传送的膜片两侧压力如果相等，则膜片处于中间位置且与两侧固定电极距离相等，即两电容值相等，转换电路（阻容电桥）输出为零。如果膜片两侧的压力不相等，膜片将向一侧弯曲移动，两侧电容一增一减，转换电路输出与两侧压力差成正比例的信号。差动电容测量回路由后级振荡电路产生的高频电源供电，由于采用了差动电容，使得输出信号仅与中心膜片位移有关，而与电源频率及电压幅值无关。当需要进行远距离测量压力时,压力传感器可以用远传毛细管与压力测量头(又称远传法兰)相连接。压力测量头的膜片感受被测流体的压力,经过毛细管中液体传送到传感器本体,远传毛细管长度可达7.5 m。CECY 电容式压力传感器应用于生产过程检测控制系统中,可测量各种性质流体的压力及开口容器的液体、密度、分界面等参数。其精度为 0.5 级,测量范围大,压力为 0~6 kPa 或 0~10 MPa,输出信号为 4~20 mADC 或 0~10 mADC。

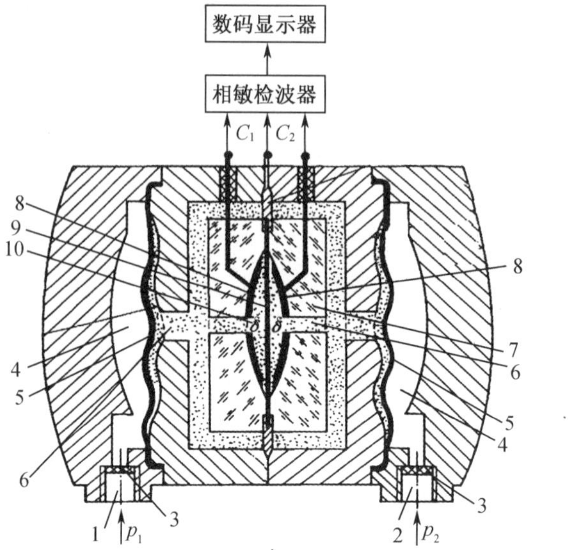

1—高压侧进气口;2—低压侧进气口;3—过滤片;4—空腔;
5—柔性不锈钢波纹隔离膜片;6—导压硅油;7— 凹形玻璃圆片;
8—镀金凹形电极;9—弹性平膜片;10—δ腔。

图 3-2-5　CECY 型电容式压力传感器

仿真软件:电容式压力传感器

微课:应变式压力传感顺

2. 应变式压力传感器

(1)应变原理

电阻丝在外力作用下发生机械变形时,其电阻值发生变化,叫作电阻应变效应。应变式压力计就是利用这种效应,将应变电阻片(金属丝式、箔式或半导体应变片)粘贴在测量压力的弹性元件表面上,当被测压力变化时,弹性元件内部应力变化产生变形,这种变形应力使应变片的电阻也产生变化,通过对电阻的测量来测量压力。应变片种类结构如图3-2-6 所示,应变片种类及特点见表 3-2-1。

(a)丝式应变片　　(b)箔式应变片

图 3-2-6　应变片种类结构

表 3-2-1 应变片种类及特点

类型	原理	特点
丝式应变片	将金属丝按图示形状弯曲后用黏合剂贴在衬底上而成	它结构简单,价格低,强度高,但允许通过的电流较小,测量精度较低,适用于测量要求不很高的场合
箔式应变片	该类应变片的敏感栅是通过光刻、腐蚀等工艺制成。箔栅厚度一般为 0.003~0.01 mm	其面积大,散热性好,允许通过较大的电流。由于它的厚度薄,因此具有较好的可绕性,灵敏度系数较高。箔式应变片还可以根据需要制成任意形状,适合批量生产
金属薄膜应变片	采用真空蒸镀或溅射式阴极扩散等方法,在薄的基底材料上制成一层金属电阻材料薄膜以形成应变片	这种应变片有较高的灵敏度系数,允许电流密度大,工作温度范围较广

(2)应变式压力传感器测量电路

应变片可以把应变转换为电阻的变化,为了显示和记录应变大小,还需要把电阻的变化再转换为电压或电流的变化。由于应变信号一般都很微弱,故采用电桥来测量。

①单臂电桥测量电路

测量前应使电桥平衡,电路中一般选用 4 个阻值近似相同的电阻,4 个电阻的任何一个都可以是应变片电阻,使输出电压通过电桥分压后 $U_o=0$。如图 3-2-7 所示,其中一个电阻换成应变片,由于受力变形后其阻值改变为 $R+\Delta R$,其他电阻阻值不变,通过计算得出 U_o 值。单臂工作时,输出电压与应变片电阻变化率之间是近似的线性关系,实际上是非线性关系。这会带来非线性误差。

单臂电桥测量电路:

$$U_o = U_C - U_D = \frac{R}{R + \Delta R + R}U_1 - \frac{R}{R + R}U_1 = \frac{-\Delta R}{4R + 2\Delta R}U_1$$

②双臂电桥测量电路

在双臂电桥测量电路中,改变 4 个电阻中的 2 个对称电阻为应变片电阻,如图 3-2-8 所示,其中一个电阻换成应变片,由于受力变形后其阻值改变为 $R+\Delta R$,与其对应的另一个电阻换成应变片,由于受力变形后其阻值改变为 $R-\Delta R$,通过计算得出 U_o 值。通过计算说明双臂工作时,如果差动双臂应变大小一致(极性相反),则不存在(或很小的)非线性误差,并可起到温度补偿作用。

双臂电桥测量电路

$$U_o = U_C - U_D = \frac{R - \Delta R}{R + \Delta R + R - \Delta R}U_1 - \frac{R}{R + R}U_1 = \frac{-\Delta R}{2R}U_1$$

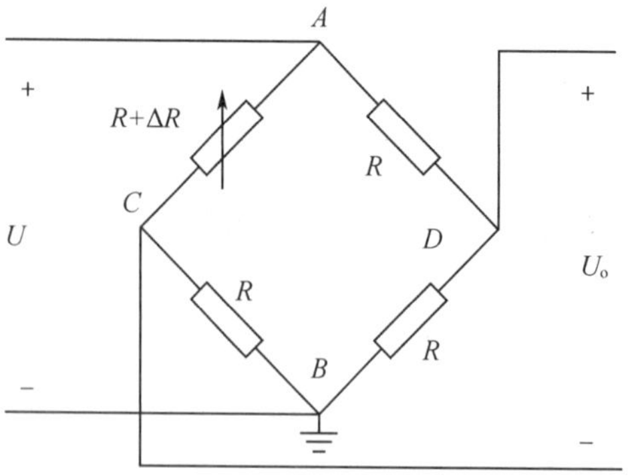

图 3-2-7　单臂电桥测量电路

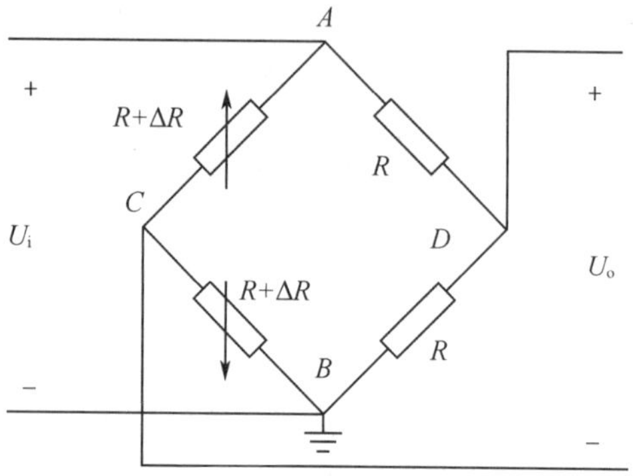

图 3-2-8　双臂电桥测量电路

②四臂电桥测量电路

在四臂电桥测量电路中,改变4个电阻为应变片电阻,如图3-2-9所示,其中电阻变换应该是彼此对应关系,通过计算得出 U_o 值。通过计算说明四臂工作时,输出量进一步增大,便于计算与处理。

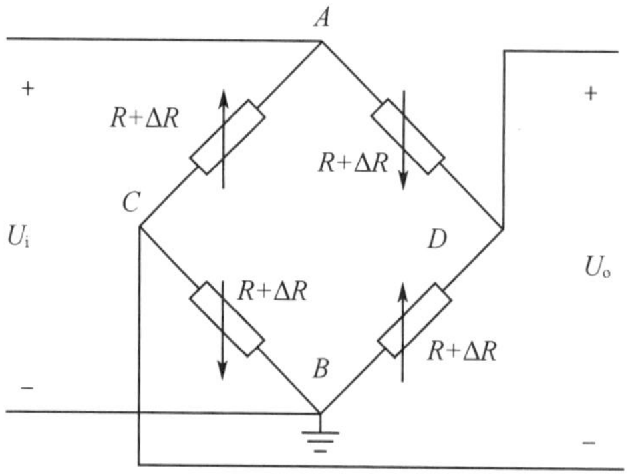

图 3-2-9　四臂电桥测量电路

四臂电桥测量电路

$$U_o = U_C - U_D = \frac{R - \Delta R}{R + \Delta R + R - \Delta R}U_1 - \frac{R + \Delta R}{R + \Delta R + R - \Delta R}U_1 = \frac{-\Delta R}{R}U_1$$

(3)应变式压力传感器应用

应变式压力传感器是压力传感器中应用比较多的一种传感器,它一般用于测量较大的压力,广泛应用于测量船舶管道内部压力,内燃机燃气的压力、压差和喷射压力,发动机和导弹试验中的脉动压力,空压机上的压力、主机滑油油压、主机进气口气压等。

以民用电子(图3-2-10)称为例。其中就多采用粘贴应变式压力传感器的悬臂梁。当力 F(如苹果的重力)以垂直方向作用于电子秤中的铝质悬臂梁的末端时,梁的上表面产生拉应变,下表面产生压应变,上下表面的应变大小相等符号相反。粘贴

图 3-2-10　电子秤

在上下表面的应变片也随之拉伸和缩短。得到正负相间的电阻值的变化，接入桥路后，就能产生输出电压。

3. 压电式压力传感器

(1)工作原理

压电式压力传感器是基于压电效应的传感器。它的敏感元件由压电材料制成。压电材料受力后表面产生电荷。此电荷经电荷放大器和测量电路放大和变换阻抗后就成为正比于所受外力的电量输出。压电式传感器用于测量力和能变换为力的非电物理量。它的优点是频带宽、灵敏度高、信噪比高、结构简单、工作可靠和质量轻等；缺点是某些压电材料需要防潮措施，而且输出的直流响应差，需要采用高输入阻抗电路或电荷放大器来克服这一缺陷。

某些物质，当沿着一定方向对其加力而使其变形时，在一定表面上将产生电荷，当外力去掉后，又重新回到正常的不带电状态，这种现象称为正压电效应 。如果在这些物质的极化方向施加电场，这些物质就在一定方向上产生机械变形或机械应力，当外电场撤去时，这些变形或应力也随之消失，这种现象称为逆压电效应，或称为电致伸缩效应。

(2)压电材料

明显呈现压电效应的敏感功能材料是压电材料。

压电单晶体，如石英、酒石酸钾钠等；

多晶压电陶瓷，如钛酸钡、锆钛酸铅、铌镁酸铅等，又称为压电陶瓷。此外，聚偏二氟乙烯(PVDF) 作为一种新型的高分子物性型传感材料得到广泛应用。

(3)压电式压力传感器应用

压电式压力传感器的应用领域很广，如电声学、生物医学和工程力学等。它能够测量发动机里面的燃烧压力，也能够应用在军事方面。它可以测量在膛中的枪炮子弹在击发的那一刻，膛压的改变量及炮口所受到的冲击波压力。它能够测量很小的压力，也能够测量很大的压力。由于它的使用寿命很长、质量较轻、体积较小、结构较简单，因此它所涉及的领域远远不止这些。在对建筑物、桥、汽车和飞机等的冲击和震动的测量，也是非常广泛的。特别是在宇航和航空领域里，它的地位是很特殊的。

【任务实施】

直流全桥电子秤测量实验(图 3-2-11)

(1)连接虚拟实验模板上的±15 V 电源导线，(将红、黑、蓝 3 个插针分别拉到相应的插孔处，连线提示状态框提示“连线正确”，错误则提示“连线错误，请重新连线”。每次连线正确与否，都有提示)。

(2)连接作图工具两端到 U_{o2} 输出端口，并点击作图工具图标，弹出作图工具窗口。

(3)打开图中左上角的电源开关，指示灯呈黄色。

(4)当 15 V 电源和示波器导线连接正确后，在由 X、Y 轴构成的作图框中的 Y 轴上将出现一个红色基准点。

(5)调节 R_{w3} 到某值，再调节 R_{w4} 将红色的基准点调节到坐标轴原点位置，此时部分连线将自动完成。

(6)连接虚拟实验模板上的±4 V 电源线，红色基准点再次偏离原点，调节 R_{w1}，将红 色零点调回原点位置。(正确接线如下图所示)。

(7)将虚拟实验模板上的砝码逐个拖到托盘上,作图框中将逐段输出波形。(注意:若有导线未连,则砝码无法拖动,同时波形输出后,电位器将不可再调节,如要调节,则需重新做实验)。

(8)点击作图框中的“保存”,保存已知质量砝码的输出波形(保存的波形为蓝色),将托盘上的砝码逐个放回原位。

(9)将未知质量的物体拖到托盘上,则输出一段(红色)波形,比较红、蓝两输出波形即可估计未知物体的质量,此为本实验目的。

(10)如果对本次实验不满意,可点击电源开关的“关”,则所有的控件、按钮恢复初始状态,即可重新做实验。

(11)如果想结束本实验,则点击虚拟实验模板右下角的“返回菜单”,返回主菜单界面,或直接关闭本 flash。

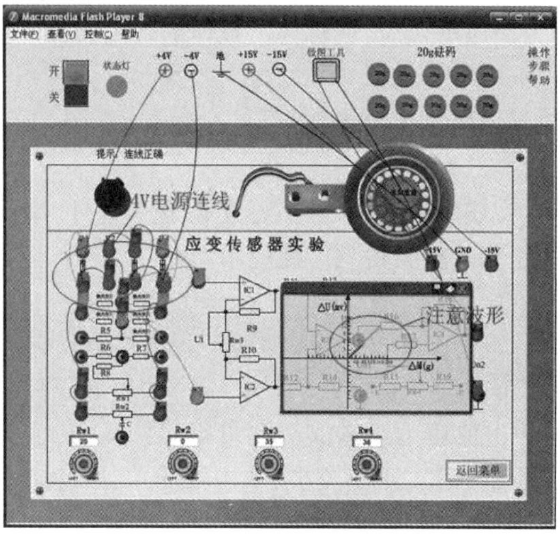

图 3-2-11　直流全桥电子秤测量实验

仿真软件:直流全桥电子秤测量实验

任务 3.3　液位传感器安装与调试

【任务描述】

掌握常用浮力式液位传感器、超声波式液位计、差压式液位变送器的工作原理及安装和使用方法。

液位传感器

【知识链接】

目前,船舶上常用的液位传感器有浮力式、差压式、电容式、超声波式等。利用它们可检测淡水、燃油、滑油、货油、压载水等的储存量,液位继电器则广泛应用于低液位检测与报警中。

3.3.1　浮力式液位传感器

浮力式液位传感器根据浮子高度随液位高低而改变或液体对浸沉在液体中的浮筒(或

称沉筒)的浮力随液位高度变化而变化的原理来测量液位。浮力式液位计有两种:一种是维持浮力不变的液位计,称为恒浮力式液位计,如浮球式、浮标式、磁翻板式等;另一种是在检测过程中浮力发生变化的,叫作变浮力式液位计,如浮筒式(也叫沉筒式)液位计等。

1. 恒浮力式液位计

(1)钢带浮子液位计

钢带的线位移变为钉轮的角位移,在钉轮轴上安装转角传感器或变送器,可实现液位信号的远传,适用于大型储罐。宽液位测量,测量范围为 0~20 m。钢带浮子液位计(图3-3-1)为这种检测提供了可靠、安全的检测手段和方法,外观设计新颖、体积小、电源电压范围大,适应性强,安装简便,现场安装不用动火,不论是在用或新建设备均能很容易安装使用,由于仪表的钢带是在罐内自成内环,因此,受外界温度影响变化小,且仪表测量精度不受液体密度和温度变化的影响。

图 3-3-1　钢带浮子液位计

仿真软件:浮子钢带液位计

(2)浮球液位计

浮球液位计(图 3-3-2)的测量部分由浮球与平衡杆和平衡锤组成力矩平衡机构,因此浮球可以自由地随液位的变化而升降。当液位改变时,浮球的位置发生相应的变化,通过球杆带动主轴转动,表头内角位移传感器与主轴通过齿轮啮合,将液位的变化转换成相应的刻度指示。

图 3-3-2　浮球液位计

仿真软件:浮子杠杆液位计

(3)磁性浮子液位计

磁性浮子液位计(图 3-3-3)通过与工艺容器相连的筒体内浮子随液面(或界面)的上下移动,由浮子内的磁钢利用磁耦合原理驱动磁性翻板指示器,用红、蓝两色(液红气蓝)直观地指示出工艺容器内的液位或界位。

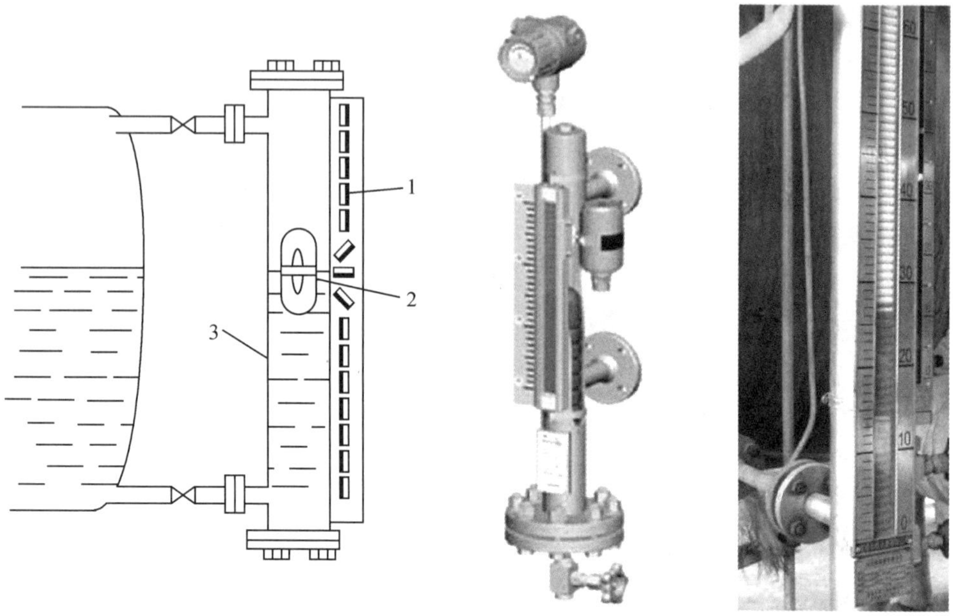

(a) (b) (c)

1—指示翻板;2—磁性浮子;3—连通容器。

图 3-3-3 磁性浮子液位计

2. 变浮力式浮筒液位计

浮筒式液位计属于一种变浮力式液位传感器,它的浮体至浮筒沉浸在液体中,当液面上下变化时,浮筒被液体浸没的深度不同,所受浮力也不同。因此通过检测浮筒所受浮力的变化,可以测定液面的变化。UTD 浮筒式液位计就是利用这种原理测量的。如图 3-3-4 所示,它主要由传感器和显示仪表两部分组成。浮筒 1 通过弹簧 2 被固定在一定高度上,浮筒的上端有直杆与一差动变压器 3 的铁芯 4 相连。当液体刚接触浮筒低面时,浮筒的重量全部被弹簧平衡。当液位变化时,在浮筒的弹簧力和浮力的合力作用下,将产生位移,从而带动铁芯偏离变压器初始平衡位置,输出与液位变化相对应的电压信号,再经转换器输出标准信号用于显示和控制。

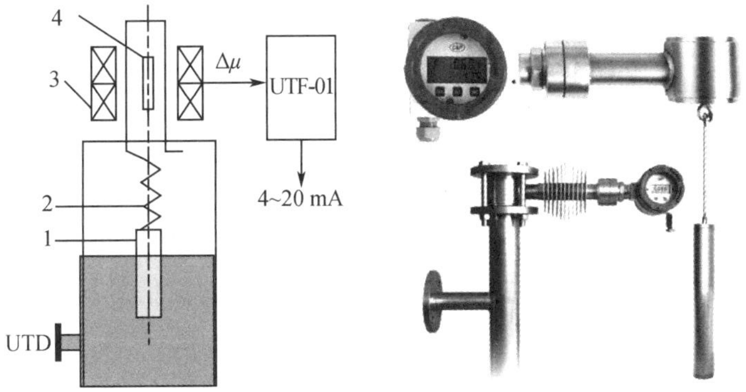

(a)传感器　　(b)显示仪表

1—浮筒;2—弹簧;3—差动变压器;4—铁芯。

图 3-3-4　UTD 浮筒式液位计

3.3.2　差压式液位计

1. 差压式液位计工作原理

差压式液位计是根据液体中某点的静压力与该点离液面的深度成正比的原理制成的。需测出该点的压力或压力差方可知道液面的高度,并经电动差压传感器变成电信号作为检测信号以便仪表处理与显示测量值。其原理如图 3-3-5 所示。

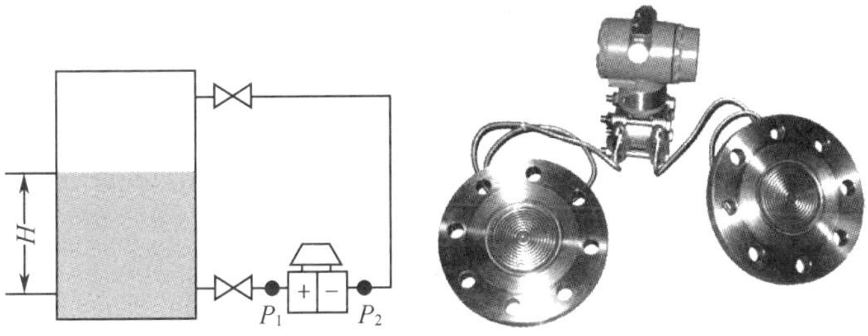

图 3-3-5　差压式液位计

仿真软件:浮筒式液位变送器

对于密闭容器中的液位,由于液面以上部分的容器空间中尚有空气存在,因此要用差压传感器来测量密闭容器内的液位。差压传感器的正压室通过引压管与容器下部取压点相通,其负压室与容器上部液面以上部分的密封空间相通,若测量敞口容器内的液位,则差压传感器的负压室应与大气相通。有时为避免引压管中液柱高度不恒定面影响测量结果,在管的上端安设平衡容器,在管中充满被测液体,以减小测量误差。

在使用差压变送器或差压计测量液位时,一般来说,其压差 Δp 与液位高度 H 之间有如下简单关系:$\Delta p=H\rho g$,这属于一般的“无迁移”情况。当 $H=0$ 时,作用在正、负压室的压力是相等的。

但是在实际应用中,往往 H 与 Δp 之间的对应关系不那么简单。为防止容器内液体和气体进入变送器而造成管线堵塞或腐蚀,并保持负压室的液柱高度恒定,在变送器正、负压室与取压点之间分别装有隔离罐,并充以隔离液。若被测介质密度为 ρ_1,隔离液密度为 ρ_2

（通常 $\rho_2>\rho_1$），这时

$$\Delta p = H\rho_1 g - (h_2 - h_1)\rho_2 g$$

2. 差压式液位变送器安装

差压式液位变送器由差压变送器、毛细管和带密封隔膜的双法兰组成，如图 3-3-6 所示。密封隔膜的作用是防止管道中的介质直接进入差压变送器，它与变送器之间是靠注满液体（一般采用硅油）的毛细管连接起来的，当膜片受压产生微小变形后，变形位移或频率通过毛细管的液体传递给变送器，由变送器处理后转换成输出信号。可用于测量液体、气体和蒸汽的流量、液位、密度和压力。

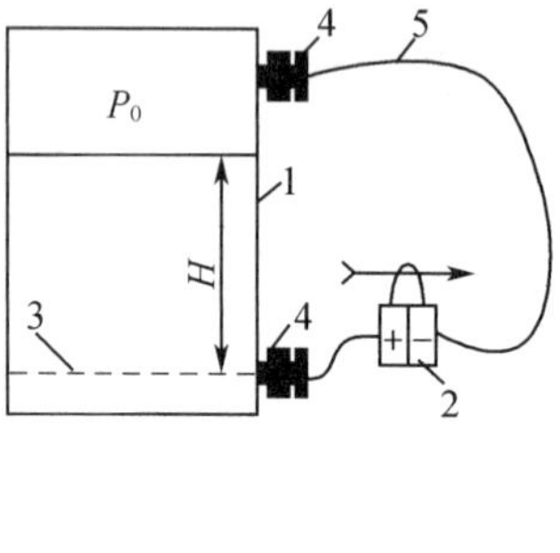

（a）差压式液位示意图

（b）差压式液位实物图

1—容器；2—差压变送器；3—液位零面；4—法兰；5—毛细管。

图 3-3-6　差压式液位变送器

3. 投入式液位传感器

投入式液位传感器（图 3-3-7）是一种测量液位的压力传感器，基于所测液体静压与该液体的高度成比例的原理，采用隔离型扩散硅敏感元件或陶瓷电容压力敏感传感器，将静压转换为电信号，再经过温度补偿和线性修正，转化成标准电信号，一般适用于石油化工、冶金、电力、制药、供排水、环保等系统和行业的各种介质的液位测量。投入式液位变送器的传感器部分可直接投入液体中，变送器部分可用法兰或支架固定，安装使用极为方便。

图 3-3-7　投入式液位传感器

采用固态结构，无可动部件，具有高可靠性，使用寿命长，不受被测介质起泡、沉积、电气特性的影响，有较宽范围的温度补偿。投入式液位变送器具有电源反相极性保护及过载限流保护。

3.3.3　电容式液位计

1. 电容式液位传感器原理

同轴金属管电容式液位传感器原理如图 3-3-8（a）所示。两内外金属管分别为电容器的内电极和外电极，被测液位的液体则作为电容器两极间介质。介质常数一定，当被测液位变化时，电容器电容量随之变化，且与液位成比例，用测量仪表显示电容量的变化即可测出液位值。

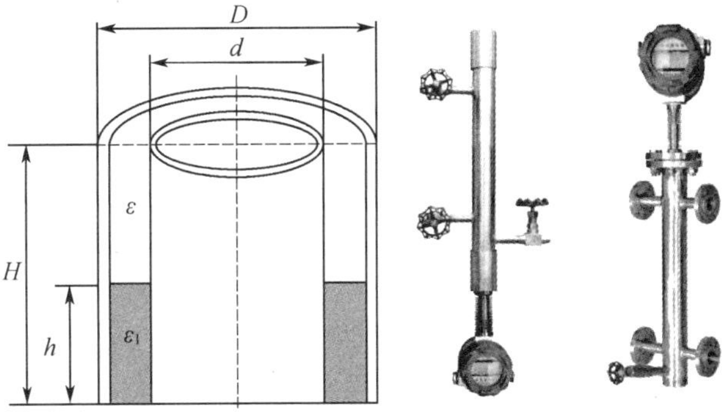

（a）电容式液位传感器　　（b）电容式液位计

图 3-3-8　电容式液位计

此时电容器器电容值为

$$C_0=\frac{2\pi\varepsilon_1 h}{\ln\frac{D}{d}}+\frac{2\pi\varepsilon(H-h)}{\ln\frac{D}{d}}=\frac{2\pi\varepsilon H}{\ln\frac{D}{d}}+\frac{2\pi h(\varepsilon_1-\varepsilon)}{\ln\frac{D}{d}}$$

$$=C_0+\frac{2\pi(\varepsilon_1-\varepsilon)h}{\ln\frac{D}{d}}=C_0+\Delta C,\quad C_0=\frac{2\pi\varepsilon H}{\ln\frac{D}{d}}$$

式中　C_0——由传感器的基本尺寸决定的初始电容值；

ε——空气介电常数；

ε_1——被测介质的介电常数；

h——液面高度；

H——传感器总高度；

d——内筒外径；

D——外筒内径。

可见，变换元件的电容增量 ΔC 正比于被测液位高度 h。

2. 电容式液位计安装注意事项

电容式液位计安装如图 3-3-9 所示。

(1)仪表内置石英绝缘护管，搬运、安装过程中要小心，不得磕碰、敲击仪表。

(2)需保证现场汽水取样管上的一次阀门(有时还带有二次阀门)的阀杆均处于水平位置，以免造成汽侧水封现象和水侧绝温现象。

(3)每台仪表都应具有独立的取样孔，不得在同一取样孔上并联多个水位测量装置，以免相互影响，降低水位测量的可靠性。

(4)安装汽水侧取样管时，应保证管道的倾斜度不小于 100∶1(以 50∶1为宜)，对于汽侧取样管应使取样孔侧高，对于水侧取样管应使取样孔侧低。

(5)仪表的汽水侧取样管不得在纵向或水平方向做任何形式的打弯处理，以免影响取样质量。

(6)当汽水侧取样管的中心距与仪表中心距偏差较大时，掰开或压缩管间距时需对汽水侧取样管做相应的热处理以消除应力。

(7)汽水侧取样管、取样阀门和仪表本体(除探头部分)均应做高质量保温,以消除因降温造成的取样误差。

(8)需要对仪表做固定支架(支架最好出自汽包本体,而不是以外部平台为支点,以免位移变形),做支架时需对汽包所有液位计的物理零位做出相应调整。

(9)需对仪表做好排污软管(配套)的安装。

(10)若仪表为露天安装,需对接线端做一定的防护处理,避免雨水顺着导线渗至电路板。

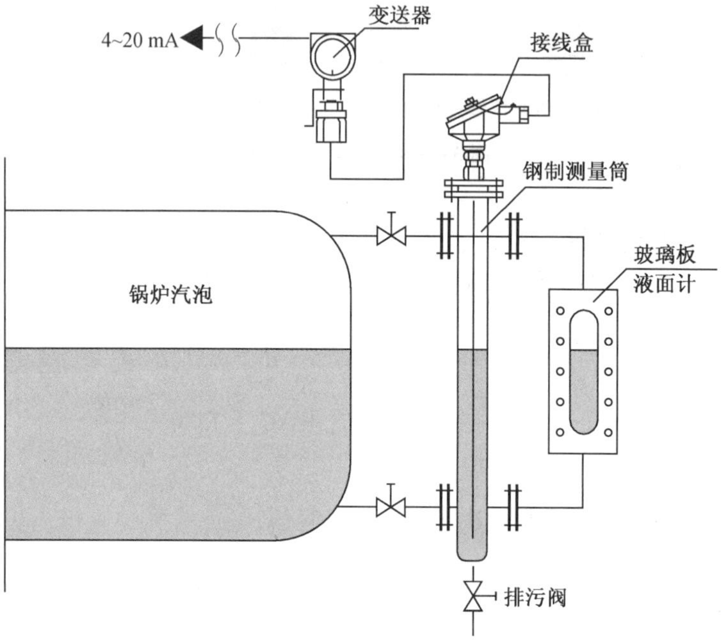

图 3-3-9　电容式液位计安装图

3.3.4　超声波式液位计

超声波在不同介质中具有不同的传播速度,同时穿过不同介质分界面时还将产生反射,因此利用超声波从发射到反射超声波的时间间隔与液面成比例的关系来确定液面高度,如图 3-3-10 所示。液位高度与时间间隔的关系式为

$$H = L - n = L - \frac{c\Delta t}{2}$$

式中　H——被测液位高度;

c——声速;

Δt——测得时间间隔;

L——超声换能器与被测液体容器底部距离。

由探头发出高频超声波脉冲遇到被测介质表面被反射回来,部分反射回波被同一换能器接收,转换成电信号。超声波脉冲以声波速度传播,从发射到接收到超声波脉冲所需时间间隔与换能器到被测介质表面的距离成正比,通过时间间隔就可以求出液位。

超声波液位传感器(图 3-3-10)是非接触式测量,可广泛应用于大型油罐液位测量,湖泊河渠液位测量,工业生产中料桶液位测量,化工与石化储存容器及工艺储罐液位测量,制药业反应器内液位测量,食品与饮料制造业容器液位测量,炼油工艺容器液位测量,矿山矿石料位测量,水电力发电及水坝液位测量等。还可以根据不同的需求,设计出不同工况下的特种超声波液位计。

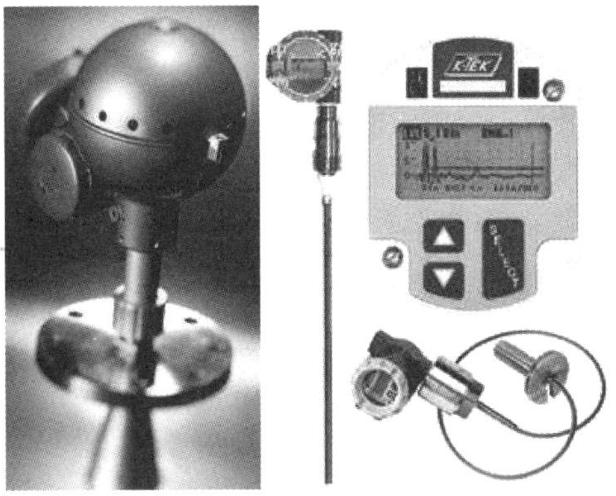

超声波液位检测

超声波测量液位原理

图 3-3-10 超声波液位传感器

3.3.5 液位继电器

液位继电器又称液位开关。用于对设定的液位高、低限进行监视,输出相应的开关量信号。目前在船上使用较多的液位继电器是浮球式液位继电器(图 3-3-11)。它由浮球室、浮球及传动杆、棒状永久磁铁和磁性开关等部分组成。

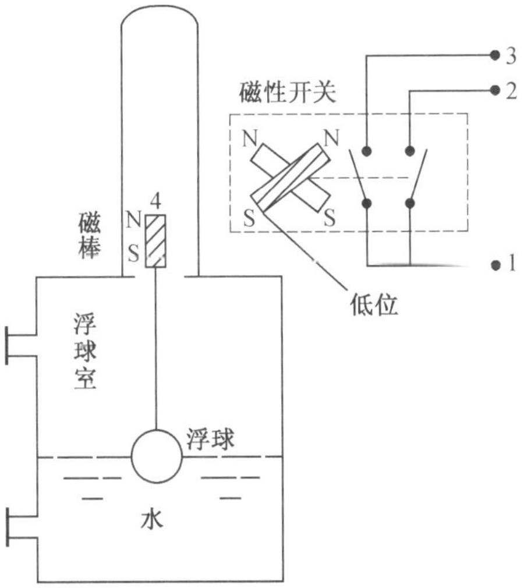

1,2,3—开关触点;4—磁棒。

图 3-3-11 浮球式液位继电器

当液位较低、磁棒 4 在磁性开关的下方时,这时开关触点 1,2 闭合;1,3 断开。当液位上升时,浮球室中的浮球随之上升,通过传动杆带动磁棒 4 上移,它的 N 极先和磁性开关的小磁铁接近。按照磁铁同性相斥、异性相吸的特性,这时小磁铁的位置不变,磁性开关的触点状态也保持原状态不变，而当液位再上升使磁棒 4 的 S 极接近磁性开关中的小磁铁时，则由于小磁铁的 N 极受吸引、S 极受排斥，使开关触点动作，则使 1、2 断开，1、3 闭合。若液位继续上升，小磁铁的位置和开关触点的状态均保持不变。这一开关量信号表示液位处于高限状态。当液位从高限下降时，磁棒 4 的 S 极先接近磁性开关中的小磁铁，这时小磁铁的位置和开关触点的状态不变。直到液位下降到低限值时，磁棒 4 的 N 极接近磁性开关中的小磁铁，小磁铁的位置才恢复到图 3-3-11 中所示的低限状态。浮球式液位继电器常用于船舶辅助锅炉自动给水控制和低水位报警系统。

【任务实施】

差压变送器的校验

(1)准备标准压力信号发生器、标准电流表、电阻箱(或 250 Ω 电阻)、24 V DC 电源、连接件及导线等。

(2)将差压变送器按图 3-3-12 接线，检查线路是否正确。

(3)将差压变送器正、负压室开放通大气，接通电源稳定 3 min 后，将阻尼时间置于最小，此时差压变送器输出应为 4 mA，否则调整零点螺钉，使之输出为 4 mA。

(4)给差压变送器正压室输入量程上限压力，负压室通大气，变送器输出应为 20 mA，若有偏差，调整量程螺钉，使之输出为 20 mA。

(5)重复步骤(3)(4)，直到符合要求为止。

(6)将差压变送器测量范围分为四等份，按 0%，25%，50%，75%，100%逐点输入压力信号，变送器的输出信号值应在误差允许范围内。若超差，反复调整零点、量程零点，直至符合要求。

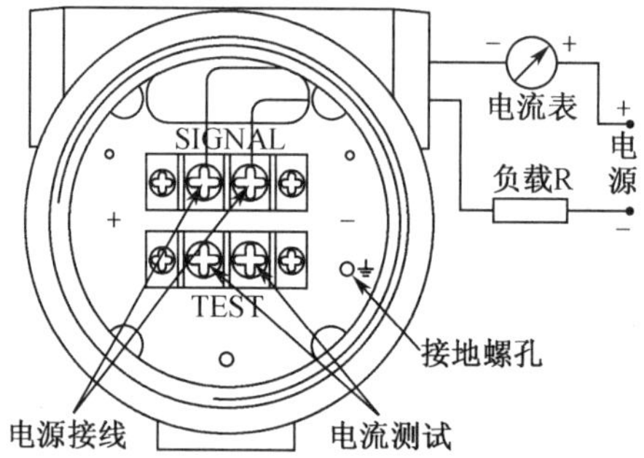

图 3-3-12　差压变送器校验接线图

(7)将校验数据填入表 3-3-1 所示的校验单内，并计算出变送器的最大绝对误差和最大变差，再根据仪表量程计算出仪表的允许误差和精度等级，判断仪表是否合格，给出校验结论。

表 3-3-1 差压变送器校验单

仪表名称		精确度		出厂编号			
制造厂		最大工作压力		出厂量程			
输入		输出					
		标准值	实测值/mA				
%	kPa	mA	上行	绝对误差	下行	绝对误差	变差
备注：							
校验人： 年 月 日							

任务 3.4 流量传感器安装与调试

【任务描述】

掌握常用流量传感器的结构及其流量检测原理，掌握氧含量、CO_2 含量等物质含量传感器的检测原理及其船舶应用。

【知识链接】

船舶上常用的流量传感器有差压式、电磁式、容积式、数字式等，它们输出的信号送到调节器监测装置后，可控制各种油水等液体流量。

3.4.1 差压式流量计

差压式流量计又称节流式流量计，是利用液体流经节流装置时产生的压力差实现流量检测。通常由孔板、喷嘴等节流装置及测量压差的显示仪表组成。节流装置通常安装在水平管道中，如图 3-4-1 所示。

当连续流体流过管道内的节流装置时，节流装置的面积比管道的截面积小，使流体的流通面积突然缩小，流速形成局部收缩，流速增加，流体压力降低。因此在节流装置前后形成压力差 $\Delta P=P_1$(入口)$-P_2$(出口)。液体流量越大，通过节流装置转换成的压差信号也越大。理论证明，流量 Q 与差压 ΔP 的关系式是

$$Q = K\sqrt{\Delta P}$$

因此，当液体一定时，采用标准节流件，保证 K 不变时，Q 与 ΔP 的平方根成正比，所以用差压计测出 ΔP 就可测出液量的大小。

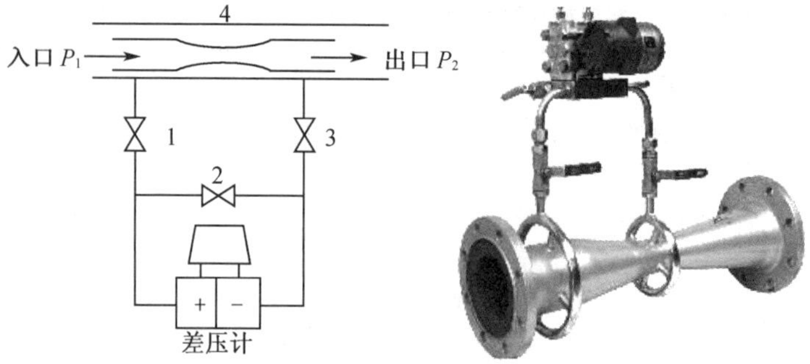

1—取压阀；2—平衡阀；3—取压阀；4—节流装置

图 3-4-1　差压式流量计

视频：差压流量计

3.4.2　其他形式流量计

按照工作原理不同，流量计又分为超声波流量计、电磁流量计、科里奥利质量流量计、转子流量计、漩涡流量计、涡轮流量计、椭圆齿轮流量计等。用于液体流量计和气体流量计。在船舶的燃油流量、压载水流量、滑油系统流量、主机进气量等测量中得到广泛应用。其他流量测量方式见表 3-4-1。

表 3-4-1　其他流量测量方式

种类	工作原理	特点及应用	结构与外形
超声波流量计	超声波流量计采用时差式测量原理：一个探头发射信号穿过管壁、介质、另一侧管壁后，被另一个探头接收到。同时，第二个探头同样发射信号被第一个探头接收到，由于受到介质流速的影响，两者存在时间差，根据推算可以得出流速和时间差之间的换算关系，进而得到流量值	是一种非接触式仪表，它既可以测量大管径的介质流量也可以用于不易接触和观察的介质的测量。它的测量准确度很高，几乎不受被测介质的各种参数的干扰，尤其可以解决其他仪表不能的强腐蚀性、非导电性、放射性及易燃易爆介质的流量测量问题	视频：超声波流量计
电磁流量计	在一段用非导磁材料制成的管道外面，安装有一对磁极 N 和 S，用以产生磁场。当导电液体流过管道时，因流体切割磁力线而产生感应电势。此感应电势由与磁极垂直方向的两个电极引出。当磁感应强度不变，管道直径一定时，这个感应电势的大小仅与流体的流速有关，而与其他因素无关	动态响应快，流量计结构简单，应用范围广，不受被测流体的温度、压力、密度、黏度等参数的影响，不需进行参数补偿。除测量具有一定电导率的酸、碱、盐溶液以外，还可测量泥浆、矿浆、污水、化学纤维等介质的流量。不能测量电导率很低、高温高压介质流量，系统复杂、成本高，并且电磁流量计易受外界电磁干扰的影响	视频：电磁流量计

表 3-4-1(续)

种类	工作原理	特点及应用	结构与外形
科里奥利质量流量计	当流体在振动管中流动时,管子受到科里奥利效应力作用。管子的入口段管与出口段管在振动的时间先后会出现差异(差异是由于入口段和出口段流体流向是相反的),这叫作相位时间差。这种差异与流过管子的流体质量流量的大小成正比	准确性、重复性、稳定性高,在流体通道内没有阻流元件和可动部件,因而其可靠性好,使用寿命长,还能测量高黏度流体和高压气体的流量。在石油、化工、冶金、建材、造纸、医药、食品、生物工程、能源、航天等工业部门,其应用也越来越广泛。被专家誉为是 21 世纪的主流流量计	**视频:科里奥利质量流量计**
转子流量计	转子流量计与前面所讲的差压式流量计在工作原理上是不相同的,差压式流量计是在节流面积(如孔板孔口截面积)不变的条件下,以差压变化来反映流量的大小。转子流量计是根据节流原理测量流体流量的,但是它是改变流体的流通面积来保持转子上下的差压恒定,故又称为变流通面积恒差压流量计,也称为浮子流量计	具有结构简单、直观、压力损失小、维修方便等特点。转子流量计适用于测量通过管道直径 $D<150$ mm 的小流量,也可以测量腐蚀性介质的流量。使用时流量计一般安装在垂直走向的管段上,流体介质自下而上地通过转子流量计,经特殊设计的转子流量计可以水平安装或上进底出垂直安装	**Flash:转子流量计**
漩涡流量计	漩涡流量计(涡街流量计)是利用有规则的漩涡剥离现象来测量流体流量的仪表。在流体中垂直插入一个非流线型的柱状物作为漩涡发生体。当雷诺数达到一定数值时,会在柱状物的下游处产生两列不对称但有规律的交替漩涡,称为卡曼涡列。而漩涡频率与流体流速有关	结构简单而牢固,无可动部件,可靠性高,长期运行十分可靠。安装简单,维护十分方便。检测传感器不直接接触被测介质,性能稳定,寿命长。输出是与流量成正比的脉冲信号,无零点漂移,精度高。测量范围宽,量程比可达 1:10。压力损失较小,运行费用低,更具节能意义	**视频:涡街流量计**
涡轮流量计	当流体通过涡轮叶片与管道之间的间隙时,由于叶片前后的压差产生的力推动叶片,使涡轮旋转。在涡轮旋转的同时,高导磁性的涡轮就周期性地扫过磁电感应转换器的磁钢,使磁路的磁阻发生周期性的变化,线圈中的磁通量也跟着发生周期性的变化,线圈中便感应出交流电信号。交变电信号的频率与涡轮的转速成正比,即与流量成正比。这个电信号经前置放大器放大后,送往显示仪表,以便累积或指示流量	测量精确度高,测量范围宽,适用于流量大幅度变化的场合,反应迅速,可测脉动流,重复性好,压力损失小,耐高压、耐腐蚀,结构简单,安装使用方便,无零点漂移,抗干扰能力强。 对被测介质清洁度要求较高,受来流流速分布畸变和旋转流等影响较大,流量计前后应有较长的直管段,流体密度、黏度对流量特性的影响较大,当流体密度、黏度发生变化时,需要重新标定或者进行补偿	**Flash:涡轮流量计**

表 3-4-1(续)

种类	工作原理	特点及应用	结构与外形
椭圆齿轮流量计	椭圆齿轮在被测液体的压差作用下产生转矩,带动两齿轮交替转动,并把两齿轮与壳体间的月牙容积中的被测液体由进口排至出口,且齿轮每转半周,就向出口排出两个充满流体的月牙容积的流量。一般可通过传动机构带动积算器,或经齿轮轴可驱动干簧继电器发出反映流量大小的电脉冲信号,并由检测仪表显示	流量测量与流体的流动状态无关,它依靠被测介质的压头推动椭圆齿轮旋转而进行计量的。因此核测介质的黏性愈大,泄漏误差愈小,对测量愈有利。椭圆齿轮流量计计量精度高,适用于高黏度介质流量的测量,但不适用于含有固体颗粒的流体(固体颗粒会将齿轮卡死,以致无法测量流量)。如果被测液体介质中夹杂有气体时,也会引起测量误差	Flash:椭圆齿轮流量计

【任务实施】

差压式流量计的安装

1. 节流装置安装

节流装置安装不正确,是引起差压式流量计测量误差的重要原因之一。在安装和使用节流装置时,应注意如下事项。

(1)必须保证节流装置的开孔和管道的轴线同心,并使节流装置端面与管道的轴线垂直。

(2)在节流装置前后长度为两倍于管径(2D)的一段管道内壁上,不应有凸出物和明显的粗糙或不平现象。

(3)任何局部阻力(如弯管、三通管、闸阀等)均会引起流速在截面上重新分布,引起流量系数变化。所以在节流装置的上、下游必须配置一定长度的直管。

(4)标准节流装置(孔板、喷嘴),一般都用于直径 $D \geq 50$ mm 的管道中。

(5)被测介质应充满全部管道并且连续流动。

(6)管道内的流束(流动状态)应该是稳定的。

(7)被测介质在通过节流装置时应不发生相变。例如:液体不蒸发和析出气体,气体不冷凝等。当流过节流装置的流体出现气液混相时,将会对测量造成很大误差。譬如说,测量饱和蒸汽流量的差压计,当蒸汽由于温度降低而冷凝,使蒸汽中夹杂水滴时,将会使测量结果完全失真,这是使用中特别要注意的。

在安装节流装置时,除了要注意上面所讲的节流装置安装使用方面的问题外,还必须注意节流装置的安装方向。一般地说,节流装置露出部分所标注的“+”号一侧,应当是流体的入口方向。当用孔板作为节流装置时,应使流体从孔板 90°锐口的一侧流入。

在使用中,要保持节流装置的清洁。如在节流装置处有沉淀、结焦、堵塞等现象,也会引起较大的测量误差,必须及时清洗。

另外,节流装置使用日久,特别是在被测介质夹杂有固体颗粒等机械物的情况下,或者存在化学腐蚀,都会造成节流装置的几何形状和尺寸的变化。对于使用广泛的孔板来说,它的入口边缘的尖锐度会由于冲击、磨损和腐蚀而变钝。这样，在相等数量的流体经过时所产生的压差 Δp 将变小，从而引起仪表指示值偏低。故应注意检查、维修，必要时应换用新的孔板。

2. 导压管安装

导压管要正确地安装，防止堵塞与渗漏，否则会引起较大的测量误差。对于不同的被测介质，导压管的安装亦有不同的要求，下面结合几类具体情况来讨论。

（1）测量液体流量时，应该使两根导压管内都充满同样的液体而无气泡，以使两根导压管内的液体密度相等。这样，由两根导压管内液柱所附加在差压计正负压室的压力可以互相抵消。为了使导压管内没有气泡，必须做到：

① 取压点应该位于节流装置的下半部，与水平线夹角 α 应为 0°~45°，如图 3-4-2 所示（如果从底部引出，液体中夹带的固体杂质会沉积在引压管内，引起堵塞，亦属不宜）；

② 引压导管最好垂直向下，如条件不许可，导管亦应下倾一定的坡度（1∶20~1∶10），使气泡易于排出；

③ 在引压导管的管路内，应有排气装置。如果差压计只能装在节流装置之上时，则须加装集气罐，如图 3-4-3 中的放空阀 3 与集气罐 6。这样，即使有少量气泡，对差压 Δp 的测量仍无影响。

（2）测量气体流量时，上述基本原则仍然适用。尽管在引压导管的连接方式上有些不同，其目的仍是要保持两根导管内流体的密度相等，测量气体流量时的连接如图 3-4-4 所示。为此，必须使管内不积聚气体中可能夹带的液体，具体措施如下：

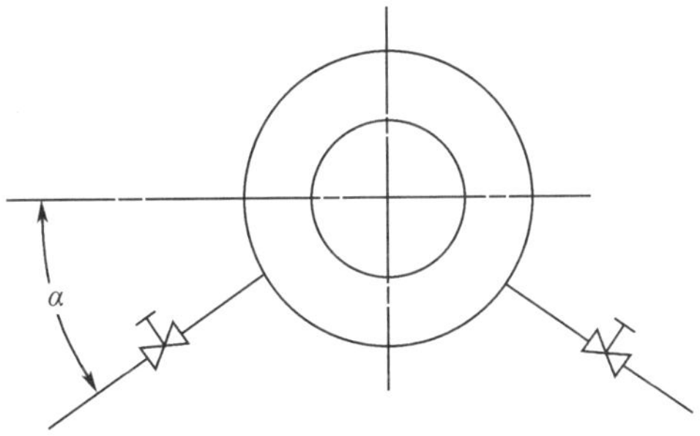

图 3-4-2　测量液体流量时的取压点位置

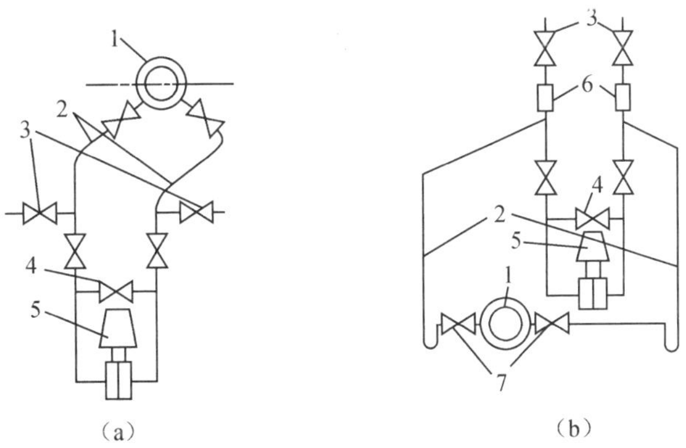

1—节流装置；2—导压管；3—放空阀；4—平衡阀；5—差压变送器；6—集气罐；7—切断阀。

图 3-4-3　测量液体流量时的连接图

① 取压点应在节流装置的上半部；

② 引压导管最好垂直向上，至少亦应向上倾斜一定的坡度，以使引压导管中不滞留液体；

③ 如果差压计必须装在节流装置下，则须加装集液罐和排放阀，如图 3-4-3(b)所示。

(3) 测量蒸汽流量时，要实现上述基本原则，必须解决蒸汽冷凝液的等液位问题，以消除冷凝液液位的高低对测量精度的影响。

最常用的接法如图 3-4-5 所示。取压点从节流装置的水平位置引出，并分别安装凝液罐 2。这样，两根导管内都充满了冷凝液，而且液位一样高，从而实现了差压 Δp 的准确测量。

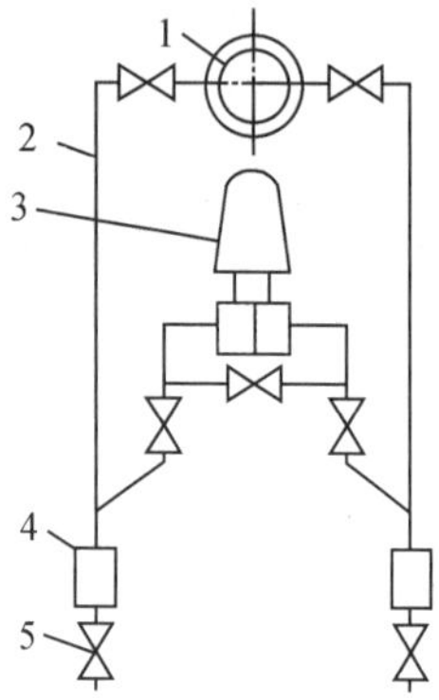

1—节流装置；2—导压管；3—差压变送器；
4—集液罐；5—放空阀。

图 3-4-4　测量气体流量时的连接图

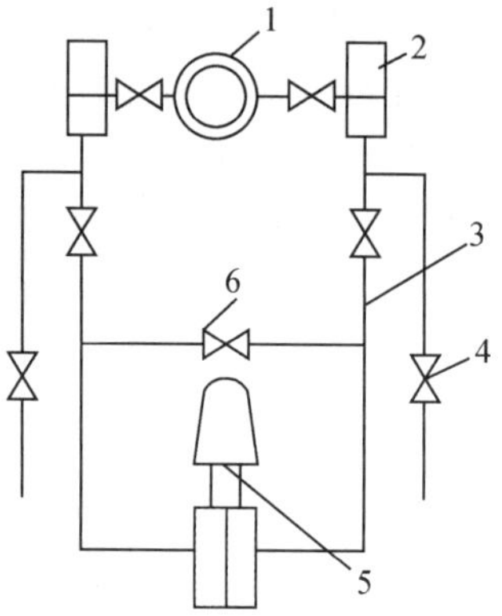

1—节流装置；2—凝液罐；3—导压管；
4—放空阀；5—压差变送器；6—平衡阀。

图 3-4-5　测量蒸汽流量的连接图

从凝液罐至差压计的接法与测量液体流量时的接法相同。

3. 差压计安装

差压计(或差压变送器)安装或使用不正确也会引起测量误差。

由引压导管接至差压计或变送器前，必须安装切断阀 1、2 和平衡阀 3，俗称三阀组，如图 3-4-6 所示。我们知道，差压计是用来测量差压 Δp 的，但如果两切断阀不能同时开闭，就会造成差压计单向承受很大的静压力，有时会使仪表产生附加误差，严重时会使仪表损坏。为了防止差压计单向承受过大的静压力，必须正确使用三阀组。在启用差压计时，应先开平衡阀 3，使正、负压室连通，受压相同，然后再打开切断阀 1,2，最后再关闭平衡阀 3，差压计即可投入运行。差压计需要停用时，应先打开平衡阀，然后再关闭切断阀 1,2。

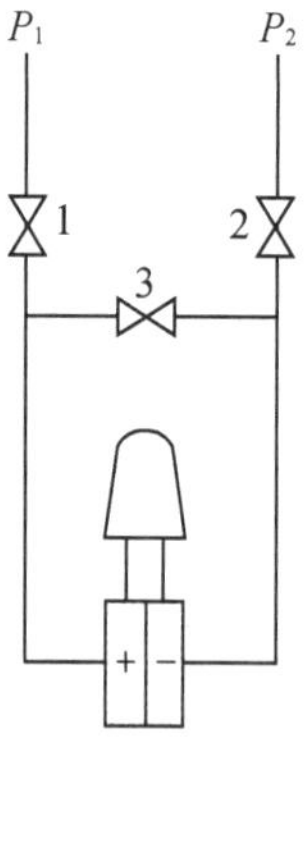

1,2—切断阀；3—平衡阀。

图 3-4-6　差压计三阀组的安装

当切断阀 1,2 关闭时，打开平衡阀 3，便可进行仪表的零点校验。

测量腐蚀性(或易凝固等不适宜直接进入差压计的)

介质的流量时,必须采取隔离措施。最常用的方法是用某一种与被测介质既不互溶也不起化学变化的中性液体作为隔离液,同时起传递压力的作用。当隔离液的密度ρ_1'大于或小于被测介质密度ρ_1时,隔离罐分别采用如图 3-4-7 所示的两种形式。差压式流量计现场安装如图 3-4-8 所示。

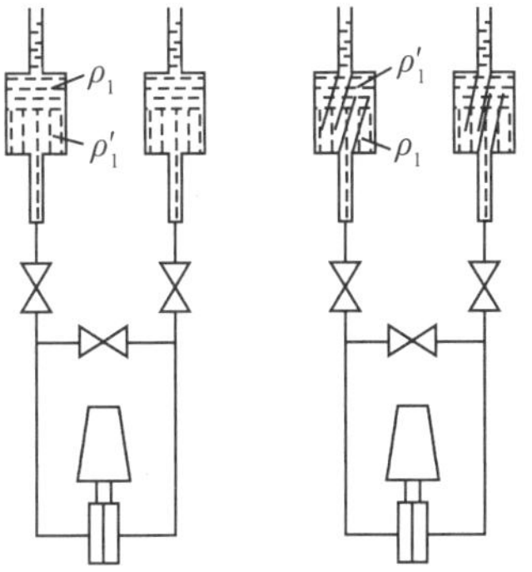

(a) $\rho_1<\rho_1'$　　(b) $\rho_1>\rho_1'$

图 3-4-7　隔离罐的两种形式

图 3-4-8　差压式流量计现场安装图

任务 3.5　转速传感器安装与调试

【任务描述】

掌握转速传感器的种类及检测原理,掌握主机转速表系统调整方法。

微课:转速传感器

【知识链接】

在机舱中需要检测转速的设备有主机、发电机原动机和废气透平增压器等,检测主机转速一般可用测速发电机和磁脉冲传感器。检测发电机原动机和废气透平增压器转速时因其转速较高,通常都采用磁脉冲传感器、光电子转速表和霍尔式转速表。

3.5.1　测速发电机

测速发电机是一种测量转速模拟信号的传感器,它将主机转速(一般是由主机轴经皮带轮或齿轮带动测速发电机)成比例地转变成电压信号,测速发电机有直流和交流两种形式。

1. 直流测速发电机

直流测速发电机是指直流永磁测速发电机,电路如图 3-5-1 所示,其转子轴经链轮、链条与主机推进轴联结,当主机推进轴转动时,发电机产生电压,其输出电压为

$$U = E - I_a R_a = C_e \Phi n - I_a R_a$$

式中　E——发电机的电势；

I_a——发电机的电枢电流；

R_a——发电机的电枢电阻；

n——发电机的转速；

Φ——发电机的恒磁磁通；

C_e——常数。

$I_a R_a$ 表示电枢绕组及换向电刷接触电压的压降，其数值比发电机电势 E 小得多，故可忽略不计，且其为常数时，则认为

$$U \approx C_e \Phi n = kn$$

因此直流测速发电机的输出电势 E 与发电机的转速成正比，即与主机推进轴的转速成正比（k 为比例系数）。U 的大小反映了主机转速的高低，U 的极性反映了主机的转向。其输出特性如图 3-5-2 所示。

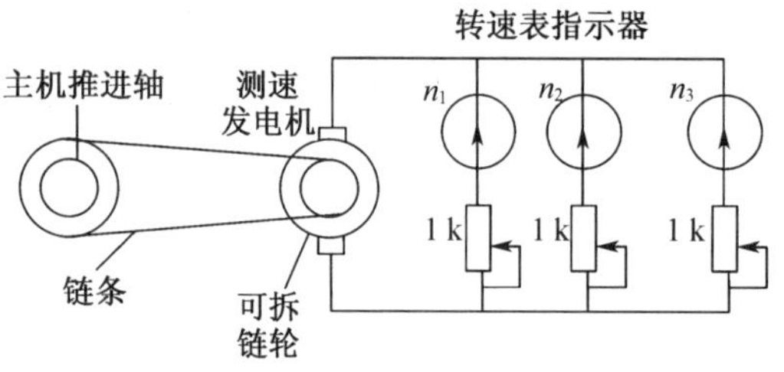

图 3-5-1　直流发电机测速系统

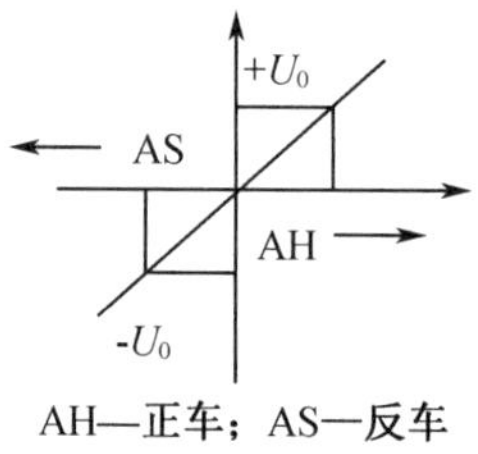

图 3-5-2　直流测速发电机输出特性

直流测速发电机电路简单，但由于它存在电刷等部件而易引起故障，故在新型船舶上越来越多地采用交流测速发电机。

2. 交流测速发电机

其测速原理与直流测速发电机基本相同，在此不复述，但由于它的输出电压信号是交流的，需要对它进行相敏整流，滤波后变成直流电压信号。同样该电压信号的大小反映了主机转速的高低，其极性反映了主机的转向。测速发电机测得的转速信号可送至转速表指示主机的转速和转向，但作为转速的反馈信号和逻辑信号不可使用负向电压的转速信号，需经过整流把倒车负极性电压信号转换成正极性电压信号，如图 3-5-3 所示。

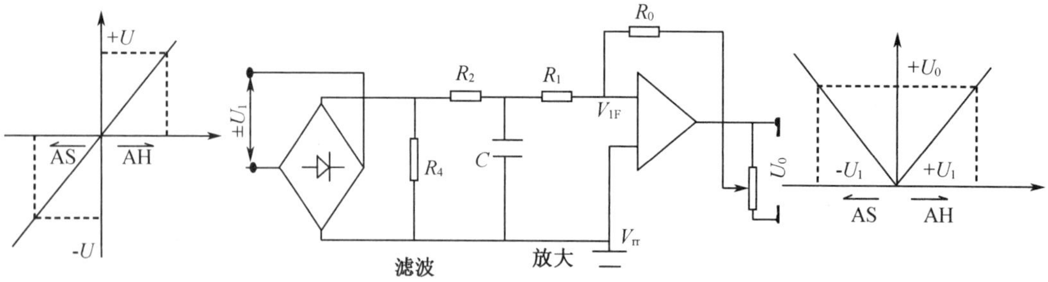

图 3-5-3　测速机信号整流电路与输出特性曲线

图 3-5-3 中整流回路由相敏整流、滤波输出及放大环节组成。当正车转向时，V_{1F} 为负值；当倒车转向时，V_{1F} 为正值。输出级放大器的输出为

$$U_o = -k\ V_{1F}$$

式中　k——放大系数。

在主机遥控系统中，常把转速信号作为启动过程控制所需信号。如换向、启动、转速等控制信号均是从测速系统中拾取的。

3.5.2　磁脉冲式转速传感器

磁脉冲式转速传感器由磁头、脉冲整形放大电路、频率电压转换电路、滤波电路等组成。磁头的结构如图 3-5-4 所示。它有一个软铁探测磁极，是由内装一永久磁铁探头的螺旋管组成，非导磁性外壳对线圈组件起保护作用。磁头是产生脉冲信号的部件，它所产生的脉冲频率（10 Hz~10 kHz 脉冲）与转速成比例。

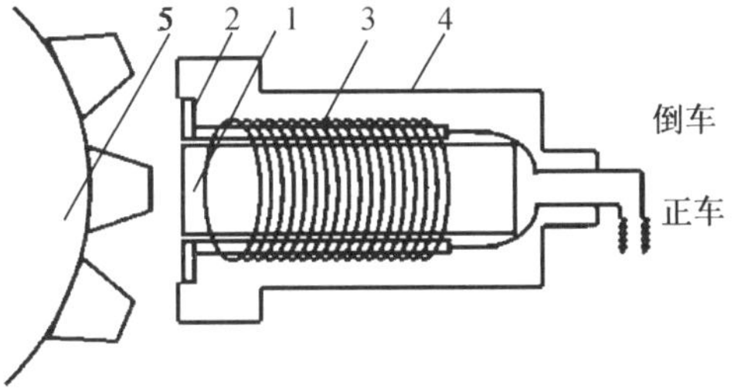

1—衔铁；2—卡扣；3—线圈；4—外壳；5—齿轮。

图 3-5-4　磁头结构原理

仿真软件：磁脉冲式转速传感器

在主机的主轴或凸轮轴上装一个齿轮（可利用盘车齿轮，最佳特性齿轮是左右的齿节距为 2.5 mm、齿高则为齿节距的 1/2），把磁头对准齿轮的齿顶固定，磁头与齿顶之间保持一个较小的间隙（1~5 mm）。当齿轮转动时，磁头将交替对准齿顶和齿根，即可输出脉冲信号；同时会引起线圈内磁通的变化，从而在线圈中产生感应电动势。每转一个齿，磁通变化一次，每秒钟磁通变化次数称为磁通变化的频率 $f=Zn/60$。磁通的变化率就是感应电动势 E 的变化率，从而可由测得的感应电动势的变化率来获得转速信号。

磁头获得感应电动势的脉冲信号较弱，其波形也不理想。所以把磁头输出的脉冲信号经整形放大电路后转换成同频率的有较大幅值的矩形波，再把该矩形波送至微分电路，可产生同频率的尖峰脉冲信号。用该信号去触发单稳态电路，可得到脉冲宽度和幅值均恒定的矩形波。如图 3-5-5 所示，最终把转速信号变换成电压信号。

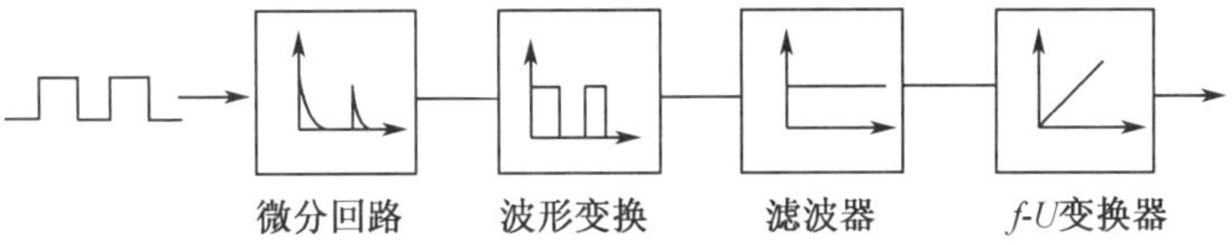

图 3-5-5　频率-电压转换器波形

为了检测主机的转向,需安装两个脉冲传感器,且它们之间要相差 1/4 或者 3/4 个周期。两个磁头所获得的脉冲信号经整形放大后分别送 D 触发器的 D 端和时钟脉冲端。由输出端 Q 和 $\bar{Q}$ 哪个是"1"信号来判断主机正转和反转。如图 3-5-6 所示,当齿轮如图中方向正车转动时,D 触发器 D 端的正脉冲总比 CP 端超前 1/4 周期,即 CP 端来正脉冲时,D 端总是"1"信号,所以触发器输出端 Q 保持"1"信号,$\bar{Q}$ 保持"1"信号,表示主机在正车方向运动。当主机倒车时则反之。该传感器是属于非接触式测速元件,它无相对磨损部件、故具有结构简单、牢固(测平均转速),运动可靠,使用寿命长,精度高等优点。

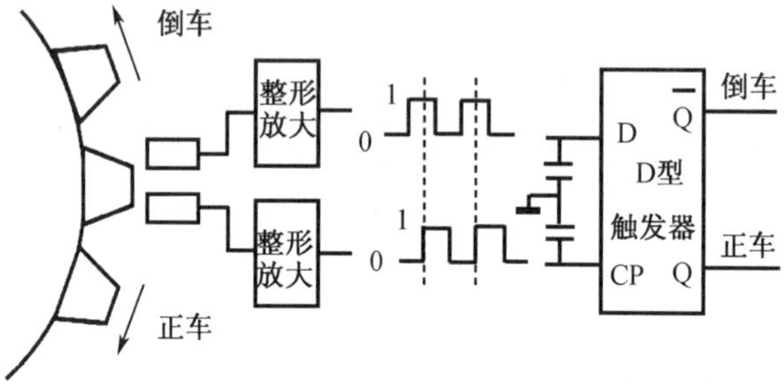

图 3-5-6　磁脉冲传感器主机转向检测原理

3.5.3　光电式转速表

利用光电元件产生正比于转速的脉冲信号,可以实现非接触测量。光电式测速传感器常用透射式与反射式两种类型,其原理如图 3-5-7 所示。

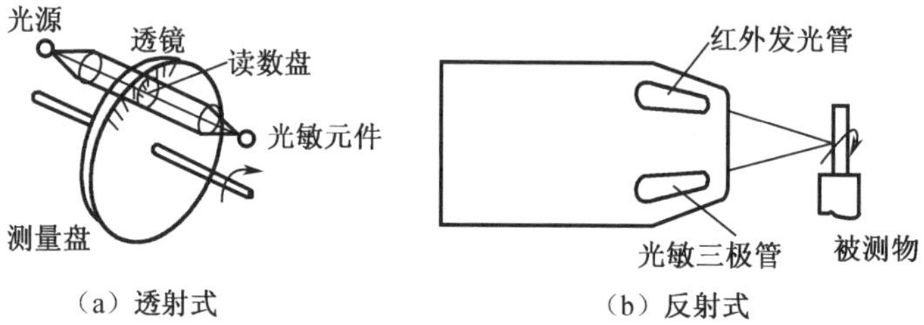

图 3-5-7　光电式转速表

1. 透射式光电测速传感器

直射式光电转速传感器设有读数盘和测量盘,两者之间存在间隔相同的缝隙。透射式光电测速传感器在测量物体转速时,测量盘会随着被测物体转动,光线则随测量盘转动不断经过各条缝隙,并透过缝隙投射到光敏元件上。透射式光电测速传感器的光敏元件在接收光线并感知其明暗变化后,即输出电流脉冲信号。透射式光电测速传感器的脉冲信号,通过在一段时间内的计数和计算,就可以获得被测量对象的转速状态。

2. 反射式光电测速传感器

反射式光电测速传感器是以红外发光二极管作光源,所发射红外线投射到被测转轴上,如被测转轴上有反光镜,则光线被反射后射向光敏元件(光敏三极管),输出反映转速的电脉冲信号。反射式光电转速表使用方便，不需要增加负荷，但使用时需要调节焦点，要求传感器靠近被测轴，并且输出信号较弱。

3.5.4 霍尔式转速传感器

霍尔传感器是利用霍尔效应来工作的一类传感器的总称，其基本原理如图 3-5-8 所示。厚度为 d 的 N 型半导体薄片上垂直作用了磁感应强度为 B 的磁场，若在一个方向上通以电流 I，则在垂直于 B 和 I 的方向上产生一感应电动势，该现象称为霍尔效应，所产生的电动势称为霍尔电势；半导体薄片称为霍尔元件。输出的霍尔电势 U_H 正比于磁感应强度 B 和电流 I 的乘积。

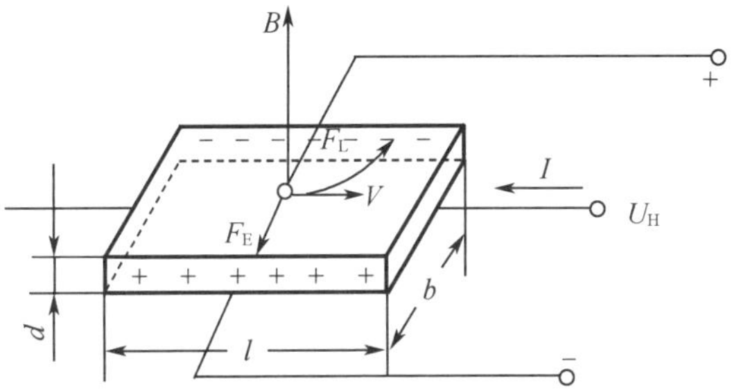

图 3-5-8 霍尔效应原理

利用霍尔元件可实现非接触转速测量。其结构为：磁性圆盘固定在被测转轴上，圆盘边缘上等距离地镶嵌有永久磁钢，相邻磁钢的极性相反。由磁导体和置于磁导体间隙中的霍尔元件组成测量头，测量头两端的距离与圆盘上两相邻的磁钢之间的距离相等。磁导体尽可能安装在磁钢边上。当圆盘转动时，霍尔元件即输出正负交变的周期电压，如图 3-5-9(a)所示。还有一种霍尔转速表是在被测转轴上安装一齿轮状的磁导体，静止固定的马蹄形永久磁铁正对齿端，霍尔元件粘贴在磁极的端面上。当测量时，齿轮状磁导体随轴转动，使霍尔元件磁路中的磁阻发生周期性变化。在周期性变化磁场作用下，霍尔元件输出一系列频率与转轴转速成比例的单向电压脉冲，如图 3-5-9(b)所示。霍尔式转速表通过对霍尔元件输出脉冲计数而算出转速。为了提高测量精度，可以适当增多磁钢数目，但若磁钢排列过密、间距过短，则测量高度时，霍尔元件频率响应不够，将导致脉冲信号丢失。

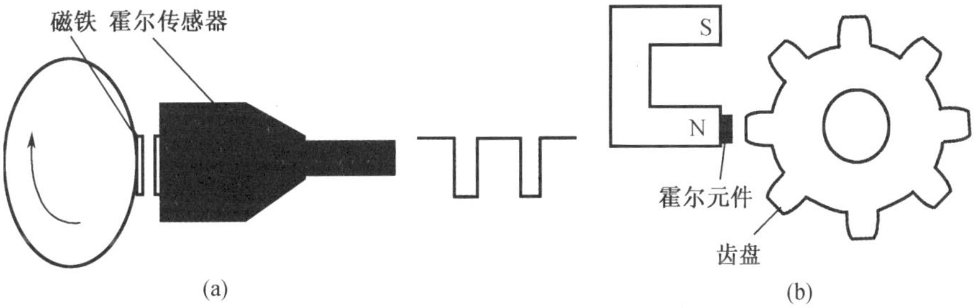

图 3-5-9 霍尔传感器转速测量

【任务实施】

主机转速监测系统认识及转速表系统调整

1. 电动转速表系统组成

船舶在海上航行时，为了使驾驶人员和机舱工作人员及时了解船舶主机的转速，在机舱内、驾驶室、轮机长室均装有远距离测量主机转速的仪表，称为电动转速表。它是通过电气装置将主机的转速在各个操纵位置上用电表的形式显示出来的仪表，由转速传感器、指示器、链轮和链条等组成。其原理参见图 3-5-1。

该传感器是直流测速发电机，其输出的电压与转速成正比。该传感器的数量须根据主机推进轴的根数确定，通常装在轴弄口。

指示器是磁电式直流电压表，用于测量测速发电机输出电压。其刻度不是电压值，而是主机推进轴每分钟的转速值，且应选取最高值不小于主机推进轴额定转速的 110%。转速指示器的数量须根据草机部位及与主机运行有关舱室的数目来确定。指示器通常安装在驾驶室、主机操纵台旁、绘图室、轮机长室等，在驾驶室内的指示器应选用带内照明的型号，并考虑尽量远离磁罗经。接线时不可将照明电源线与测速电压线接错，否则会烧坏表头，连接指示器与传感器的电缆线阻值不应超过 100 Ω。

链条和链轮是用来连接发电机转子轴和主机推进轴的附件，链轮分可拆链轮和不可拆的整体链轮。可拆链轮装在主机推进轴上，整体链轮装在发电机轴上。

根据转速传感器的原理，在电压表上刻以每分钟的转速值，则主机推进轴的每分钟转数在电压表上就可以得到相应的读数。但因船上指示器不知在几个部位和舱室，它们离发电机的距离各不相等，各个指示器的压降就不相等。这样同样的转速在不同指示器上的转速值却不相同，这是不符合事实的。为了使并接在同一个发电机的几个指示器安装在不同距离时，都能显示出一致的转速，在各个指示器内装有调整电阻 R，以便给距发电机较远的指示器加入较小的电阻值，而给距发电机较近的指示器加入较大的电阻值，于是各指示器的端电压相等，指示出一致的读数。

2. 电动转速表系统调整

电动转速表系统用于指挥部位、操机部位检查主机推进轴的转速，借以确定船舶的速度。该系统的调试分内场调试和外场调试：内场调试是该系统在出厂前进行试验和调试，外场调试即码头及航行试验，在此重点介绍外场调试方法。

(1) 试验前检查绝缘电阻及测速发电机的安装质量。

(2) 主机开机后，在各转速位置上校验系统的指示器误差。首先用机械方法测定主机转速实际值，然后与各指示器读数进行比较，计算出各点误差，误差应小于±1%。误差公式为

$$误差=\frac{指示器显示值-实际值}{实际值}\times 100\%$$

(3) 未经内场调试的电动机转速表可在码头试验时开动主机进行调整。

①调整传感器的内磁环，使发出的电压 U 符合公式

$$U=\frac{主机转速实际值}{转速指示器限量值}\times 发电机额定电压$$

若电压 U 与转速 n 的关系无法调整至上述要求，则传感器有故障，应拆检修理。

②若几个指示器读数相同,但与转速实际值误差稍大于允许值,可再微调发送器分磁环减小误差。

③若几个指示器读数各不相同,应调整每个指示器的调整电阻 R,使读数与主机转速实际值相同。

(4)已作内场调试的电动转速表在船上安装后一般不必重新调整,即可满足技术要求,但在码头试验或航行试验中应进行误差测定,若最大误差大于规定值,应在船上重新进行调整。

任务 3.6 船舶物质含量测量

【任务描述】

了解船舶物质含量传感器种类;掌握曲轴箱油雾浓度监测报警系统的功能、监测原理及调试和使用方法。

【知识链接】

船舶柴油机曲轴箱油雾浓度的高低,是衡量主机运行过程是否正常的重要标志之一。在曲轴箱中,滑油油滴由于蒸发为气态形成油雾,它与空气混合会形成可燃性气体。当油雾浓度超过正常标准时,可能会引发曲轴箱爆炸事故。为了保证主机安全运行,一般柴油主机都装有曲轴箱油雾浓度监测系统,一旦油雾浓度超过正常标准时,立即发出声光报警信号,并使主机自动降速或停车。

3.6.1 黏度测量

黏度计是将燃油黏度转换为压差信号来检测的,其原理如图 3-6-1 所示。齿轮泵放在加热器出口的燃油管中,由于电动机拖动,转速恒定,因此从管道中吸取少量燃油,此后经毛细管排出的油量也是恒定的。由于毛细管直径小(几毫米),而长度较长,对黏性燃油流通时产生阻力,使毛细管两端有压差。在毛细管中按层流状态流动,故毛细管两端压差 ΔP 与燃油黏度的关系方程为

$$\mu = \frac{\pi d^4 \Delta P}{128QL}$$

式中 L——毛细管长;

d——管直径;

ΔP——毛细管两端压差;

Q——流量。

因此当毛细管尺寸、流量一定时,燃油黏度 μ 与毛细管两端压差 ΔP 成正比。故只要测出 ΔP 就可反映燃油黏度,并通过压差传感器进行信号转换后送入仪表显示。

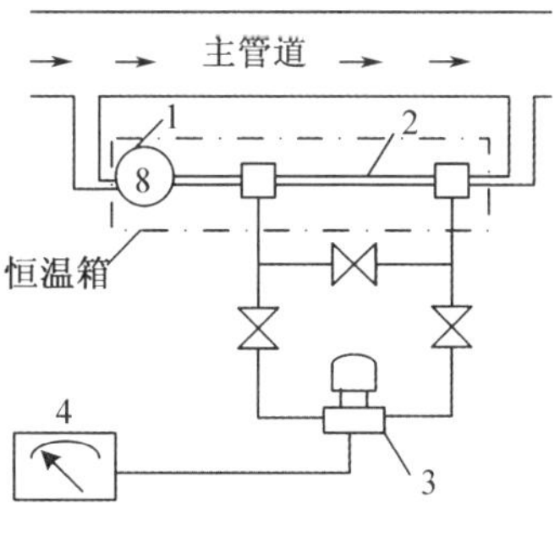

1—齿轮泵;2—毛细管;
3—差压变送器;4—显示仪表。

图 3-6-1 黏度计

3.6.2 各种物质含量检测传感器

1. 氧含量传感器

氧含量传感器用于检测气体中的氧含量，特别是对油轮封舱惰性气体的氧含量进行检测，防止油轮发生爆炸。在船上多用热磁传感器检测氧含量，它是利用氧的顺磁性原理制成的。

所谓氧的顺磁性就是氧气不同于其他气体，在遇到磁场作用时要向磁场里面运动且分子的磁极方向顺着磁场方向有序排列。如图 3-6-2 所示为热磁式传感器原理图。

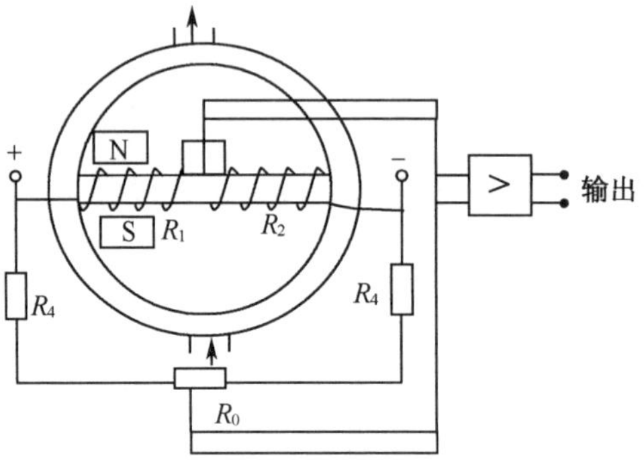

图 3-6-2 热磁式传感器

氧含量传感器由检测通道、电桥和放大器组成。检测通道由环形管和水平管组成。水平管绕两组铂丝作为加热电阻 R_1 和 R_2，它们和锰铜丝绕制的电阻 R_3 和 R_4 构成测量电桥的四臂，R_0 是调零电阻。在靠近线圈 R_1 的边缘放置永久磁铁，两个磁极形成一个不均匀磁场。当含有氧的待测气体进入检测通道时，水平管左端靠近磁场，氧气的磁化率高，而水平管右边磁化率低，从而形成一个从左向右的排斥力(称磁风)。于是线圈 R_1 和 R_2 被冷却程度不同，氧含量越多，R_1 和 R_2 温差越大，即电阻值相差越大，测量电桥输出的电压信号也越大。

2. CO_2 含量传感器

CO_2 含量传感器多用于监视锅炉膛内燃烧情况，多采用热导式。它是利用含有 CO_2 的气体导热率小于纯空气的导热率的特性研制的，其原理如图 3-6-3 所示。

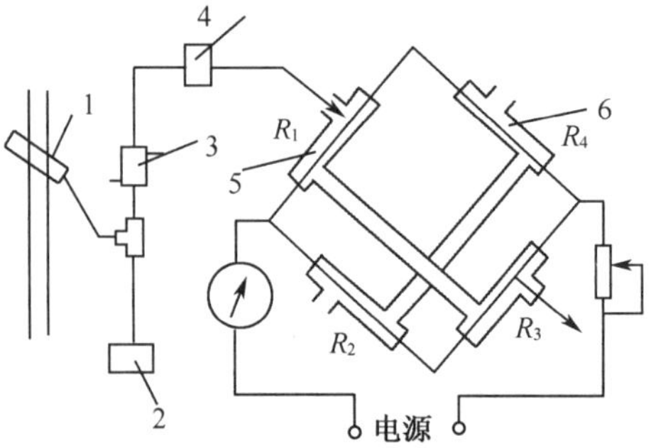

1—陶瓷过滤器；2—凝水器；3—冷却器；4—抽气泵；5—测量气室；6—标准气室。

图 3-6-3 CO_2 含量传感器原理

CO_2 含量传感器由采样陶瓷过滤器 1、冷却器 2、过滤器 3 和测量电桥组成。电桥上四臂均由铂丝烧制。电源对电阻丝加热，R_1 和 R_3 置于电桥的测量气室中，R_2 和 R_4 置于标准气室中，其内为空气。由于导热率不同，故电阻丝与纯空气之间的导热量大于含 CO_2 气体与电阻丝之间的导热量，所以电阻值不同。这样电桥输出的电压信号就与 CO_2 含量成正比。

3. 含盐量传感器

含盐量传感器多用于锅炉水、冷凝器水、海水泵的淡水含盐量的检测。它是利用盐浓度与溶液的电阻成反比这一特性设计的，其原理如图 3-6-4 所示。当溶液浓度越大时，电桥输出的电压也越大。由于电极在溶液中腐蚀较重，所以测量电桥多用交流电桥。

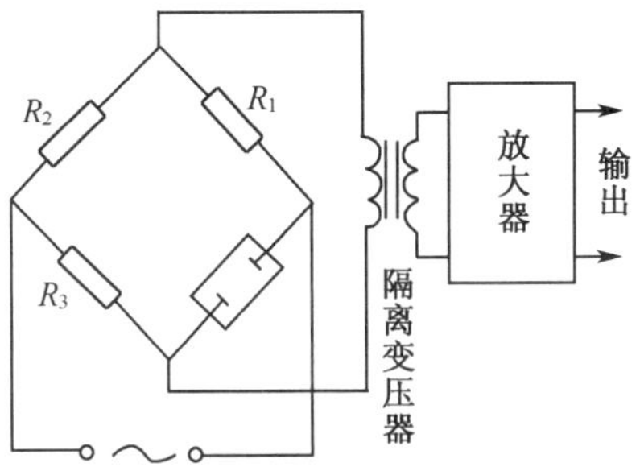

图 3-6-4　水中含盐量传感器

4. 污水中含油量传感器

为了防止海水被油污染，保护海洋生物资源和海岸环境，必须对船舶排出的污水进行含油量检测。国际海事组织规定，船舶排出舷外的水中，含油量不得超过 15×10^{-6}。若超过这个值，控制系统须发出声光报警，管理人员要检查系统的工作情况，并排除故障，直到水中含油量达标为止。通常多用光学方法检测水中含油浓度，如混浊度法、红外线吸收法、紫外线吸收法和利用光散射法等。下面仅对红外线法测量水中含油量做介绍。

这是根据油分与 CO_4 吸收各种波长的红外线的能力不同来检测水中含油浓度。油分对于波长为 3.4~3.5 μm 的红外线几乎可以全部吸收，而对其他波长的红外线吸收很少，CO_4 则对各种波长的光线几乎全不吸收。根据这一原理，在 pH 值低于 4 的检测液中加入 CO_4 后，通过检测器吸收红外线的差异来反映水中含油浓度。

污水中含油量传感器由光源、比较单元、检测单元、放大单元及显示记录仪表等组成。来自红外光源的光线经回转扇形板变成周期性的红外线，同时送入测量单元和基准单元。由于基准单元与红外线吸收无关，进入的红外线能全部送到检测器的基准室。在检测单元中送入配有四氯化碳溶剂的检测液，它吸收的红外线与检测液含油浓度有关，由于存在油分而减少了送到检测器中测量室的红外线。金属电容上、下室由于接受光照强度不同，使两室内气体膨胀不同，由此而引起的压力差将随检测液中含油浓度而变化，而压力差的变化将改变金属电容的电容值，经放大器后输出指示含油浓度的检测信号。当含油浓度超过规定值的上限时，便发出声光报警。

3.6.3　曲轴箱油雾浓度的监测

目前，船上所有的油雾浓度监测系统种类很多，但原理相近。现仅以 GRAVINERMK—4

型为例介绍。该装置由油雾浓度探测器、监测控制电路等组成。

1. 油雾浓度探测器

油雾浓度探测器原理如图 3-6-5 所示。采样切换阀 6 自动地轮流接通柴油机各缸曲轴箱。抽风机从某缸中抽取的气样送入测量浓度管 7,同时把各缸气样混合后送入平均浓度管 4。同一光源 2 发出的光束分两路,一路通过测量浓度管 7,另一路通过平均浓度管 4,分别通过反射镜 1 和透镜 3 照射在两组光电池 5 上。如果由于某种原因某一曲轴箱内的油雾浓度有异样增大,则该缸气样经切换阀进入测量管后,它的平均深度管的油雾浓度存在较大差异。这时照在两光电池上的光通量不同,产生的光电势也不同,其电势差压信号经放大器和控制电路输出报警信号,使报警单元发出报警,并使柴油机降速或停车。

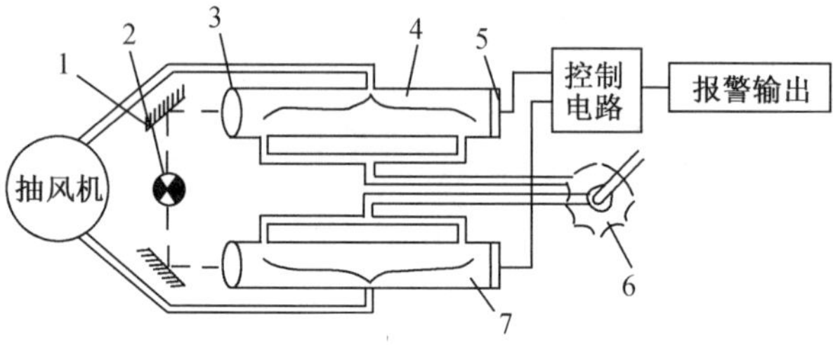

1—反射镜;2—光源;3—透镜;4—平均浓度管;5—光电池;6—采样切换阀;7—测量浓度管。

图 3-6-5 油雾浓度气样采集及测量原理

采样切换阀用作传动机构定时和轮流接通每个缸的曲轴箱。传动机构是由驱动电机经减速装置和星形从动轮控制采样切换阀动作。驱动电机经减速装置使限动凸轮转动,星形从动轮每个齿可在凸轮的凸面上滑动。当凸轮转到从动轮对准的凹面时,拔销就拨动从动轮一个齿位。于是测量浓度管经切换阀就接通一缸气样,凸轮每转 1 周(即接通每缸销)的时间是 4 s。在从动轮的轴上装有阀位指示器即面板图上的号 8。

2. 监测控制电路

油雾浓度监测控制电路如图 3-6-6 所示。它是继电器控制电路,图中各触点是相应继电器断电时的状态。合上电源开关 SW,控制电路接通电源,同时接通驱动电机 MOT 的电源,电机开始工作,传动机构和星形从动轮使采样切换阀定时地轮流接通每个缸曲轴箱,抽取气样送测量浓度管,平均浓度管进入的是各缸曲轴箱混合气样。在光源照射下,电池 B_{10} 和 B_9 分别接受经测量浓度管和平均浓度管射来的光线。这两个电池在电路中相当于两个可变电流源且反相连接。当两个管的油雾浓度相等时,流过电流表的电流为零。若测量管的浓度偏低,B_{10} 产生的电流比 B_9 大,电流表 A 指针会向 0~2 方向偏转(左向);若测量浓度高于平均浓度,光电池 B_{10} 产生的光电流比 B_9 小,电流表指针向 0~18 方向偏转,且浓度差越大,偏转量也越大。当浓度达到临界值时,与电流表 A 指针联动的触头 M 合于右端并被磁性触电吸附不能脱开,继电器 KA 通电,触头 KA_1 合于右、绿色指示灯 HLG 灭,红色指示灯 HLR 亮,表示主机有故障。触头 KA_2 合于右,继电器 KC 断电,其触头 KC_1 和 KC_2 均合于右,发出故障信号。继电器 KD 通电,触头 KD_1 断开采样切换阀的驱动电机继电停转,使采样切换阀停在故障曲轴箱阀位处,同时 KD_2 闭合使主机停车。

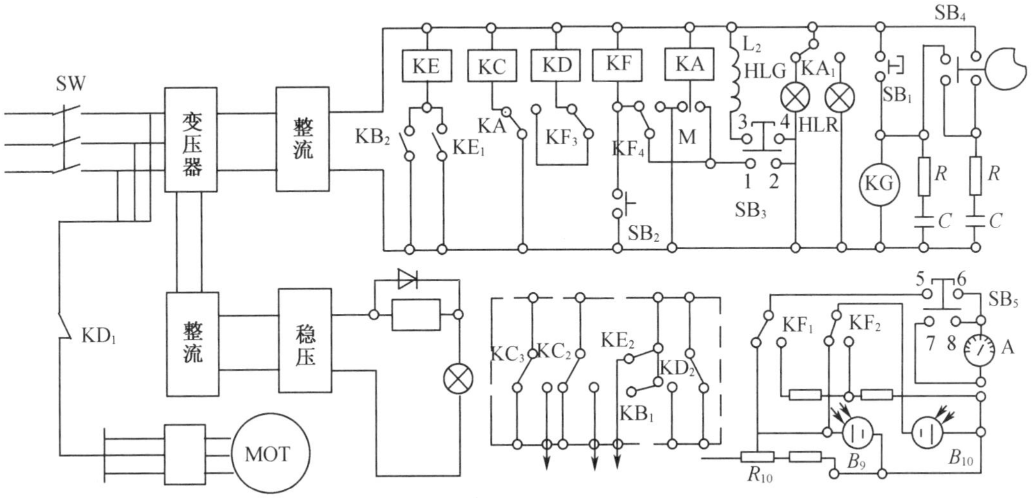

图 3-6-6 油雾浓度监测控制电路原理

排除故障恢复正常后，要进行复位操作。此时按下复位按钮 SB_3(面板 12)，SB_3(1,2)断开，SB_3(3,4)闭合，继电器 KA 断电，触头 KA_1 合于左面，红色故障灯 HLR 灭，绿色正常运行灯亮。线圈 L_2 通电产生一个反磁作用，使与电流表指针联动的触头 M 与右端断开保持在中间位置。SB_5(5,6)断开，SB_5(7,8)闭合。电流表短路使浓度指示表复位，触头 KA_2 合于左面，继电器 KC 通电，其触头 KC_1 和 KC_2 均合于左面，撤销报警信号。继电器 KD 断电，其触头 KD_1 闭合使驱动电机 MDT 通电转动，采样切换阀在此轮流接通各缸曲轴箱，KD_2 合于右面，消除停车信号。

思考与练习

1. 热电偶是什么，其工作原理是什么？
2. 使用热电偶测温要进行冷端温度补偿，方法有哪些？
3. 热电阻传感器是什么，其工作原理是怎样的，如何提高测量精度？
4. 什么是热电阻的分度表，什么热电偶的分度表？
5. 在采用热电阻进行温度测量时，所谓“三线制”接线方式是指什么？
6. 画出差动变压器的电路图，并说明其工作原理。
7. 常用压力敏感元件有哪些？
8. 什么是差压变送器的调零和调量程？
9. 什么是正迁移，什么是负迁移？
10. 简述电磁流量计的工作原理。
11. 氧含量传感器的工作原理如何，它应用于船舶上的什么场合？
12. 直流测速发电机的工作原理是什么，其输出电压与被测转速是什么关系？
13. 磁脉冲式转速传感器的工作原理是什么，其输出信号与被测转速之间的关系如何？

项目4 船舶机舱监测报警系统安装与调试

任务4.1 机舱监测报警系统组成与功能认识

【任务描述】

1. 掌握机舱监测报警系统的组成、分布及功能；
2. 了解机舱监测系统故障报警的一般处理流程；
3. 掌握机舱监测报警系统常见报警点的调试方法。

微课:机舱检测报警系统组成与功能

【知识链接】

4.1.1 机舱监测报警系统监视过程及参数类型

机舱监测报警系统按集中监视工作过程分为两种:一种是连续集中监测报警系统。其特点是长期不断对机舱内各种设备的运行参数同时检测,一旦发生故障,该检测点传感器送出越限信号到集中监测系统,报警系统将报警信号送到机舱、集控室、驾驶室、公共场所及轮机长、轮机员住所等。报警信号一般设置声响报警、闪光报警等信号,有的还设有仪表指示、数字显示及打印记录。另一种是巡回监测机舱监测报警系统。其特点是对各机器设备运行参数依次进行周期性的自动检测,也称扫描显示。可以由数字电路或微机式的方式构成,同样可进行数字显示或CRT显示、打印记录和报警,适用于检测点多的场合。

在机舱中需要监测的参数可分为两类:一类是开关量,另一类是模拟量。

所谓开关量,是指只有两个状态的量。这两个状态通常表现为开关的断开和闭合,而开关的形式可以是机械开关或继电器触点。在船舶机舱中,开关量可以反映设备的运行状态,如设备是处于运行状态还是停止状态,设备是正常工作还是出现故障,主机凸轮轴位置及阀门位置等。监测报警系统能对这些开关量进行显示,需要报警的则发出声光报警。

模拟量是指连续变化的量,例如温度、液位、压力和转速等参数的实时测量值都是模拟量。监测报警系统应能对这些模拟量进行实时显示,如果参数超过预定的范围,则应发出越限声光报警。越限声光报警超过上限报警和低于下限报警。通常,温度参数的报警为上限报警,压力参数的报警为下限报警,而液位参数的报警则既有上限报警也有下限报警。应当指出的是,对于有些设备,其运行参数虽然为模拟量,但并不是把这些模拟量直接送入监测报警系统,而是通过压力继电器、温度继电器或液位开关等转换为开关量信号再送至监测报警系统。对于这类参数,监测报警系统将以开关量的形式进行处理。

4.1.2 机舱监测报警系统的组成与功能

1. 机舱监测报警系统的组成

一个完善的集中监视与报警系统由三大部分组成:

(1)分布在机舱各监测点的传感器。传感器分散安装在机舱的各种机器和设备上,传感器检测的量被称为检测点,也称为监测点或报警点。常用传感器有:温度开关及温度传感器(铂热电阻、热电偶等),测速发电机、磁脉冲式转速传感器,压力开关与压力变送器,液位开关,液位传感器等,流量开光等。

(2)安装在集控室内的报警控制柜和监视仪表或监视屏;采集的信号包括:热电阻信号;4~20 mA 信号,用以测量系统设备的压力、液位等模拟量信号;开关量信号,系统相关设备的运行状态和故障信息有无等。

(3)安装在驾驶台、公共场所、轮机长和轮机员居室的延伸报警箱或延伸报警板。把故障报警信息进一步延伸送至驾驶室、轮机长室和轮机员居室、公共场所等。

机舱监测报警系统组成及分布如图 4-1-1 所示。

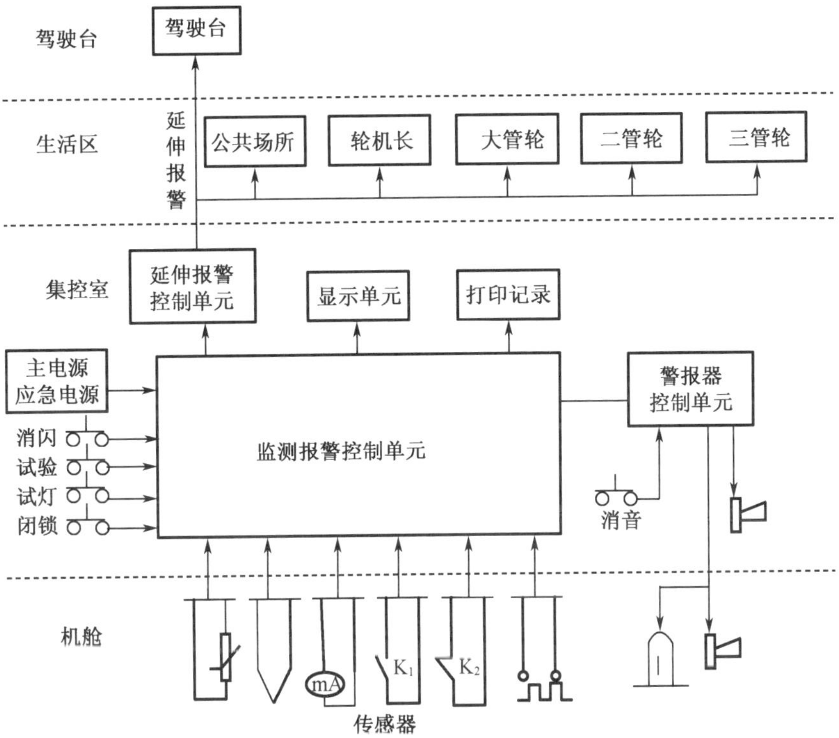

图 4-1-1 机舱监测报警系统组成及分布

2. 机舱监测报警系统功能

不同的机舱监测报警系统,由于实现手段不同,在功能上也略有差异,但原则上都应该具有以下几个方面的功能:

(1)故障报警

机舱内各种设备的运行是否正常,都是与其一些相关参数是否处于所允许的上、下限范围内有关。但大多数设备一旦发生故障,其相关参数越限后将无法自行恢复正常,只有在轮机管理人员把设备修复后,才能使参数恢复正常,我们把这一类设备故障,称为通常故障(或长时故障)。有些重要设备是成对配置的,并具有自动切换功能,例如,主机滑油泵在运行泵发生故障时,能自动切换到备用泵工作。这类设备一旦参数越限时,都能通过自动切换作用，使参数重新恢复正常。我们把参数越限后，在短时内使参数自行恢复正常的设备故障，称为短时故障。对上述两种形式的设备故障，监测报警系统会产生不同的报警过程。机舱监测报警一般处理流程如图 4-1-2 所示。

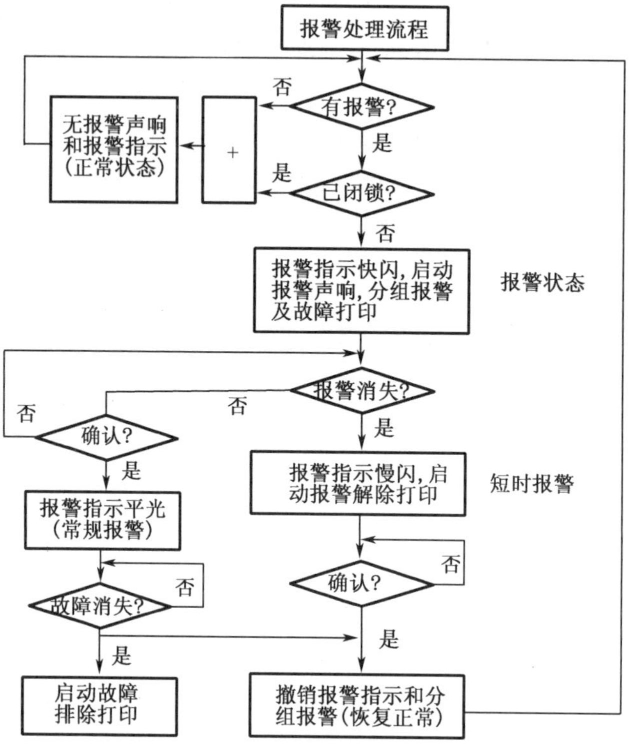

图 4-1-2　机舱监测报警一般处理流程图

①常规故障报警。在被监视的设备运行正常时，与其相关的参数处于正常范围内，监测报警系统不发出声光报警。当运行设备发生故障时，与其相关的参数越限。系统立即发出声响报警，同时相应的报警指示灯快速闪光。值班轮机员获悉后应马上进行应答(或确认)操作，于是声响报警消失，报警指示灯转换成常亮(或平光)状态，以记忆故障，直到轮机人员排除故障，使参数重新恢复正常时，报警指示灯才熄灭。

②短时故障报警。当运行设备发生故障时，与其相关的参数越限，系统立即发出声光报警。在值班轮机员尚未做出应答操作前，由于运行设备已自动切换到备用设备，使参数在短时内自行恢复正常，此时声响报警将继续保持，而报警指示灯从快闪转换为慢闪状态(对无快、慢闪之分的系统，报警指示灯则保持闪光状态)，以记忆报警状态。值班轮机员获悉后，首先进行消声操作，使声响报警停止，然后根据闪光指示灯确认故障设备后再进行消闪操作，于是报警指示灯从慢闪转换成熄灭状态。

(2)参数与状态显示

参数显示是指通过模拟仪表、数字仪表或者计算机屏幕对所有监测点的运行参数进行显示，即模拟量显示。状态显示指的是反映设备运行状态的开关量显示，通常采用绿色指示灯(灯泡或发光二极管)表示系统或设备的正常运行，红色指示灯表示报警状态。对于采用计算机屏幕的系统，则还可以采用“ON”“OFF”“HIGH”“LOW”“NORMAL”和“FAIL”等文本来进行状态显示。

(3)打印记录

参数记录有定时制表记录和召唤记录两种方式。定时制表记录是打印机以设定的间隔时间，自动地将机舱内需要记录的全部参数打印制表，轮机人员只要将打印纸整理成册，即可作为轮机日志。召唤记录也称随时记录，轮机人员可根据需要，随时打印即时工况参数，可进行全点或选点打印监视点的参数。

报警记录是由监测系统自动控制的，当被监测的运行设备发生故障时，自动地启动打印机把故障名称、内容和时间打印下来，而在故障排除时，自动打印故障排除时间。

(4)报警回差

一些运行设备，当它处于正常与故障的临界状态时，往往会出现时好时坏的现象，使被监测参数在报警值附近波动，从而导致报警监测系统频繁报警。为了避免这种情况，常在监测报警系统中设置报警回差。报警回差是指被测量报警值与恢复正常值之间的差值。当参数越限时，系统报警，以后当被测量参数在报警值附近波动，只要波动幅值小于报警回差，系统不撤销报警，在应答后保持故障记忆状态，直到故障排除，被监视参数恢复正常值时，才撤销故障记忆状态，从而避免了频繁报警。

由于开关量报警是根据开关量传感器的触点是否断开来确定报警的，因此只能在开关量传感器中设置报警回差。而模拟量报警是根据模拟量传感器输出的测量参数是否超过其报警设定值来确定报警的。

(5)延时报警

为了避免系统误报警，常设置延时报警。在液位监视报警中，常采用2~30 s的长延时报警，而在开关量报警中，常采用0.5 s的短延时报警。在延时时间内，参数越限或触点断开不发出报警，超过延时时间若参数仍越限或触点仍断开，系统就发出报警，这样可有效避免误报警。

(6)闭锁报警

船舶在停港期间，主机处于停车状态，为此，主机的冷却水系统、燃油系统和滑油系统等均处于停止工作状态，与这些系统相关的参数都会出现异常，但这是正常现象不需要报警，因此，有必要将这些监测点的报警闭锁。闭锁报警就是根据机舱设备的运行情况，封锁一些不必要报警的监视点，禁止其报警。

(7)延伸报警

延伸报警是专为无人值班机舱设置的，在机舱无人值班情况下，必须将机舱故障报警信号分组后传送到驾驶室、公共场所、轮机长和值班轮机员住室的延伸报警箱。延伸报警通常是按故障的严重程度来分组，可把全部监测点的报警信号分为4组：

①主机故障自动停车报警；

②主机故障自动减速报警；

③重要故障报警；

④一般故障报警。

有时为了简化延伸报警，在值班轮机员住室仅设置重要故障报警盒一般故障报警两个报警指示灯，有的干脆只设置单一的故障指示灯。

延伸报警声可以在延伸报警箱上消声应答，也可在集控室消声应答。前者只能使衍生报警箱停止报警，机舱和集控室的报警仍在继续。而后者不仅可使所有的报警停止，而且还可复位 3 min 失职报警的计时。

(8)失职报警

在机舱无人值班的情况下，监测报警系统在发出故障报警的同时启动 3 min 计时器，若值班轮机员未能在 3 min 内及时到达集控室完成消声应答，计时已在延伸报警箱上做出应答操作，仍将被认为是一种失职行为，报警系统就向各延伸报警箱发出失职报警，以确保故障报警能及时处理，保证船舶运行安全。报警系统发出失职报警后，只能在集控室进行消声，复位 3 min 计时器后才被撤销失职报警。

(9)值班召唤功能

在无人值班机舱的集控台上一般都设有一个值班选择装置，可用于机舱有人或无人值班及值班轮机员的选择。如图 4-1-3 所示，若把值班选择开关 K 转到 4 的位置，表示机舱有人值班，不需要报警的延伸。此时，24 V 电源接通驾驶室延伸箱上“机舱有人值班指示灯”，使其点亮，而各处的延伸箱不工作。若把 K 转到 1~3 的任一位置表示机舱无人值班，驾驶室的“机舱有人值班指示灯”熄灭。当机舱无人值班时，若选择大管轮值班，此时可把选择开关 K 转到 1 的位置。于是+24 V 电源被送至大管轮处延伸报警箱。此时，所有报警均送到大管轮房间，同时驾驶室、公共场所及轮机长处的延伸箱也将出现闪光信号。大管轮获悉后，可在延伸报警箱上或者集中控制室操纵台上进行确认操作。当大管轮与二管轮交接班时，可把选择开关 K 转到 2 的位置，此时，系统就会发出值班召唤报警，在驾驶室、公共场所、轮机长及二管轮处发出声光信号，待二管轮确认操作后，蜂鸣器停响，二管轮值班指示灯常亮，说明二管轮已进入值班状态，大管轮值班指示灯转为熄灭，交接班完毕。

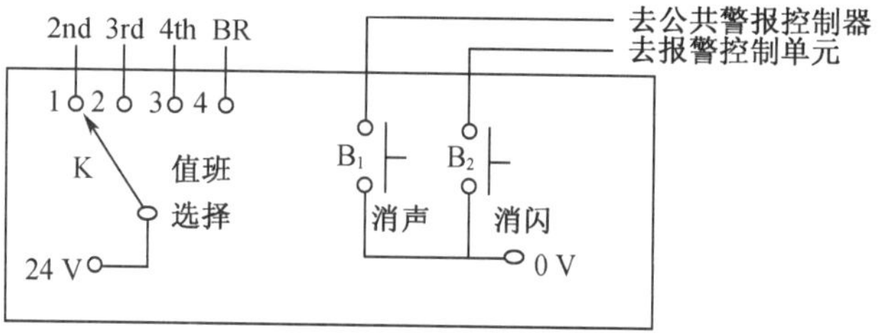

图 4-1-3 值班选择装置

(10)试灯

试灯用于主动检查报警指示灯的好坏。按下试灯按钮，所有报警指示灯应点亮，否则表示该灯已损坏需要更换。因此试灯是轮机员交接班时必不可少的操作之一。

(11)功能试验

功能试验用于主动检查监测系统工作是否正常，并在系统发生故障时，可寻找故障部位。只要按下功能试验按钮，所有监测点全部进入报警状态，如哪个监测点不进入报警状态，则表示该监测通道有故障。对于单元组合式报警监测系统来说，故障可能发生在相应的报警控制电路、传感器或者报警指示灯。如果所有指示灯均无闪光，则故障在闪光源。如果无声响报警，则故障在声响报警控制单元灯，维修人员只要通过更换插板即可修复。

(12)自检

为了确保监测报警系统的可靠性,除了试灯和功能试验两项手动检测值外,对一些重要环节,如传感器、闪光源、电源电压和电源保险丝等进行自动检测,只要其中之一发生故障,监测系统将自动发出系统故障的报警。

(13)备用电源的自动投入

要使监测系统在全船失电的情况下都能正常工作,就必须配备相应的备用电源。在主电源失电或欠压时,系统能自动启动备用电源,实现不间断供电。这是保证监测报警系统可靠工作的又一重要措施。

【任务实施】

SB-2001 检测报警系统报警与处理

基于SB-2001监测报警系统实训装置,认识机舱监测报警系统的组成、操作面板及显示面板,进行故障报警、应答与处理过程试验。

1. SB-2001监测报警系统的组成认识

SB-2001监测报警系统(图4-1-4)主要用于船舶动力装置、船舶压载水、船舶货物装载参数的测量、计算、数据显示、图形显示、越限报警、记录等。该系统的主机采用工业控制用计算机,主机整套软件在WIN 98/WIN 2000环境下运行,该软件使用Microsoft Visual C++语言编程使主机具有工作效率高、反应快、显示与报警及时的特点。测量分站采用专用微机,测量分站软件采用汇编语言编制。

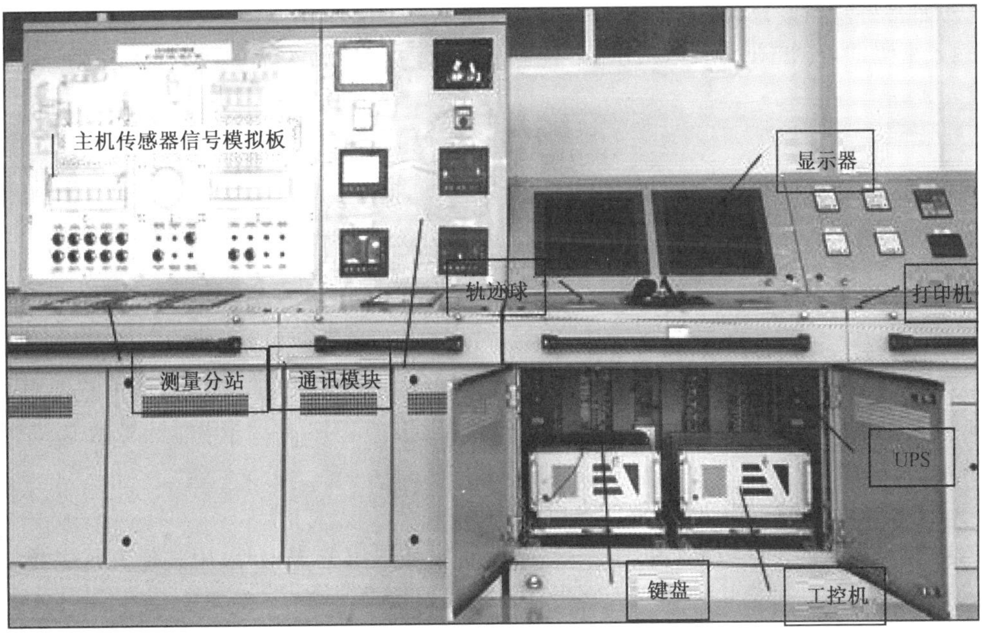

图4-1-4 SB-2001监测报警系统组成

型号:SB-2001

电源:AC 220 V+UPS/DC 24 V

2. 机舱监测报警系统的常规操作

(1)系统的启动与退出

①打开集控台 AC 220 V 分电箱中“机舱监测报警系统”“DC 24 V 电源转换模块”电源和集控台 DC 24 V 分电箱中“机舱监测报警系统”“延伸报警板”“1#测量分站”“2#测量分站”电源。

②分别打开 1#工控机和 2#工控机电源开关和 UPS 电源,计算机进行自检,并自动进入启动程序,进入 WINDOWS 桌面。

③在电脑桌面上双击“FF8. EXE”或在 D:\User 目录下双击 ff8. exe,进入监测报警界面,如图 4-1-5 所示。

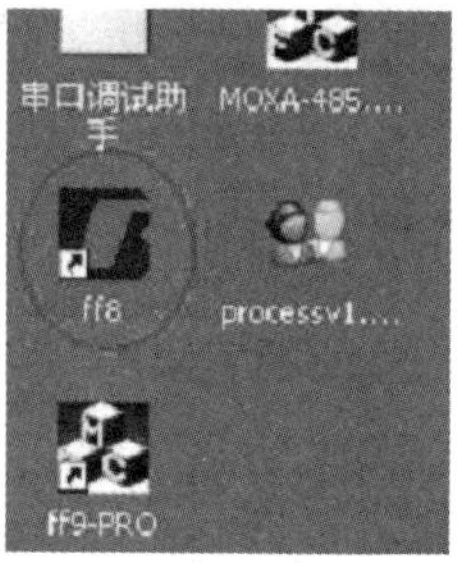

图 4-1-5 SB-2001 机舱监测报警系统桌面

④如要将监测报警系统运行程序关闭,回到 Windows 操作界面,点击右上方“关闭”按钮,输入密码即可,如图 4-1-6 所示。

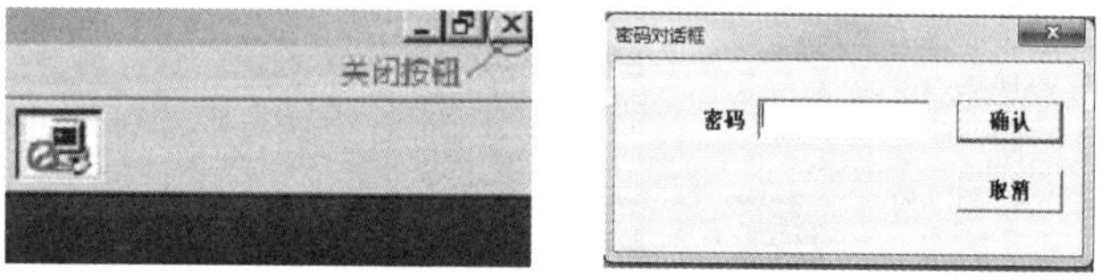

图 4-1-6 程序关闭对话框

⑤关闭监测报警系统时,打开菜单栏中<文件>,按下<退出>,计算机自动进行退出 SB-2001 监测报警程序前的文件储存,SB-2001 监测报警程序自动退出,计算机自动进入 Windows 关机程序。

⑥关机完成后,关闭工控机和 UPS 电源。

注意:只有按照上述方式退出本系统,才是正常的退出方式,如果用其他方式退出监测报警程序或者关机,则会丢失掉当天应当存入硬盘的数据。

(2)认识 SB-2001 监测报警程序运行环境

SB-2001 监测报警程序显示界面(图 4-1-7)主要由菜单栏、工具栏、主显示区和状态栏四部分组成。

图 4-1-7 SB-2001 监测报警程序显示界面

①菜单栏操作说明

菜单包括文件、打印、设定、应急记录、走势图、删除无用记录、Language/语言、检查和帮助等选项。

a. 文件。

在【文件】下面的子菜单只有<退出>,每次关机时都须从文件中<退出>。执行退出后,监控程序自动完成一些文件的存档处理,自动退出 Windows,直至关机状态。

b. 打印。

在【打印】下面子菜单有打印记录、打印设定、打印表设定和打印取消。

【打印记录】选项用于设置当前需要打印的内容,可有 6 种打印选择。打印选项对话框如图 4-1-8 所示。

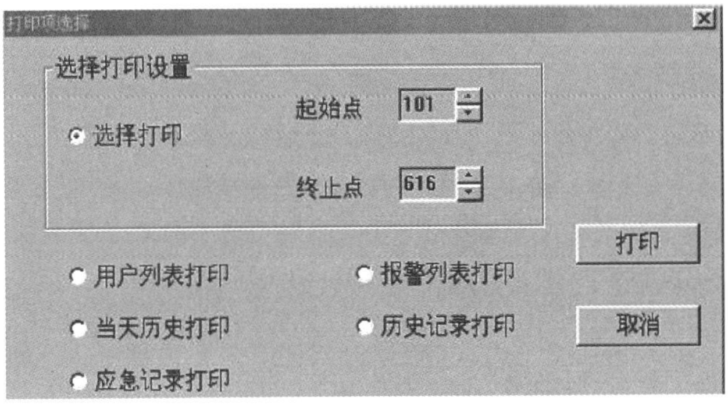

图 4-1-8 打印选项对话框

- “选择打印”是按常规列表中的一个块进行打印。
- “用户列表打印”是打印在“打印表设定”中设定的内容。

- “报警列表打印”是打印当前报警的内容。
- “当天历史打印”是打印当天所有报警或恢复正常的测量点、名称、设定值 1、设定值 2、测量值、单位和时间。
- “历史记录打印”是打印正在显示器上显示的已经存档的某一天的历史内容。
- “应急记录打印”是打印正在显示器上显示的应急记录的内容。

【打印设定】是打印方式和定时打印间隔时间设定。打开“打印时间设定”后，出现如图 4-1-9 所示对话框。

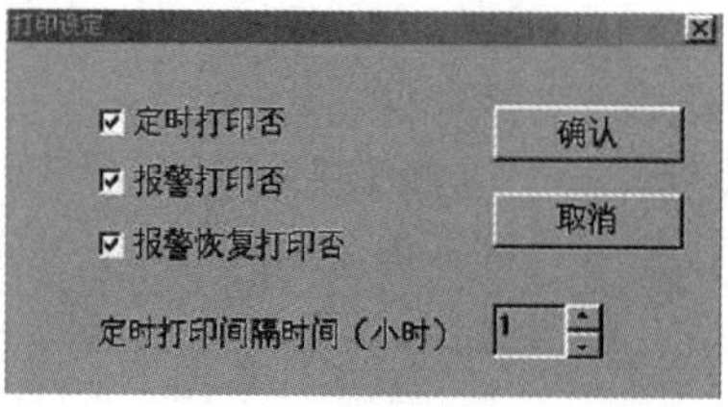

图 4-1-9　打印设定对话框

小方块内打“√”表示需要打印，无“√”表示不需要打印。

【打印表设定】是设定用户列表打印和定时打印的内容，打开“打印表设定”之后出现对话框(图 4-1-10)。

【被选择项】是指待选测量点的编号、名称。可以通过【被选项+】、【被选项-】、【被选项+25】、【被选项-25】按钮来改变待选测量点。

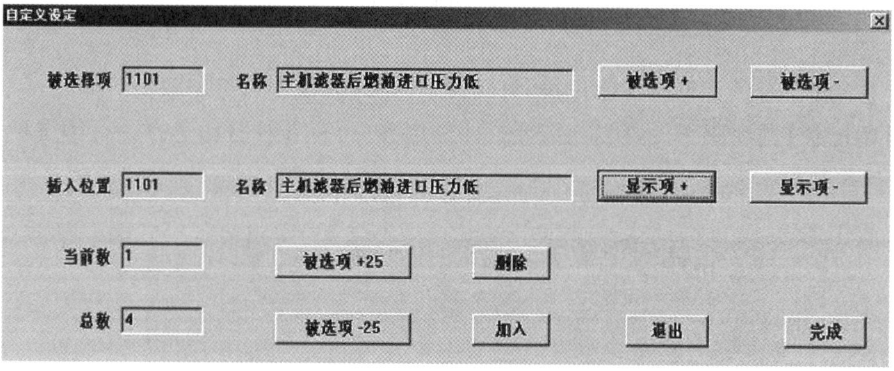

图 4-1-10　打印表设定对话框

【打印取消】是对正在进行列表打印内容的取消。

c. 设定。

设定下拉菜单如图 4-1-11 所示。

图 4-1-11　设定下拉菜单

注意：如果设定菜单被选择的选项要求输入密码，则已按本船实际情况对其相应的对话框进行了设置，如无特殊情况请勿随意更改其中的参数。

一般设定允许：

打开“一般设定允许”后，可以进行“一般设定”。

一般设定：

在“一般设定中”可以调整报警设定值，报警延时值。一般设定对话框如图 4-1-12 所示。

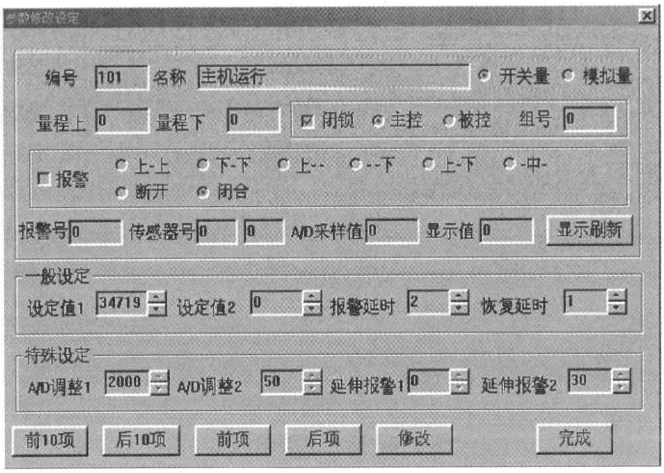

图 4-1-12　一般设定对话框

- “前 10 项”“后 10 项”“前项”“后项”选择待修改的测量点。
- 按参数显示边框上的按钮即可对报警点进行设定值 1、设定值 2、报警延时、恢复延时参数的调节。
- 每修改完一个测量点的参数之后,点击“修改”按钮对修改完的参数进行确认。
- 当全部数据修改完毕后,按“完成”按钮,数据将存入硬盘并退出修改程序,以后每次使用,就按新的修改值运行。

②工具栏操作说明

a. 图形显示按钮。屏幕从列表显示状态转换为图形显示状态的按钮,在任何列表显示方式下按此按钮均立即转换为图形显示。

b. 图形显示画面上翻、下翻按钮,在图形显示时,用于选择画面。

c. 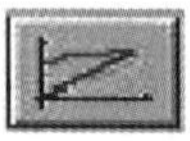走势图显示选择按钮,走势图显示画面具有 4 幅,进入走势图显示和 4 幅走势图之间的切换使用该按钮。走势图界面如图 4-1-13 所示。

走势图的横坐标为时间,横坐标的时间起点显示在整个走势图页面的右上角。走势图的纵坐标可以是实际量程值,也可以是百分比,用户可以根据实际需要自己定义。用户可以通过菜单栏上【走势图】→【走势图记录查看】来查看历史走势记录。走势图的存档文件存放在 E:\hisz-d\目录下。

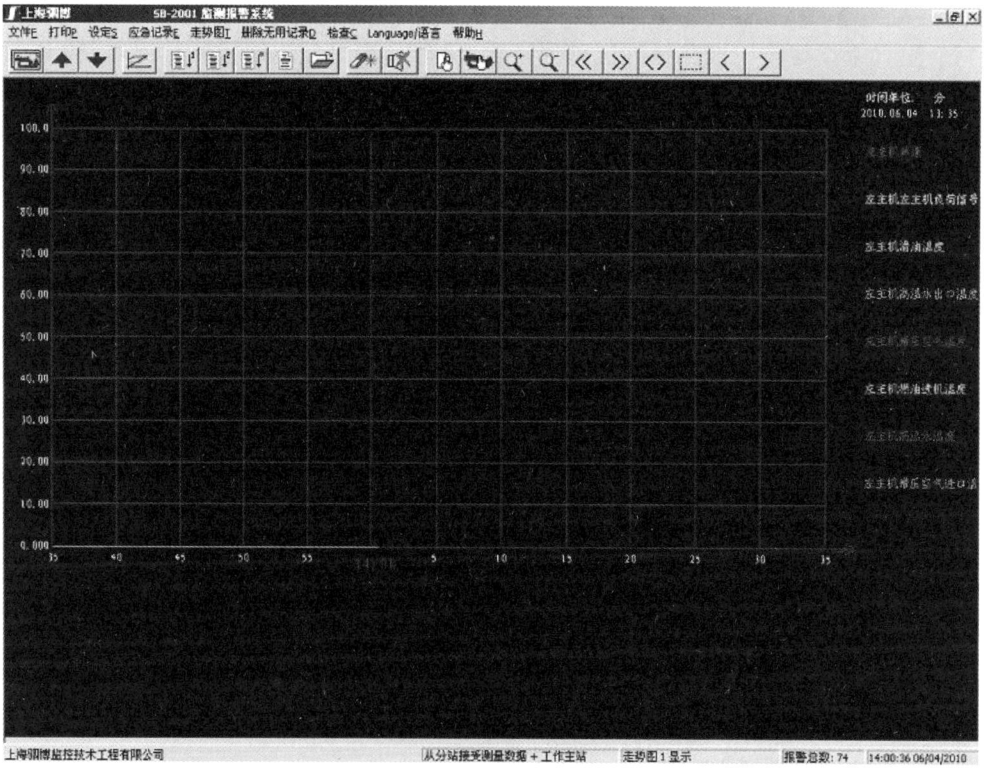

图 4-1-13　走势图界面

d. 常规列表显示,从图形显示状态或其他列表显示状态中切换到常规列表显示态用此按钮,显示内容的变换则需使用滚动条。常规列表显示见表 4-1-1。

表 4-1-1 常规列表显示

编号	测点名称	设定值 1	设定值 2	测量值	单位
1101	主机滤器后燃油进口压力低	+16. 00	+6. 500	+0. 000	bar
1102	主机燃油进机温度高	+150. 0	+0. 000	+0. 000	℃
1103	主机燃油高压油管泄漏			报警	
1104	主机增压器滑油进口压力低	+6. 000	+1. 200	+0. 000	bar
1105	主机推力轴承滑油温度高	+75. 00	+0. 000	+0. 000	℃
1106	主机推力轴承滑油温度高降速	+80. 000	+0. 000	+0. 000	℃
1107	主滑油和活塞冷却油进口压力低	+6. 000	+1. 400	+0. 000	bar
1108	主滑油和活塞冷却油进口压力低降速	+6. 000	+1. 400	+0. 000	bar
1109	主滑油和活塞冷却油进口温度高降	+55. 00	+35. 00	+0. 000	℃
1110	主滑油和活塞冷却油进口温度高降	+60. 00	+0. 000	+0. 000	℃

e. 用户自定义表显示。从图形显示状态或其他列表显示状态中切换到用户定义显示状态用此按钮,显示内容的变换则需使用滚动条。显示格式同表 4-1-1。

f. 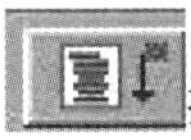报警列表显示。从图形显示状态或其他列表显示状态中切换到报警列表显示状态用此按钮,显示内容的变换则需使用滚动条。报警列表显示见表 4-1-2。

表 4-1-2 报警列表显示

编号	测点名称	设定值 1	设定值 2	测量值	单位	报警时间
1101	主机滤器后燃油进口压力低	+16. 00	+6. 500	+0. 000	bar	15:08:25 07/01
1103	主机燃油高压油管泄漏			报警		15:08:25 07/01
1104	主机增压器滑油进口压力低	+6. 000	+1. 2000	+0. 000	bar	15:08:25 07/01
1107	主滑油和活塞冷却油进口压力低	+6. 000	+1. 400	+0. 000	bar	15:08:25 07/01
1108	主滑油和活塞冷却油进口压力低降速	+6. 000	+1. 400	+0. 000	bar	15:08:25 07/01
1109	主滑油和活塞冷却油进口温度高降	+55. 00	+35. 00	+0. 000	℃	15:08:25 07/01
1113	第一缸活塞冷却油出口流量低/降速			报警		15:08:25 07/01
1114	第一缸活塞冷却油出口流量低/降速			报警		15:08:25 07/01
1115	第一缸活塞冷却油出口流量低/降速			报警		15:08:25 07/01

g. 当天报警历史显示。从图形显示状态或其他列表显示状态切换到当天报警历史显示状态用此按钮,显示内容的变换则需使用滚动条。显示格式见表 4-1-2。

h. 报警历史存档内容显示，从图形显示状态或其他列表显示状态切换到报警历史存档内容显示状态用此按钮，显示内容的变换则需使用滚动条。报警历史存档内容显示对话框如图 4-1-14 所示。

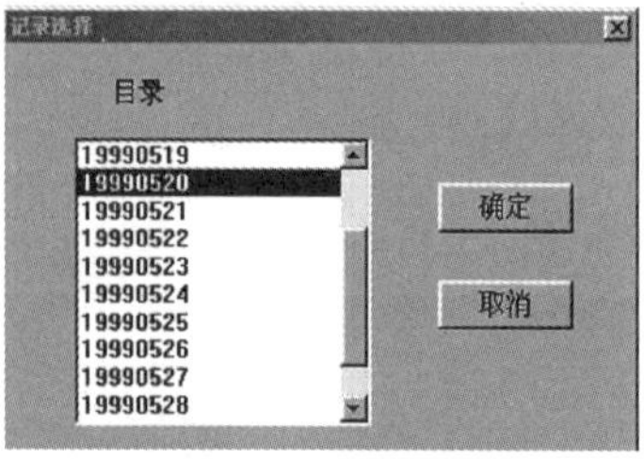

图 4-1-14　报警历史存档内容显示对话框

i. 平光按钮。将图面中正在闪烁的刚报警的报警点变为平光。

j. 消声按钮。消除报警声响。

(3)延伸报警板界面介绍

机舱延伸报警板界面如图 4-1-15 所示。

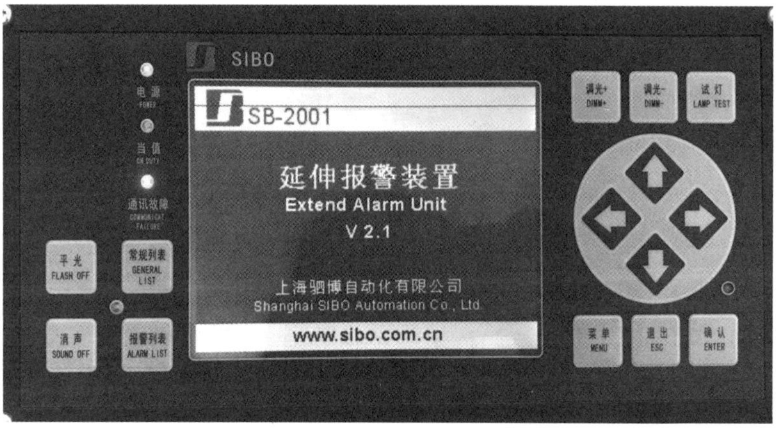

图 4-1-15　机舱延伸报警板界面

(3)机舱监测报警系统部分功能和试验

①电源自动切换，失电报警。

a. 切断主电源 AC 220 V，机舱监测报警系统发出 AC 220 V 主电源失电报警。系统通过 UPS 和应急电源供电继续正常运行。系统无死机、重启现象，无分站通信故障报警。

b. 在切断主电源的基础上，切断应急电源，报警系统发出 DC 24 V 应急电源失电报警。报警系统通过 UPS 供电继续正常运行。系统无死机、重启现象，无分站通信故障报警。

c. 恢复电源供电，报警解除。

②通信线路冗余及故障自检。

a. 逐个拔下每个测量分站的 1#通信端口通信线。拔下某分站 1#通信端口后，显示器上立即跳出该分站通信故障报警。同时系统可以依靠2#通信线路正常工作。

b. 恢复每个测量分站的1#通信端口通信线,逐个拔下每个测量分站2#通信端口通信线。拔下某分站2#通信端口后,显示器上立即跳出该分站通信故障报警。同时系统可以依靠1#通信线路正常工作。

任务4.2 网络型机舱监测报警系统

【任务描述】

1. 掌握网络型机舱监测报警系统的组成及工作原理;
2. 熟悉常用DPU的组成、功能及连接方法。

微课:网络型机舱报警系统

【知识链接】

4.2.1 网络型机舱监测报警系统的特点

目前,船舶机舱监测报警系统基本上都采用计算机实现。根据计算机监控系统的结构特点,船舶机舱监测报警系统可为分集中型系统、集散型系统和全分布式系统。

集中型系统采用单台计算机的结构形式,可靠性较差,一旦计算机发生故障,则整个系统完全瘫痪。集散型系统采用集中和分散相结合的系统结构,将监视任务合理地分散成由多台微机进行分别监视的子系统,各个子系统与上层计算机进行通信连接,以便集中管理和信息共享。

初期的集散型系统,在各个子系统内部大多采用模拟信号传输,即在子系统计算机与机旁仪表之间使用模拟量进行信号传输,所以在机旁和子系统计算机之间需敷设大量的电缆。另外,模拟信号长距离传输所引起的干扰也较严重。典型子系统如西门子公司的SIMOS32型集中监视和报警系统。

后来一些公司应用传统控制网络技术对子系统进行了改造,即在控制对象附近放置现场处理单元来实现模拟信号的收发,而现场处理单元与子系统计算机之间则通过BITBUS、RS485等网络进行数据交换。这种改造虽然起到了一定的效果,并已成为一个时期内船舶监测报警系统的主流,但由于传统控制网络的固有缺陷,所以未能实现真正意义上的全分布式控制。而且各公司所建控制网络的封闭性,也阻碍了船舶现场控制设备间互换与互操作的实现。这类系统的典型代表有西门子公司的SIMOS IMA32C系统和NORCONTROL公司(CONGSBERG公司的前身)的DataChief1000系统等。

进入20世纪90年代后,随着现场总线技术的不断完善,在新造船舶中,越来越多地采用现场总线作为各个子系统的内部控制网络,上层网络采用局域网,形成全分布式的网络型监控系统。

下面以KONGSBERG公司的DataChief C20(简称DC C20)系统为例介绍网络型船舶监控系统的结构和功能特点。

4.2.2 DC C20 监测报警系统的结构组成

DC C20 是一个完全基于微处理器的监测报警系统,其组成如图 4-2-1 所示。主要组成包括分布式处理单元(DPU)、远程操作站(ROS)、移动式操作站(MOS)、现场操作站(LOS)、以太局域网、CAN(controller area network)现场总线网、网关(SGW 和 dPSC)、值班呼叫系统(WBC 和 WCU)、不间断电源等。

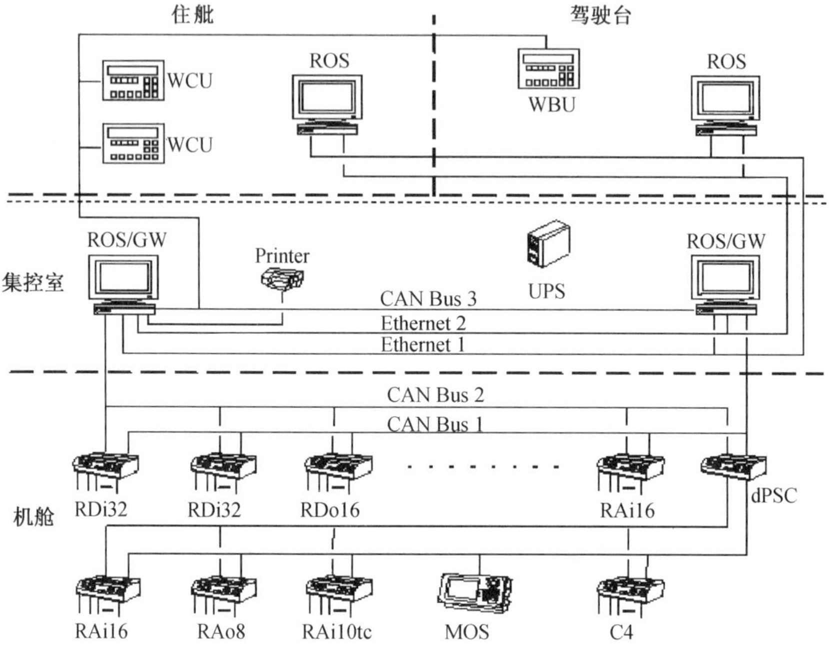

图 4-2-1 DC C20 监测报警系统的组成结构图

可见,DC C20 采用 CAN 现场总线和以太网(ethernet)相结合的网络结构形式,系统中的主要设备包括:

1. 分布式处理单元(DPU)

DPU(distributed processing unit)是采用模块化设计、具有通信功能的智能化远程 I/O 单元,如图 4-2-1 所示的 RDi-32、RDo-16、RAi-16、RAo-8、RAi-10tc 和 RIO-C4 等。它们分布在机舱各处,一方面作为传感器和执行器的 I/O 接口,直接与传感器和执行器相连,另一方面通过 CAN 总线与上层网络相连,从而实现上层网络对机舱设备的监视与控制。连接 DPU 和上层网络的 CAN 总线采用双冗余结构,即具有两套 CAN 总线,在图 4-2-1 中分别标示为 CAN Bus 1 和 CAN Bus 2。这两套 CAN 总线互为热备份,当主用网络出现故障时,备用网络自动切入工作,充分保证系统工作的可靠性。

2. 远程操作站(ROS)

ROS(remote operator station)由 PC 机、操作控制面板 OCP(或普通 PC 机键盘)、鼠标、显示屏和打印机组成,PC 机采用 Windows NT 或 Windows XP 操作系统。ROS 通常设置在集控室、驾驶室和甲板舱室,常见的配置是集控室 2 台,驾驶室和轮机长室各 1 台,其他舱室是否设置可根据需要而定。其中,集控室的 2 台是必备的,其他场所为可选安装。各 ROS 均配置双网卡,形成双冗余的 Ethernet 网络,在图 4-2-1 中分别标示为 Ethernet 1 和 Ethernet 2。ROS 外形如图 4-2-2 所示。

图 4-2-2 ROS 外形图

集控室的两台 ROS 还兼有系统网关 SGW(system gate way)的功能,使得局域网中的各个 ROS 能够通过系统网关 SGW 与 CAN 总线相连。通过 SGW 和 CAN 总线,ROS 一方面可以接受各个 DPU 单元送出的机舱现场信息,另一方面还能向 DPU 发送操作指令、控制参数和程序包。

3. 值班呼叫系统(WCS)

按照无人机舱的基本设计原则,DC C20 系统在驾驶室和轮机员住所及公共场所设有延伸报警装置。驾驶室的延伸报警装置称为 WBU(watch bridge unit),而舱室及公共场所的延伸报警装置则称为 WCU(watch cabin unit)。WBU 和 WCU 通过 CAN 总线与 ROS 进行通信连接,形成值班呼叫系统 WCS(watch callint system)。

4. 其他辅助设备

系统中的其他辅助设备包括不间断电源(UPS)、以太网集线器(hub)、现场操作站(local operator system,LOS)和便携式操作站 MOS(midi operator station,MOS)。

UPS 确保在短时间失电的情况下能够继续给系统中提供 220 V AC 和 24 V DC 电源。HUB 用于以太网内各个 ROS 联网。

LOS 用于在机舱现场对各个 DPU 模块进行操作,在 LOS 面板上可以选择和访问挂在同一 CAN 总线上的任意 DPU,例如查看 DPU 中的过程变量、对所辖设备的现场操作、参数调整和模块自检操作等。LOS 面板如图 4-2-3 所示。

MOS 是一个特殊设计的移动式操作站,通过 MOS 面板可以方便地实现各种操作站功能,可用作 LOS、ROS 或驾驶台值班监视系统的显示单元。

DC C20 是一个全微机的分布式网络型监控系统,其结构在最大程度上保证了系统的安全可靠和管理维护上的方便。

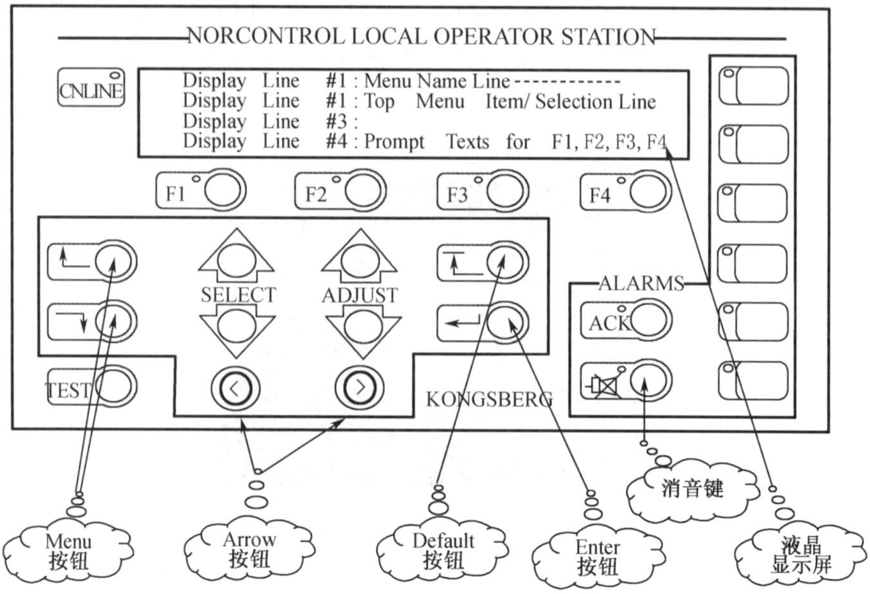

图 4-2-3 LOS 面板图

4.2.3 分布式处理单元 DPU

DPU 是采用模块化设计且具有通信功能的智能化远程 I/O 单元,所有的监视和自动功能均由这些 DPU 单元进行最终实施,是 DC C20 系统的核心组成部分。它们分布在机舱各处,可以直接安装在机器设备上,也可以根据需要将若干个 DPU 单元组装在一个控制箱内,并称之为“数据获取单元(SAU)”。

DPU 单元以微处理器为核心,采用单电路板结构。一方面,DPU 作为传感器或执行器的接口,对来自模拟量、开关量传感器的信号进行处理、监视和报警,或向不同设备输出模拟量、开关量控制信号。另一方面,DPU 通过双芯屏蔽电缆或双绞线等连接到冗余 CAN 总线,实现 DPU 单元之间的互联及 DPU 单元与 ROS 和 LOS 之间的数据通信。ROS 通过网络能对 DPU 的工作状态进行连续监视,并可通过网络向各个 DPU 下载相应的软件和参数,使得不同的 DPU 具有相应的不同功能,例如,某些用于监视和报警、某些用于控制、某些用于安全保护或这些功能的混合。与传统系统相比,连接电缆的数量大大减少。

1. DPU 模块的特点

按照数据输入输出类型的不同,DPU 模块也分为不同的类型,主要有模拟量输入模块(RAi-16)、热电偶输入模块(RAi-10tc)、模拟量输出模块(RAo-8)、开关量输入模块(RDi-32、RDi-32A)、开关量输出模块(RDo-16)及输入输出混合模块(RIO-C1、RIO-C2、RIO-C3、RIO-C4)等。一个实际系统中所包含的模块类型及模块数量根据实际情况而定。

尽管不同 DPU 的输入输出类型及其功能不同,但它们都有共同的特点,主要特点如下:

(1)所有 DPU 模块均采用统一的机械和电气设计。作为一个例子,图 4-2-4 给出了模拟量输入输出模块的外观结构图和正面视图。

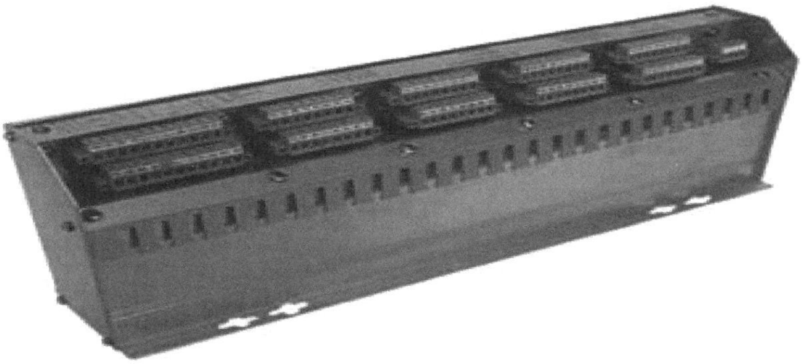

（a）外观结构图

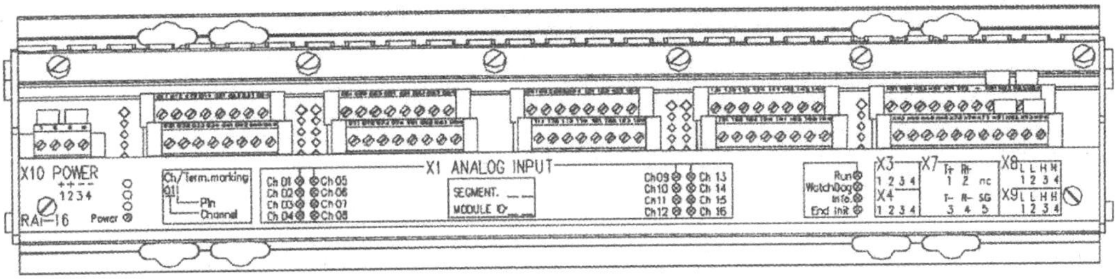

（b）正面视图

图 4-2-4　DPU 模块示例

由图 4-2-4(b)可以看出，模块的正面包括接线端子、状态指示灯和各种说明符号。其中 X10 为两路 24 V 电源端子、X1 为模拟量输入端子、X3 为计数输入端子、X7 为 RS-422/485 通信端子、X8 和 X9 分别为 CAN 总线 1 和 CAN 总线 2 的接线端子，每个端子上均标有端子号，端子的名称和端子号的编排规则适用于所有 DPU。例如，X1 端子的编号共有 3 位数，其中第 1 位和第 2 位为通道号，第 3 位为端子号（如 011～014 表示第 1 通道的 1～4 号端子，161～164 表示第 16 通道的 1～4 号端子）。

状态指示灯包括通道状态指示灯和模块状态指示灯，通道状态指示灯用于指示相应输入输出通道的工作状态，每个指示灯对应一个通道；模块状态指示灯有“RUN”“Watch Dog”“Info.”“End Init.”和“Power”等，它们组合起来表示模块的不同状态，见表 4-2-1。

4-2-1　DPU 状态指示灯的组合含义

LED 指示灯名称标志	工作正常	应用程序未加载	未初始化	工作停止	电源极性错误
Run	绿	灭	灭	灭	灭
Watch Dog	灭	红	红	红	灭
Info.	黄(闪烁)	灭	灭	灭	灭
End Init.	绿	绿	灭	绿	灭
Power	绿	绿	绿	绿	红

(2)DPU 具有参数储存功能,能够独立完成参数的监视、报警和控制。当 ROS 出故障时,DPU 的工作不受影响。

(3)DPU 具有完备的通信功能,支持双冗余 CAN 高速多主通信网络协议,具备 CAN 网络状态、容错管理功能。DPU 单元之间通过冗余的 CAN 总线进行通信。DPU 还配备一个 RS-422 或 RS-485 串行接口,以便和其他外部设备进行数据通信。

(4)通过遥控操作站 ROS,可将用于 DPU 硬件组态和编程所需的软件下载到 DPU 中,并在 ROS 上对 DPU 单元进行遥控组态。在更换 DPU 后,需要给新单元下载参数。在遥控操作站 ROS 和现场操作站 LOS 上,可以实现对 DPU 的监视、控制和参数调整。

(5)所有的 DPU 单元均用 24 V DC 电源供电,DPU 单元的硬件无须进行设置和调整,所有连接均可即插即用。DPU 的电源、通信、I/O 通道连接都采用光电隔离。

(6)DPU 单元具有强大的自检功能(检查模块内部温度、存储器性能及 CAN 总线状态)。若 DPU、过程总线、电缆或传感器有故障,则会产生相应的报警信号。

2. DC C20 系统中常用的 DPU 模块

(1)模拟量输入模块(RAi-16)

RAi-16 是一个具有 16 个通道的模拟量输入模块,每个通道的输入类型可以是电压、电流或电阻信号,具有内建的量程和量纲转换功能和参数越限报警功能。除此之外,模块还包含一个计数器通道,计数频率为 5~500 Hz。此模块适用于检测机舱的各种温度、压力、液位和转速等模拟量信号。必要时,RAi-16 也可当作开关量输入模块来使用。

(2)热电偶输入模块(RAi-lOtc)

RAi-lOtc 是为各种热电偶传感器专门设计的模拟量输入模块,共有 10 个输入通道,特别适用于检测柴油机的排烟温度。具有内建的热电偶冷端温度补偿和量程、量纲转换功能和参数越限报警功能。如果采用外部冷端补偿,则需采用外部放大电路,并以 RAi-16 模块进行输入。

(3)模拟量输出模块(RAo-8)

RAo-8 是一个具有 8 个通道的模拟量输出模块,输出信号可以选定为±10 V DC 的电压信号或者是±20 mA 的电流信号。适用于模拟量指示输出和控制量信号输出。

(4)开关量输入模块(RDi-32、RDi-32A)

RDi-32 和 RDi-32A 都是具有 32 个通道的开关量输入模块,RDi-32 为触点输入,RDi-32A 为 24 V AC 或 24 V DC 电压信号输入。当输入状态异常时,能够发出开关量报警,并由发光二极管(LED)指示每个输入通道的输入状态。适用于检测各种机舱设备的运行状态、阀门位置等开关量信号。

(5)开关量输出模块(RDo-16)

RDo-16 是一个具有 16 个通道的开关量输出模块,设有发光二极管(LED)指示每个通道的输出状态。最大输出电压为 230 V AC,最大输出电流为 3 A(电阻性负载),支持脉冲输出。适用于各种开关量指示输出和开关量控制信号的输出。

(6)混合模块(RIO-C1、RIO-C2、RIO-C3、RIO-C4)

这里所说的混合模块是指单个模块中既包含模拟量或开关量输入通道,又包含模拟量或开关量输出通道。

①RIO-C1

RIO-C1 具有模拟量、开关量的输入、输出和脉冲输入功能,表 4-2-2 所示为模块所包含的通道类型、通道数量和相应的功能特点。

从表4-2-2可以看出,RIO-C1的模拟量输入通道可直接测量单相交流电的电压和电流信号,通过测量或计算,可以获得船舶电站系统中发电机和电网电压、发电机输出电流、发电机和电网功率、发电机和电网之间的相位差、电网的有功功率和无功功率;两个计数器输入通道可分别接收来自两个磁脉冲传感器的脉冲信号,从而计算出回转设备的转速值;输出通道可分别输出模拟量指示信号和开关量控制信号。因此,RIO-C1特别适用于对发电机组的监测和控制。同时,也适用于船舶主机或辅机的安全保护系统。

表4-2-2 RIO-C1的通道类型

通道类型	通道数量	功能描述
模拟量输入(AC电压)	2	单相交流电压输入,max 30 V,50/60 Hz
模拟量输入(AC电流)	1	交流电流输入,max 1A,50/60 Hz
模拟量输入	4	同RAi-16
计数脉冲输入	2	24 V DC计数脉冲输入,检测磁脉冲转速探头
开关量输入	4	同RDi-32
模拟量输出	2	4~20 mA电流输出
开关量输出	6	max 3A(电阻性负载),直接驱动电磁阀或继电器

②RIO-C2

RIO-C2包含8个开关量输入和8个开关量输出通道,每个通道均设有LED进行输入和输出的状态指示。其输入信号可以是自由触点或24 V交直流电压,输出为继电器触点输出,特别适用于泵和阀门的控制。

③RIO-C3

RIO-C3专门用于船舶发电机的安全保护,其输入输出通道设计成可与各种电流、电压变换装置识及面电板设备进行连接,具有短路、过流、逆功率自动脱扣和有功功率、功率因数计算等功能。

④RIO-C4

RIO-C4也是专门用于船舶电站系统的发电机监控模块,其主要功能包括发电机并车、发电柴油机自动启停、发电柴油机转速定值控制、发电机功率计算、机组间负荷分配、主配电板仪表驱动、柴油机预润滑控制(可选)、燃油选择控制(可选)和发电机电压定值控制(可选)等。RIO-C4是RIO-C1的升级产品。

(7)dPSC、PSS和MSI

dPSC(dual process segment controller)是一个其有双处理器的网段控制器,用于CAN网络的扩展;PSS(process segment starcoupler)类似以太网的集线器HUB,用于CAN总线分支,此外还具有分段隔离的作用;MSI(multi serial interface)当系统中的RS422-485通信接口不够用时,可采用MSI来实现DC C20与其他设备的数据连接。

(8)MEI、DGU、ESU和RPME

这四个模块是专门用于主机遥控系统的DPU模块,分别用作遥控系统和主机的接口单元、数字调速器、安全保护单元和转速检测单元，相关知识可参考 KONGSBERG 公司的 AC C20 主机遥控系统。

4.2.4 网关

DC C20 是一个网络型监控系统，在不同网络类型及不同网段之间需要有一个专门设施来转换网络之间不同的通信协议或在不同数据格式之间进行数据翻译，这一设施称为网关。在 DC C20 控制系统中，共有两种网关，即系统网关(system gateway，SGW)和 CAN 总线双处理器网段控制器(dual process segment controller, dPSC)。

1. 系统网关(SGW)

SGW 是 CAN 总线网和 Ethernet 网之间的网关，采用双冗余设计，实现 CAN 与 Ethernet 两种网络之间的冗余连接，进而实现 DPU 和 ROS 之间的双向信息传输。其主要任务是：

(1)接受来自 CAN 总线的信息，对 ROS 进行刷新。

(2)管理从 ROS 发送到 DPU 或 LOS 的操作指令、参数和程序。

所有必需的组态和软件安装均通过 Ethernet 网完成。通过执行简单的网络管理协议还可以通过 Ethernet 网进入 SGW 和 CAN 的故障诊断数据库。

2. 双处理网段控制器 dPSC

CAN 网络最多能支持 110 个节点，即在 CAN 总线上最多能挂接 110 个 DPU 模块。当系统规模较大，或者出于某种特殊需要时，往往需要对 CAN 网络进行扩展，即把 CAN 网络扩展成上下两层，上层一般叫作全局 CAN 总线，下层则称作局部 CAN 总线。

dPSC 就是用于扩展局部 CAN 总线的专门设备，它是一个双二通道 CAN 网关，设有两个单独供电的处理器，每个处理器各有两个 CAN 接口，两个处理器通过双口存储器共享信息。因此，一个 dPSC 模块共有 4 个 CAN 网络接口，其中 2 个冗余接口连接上层全局 CAN 总线，另外 2 个连接下层局部 CAN 总线。此外，dPSC 还提供了 2 个 RS-422/485 串行通信接口，用于连接其他具有数字通信功能的控制系统或设备，如辅助锅炉控制系统和分油机控制系统等。图 4-2-5 所示为采用 Dpsc 进行 CAN 总线扩展的实例。

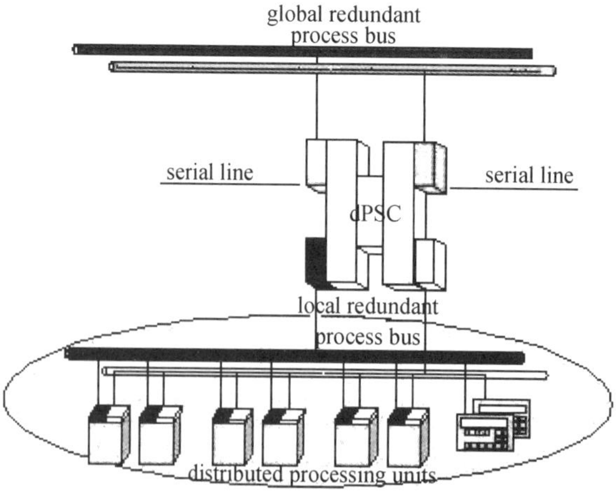

图 4-2-5　CAN 总线扩展实例

dPSC 的主要任务是:

(1)处理来自 Local CAN Bus 的信息并将其送往 Global CAN Bus,进而通过系统网关 SGW 供 ROS 使用;

(2)管理由系统网关 SGW 或 ROS 发送到 Local CAN Bus 的指令、参数和程序。

dPSC 具有开放式主控制器的能力,能够管理连接到总线上的所有 DPU。如果与某个 DPU 的通信出了故障,dPSC 将在 Global CAN Bus 上产生系统故障信息。dPSC 遵从 ISO11898 标准,对 CAN 通道采用光电隔离。因而,一个 CAN 通道的短路或故障不会影响其他通道。dPSC 还带有两个 RS422/RS485 双路串行接口,用于和其他设备的通信。当 dPSC 的两个处理器控制同一个 DPU 时,它们处于并联运行状态,因而可为 CAN 总线通信和逻辑控制提供冗余功能。

4.2.5 远程操作站 ROS 及系统功能

ROS 是 DC C20 系统的重要组成部分,一个 ROS 由主计算机(MCU)、显示器(VDU)、打印机、操作控制面板(OCP)或普通的 PC 键盘和鼠标组成。在系统的监视报警和控制过程中完成以下任务:

①和 CAN 网络中的数据采集或控制设备(即 DPU)进行双向数据通信,从 DPU 收集数据或向 DPU 传送指令、数据和程序;

②对报警信息进行监控和报警信息的确认功能;

③向驾驶台和轮机员舱室提供延伸报警信息;

⑤在 CAN 网络和 Ethernet 局域网之间起网关的作用。

DC C20 的大部分操作都和 ROS 有关,下面仅从 ROS 的角度来介绍 DC C20 的系统功能。

1. 人机交互接口

人机交互接口包括输入设备、打印输出和各种显示界面等。主要包括:

①操作控制面板(OCP)

OCP 是 DC C20 系统的主要输入设备,由按键、指示灯和轨迹球等组成,如图 4-2-6(a)所示。此外,在 OCP 的左下角还设有一个键盘接口,以便需要时连接 PC 机标准键盘。

按照功能的不同,OCP 分为不同的功能区,图 4-2-6(b)示出了不同区域的功能划分。分组报警区域用于在发生报警时进行分组报警指示和报警确认;值班功能按钮区域用于值班状态的指示、值班切换和值班呼叫;Mirnic 功能按钮用于各种系统的 Mirnic 模拟图的显示和操作;数字键区域用于在需要时输入各种数值,并提供屏幕的翻页和方向键功能;报警控制按钮用于报警确认、消音、报警汇总显示(显示当前存在的所有报警)和历史报警显示(分页显示最后发生的 2 000 个报警,每页 26 个);轨迹球和轨迹球按键相配合完成光标移动、光标定位和相应的操作功能;其他功能按钮的具体功能依实际情况不同而异。

如果系统没有配置 OCP 硬件,则可在计算机上连接标准键盘和鼠标。按 F1 功能键,将在显示屏上调出 OCP 模拟图,可用鼠标进行点击操作。模拟 OCP 的功能与硬件 OCP 类似。

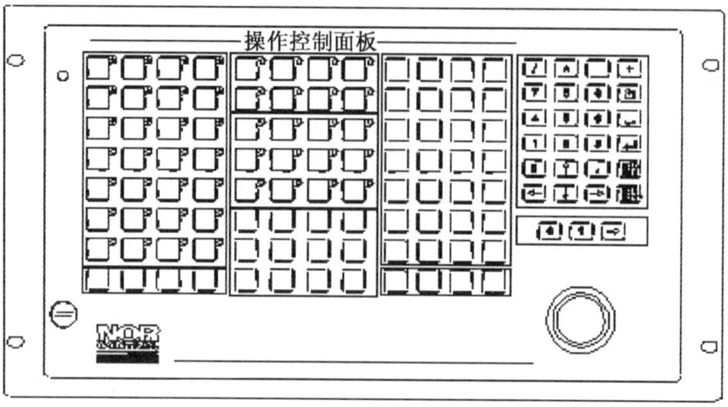

（a）系统组成

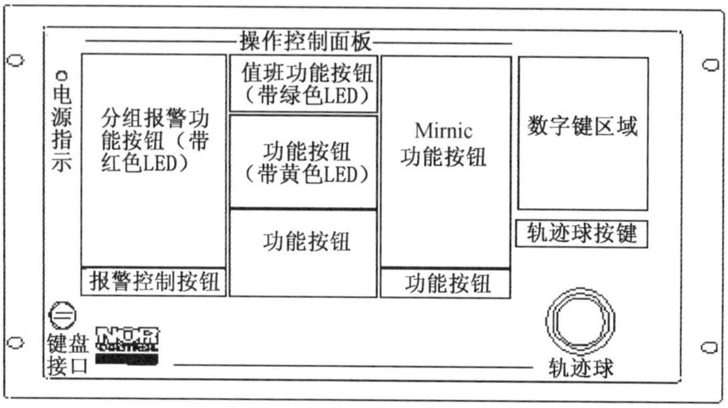

（b）功能划分

图 4-2-6　OCP 功能结构图

②显示界面

显示界面是计算机监控系统重要的信息输出手段，DC C20 的软件系统在 ROS 上提供了丰富的显示界面，与 OCP 相配合可以实现各种复杂的人机交互功能。ROS 上的显示界面大致包括以下几种类型：

a. 文本显示界面

文本显示界面用于输出报警信息和监视机舱设备运行的实时状态或实时参数，分为报警显示窗口和监视窗口。其中，报警显示窗口具有三种类型：

◆分组报警窗口，按分组类型显示当前报警状态；

◆报警汇总窗口，显示当前存在的所有报警；

◆历史报警窗口，分页显示最后发生的 2 000 个报警，每页 26 个。

监视窗口类型包括：

◆分组显示窗口，显示同一报警组中所有测量点的状态清单；

◆选点显示窗口，显示预先选定的各个测量点的状态清单；

◆测量点属性窗口，显示某一测量点的详细信息，如测量点名称，报警限值等（在计算机编程时，通常用一被称为"标签（Tag）"的变量来保存测量点的属性，因此测量点属性也被称为标签属性）。

图 4-2-7 给出了一个文本显示界面的例子，显示内容为主机分组显示窗口。

NOR CONTROL　Group Display Alarm Group 2　page 1 of 2　31.07.98 10:31:13

Tagname	Tag description	Func	Value	Eng.unit	Alarm	Low lim.	High lim.
DEV.2 CYL. 1	DEVIATION TEMP. ME2 CYL. 1		0.0	DEG.C		(-62.0 ,	62.0)
DEV.2 CYL. 2	DEVIATION TEMP. ME2 CYL. 2		0.0	DEG.C		(-62.0 ,	62.0)
DEV.2 CYL. 3	DEVIATION TEMP. ME2 CYL. 3		0.0	DEG.C		(-62.0 ,	62.0)
DEV.2 CYL. 4	DEVIATION TEMP. ME2 CYL. 4		0.0	DEG.C		(-62.0 ,	62.0)
DEV.2 CYL. 5	DEVIATION TEMP. ME2 CYL. 5		0.0	DEG.C		(-62.0 ,	62.0)
DEV.2 CYL. 6	DEVIATION TEMP. ME2 CYL. 6		0.0	DEG.C		(-62.0 ,	62.0)
DEV.2 CYL. 7	DEVIATION TEMP. ME2 CYL. 7		0.0	DEG.C		(-62.0 ,	62.0)
DEV.2 CYL. 8	DEVIATION TEMP. ME2 CYL. 8		0.0	DEG.C		(-62.0 ,	62.0)
DEV.2 CYL. 9	DEVIATION TEMP. ME2 CYL. 9		0.0	DEG.C		(-62.0 ,	62.0)
EA2445	ME2 24 VDC POWER FAILURE	XA	CLOSED			(,	OPEN)
EA2455	ME2 BROKEN WIRE ALARM	XA	CLOCED			(,	OPEN)
LAH2312	ME2 GO INJECTION PIPE LEAKAGE	XA	CLOSED			(,	OPEN)
LAL2212	ME2 LO LEVEL	XA	CLOSED			(,	OPEN)
ME2 AVER.TMP	AVERAGE TEMP ME2 CYL. 1 - 9		219.9	DEG.C		(,	400.0)
ME2 CL.D.F.	ME 2 FAIL TO AUTO DISENGAGE CLUT	H	NORMAL			(,	ALARM)
ME2 CL.E.F	ME 2 FAIL TO AUTO ENGAGE CLUTCH		NORMAL			(,	ALARM)
ME2 START F.	ME 2 AUTO START FAIL		NORMAL			(,	ALARM)
ME2 STOP F.	ME 2 AUTO STOP FAIL		NORMAL			(,	ALARM)
PDAH2211	ME2 LO FILTER DIFF. PRESSURE	XA	CLOSED			(,	OPEN)
PDAH2311	ME2 GO FILTER DIFF. PRESSURE	XA	CLOSED			(,	OPEN)
PI2402	ME2 CHARGE AIR PRESSURE	PI	3.0	BAR		(,	)
PIAL2101	ME2 HT WATER PRESSURE	PIAL	3.6	BAR		(1.3 ,	)
PIAL2105	ME2 LT WATER PRESSURE	PIAL	3.7	BAR		(1.5 ,	)
PIAL2301	ME2 GO PRESSURE	PIAL	9.0	BAR		(2.0 ,	)
PIAL2405	ME2 STARTING AIR PRESSURE	PIAL	12.0	BAR		(8.0 ,	)
PIAL2406	ME2 CONTROL AIR PRESSURE	XA	CLOSED			(,	OPEN)

DEV.1 CYL. 2	DEVIATION TEMP. ME1 CYL. 2	HIGH
DEV.1 CYL. 3	DEVIATION TEMP. ME1 CYL. 3	HIGH
DEV.1 CYL. 6	DEVIATION TEMP. ME1 CYL. 6	LOW
DEV.1 CYL. 9	DEVIATION TEMP. ME1 CYL. 9	HIGH

图 4-2-7　DC C20 ROS 分组显示窗口

b.图形显示界面

图形显示界面包括机舱主要系统的 MIMIC 模拟窗口、柱状图窗口和设备状态窗口等，主要包括：

◆管路系统 Mimic 窗口；

◆柱状图窗口，如各缸排烟温度及其平均温度柱状图窗口；

◆备用泵汇总显示窗口；

◆控制器和阀位状态汇总窗口；

◆参数曲线趋势图窗口；

◆电站管理窗口；

◆主配电板和发电机窗口。

这些窗口实时显示设备的工作状态，例如阀门的开闭状态、设备的启停状态、液位或其他参数的高低等。图形显示界面具有可交互的性质，即在图形界面上可以对实际设备进行操作和控制。

c.访问控制界面

出于安全考虑，系统可以通过访问密码来设置对系统进行操作和控制的权限，包括报警限值修改在内的参数调整，以及对系统进行的其他所有操作均以事件记录的形式进行保存。

③打印设备

ROS 可以配置打印设备进行必要的打印输出。通过设置，打印设备可以按定时或者即时召唤的方式打印各种记录。记录内容包括报警或者事件的名称及报警或事件发生的具体时间等。对于报警信息,还包括报警消失的时间。

2. 监测报警功能

监测报警是 DC C20 最重要的功能之一,这一功能使系统能够对机舱设备的运行状态和参数进行连续监测,并在发生异常时进行调整。

(1)模拟量监视和报警

模拟量是指那些连续变化的量,例如温度、压力、液位和转速等。具有以下特点:

①高限(high)报警,当监测点参数的测量值高于设定的报警值时发出报警,适用于温度、转速和液位等参数。

②超高限(high-high)报警,当监测点参数的测量值高于某一超高值时发出报警,此时系统会发出自动停机指令。

③低限(low)报警,当监测点参数的测量值低于设定的报警值时发出报警,适用于温度、转速和液位等参数。

④超低限(low-low)报警,当监测点参数的测量值低于某一超低值时发出报警,此时系统会发出自动停机指令。

以上几个参数一旦越限主机减速或停车。

⑤线路故障报警,当输入线路发生故障,例如传感器发生断线或短路时,系统将发出相应测量点的线路故障报警。

⑥为避免报警状态的波动,即频繁报警,系统采取了以下三种技术手段:从报警状态向正常状态恢复时设有不灵敏区;对输入参数设置有可调的滤波因子;报警状态的触发和消失均设有延时。

(2)开关量监视和报警

开关量信号的监视和报警功能只监视输入信号的两个状态,即输入点是断开还是闭合。输入信号来自反映设备状态的继电器触点、位置开关、温度开关、液位开关和压力开关等。通过正确调整开关量的动作值,系统也能实现测量点的高限和低限报警。为避免报警频繁,开关量报警也设有延时功能。

(3)报警闭锁

在船舶机舱中,有些报警属于条件报警,当满足某种特定的条件时,即使监测点的状态不正常,也不应该发出报警。例如,船舶在港时,主机不运转,与其相关的参数(如主机滑油压力、冷却水温度)都会异常,但这是正常的。为了避免产生不必要的报警,这些报警点都将被闭锁。DC C20 的这一功能是通过对某一报警点或者报警组定义一个报警抑制信号来实现的,当条件满足时,信号一直有效。

(4)接受其他系统的报警信息

许多辅助设备的控制系统都有自带的监视和报警功能,例如分油机控制系统、曲柄箱油雾浓度监视与报警系统、燃油黏度控制系统等。这些控制系统一般都定义有各种不同的报警状态,当报警发生时,除了在自身控制面板上发出报警之外,还可将报警信号送至 DC C20 系统,并由 DC C20 系统进行统一的报警处理。

此外,船舶火灾报警系统往往是一个独立的监视与报警系统,但只要火灾报警控制箱设有和其他设备的数据接口,便可以通过 RS-422 串行接口与 DC C20 的 CAN 网络相连,并在 ROS 上以 MIMIC 窗口的形式显示各层甲板的火灾探头分布及报警情况。

(5)报警确认

当报警发生时,DC C20 可以在 MIMIC 显示、分组显示和汇总显示等各种情况下对屏幕上所出现的单个报警或整个报警分组进行报警确认。

(6)柴油机排气温度监视

柴油机排气温度监视系统除了监视各缸实际排烟温度之外,还将计算各缸排烟温度的平均值和偏差值。当偏差值超过允许范围时将发出排温偏差报警。偏差允许范围是根据柴油机的负荷大小连续计算的,柴油机负荷越大,允许的偏差报警带就越小。由于低负荷时,各缸排温会相差较多,因此当平均温度低于某一设定值时,偏差报警自动封锁。

(7)历史参数曲线监视

这一功能不仅可以显示出过程参数的当前值,而且可以显示参数的历史状态,并以曲线的形式形象地反映出参数随时间的变化过程和发展趋势。DC C20 最多可以显示 5 个历史曲线页面,每个页面可包含 8 个参数的变化曲线,以不同颜色和标签进行区分。

(8)油耗经济性监视

DC C20 可通过 DPU 采集燃油流量、燃油温度、柴油机转速、轴输出功率和航速等信息,通过网络发送至 ROS,由 ROS 进行处理和计算,就可以实现对柴油机的油耗信息进行实时监视,据此可进一步对各种操作的经济性进行评估。

这一功能是通过安装在 ROS 上的专门软件实现的,计算程序输出的性能参数包括:

①柴油机瞬时油耗(kg/h);

②船体效率(kg/n mile);

③柴油机效率(g/(kW·h));

④轴功率(MW);

⑤燃油消耗总量和输出功总量按照航次累计,累计信息包括航行时间(h)、航行距离(n mile)、航次总油耗(t)、航次输出总功(MW·h)。

油耗经济性监视窗口通过 OCP 功能键激活,一般在每个航次结束时进行复位清零,复位操作将激活打印机输出一份航次报告。

(9)设备运转计时监视

为了便于掌握设备的运行时间,DC C20 提供了设备运行计时监视功能,对各种指定的设备,如空压机、泵、风机和发电机等,进行运行状态跟踪计时。统计结果可作为制订设备维修计划的重要参考。

3. 综合控制功能

利用 DPU 模块的输入输出功能和软件设计,DC C20 除了对机舱设备的状态和参数进行监测报警外,还可实现对设备的控制。与设备控制有关的各种数据采集、信号处理和控制功能均由与设备相连的各个 DPU 完成。这一解决方案使得一旦 ROS 出现故障时能够确保进行有效的机旁操作。归纳起来,包括:泵浦控制、阀门遥控、PID 过程反馈控制、辅助设备的控制等,此处不做详细介绍,读者可参阅相关参考资料。

【任务实施】

SB-2001 检测报警系统设置

基于 SB-2001 监测报警系统实训装置,掌握监测报警系统中报警点相关设置,熟悉延伸报警板功能及设置。

1. 报警点相关操作

(1)报警闭锁

报警闭锁就是根据设备不同的工作状态,封闭一些不必要的监视点的报警。SB-2001系统中已经设置了条件点和闭锁点两种类型,只有当条件点满足条件时,闭锁点的报警才会被封锁。下面以报警点“控制空气进口压力低(0317)”为例进行介绍。

①条件点设置。回到 Windows 桌面,运行“ff9-pro. exe”,进入图 4-2-8 所示 ff9 运行界面。点击“↑”“↓”“向前”“向后”按钮,找到条件点编号“403”,点击页面“闭锁设定”中“闭锁有效”前面的小方框,设置完成,点击菜单栏中“存盘/转换”按钮,出现一个对话框,点击“确定”按钮。

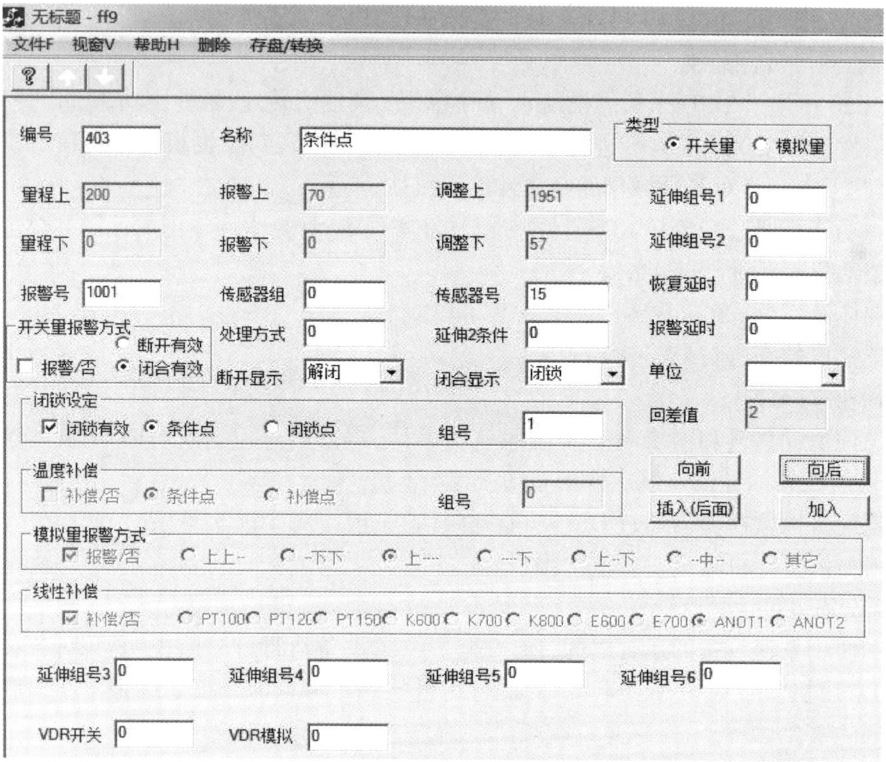

图 4-2-8　ff9 运行界面

②闭锁点设置。回到 Windows 桌面,运行“ff9-pro. exe”,进入 ff9 运行界面。找到需要闭锁的报警点(0317),点击页面“闭锁设定”中“闭锁有效”前面的小方框,设置完成,点击菜单栏中“存盘/转换”按钮,出现一个对话框,点击“确定”按钮。

③重新运行“ff8. exe”,观察报警列表中报警点 0317 显示状况,显示数值变为蓝色,调整报警点压力值,当压力值低于报警设置值时,报警列表上显示当前压力值,但并不发出声光报警。

(2)新增报警点

①接线。把新增输入信号接在接线板上。

②运行程序。在监测报警主站上运行“ff9-pro. exe”,进入 ff9 运行界面对话框。

③报警点名称、参数调整。在最后一个报警点后点击【插入(后面)】,在【名称】处修改报警点名称,再参照其他模拟量报警点在【量程上】【量程下】处修改量程,在【报警上】【报警下】处修改报警点,在【调整上】【调整下】处修改调整值。

④传感器号修改:传感器号选择要与图纸上通道号保持一致。

【传感器组】:为 0 或 1;“0”代表 1#测量分站;“1”代表 2#测量分站。

修改完监测报警主站信息后需同步修改从站信息,或将修改后主站中的“D:\sba\myf1”文件拷贝至从站覆盖原来的数据。

注意:如果从站没有同步修改,则两台计算机在运行程序“ff8. exe”后会因为报警点数据库不一致,而在计算机屏幕上显示出错信息。

(3)报警值的修改

按照教师要求,修改参数(如主机气缸排气温度、主机冷却水温度等)的报警限值并进行报警检验,掌握应答与确认的操作过程,然后恢复原来的值。

2. 延伸报警板试验

(1)延伸报警板相关操作

①电源。打开“集控台 AC 220 V 分电箱”中“DC 24 V 电源转换模块”开关,打开“集控台 DC 24 V 分电箱”中延伸报警板开关。

②试灯。按下每一块延伸报警板上的【试灯】按键,延伸报警板上的所有指示灯均点亮。

③调光。按下延伸报警板上的【调光+】或【调光-】按键。延伸报警板的液晶屏和非报警指示灯变亮或变暗。

④延伸报警板报警

报警:在任意显示界面下,按面板上的【常规列表】键,屏幕切换至“常规列表”界面,报警发生时,驾驶室、大管轮等处延伸报警板立即产生报警声响,报警点显示“报警”字样,并闪烁,如图 4-2-9 所示。

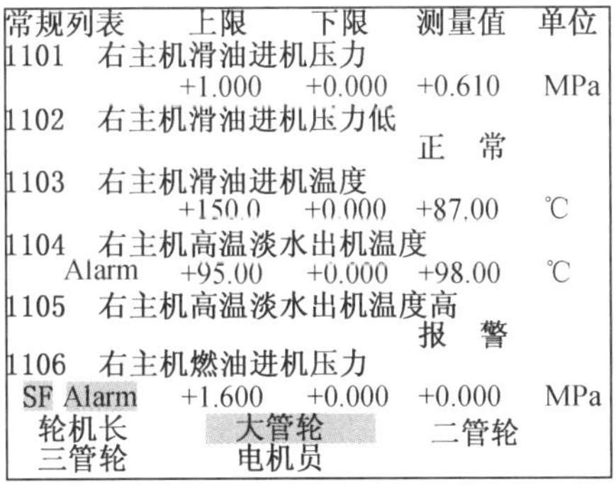

图 4-2-9 延伸报警板常规列表

消声:报警发生后,按下延伸报警板上的【消声】按键即可消除本地的报警声响,但不能消除其他位置的报警声响。

平光:报警发生后,按下延伸报警板上的【平光】按钮,可消除本报警板的报警点闪烁,变为常亮,但不能消除其他位置的报警点闪烁。

(2)延伸报警值班人员设定

设置各处延伸报警板位置:延伸报警板常规列表中下面长亮指示的表示该位置轮机员为当前值班的轮机员,如图 4-2-9 所示值班轮机员为“大管轮”。在延伸报警板上按下【菜单】按钮,显示如图 4-2-10 所示界面。

图 4-2-10 延伸报警板菜单界面

移动【↓】选择【IP/MAC 设置】,按下延伸报警板上【确认】按钮,通过移动光标修改密码,点击【确认】按钮,进入设定界面,通过移动光标至“延伸报警人员”,选择该处要设定成的延伸报警值班人员。

设置机舱监测报警系统延伸位置:单击监测报警系统界面中【设定 S】,在下拉菜单中选择“延伸报警功能设置”,再在出现的对话框中选择要延伸的位置。

任务 4.3 机舱监测报警点的调试

【任务描述】

1. 掌握机舱监测报警系统中开关量、模拟量的调试步骤及调试方法;
2. 掌握热电阻、热电偶温度传感器的调试步骤及调试方法。

【知识链接】

4.3.1 机舱监测报警系统调试前准备工作

1. 技术准备

机舱监测报警系统在船舶电气系统中是一套技术含量比较高并且十分重要的系统。因此在调试前技术准备工作很重要,它包括技术文件和人员培训,调试人员在调试前要对系统工作原理与工作过程有所把握。

2. 调试工装设备准备

机舱监测报警系统在调试过程中所用工装设备比较多,因此在调试前要把这些工装设备准备并调试好。因为工装设备准备得是否完善直接影响到整个调试质量和进度。工装设备的种类取决于设备要求,根据试验大纲要求,一般常用工装设备有:

(1)500 V 绝缘测量仪表、万用表;

(2)压力开关、压力传感器和调试用手压泵；

(3)铂热电阻传感器及调试用标准电阻信号发生器；

(4)温度开关、温度传感器和调试用自动温度控制器。

3. 编制调试步骤

根据机舱监测报警系统编制调试步骤：

(1)分别对系统内设备进行线路检查；

(2)对系统设备进行绝缘检查；

(3)按顺序对设备送电；

(4)调试系统报警点。

4. 调试前的检查

检查步骤如下：

(1)在对系统调试前，首先要看好图纸及随机资料，并对系统内的设备的接线要认真按图对线，测量信号线是否正确。

因为施工会导致一些电缆线路问题，如线号磨损、标志不全或不正确，必须对信号线进行确认。对线方法如下：和搭档配合分别位于电缆两端，一人把信号线其中一端对接地，另一人在另一端将万用表笔一端对地，一端接在电缆芯线的一端，用万用表电阻挡测量，如果万用表显示阻值很小，则用对讲机告知搭档，说明万用表笔所接电缆线的另一头就是同伴处接地的那一头。如此时显示表明为不通，则调换接地线，再进行测量。当两根线都正确，则通知搭档把两根线短接，然后表笔分别接在这一信号线的两个接线端子上，测量通断，至少反复测量三次，这是为了确认两根线之间没有断路情况。

最后用工具剖线，套上写有线号的白套管，以便日后查验。套上针尖接线钳压紧，再插入接线端子，用螺丝刀拧紧，检查是否牢固，一方面要满足船检的要求，另一方面是减少对信号传输的不利因素。

(2)将主机及其配线按接线图连接好，检查绝缘，一切正常后给主机送电。

(3)将各个设备的通信线、电源线、端子间的短接线，以及到各个报警点的外接线连接好，还要检查设备内部配线及各端子排线是否接妥。之后，检查各线绝缘及电源极性和电压大小(DC 24 V)。

(4)检查设备内的集成适配卡是否齐全、型号是否匹配、适配卡的好与坏只有在送电之后才能知道。

(5)将设备分别送电，并通过其显示屏检查各个设备是否正常工作。主机和各个分设备正常工作之后才能进行报警点的调试。

4.3.2 机舱监测报警系统报警点的调试方法

视频：机舱监测报警系统安装与调试

1. 开关量报警点调试

以液位开关量、用电设备开关量、压力开关量、温度开关量报警点调试为例加以说明。

(1)液位开关量调试程序：以浮球式液位开关调试为例。

①将液位开关平放在地上，手动检查开关好坏，动作是否灵活，安装位置和尺寸是否与图纸相符。

②用万用表检查，找出端子的公共点后，检查哪两个端子是常开点，哪两个是常闭点。

通常低液位报警接常开点,高液位报警接常闭点。

③检查输入点对地之间绝缘。

④将液位开关装进油柜或水柜之后,未进液体之前,应再确认浮球的好坏。如,低液位报警,用手托起浮球,看主机显示器上显示状态是否为正常。然后,再手动模拟压下浮球,看是否为报警状态;液体柜装入液体之后,如果实际液位是正常值,看主机显示是否为正常;再用试验杆手动动作,使浮球处于低位,看是否报警。

(2)用电设备运行状态开关量(例如柴油发电机预供油泵电源故障报警点)调试程序:

将预供油泵电源控制箱送电后,控制报警的继电器动作,用万用表检测出其闭合点。将电源切断,用万用表检测此两点是否断开,如果断开则外接报警线就接此两点。接线完毕后,将预供油泵控制箱电断开,检查主机显示是否正确。

(3)压力开关量(例如发电机滑油自清滤器高/低报警点)调试程序:

将压力开关按图 4-3-1 所示进行连接。

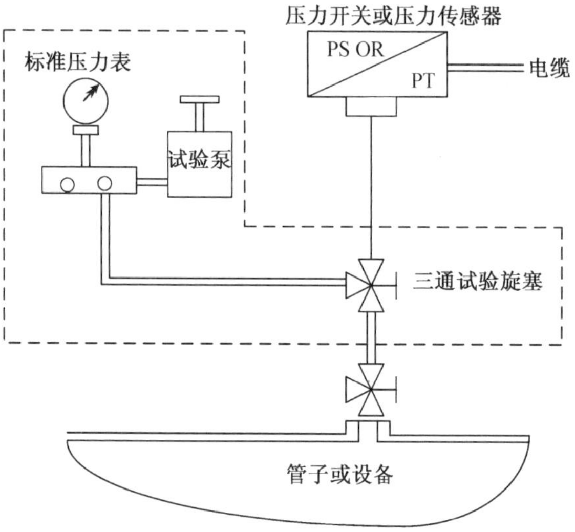

图 4-3-1　压力开关报警点调试连接示意图

由于发电机自清滤器一般由生产厂家将报警值调好,所以其报警值的高/低对于用户是不可调的。其报警设定值为小于 0.07 MPa 为低报警,高于 0.09 MPa 为高报警。

①用表头为 0.1 MPa 的手压泵进行打压,首先将压力打到 0.07 MPa,此时为报警状态(低于下限),观察主机上参数显示是否为红色的报警状态。

②将压力打到超过 0.07 MPa 而小于 0.09 MPa。观察主机上参数显示是否为正常状态;

③将压力值加到高于 0.09 MPa,此时为上限报警状态,并检查主机显示器显示是否正确。

(4)温度开关量(例如发电机淡水高温停车报警点)调试程序:

发电机淡水高温停车值为 90 ℃。将温度传感器用加热器加温、同时用万用表监测端子的闭合断开状态,将加热器温度慢升至 90 ℃,检查其端子是否为闭合点。如果在 90 ℃时温度开关动作,常开点变为闭合,就将外接线接此两点。如果温度开关在 90 ℃时提前或滞后动作,可调节开关上的调节螺栓,使其在 90 ℃时工作,调好后,模拟发电机运行。然后,将加热器温度升至 90 ℃,看柴油发电机是否“停车”,检查控制箱内的各个继电器,检查一切正常后，此点就调好了。

2. 模拟量报警点调试

模拟量报警点又可分为压力模拟量和温度模拟量两种。模拟量信号输出传感器一般标准值是 4～20 mA，温度传感器如 PT100，当温度为零度时，其输出电阻为 100 Ω，在调试模拟量信号时一定要注意零点要一致。

（1）压力模拟量报警点调试程序：

按照图 4-3-1 将手压泵与压力传感器进行连接。

发电机滑油低压报警，其报警值为 0.35 MPa。所以应的压力传感器是输入为 0～0.4 MPa，输出为 4～20 mA。当滑油压力值低于 0.35 MPa 时就会报警。首先将手压泵（表头 0.4 MPa）压力值放到 0 MPa，这时压力传感器输出为 4 mA。在主机内调整参数值使其显示屏上压力值显示为 0 MPa，然后将手压泵压力升至 0.4 MPa，在主机内调整参数值，使显示屏上的值也为 0.4 MPa，这时的状态应为正常状态，将压力值慢慢降低。看主机显示屏上是否有报警出现如果报警时的压力值为 0.35 MPa 或者大于或小于 0.35 MPa，其误差在允许范围内即可。如果误差太大就要重新调整压力值为 0 MPa 和 0.4 MPa 时的参数值，直到误差在允许范围内（±1%），此报警点即调好了。

用信号发生器调试
压力报警点

（2）温度模拟量报警调试程序：

温度模拟量报警点可用电阻箱、模拟 PT100 输出信号发送器或采用加热器直接加热传感器 3 种方式进行调试。

①下面我们以 PT100 温度传感器为例调试柴油发电机滑油高温报警点。（假设报警设定值为 75 ℃）。

对于那些已安装到设备上且很难拆卸的铂电阻传感器往往采用这种模拟调试的方法。

用电阻箱调试 PT100
温度报警点

首先将温度传感器上的外接电缆芯线脱开，然后将模拟 PT100 输出信号发送器功能开关打到输出状态。根据传感器的型号，选择 3 线或 2 线输入方式。将仪器的线夹子与外接线连接好，看主机显示屏是否有温度显示。如果没有，任意调换红色夹与黑色夹直到有正常的温度显示，这时可进行温度调整。同种型号的温度传感器方法基本相同。

将仪器的温度调零。可用粗调和微调两种旋钮进行调整。调整主机显示屏上参数值使其温度值为 0 ℃。将仪器温度值升至 100 ℃，待温度值稳定后，调整主机显示屏伤的参数值使之显示为 100 ℃，此时状态为报警状态。将温度值降至 75 ℃以下，直到报警消失，显示正常后，再将温度值慢慢升至 75 ℃。看主机显示屏上的报警值和 75 ℃差值是否在允许范围内，如果在允许范围内此报警点就调好了。如果误差太大就要重新调整 0 ℃和 100 ℃时的参数值，使误差在允许范围内。

②用加热器实际温度调试模拟量报警点（例如主机一号缸排气高温报警，设定值 530 ℃）调试程序：

由于其报警值为 530 ℃，所以一般都以 200 ℃为基准点。首先将温度传感器从主机上拆下来，注意不要损坏温度传感器。然后将受热端插入有匹配衬套的加热器加热管内，将加热器温度设定为 200 ℃，待加热器温度升至 200 ℃，稳定 10～15 min 后，调整主机显示屏的参数使之为 200 ℃。再将加热器温度升至 600 ℃，达到 600 ℃后稳定 10～15 min，调整主机显示屏的参数值，使之为 600 ℃。之后将加热器降至报警值以下，直至为正常状态，稳定后慢慢将温度升至 530 ℃。看起报警值 530 ℃是否准确,误差是否在允许范围内。如果不准确还要重新调整 200 ℃和 600 ℃时的参数,使误差在允许范围内,该点就算调试好了。

【任务实施】

SB-2001 监测报警系统报警点调试步骤与流程

基于 SB-2001 监测报警系统实训装置,了解报警点调试步骤与流程、掌握开关量、模拟量报警点的调试。

1. 开关量报警点调试

报警试验屏上的模拟开关如图 4-3-2 所示。

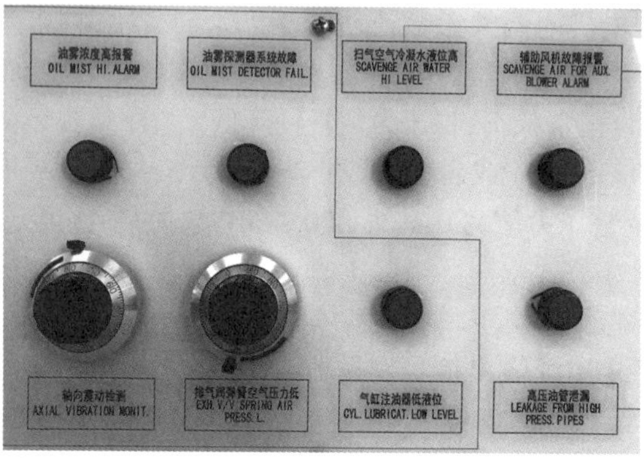

图 4-3-2　报警试验屏上的模拟开关

微课:SB-2001 检测报警系统报警点调试

(1)在机舱监测报警试验屏上选择一个开关量报警点模拟开关(以油雾探测器系统故障报警为例),在主机程序显示界面上找到该报警点的编号 0301,观察报警点当前显示状态及报警情况。开关量报警点按钮闭合前列表显示如图 4-3-3 所示。

图 4-3-3　开关量报警点按钮闭合前列表显示

(2)在报警试验屏上按下该报警点的模拟开关按钮,触点闭合,观察屏幕列表中,报警点显示状态的变化。开关闭合后,屏幕列表中该报警点应发出声光报警,同时系统显示列表变化如图 4-3-4 所示。

图 4-3-4　开关量报警点按钮闭合后列表显示

(3)报警应答

集控台消声:当系统发出报警时,按下集控台上的“消声”按钮或点击监测系统屏幕上的消声按钮可进行消声,蜂鸣器立即停止鸣叫。

集控台平光:当系统发出报警时,屏幕上的报警点闪烁,按下平光按钮或屏幕平光按钮,屏幕上的报警点立即停止闪烁。平光操作后,报警点状态如果未恢复正常状态,则以常亮的方式显示报警。

(4)报警解除

断开开关量后,屏幕列表中红色“报警”字样解除,显示该测量点的显示状态变为“正常”。

(5)实时报警打印记录

①确认软件菜单栏中【打印】→【打印方式设定】中,已选择“报警打印”。

②接上打印机电源线和工控机、打印机之间的信号线。

③做报警点试验的同时,观察报警点报警时,打印机是否实时打印报警点,只需要观察1~2个点打印正常即可。

④然后关闭打印机电源,继续其他报警点试验。

2. PT100模拟量温度报警点模拟调试(采用直流精密电阻箱)

(1)接线

将ZX25a直流电阻器的两个电阻输出端子分别接在报警试验屏内“X8801”接线端子排上的S1301、S1302、S1303端。采用三线制接法,其中,S1302端和S1303端接在电阻箱的一个接线柱上,S1301端接在另一个接线柱上。ZX25a直流精密电阻箱及其接线如图4-3-5所示。

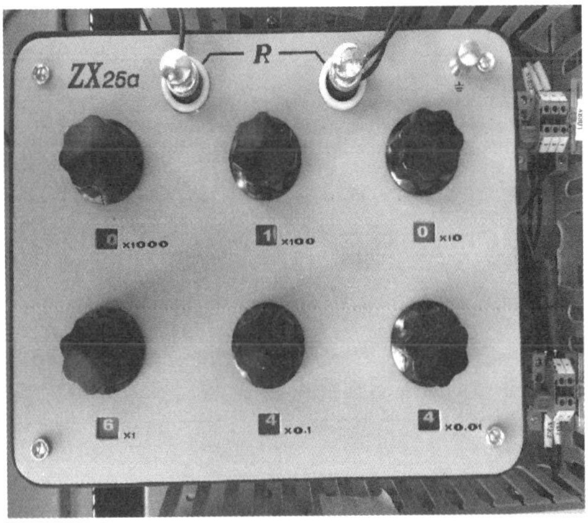

图4-3-5 ZX25a直流精密电阻箱及其接线

(2)查找图纸找出该报警点并在屏幕列表中找出报警点名称(推力轴承温度高2)、编号(0320)及该报警点设定报警温度值(55 ℃),分别模拟“0 ℃”“报警温度”“报警解除温度”和“满量程温度”。

模拟0 ℃温度:按照PT100分度表,调整电阻箱输出电阻值为100 Ω,观察监测报警系统屏幕列表中报警点的显示情况,观察显示温度与理论温度误差,要求误差不超过满量程的 0.5%。

模拟报警温度:在 PT100 分度表中查找 55 ℃对应的电阻值(121.32 Ω),调整电阻箱输出阻值为 121.32 Ω,观察报警情况及报警误差是否在允许范围内。

模拟报警解除温度:继续调大电阻箱阻值,使温度超过报警点设置温度 55 ℃,屏幕列表中出现报警,然后降低电阻箱阻值,观察报警解除时屏幕列表中对应的温度值,确定报警解除温度误差是否在允许范围内。

模拟满量程温度:在【设定】→【一般设定允许】→【一般设定】中查找报警点对应的最大温度值(201 ℃),在 PT100 分度表中找出 201 ℃对应的电阻值(176.22 Ω),调节电阻箱输出至该阻值,观察屏幕列表中显示的温度值及误差是否在允许范围内。

(3)拔下信号输入线,模拟断线状态。拔下信号线,报警点发出断线故障报警。

3. PT100 模拟量温度报警点加热调试

(1)打开集控台 AC 220 V 分电箱 1#温度控器开关和 2#温度控器开关(图 4-3-6)。

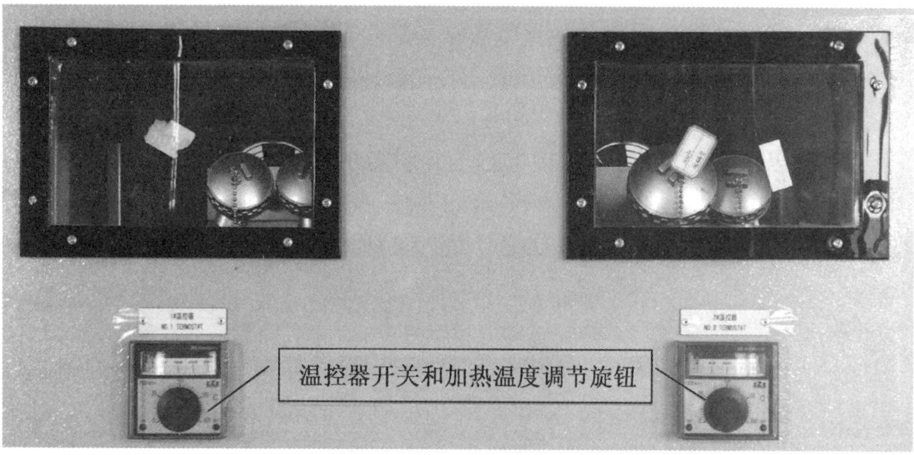

图 4-3-6　1#,2#温控器

(2)查找图纸,在表 4-3-1 中找到 1#温控器和 2#温控器相对应的报警点名称、编号及报警设定值。

表 4-3-1　温控器报警点名称、编号及报警设定值

温控器	报警点名称	编号	设置值 1	设置值 2
1#	气缸冷却水进口温度低	0323	200	57
2#	主机 1#气缸排气阀后废气温度高	0333	480	0

(3)在机舱监测报警实验屏上打开 1#温控器开关,调整 1#温控器的温度值给 PT100 传感器加热,观察屏幕列表中显示温度值的变化,当温度值低于报警值下限 57 ℃时,有报警;当温度高于 57 ℃,低于 200 ℃时,报警是否解除。

(4)打开集控台 AC 220 V 分线箱内风扇开关,对 PT100 传感器进行降温,观察报警释

放情况,看温度降至多少度时屏幕列表中重新发出报警,并比较误差是否在允许范围内。

4. 4~20 mA 输出的压力报警点调试

(1)将 ZT-02C 型信号发生器的红表笔接入端子排 X8802 的 1 端子,黑表笔接入端子排 X8802 的 2 端子。ZT-02C 型信号发生器及其接线如图 4-3-7 所示。

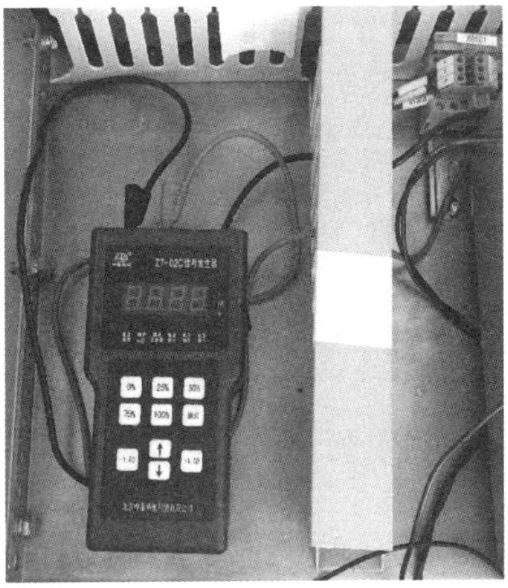

图 4-3-7 ZT-02C 型信号发生器及其接线

(2)打开信号发生器电源开关,按【模式】键进行模式切换,选择【电流输出模式】,信号发生器模拟压力范围为 0~10 bar[①],对应的电流输出为 4~20 mA。

(3)查找图纸,在屏幕列表中找出相应的报警点(主机海水压力低报警)、报警编号(0328)和报警设定值(5.5~10 bar 不报警)。

(4)调节信号发生器上的调整按钮"-1.00""+1.00""↑""↓",改变输入电流值,观察报警列表中该报警点压力值变化及报警情况。

①输入电流 4 mA 时,对应压力为 0 bar,报警。

②输入电流 12.78 mA 时,对应压力为 5.507 bar,不报警,误差约为 0.01 bar。

③减少输入电流,对应压力为 5.507~4.492 bar,不报警;继续减小,输入电流系统发出报警。

④调整输入电流至满量程 20 mA,对应压力为 9.992 bar,不报警。

5. 报警点调试过程中的故障排除

报警点在调试过程中,难免会出现这样或那样的故障,要有耐心、有条理,一步步地检查各级线路,才能排除故障。

通常的故障有短路(IFL)、开路(IFH)及接线方式不正确、探头电源极性不对等。首先,用万用表测量报警点传感器的阻值,如果无阻值说明传感器损坏。压力开关和浮球主要是用万用表监测断开、闭合状态。然后,再测量与主机相连的电缆线,是否有 DC 24 V 电压输出。如果没有,就要将设备内的外接电缆芯线拆线,用万用表对线看电缆是否准确、是否接地。如果一切无误,再用万用表测量设备内的端子,看端子间是否有 DC 24 V 电压输出。如

① 1 bar = 10^5 Pa

果没有,在检查设备内的集成适配卡是否损坏及集成适配卡的型号是否匹配。之后再检查设备内的各种参数的设定是否有误,还要检查设备内配线是否有误。最后检查主机显示屏的各种参数设定是否有误。总之应一步步逐级检查。

思考与练习

1. 什么是机舱监测报警系统,它的监测方式有哪些?
2. 机舱监测报警系统监测的参数类型有哪些?
3. 简述机舱监测报警系统的功能。
4. 什么是长时报警,什么是短时报警,两者有什么区别?
5. 什么是延伸报警?
6. 什么是分组报警? 机舱监测报警信号通常如何分组?
7. 什么是失职报警?
8. DPU 的全称是什么,它有哪些功能?
9. DC C20 系统中,DPU 端子的编号规则如何?
10. RDi-32、RDo-16、RAi-16 三个模块是如何与传感器连接的?
11. DPU 有哪些模拟量监测报警功能?
12. 机舱监测报警系统调试前都有哪些准备工作?
13. 以可拆下和不可拆下的 PT100 传感器两种情况说明模拟量温度报警点的调试方法(假设报警设定值为 90 ℃)。
14. 说明压力开关量报警点的调试方法。

项目5 船舶主机遥控系统调试与操作

船舶主机是指推动船舶前进的主要动力机械，在民用船舶中广泛应用的是柴油机。柴油机的基本工作原理是把燃料燃烧产生的热能转变成机械能。它采用压缩空气产生高热，使喷入的雾化的燃料在气缸内燃烧，以高温高压的燃料做工质在气缸中膨胀推动活塞做往复运动，并通过活塞-连杆-曲柄机构将往复运动转变为曲轴的回转运动，从而带动工作机械，其工作原理如图 5-1-1 所示。

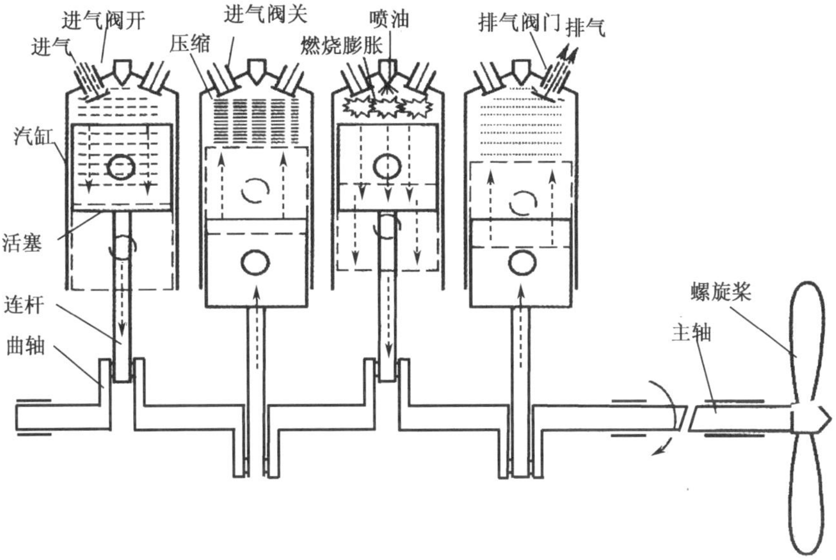

图 5-1-1　四冲程柴油机工作原理示意图

二维码：四冲程柴油机基本工作原理动画

二维码：二冲程柴油机基本工作原理动画

燃油在柴油机气缸中燃烧做功，必须完成进气、压缩、燃烧做功和排气四个过程，称为一个工作循环。活塞从上止点行至下止点（或相反）所走过的行程，叫作冲程。所谓四冲程柴油机，就是把一个工作循环的五个过程即进气、压缩、燃烧、做功和排气分别在四个冲程内完成的柴油机。四冲程柴油机的一个工作循环如图 5-1-2 所示。

进气冲程：气缸内的活塞从上止点向下运动，空气阀打开，吸进空气，到下止点，空气充满气缸。

压缩冲程:活塞从下止点向上运动,进气阀关闭,缸内空气被压缩,温度升高。

燃烧做功冲程:活塞到上止点,喷入燃油,遇高温在气缸内燃烧、膨胀,推动活塞向下运动。

排气冲程:活塞从下止点向上运动,打开排气阀,燃烧后的废气排出。活塞到上止点又开始下一循环工作。

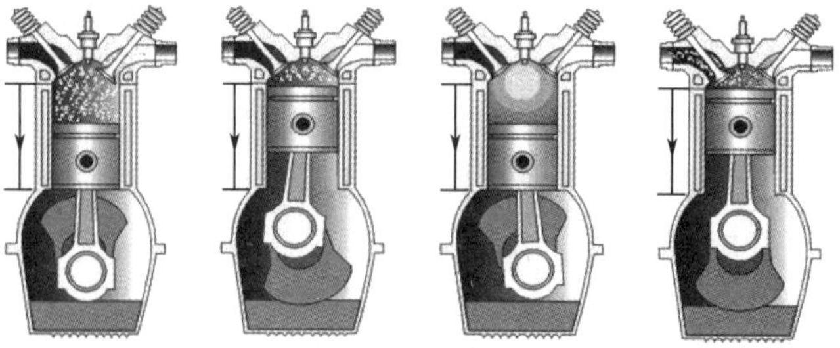

(a) 进气　(b) 压缩　(c) 做功　(d) 排气

图 5-1-2　四冲程柴油机的一个工作循环

任务 5.1　主机遥控系统组成与功能认识

【任务描述】

1. 掌握主机遥控系统的分类、设备组成及分布;
2. 理解主机遥控系统的基本功能。

微机:主机遥控系统组成与功能

【知识链接】

所谓主机遥控,是指远离机旁在集控室或驾驶室通过自动控制系统对主机进行操纵的一种方式。

对于大型低速柴油主机,主机遥控可分为自动遥控和手动遥控两种方式。在驾驶台操作时通常采用自动遥控方式,此时,遥控系统能根据驾驶员发出的车令信号按照主机要求的操作步骤和要求自动进行启动、停车、换向和加减速控制,直至主机运行状态达到车令要求。而在集控室操作时,考虑到操纵主机的是轮机员,通常采用手动遥控方式。此时,轮机员根据驾驶台车令,按照操作步骤和要求通过主机气动操纵系统对主机进行手动遥控操作。

主机遥控系统应能对主机进行启动、停车、换向等逻辑控制和对主机的转速进行闭环控制,同时,还应该对主机转速和负荷进行必要的限制,并具有必要的安全保护功能。主机遥控系统是船舶机舱自动化系统的核心部分,是现代化船舶实现无人机舱必不可少的条件之一。采用主机遥控除了能减轻劳动强度,改善工作条件,避免人为的操作差错外,还能提高船舶的操纵性和经济性。

5.1.1　主机遥控系统的种类

按所采用的控制技术,主机遥控系统可分为以下四种类型。

1. 气动式主机遥控系统

气动式主机遥控系统是指通过气动遥控装置和气动驱动机构对主机进行遥控的方式。它是以气动方式为主,配有少量的电动控制装置。

2. 电动式主机遥控系统

所谓电动式主机遥控系统,是指通过电动遥控装置和电动驱动机构,在遥控室对主机进行正倒车换向、启动、停车和调速等操作方式。

3. 电-气式(液压)主机遥控系统

电-气式主机遥控系统是指通过电动控制装置和气动装置及执行机构,由遥控操纵台操纵主机正倒车换向、启动、停车和调速等项。

4. 微型计算机控制的主机遥控系统

微型计算机控制的主机遥控系统实际上也属于电-气混合式主机遥控系统,其控制部分采用微机,而驱动机构则采用气动(液压)或电动器件。采用微型机遥控主机时,是通过软件设计,给出一个计算执行程序以取代常规遥控系统的遥控回路,用软件程序去取代硬件。

气动和液压式遥控系统驱动功率大,但是管路接头容易泄漏。电动和微型计算机遥控系统较易实现远距离控制,控制的灵活性增加,可实现船舶的最佳状态和最经济的控制。

5.1.2 主机遥控系统的组成

主机遥控系统主要包括遥控操纵台、车钟系统、逻辑控制单元、转速与负荷控制单元、安全保护装置及包括遥控执行机构在内的主机操纵系统 6 大部分,其系统组成如图 5-1-3 所示,上海驷博自动化公司为中小型船舶配置的 SB510 型主机遥控系统如图 5-1-4 所示。

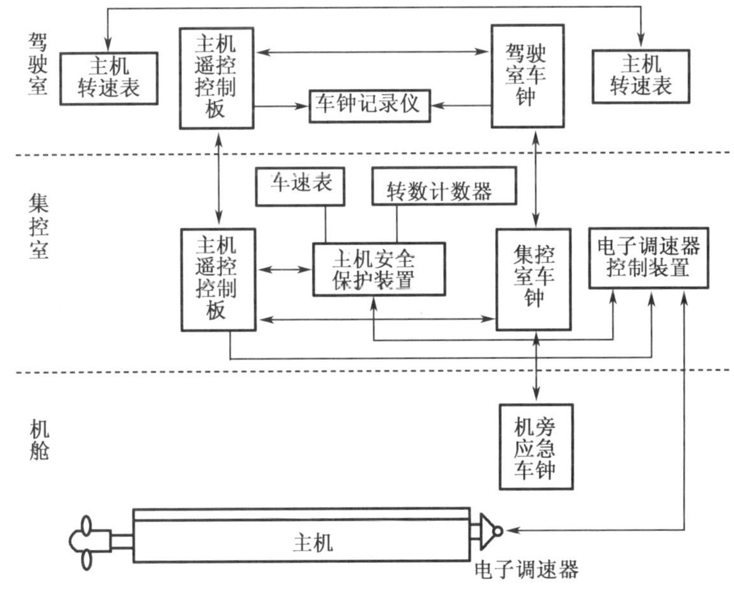

图 5-1-3 主机遥控系统组成

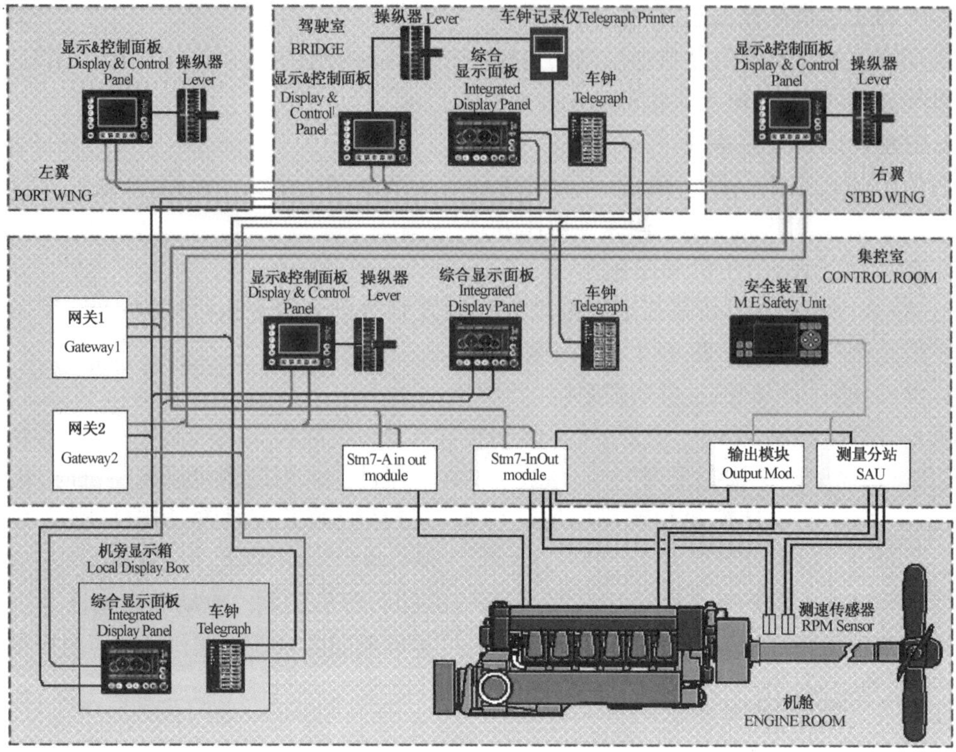

图 5-1-4　SB510 型主机遥控系统

1. 遥控操纵台

遥控操纵台设置在驾驶台和集控台上,驾驶台操纵台主要装有车令手柄、辅助车钟、车令记录装置、指示灯和控制面板及显示仪表等;集控室操纵台上主要包括车钟回令兼换向手柄、主机启动与调速手柄、操作部位切换装置、指示灯和控制面板及显示仪表等。

此外,在主机机旁还设有应急操纵台,包括应急车钟和机旁应急操纵装置。

2. 车钟系统

车钟系统实现驾驶台与集控室、驾驶台与机旁之间进行车令传送与应答的重要设备,由驾驶台车钟、集控室车钟和机旁应急车钟组成。车钟系统一般有两种工作模式,一种是操控模式,另一种是传令模式。操控模式对应于在驾驶台遥控主机的情况,此时驾驶台车钟直接通过逻辑控制单元和转速控制单元对主机进行自动遥控。传令模式对应于在集控室或机旁操作的情况,此时驾驶台车令首先传递到集控室或机旁,轮机员进行车令应答(回复)后,再对主机进行相应的操作。

3. 逻辑控制单元

逻辑控制单元是自动遥控系统的核心,它根据遥控操纵台给出的指令、转速的大小和方向、凸轮轴位置及主机的其他状态信息,完成对主机的启动、换向、制动、停油等逻辑控制功能。

4. 转速与负荷控制单元

转速与负荷控制单元一方面通过闭环控制使主机最终运行在车令手柄设定的转速,另一方面在加减速过程中,要对加减速速率及主机所承受的机械负荷和热负荷进行必要的限制,以确保主机安全运转。

5. 主机气动操纵系统

主机的启动、换向、制动和停车等操作的逻辑控制通常都是以压缩空气为动力源的，对于采用液压调速器的主机，其转速设定环节也是通过气路来实现的。主机气动操纵系统就是为实现上述功能而设置的一套气动逻辑回路，通常由主机厂家随主机一起提供，是主机遥控系统的重要组成部分。通过气动操纵系统，可以在集控室对主机进行手动遥控和在机旁进行应急操作。

6. 安全保护装置

安全保护装置用来监视主机运行中的一些重要参数。一旦某个重要参数发生严重越限，安全保护装置应能通过遥控系统使主机进行减速，或迫使主机停车，以保障主机安全。安全保护装置是一个不依赖于遥控系统而相对独立的系统，即使遥控系统出现故障，也应能正常工作。

5.1.3 主机遥控系统的基本功能

尽管不同生产厂家生产的主机遥控系统在实现方案和实现手段上不尽相同，但它们都遵循共同的设计思想和基本工作原理，都用来实现逻辑程序控制、转速与负荷控制、安全保护与应急操作及模拟试验等基本功能，下面分别进行具体介绍。

1. 逻辑程序控制

(1)换向逻辑控制：当有动车车令即车钟手柄从停车位置移至正车或倒车位置时，遥控系统首先进行换向逻辑判别，即判断车令位置与实际凸轮轴的位置是否一致。当车令位置与实际凸轮轴位置不符时，便自动控制主机换向，将主机的凸轮轴换到车令所要求的位置上，换向完成后，方可送出允许启动信号。

(2)启动逻辑控制：当车钟手柄从停车位置移到正车(或倒车)位置时，换向逻辑控制完成后，遥控系统紧接着进入启动逻辑判断，也就是对启动条件进行鉴别；当启动主机所需的各项条件均满足时，控制空气分配器投入工作，开启主启动阀，对主机进行启动；在主机转速达到发火切换转速时，自动完成油气转换，切断启动空气，停止启动。这时，若启动成功，自动转入主机加速程序。

(3)重复启动程序控制：若主机在启动过程中发生点火失败，遥控系统将自动进行第二次启动。若第二次启动又发生点火失败，则自动进行第三次启动。当出现第三次启动失败时，遥控系统将自动停止启动，同时发出启动失败报警。

(4)重启动逻辑控制：在应急启动、倒车启动或有重复启动的情况下，为了提高主机启动的成功率，遥控系统将自动增大启动供油量，或者自动提高启动空气切断转速对主机进行重启动。

(5)慢转启动逻辑程序：当主机停车时间超过规定时间(一般是 30~60 min 内可调)以后，或在停车期间停过电，再启动主机时，遥控系统将自动控制主机先进入慢转启动，即让主机缓慢转动 1~2 r，随后再转入正常启动。若慢转启动失败，将发出报警信号并且封锁正常启动。其目的是早发现某些故障和保证运动件摩擦表面的润滑。

(6)主机运行中的换向与制动逻辑程序控制：当车钟手柄从全速正车位置拉到倒车某一位置时，主机遥控系统应能自动地实现停油、换向、制动和反向启动等逻辑程序。

2. 主机的转速与负荷控制

(1)转速程序控制：当对主机进行加速操纵时，应对加速过程的快慢有所限制，转速(或负荷)范围不同对加速过程的限制程度就不同,因此,加速过程控制有两种形式:一是发送速率限制;二是程序负荷(也称负荷程序)。其中发送速率指的是主机在中速区以下的加速控制,加速速率较快,而程序负荷指的是高速区的加速控制,特别强调慢加速。

(2)转速-负荷控制:主机的转速与负荷控制回路是一个综合控制回路。在正常航行工况下,控制回路主要是通过调速器对主机转速进行定值控制。控制回路的作用就是克服各种扰动,把主机转速控制在车钟手柄所设定的转速上。但是,当船舶在恶劣海况下航行时,若此时仍采用转速定值控制,调速器为了维持主机运行在设定转速上,不得不频繁地大幅度调节主机供油量,这就有可能导致主机超热负荷。一旦调速器减油不及时,主机就会发生飞车而使主机超机械负荷。这时,主机转速控制系统常采用负荷控制方式来保障主机的安全运行。

(3)转速限制:为了保证主机安全、可靠及有效地运行,车令设定的转速值必须符合主机自身特性的要求,因此,遥控系统将对进入主机调速器的设定转速进行临界转速避让、最小转速限制、最大转速限制及轮机长手动设定最大转速的限制。

(4)负荷限制:主机转速控制系统在对主机转速进行自动控制时,主机的供油量是由调速器根据偏差转速大小来控制的。调速器为了把主机的转速快速调节到设定转速,有可能使主机因供油量太大而超负荷。为此,遥控系统应对主机的供油量进行限制。负荷限制主要包括启动油量的限制、转矩的限制、增压空气压力限制、螺旋桨特性限制,以及最大油量的限制。

3. 安全保护及应急操纵

(1)安全保护:船舶航行时,当出现主机重要参数,如滑油低压,轴承高温,曲轴箱油雾浓度过高等情况时,安全保护系统能使主机自动减速或停车,并发出报警信号及显示安全系统动作的原因,以保护主机的安全。有些重要参数的安全保护值有两个:一个是自动减速值,另一个是自动停车值。当出现安全保护装置动作且故障排除后,这时需要对故障复位才能进行启动和加速。

(2)应急操纵:在应急情况下,为了保证船舶的安全需要对主机进行一些特殊的操纵,主要包括以下三个方面。

①机旁应急操纵:在主机遥控系统失灵的情况下,为了保证主机仍然继续运行,只要将主机操纵部位从驾驶台或集控室直接切换到机旁,即可实现机旁手动应急操纵。

②应急运行:在运行中的全速换向操作一般在紧急避碰中使用,属于应急运行。它包括应急换向、应急启动及应急加速。应急换向指的是主机在应急换向转速下的换向。应急启动除了采用重启动外还将自动取消慢转启动。应急加速主要指的是取消负荷程序进行快加速,同时还自动取消某些限制(如增压空气压力限制,转矩限制等)。

③手动应急停车:当车钟手柄扳回到停车位置,由于遥控系统出现了故障,不能使主机停油,这时,应按下"应急停车"按钮,通过应急停车装置使主机立即断油停车,同时发出报警。若要重新启动主机,必须对应急停车信号进行复位,才可进行启动操作。

4. 模拟试验

各种主机遥控系统都设置了相应的模拟试验装置。它主要用于显示遥控系统的运行工况,如电磁阀的状态、主机凸轮轴的位置及启动过程等;测试和调整遥控系统的各种参数;检查遥控系统的各种功能是否正常,若有故障,可利用模拟试验来查找和判定故障部位。

5. 主机遥控系统操纵部位的切换

主机遥控系统按操纵部位可分为驾驶室操纵、集控室操纵和机旁操纵3种。通常把驾驶台操纵称为自动遥控,集控室遥控属于手动遥控,而把机旁操纵称为手动操纵。驾驶台自动遥控是指驾驶员用车钟通过电子逻辑系统和气动系统来操纵主机,驾驶台操作使用简单,功能强大,一般在主机定速以后的正常海上航行时采用此方式;集控室遥控是指驾驶台发出车令,轮机员在集控室同操纵手柄或按钮通过机械、液压或气动系统来操纵主机,比较可靠,对于拥有自动遥控系统的船舶,不需要增添多少设备,一般在进出港期间、起锚或抛锚期间,通过狭窄水道时,以及其他的机动场合采用;机旁手动操纵是指驾驶台发出车令,轮机员在机旁扳动换向手柄和调油手柄来操纵主机,特点是简单、可靠,当遥控系统出现故障时采用此方式。

3种操纵方式对控制电路提出了如下要求:

(1)3种操纵方式可以相互转换,而且又应互相联锁,以免在同一时间操纵指令混乱。

(2)3种操纵方式的选择优先权是:机旁优先于集控室,集控室优先于驾驶室。因此,操纵地点的选择也就只能在集控室和机旁进行,故应设置如下转换装置:

①在集控室进行驾驶室/集控室操纵转换;

②在机旁控制台进行自动/手动操纵转换。

(3)自动/手动的转换开关进行转换时,要求不引起误动作,而且不管当时遥控系统的状态如何,必须允许在任何时间从遥控控制转到手动控制能够很容易在操纵台上实现。

(4)驾驶室和集控室之间的操纵部位转换必须满足如下两个条件:一是集控室遥控车钟发出的正、倒车令必须与驾驶室遥控车钟发出的正、倒车令一致,否则操纵部位转换功能将被联锁功能锁定而无法切换;二是集控室遥控车钟发出的转速设定值必须与驾驶室遥控车钟发出的相等,否则切换中因车令设定转速改变而使主机转速变化,产生切换扰动。

主机遥控系统按照操纵用途又可分为:正常操纵、紧急操纵和模拟实验。正常操纵是指在正常情况下,以正常的程序对主机进行启动、调速、停车等的操纵;紧急操纵是指在危急情况下,对主机进行的操纵;模拟试验是指通过专用设备和仪器来检查自动遥控系统的工作是否正常,设备和元件性能是否良好。

【任务实施】

轮机认识与仿真

1. 现场认识柴油机

船舶主机——柴油机的主要结构、管路及主机监测传感器的安装位置与类型,了解柴油机的基本工作原理和工作过程。

2. DMS轮机模拟器主机遥控系统认识

DMS-2010轮机模拟器的主机遥控系统仿真以CONGSBERG公司的AC C20主机遥控系统为基础设计,它具有集控室控制、驾驶台控制、机旁控制三种控制方式。在机旁应急操纵台上设有遥控控制/机旁控制转换阀,用于遥控和机旁应急控制之间的控制部位转换。在集控室设有驾驶台/集控室控制转换阀,用于驾驶台和集控室之间的控制部位转换。

(1)驾驶台控制台组成认识

驾驶台控制台由遥控发令车钟、应急停车按钮、主机工况显示、故障报警信息显示及若干应急操纵指令按钮等组成，用于驾驶台遥控操纵主机。

驾驶台车钟系统包括：

①车钟：上面有车钟手柄和车钟状态指示灯，状态指示灯主要显示的是集中控制室的车钟状态，驾驶台遥控时，当驾驶台和集中控制室车钟不一致时，发出闪光指示。

②通信按钮：通信按钮有三个，分别是完车、备车和定速航行，用于与集中控制室通信。

③报警指示灯：完车时，需要泄放控制空气，关闭主控制阀，如果没有关闭就出现提示报警。

④操作部位指示灯：显示当前的操作部位。

⑤运转状态指示灯：显示主机的运转状态。

⑥应急车钟：在转换到机旁控制时，用于驾驶台与机旁控制台的命令通信。此外还有消音按钮。

(2)集控室操纵台组成认识

集控室操纵台上有：回令车钟、操纵手柄、应急停车按钮、启动控制阀、调速器控制阀、驾驶台/集控室控制转换阀、主机或遥控系统中某些装置的工况显示、故障报警及安全保护单元等。其中集控室车钟系统包括：车钟，通信按钮，报警指示灯，控制部位指示灯，状态指示灯和应急停车按钮与驾驶台的相同。在集中控制室车钟系统中，增加了启动-调速手柄和驾驶台/集中控制室位置转换手柄，完成集中控制室-驾驶台操纵部位的转换。

(3)机旁应急操纵台组成认识

机旁应急操纵台设有应急车钟、遥控/应急控制选择手柄、启动按钮、停车按钮、正车/倒车换向手柄、调油手轮、VIT 调节机构及若干控制阀件等。在气动遥控系统、调速系统或电子设备故障的情况下，可在机旁手动应急操纵主机。

任务 5.2 主机遥控系统的逻辑与控制回路

【任务描述】

理解主机遥控系统各种控制逻辑的作用。掌握主机启动控制逻辑条件及其实现方法，包括：主启动控制逻辑、重复启动控制逻辑、重启动控制逻辑和慢转启动控制逻辑，掌握主机制动逻辑，掌握主机换向逻辑条件及其实现方法，掌握主机转速与负荷的控制与限制。

微课：主机遥控系统逻辑控制

【知识链接】

为了实现在集控室和驾驶台能远距离操纵主机的各种功能，要求主机遥控系统必须有一套气动或电动的逻辑控制回路，能对主机进行启动、换向、停车等逻辑控制和对主机的转速进行闭环控制，同时能对主机的转速和负荷进行必要的限制，并具有必要的安全保护功能。这称为主机遥控系统的逻辑与控制回路。

5.2.1 启动逻辑回路

在自动遥控系统中，启动逻辑回路是基本的逻辑与控制回路之一。其基本功能是，当有开车指令时,能自动检查是否满足启动的逻辑条件;当所有的启动逻辑条件均得到满足时,能自动输出一个启动信号去开启主启动阀,对主机进行启动;当主机达到发火转速时,能自动撤销启动信号,关闭主启动阀,结束启动,使主机在供油状态下运行。用于完成这一基本功能的逻辑回路称为主启动逻辑回路。

根据遥控系统类型和功能的不同,通常还在主启动逻辑回路的基础上增加重复启动、重启动及慢转启动等功能,分别称为重复启动逻辑回路、重启动逻辑回路和慢转启动逻辑回路。

1. 主启动逻辑回路

主启动逻辑回路是遥控系统完成启动的最基本的控制回路。它能检查启动条件是否得到满足,并对启动过程进行自动控制。主启动逻辑回路发出启动信号,必须同时满足启动准备逻辑条件和启动鉴别逻辑条件,这两个条件是逻辑与的关系。

(1)启动准备逻辑条件

启动准备逻辑条件多数是在“备车”时完成的,一般具备如下条件:

①盘车机已脱开信号($TG=1$)。

②主启动阀处于“自动”位置($V_{MA}=1$)。

③启动空气压力在正常范围内($P_{SA}=1$)。

④遥控控制空气压力正常($P_{OP}=1$)。

⑤主机滑油压力正常($P_{LB}=1$)。

⑥遥控控制电源电压正常($SP=1$)。

⑦操作部位转换已经到位($PS=1$)。

⑧模拟试验开关位置处于“工作”位置($TS=1$),$TS=0$ 表示处于“试验”位置。

⑨故障停车已复位($ST=1$)。

⑩无三次启动失败信号($F3=0$),$F3=1$,表示在重复启动过程中,经三次启动均未成功。

启动限时信号未到($\overline{TM}=1$),$\overline{TM}=0$ 表示达到启动限时时间。

启动转速小于发火转速($Ns=1$),$Ns=0$ 表示高于发火转速。

当然根据设计要求的不同,主机的启动条件可能略有不同。但是只有主机准备启动的上述条件必须全部满足,才能够启动主机,即它们之间的关系是逻辑与的关系。

(2)启动鉴别逻辑条件

启动鉴别逻辑是指能自动判断车令与凸轮轴位置是否一致。有开车指令时,只有车令与凸轮轴位置一致才允许启动,否则是不准发启动信号的。例如,有正车车令,则只有当凸轮轴在正车位置时才能发出启动信号;有倒车车令,只有当凸轮轴在倒车位置时才能发出启动信号。

2. 重复启动逻辑回路

在满足可以启动逻辑条件后,在一般情况下是可以进行启动的。但是,在设有重复启动的回路中,必须考虑中断和重复启动逻辑。

在机旁手动操作主机时,如果第一次启动没有成功,将进行几次再启动,直到确认为不可能再启动成功时终止启动操作。在自动遥控系统中也应具有这种功能,以保证有效的启动操作。这种功能是由重复启动环节与启动主回路相配合完成的。重复启动回路具有重复启动、中断和终止启动等逻辑功能。重复启动是发生在启动失败情况下的逻辑动作。

柴油机在启动操作中可能发生启动不成等现象，而引起启动失败的原因及表现形式是多方面的。启动失败的原因如下。

(1)换向失败

启动逻辑条件是车钟指令和换向凸轮轴的位置相一致，如果不一致必须进行换向，换向完成后方能启动。换向失败使燃油零位闭锁。换向失败是指在规定的时间内未能完成换向。其原因可能未能满足换向逻辑条件，或虽然满足条件但未能完成换向；可能由于换向控制阀失控；换向设备被阻；油压、油位过低；控制空气压力不足或电源有问题等，均能引起换向操作的失败。

(2)点火失败

点火失败是启动过程中，主机转速已达到发火转速，并进行了气-油转换(即切断启动空气，供给燃油)，但是由于燃油未能正常燃烧，主机转速又下降低于点火转速或停转，这种情况称为点火失败。引起点火失败的原因是多方面的，但主要是燃油系统故障和燃油条件不良所致。常见原因如下：

①日用油柜无油或油中有水；

②输油泵有故障使供油困难，管路有空气或滤器、油管堵塞，使燃油压力低或断油；

③燃油黏度过高，使喷射雾化困难或雾化不良；

④喷油泵泵压不足或喷嘴工作不正常，引起雾化不良或供油定时不准确等；

⑤气缸内压缩温度过低；

⑥启动供油量太少等。

由于点火失败引起启动失败，可进行几次再启动，以力求在有限次内启动成功。所以一般所说的重复启动是指在这种情况下的再启动。如果主机三次启动均未成功，将发生三次启动失败报警。

(3)不能启动

不能启动是指在启动操作中，主机转速一直达不到启动转速，这种现象称不能启动。其原因可能是主启动阀或空气分配器失控；启动空气压力过低；操作空气压力不足；盘车机未脱开；主轴承与轴“咬死”；浆缠异物等。这种现象很容易与点火失败区别开。在这种情况下，一般不宜再自动进行重复启动。而发出启动时间限制报警。

重复启动方式有两种：第一种方式是以时间为控制信号，是一个时序逻辑控制过程。每次启动的持续时间、中断时间和重复启动的总时间均由时间控制单元来控制，从而实现重复启动和终止启动逻辑功能。第二种方式是采用转速和时间为控制信号。

3. 重启动回路和慢转启动逻辑回路

(1)重启动

重启动是区别于正常启动而言，所谓重启动是指在应急启动或重复启动或倒车启动时，加大油门的启动。其目的是保证启动容易成功。为此，在调油回路中设有重启动油量设定控制环节。但是重启动的逻辑控制信号却来自启动回路。在重启动时，送出重启动油量信号，在启动成功后还必须取消重启动信号。因此重启动逻辑条件概括为如下几条，它们之间是逻辑与的关系。

①手柄必须在启动位置；

②有应急启动指令或点火失败信号或有倒车指令；

③启动转速未超过发火转速。

(2)慢转启动逻辑

主机遥控系统设有慢转启动环节。当主机停车时间过长,再次进行启动时,分两个步骤。首先进行慢转启动,然后再进行正常启动(或重启动)。通常把第一阶段的启动称为慢转启动,以区别正常启动。慢转启动逻辑的设计是保证主机启动过程的安全和防止不利磨损。所以慢转启动阶段也可以说是“预备”或“试启动”阶段。如果慢转启动过程正常,说明主机可以进行启动,则立即取消慢转,而转入正常启动;如果主机由于某种原因不能转动,或转动极慢,慢转启动程序将不能被解除,也就是说不可能进行正常启动。这样就保证了启动过程中主机的安全。慢转程序也保证了摩擦件的“布油”润滑作用,防止过度不利的磨损。

慢转启动阶段,既可以采用“慢转转数”(1 转或 2 转),也可以采用“慢转时间”来检测。当采用转数检测时,如果达不到慢转转数,则不能转入正常启动;当采用慢转时间检测时,如果在规定的时间内没送出正常启动信号,则不能进行正常启动,并送出报警信号。在能够满足慢转条件下才能进行正常启动。

慢转指令形成的逻辑条件如下。

①在启动前,停车时间超出规定时间。如果超出规定时间,送出一个要求慢转信号。

②没有应急取消慢转命令。

③启动转数没有达到规定的慢转转数。

④前次慢转指令被取消过。

同时满足上述逻辑条件后,便可形成新的慢转指令。

5.2.2 换向与制动逻辑回路

1. 换向逻辑回路

在主机自动遥控系统中,换向逻辑回路用于判断是否需要换向,并在需要换向时发出换向指令。当有开车指令时,换向逻辑回路应能根据车令和凸轮轴实际位置,判断是否需要换向操作,若需要,则自动输出一个换向信号,对主机进行换向。换向完成后,应自动取消换向信号,并为后续逻辑动作提供换向完成信号。

主机换向分为两种情况:即停车状态下的换向操作和运行状态下的换向操作。

(1)在停车状态下进行换向操作时,将手柄从停车位置拉到正车或倒车位置时,主机必须停油,换向阀动作,换向装置动作,将空气分配器、燃油和排气凸轮轴从原来的位置移到车令要求的位置上。

(2)在运行状态进行换向操作时,将手柄从原来的运行位置拉到停车位置,再拉到相反位置,这时将发生换向动作。但必须首先停油,使主机转速下降到允许的转速下进行换向,换向完成后,自动停止换向动作。换向完成后,送出启动信号到启动回路。换向后,若转向不符合车令所要求的转向,必须保持继续停油。这些要求都是为了保证主机操作安全。主机遥控系统的换向逻辑回路的主要功能就是保证系统按一定的规律性执行逻辑控制动作,从而实现准确无误的换向操作。

归纳起来,换向逻辑条件如下。

①车令与凸轮轴位置不符。

②主机停油。

③主机转速已下降到允许换向转速或下降到应急换向转速。

④主机进排气阀顶升机构已被抬起。在双凸轮换向的主机中特别是四冲程中速机，为便于移动凸轮轴，需要把进排气阀的顶杆抬起，使顶杆下面的滚轮离开凸轮轴，换向完成后，顶杆下落，使其滚轮落在另一组凸轮片上。

2. 制动逻辑回路

制动是指主机在运行中完成换向后，为使主机更快停下来，以便进行反向启动所采取的操作措施。目前，船舶的制动方式一般是利用主机的制动和反转使螺旋桨产生负推力（即与船舶前进方向相反的推力）阻止船舶前进，使之尽快减速、停止或倒退。

主机的制动方式通常有强制制动和能耗制动两种。

（1）能耗制动（也称减压制动）是在应急换向完成后，消耗主机的能量的制动方式。由于此时转向与凸轮轴位置不符，空气分配器将气缸启动阀打开时，正是该缸活塞处于压缩冲程，因此就把在其他冲程吸入的空气从气缸启动阀排出，经主启动控制阀泄放。此时活塞的下行是吸气，上行是排气，起着压缩机的作用。从而实现能耗制动的目的。强制制动是利用高压空气，在活塞处于压缩冲程时送入气缸，强行阻止活塞运动，使主机减速或停止转动，这种制动称强制制动。

（2）强制制动只能在正常换向完成后（即低于正常换向或发火转速后），车令与转向不符合的情况下进行。在高转速的情况下，强制制动不易成功，既浪费空气又有机损危险，所以强制制动不能在高转速下进行。能耗制动则可以在较高的转速下进行，能耗制动转速可比强制制动转速提高 50%～100%。

5.2.3 转速与负荷控制回路

转速和负荷控制是指以最佳的动态过程使主机的转速达到车令所设定的转速，或使主机在设定的负荷上运行。主机的转速与负荷控制回路是一个综合回路。目前，基本上采用反馈控制和复合控制等方案。

反馈控制方案是由指令发送环节、调速环节、执行环节及反馈环节等组成的闭环控制系统。如果在反馈控制的基础上引进前馈环节就组成复合控制系统。复合控制比反馈控制有更多的优越性。

从控制角度出发，力求提高控制指标（如稳定性、快速性和精确性等）。但是，以柴油机为控制对象的系统，还必须顾及控制的后果。控制系统最终是通过控制油量来改变柴油机的运行状态的。在大幅度的操作或变工况情况下，控制后果可能致使柴油机超负荷，所以在控制系统中设有一些限制环节。因此，在控制过程中对控制指标和限制环节的要求是：在柴油机允许的情况下，力求达到最佳控制指标；在可能危及柴油机的情况下，限制环节必须起作用，放弃某些控制指标的要求，以保护主机。然而，在发生“舍机保船”的情况下，应取消限制作用，进行应急操作，以保全船的安全。所以一个好的主机遥控系统应当兼顾各方面的要求。

1. 控制方式

船用柴油机常常是在变工况条件下工作的，当进行变工况操作或外界负荷变化时，控制系统应能对其转速或负荷进行控制，以保证其在适宜的状态下运行。

（1）转速控制方式

控制参数是主机的转速，通过转速反馈构成闭环控制系统。在转速设定值确定后，控制系统自动维持转速恒定不变。以转速为控制目标的控制方式称转速控制。这种控制方式能保证转速在给定值转动,但是供油量是随外界负荷而变化的。即使在同一转速下,油量的多少也是不能确定的,主机的热负荷是随机变动的。

(2)负荷(油量)控制方式

控制参数是负荷(油量)。通过执行器位置反馈形成闭环控制,在负荷设定之后,就维持不变。以负荷为控制目标的控制方式称负荷控制。这种控制方式能保证柴油机的热负荷基本上不变。但是在变工况下转速是不能确定的,将是变化的。

(3)转速-负荷控制方式

即一个系统既可以进行转速控制也可以实现负荷控制。正常情况下,可选择转速控制,在工况变化较大的情况下,可采用负荷控制方式。系统中设有选择开关,在正常情况下,开关处于开路状态,这时系统为转速控制方式。在工况变化较大的情况下,开关闭合,使负荷控制环节投入工作。该环节的设定值可以预先给定。当车钟指令设定值大于该设定值时,负荷控制环节起作用,从而使柴油机的负荷受到限制,因此不会发生超负荷现象。

2. 转速限制程序

(1)加速限制

为防止加速过快,在发送回路中增加了加速限制环节。通常采用适当的控制回路,把手柄设定指令信号按预先调定好的速率发送出去,从而起着加速限制作用。

在气动控制系统中,采用了分级式延时阀获得延时特性。当设定信号低于调定压力时,对信号无延时作用。当设定值大于调定压力时,则有延时作用。延时作用是可调的。这种阀的特点是当设定信号小于输出信号时,输出信号的降低速度无延时。

在电动系统中,采用斜坡控制回路,实质上是积分环节。当给定一个阶跃信号时,其输出为斜坡特性。有时在加速度限制环节中设有最大速度限制环节,在加速过程中,达到最大值(预先设定)时,被钳位,而保持不变。斜坡特性可以用来限定指令信号的发送速率,也可以用来限定偏差信号的传递速率。

(2)程序负荷

当主机工作在额定负荷的70%以上时,就进入高负荷区,主机所承受的热负荷已经很高。因此以后的加速过程必须严格加以限制,以防止超负荷。按一般的加速速率尚嫌太快,故需给定一个特殊的时间程序,使之慢慢加速。这个阶段也称为热负荷限制,这段时间为30~55 min。

(3)负荷限制

负荷限制是指对柴油机的机械负荷和热负荷的限制。负荷限制环节包括增压空气压力限制、转矩(或转速)限制和螺旋桨特性限制等。

①增压空气压力限制

如果操作者将车钟手柄从低速位置快速推向高速位置,油量会增加很多。而此刻增压空气尚未来得及增加,产生油多气少的现象,燃烧过量空气系数过小,引起燃烧不完善,导致冒黑烟和受热件过热等后果。为了防止上述现象发生,采用了增压空气限制环节。其基本原则是随着增压空气的压力增高,逐步成比例地自动增加油量。增压空气限制环节几乎在所有的主机遥控系统中都采用。

②转矩限制环节

在某一转速下主机的油量过大时,会使主推进轴的扭矩加大,造成机械负荷过载。因此,遥控系统将自动地限制主机的供油量,即根据设定转速或主机实际转速给出一个相应的供油范围,从而使主机的转矩限制在允许的范围内。限制转矩的方法有两种:一种是实际转速限制油量,另一种是设定转速值限制油量。

③启动供油限制

在主机启动时,如供油量太小,点火不易成功;供油量太大,会产生爆燃。所以启动转速设定是为了便于启动主机而由遥控系统特别设定的一个值。启动期间,由启动转速设定值提供持续一段时间(几秒钟)的启动油量。启动转速设定值一般介于"SLOW"和"HALF"之间而与车钟手柄无关。根据启动方式不同,也有正常启动供油量和重启动供油量两种,后者的供油量要大一些。

④螺旋桨特性限制

为了使上述调速和限制特性与主机螺旋桨推进特性相匹配,可以按螺旋桨的特性规律来限制主机的供油量,以此修正原有负荷的限制特性,使之接近理想限制特性。

(4)临界转速的回避

船舶在海上航行时,由于海洋环境的不断变化,导致船舶航速也不断变化。但船舶航行的速度主要取决于主机的转速。我们知道,柴油机运行时,由于运动部件惯性力使主机产生的强迫振动会引起船体振动。若主机振动周期和船体振动固有周期相同,就会产生共振。共振产生的附加应力会超过轴系材料应力,可能造成轴系断裂。同时共振又会造成主机和其他设备甚至船体的损坏,因此必须限制主机在共振转速区内运行。

主机的振动周期随主机转速的变化而变化,在主机的额定转速范围内,一般有两个以上共振区。我们把引起最大共振的转速区称为临界转速区,简称临界转速。对于不同类型的主机,其临界转速各不相同,在主机转速表上用颜色线标明。

主机产生临界转速的主要原因有两点:一是车令信号使转速落在临界转速区;二是热负荷程序使主机转速处于临界转速区。因此在主机的实际运行中必须采取措施保证主机避开临界转速区,一般采用临界转速限制环节。具体方法有 3 种:

①只要车令转速落在临界转速区(无论增速、减速),临界转速限制环节使主机限制在略低于临界转速下限不变;

②只要车令转速落在临界转速区(无论增速、减速),临界转速限制环节使主机限制在略高于临界转速上限不变;

③当车令转速落在临界转速内靠近下限时,临界转速限制环节将主机转速限制在临界转速下限之下不变;当车令转速落在临界转速内靠近上限时,临界转速限制环节将主机转速限制在临界转速上限之上不变。

3. 转速与负荷控制

主机的转速与负荷控制回路是采用调节器进行控制的。调节器的功能根据偏差值进行转速或负荷控制。

在主机遥控系统中,所采用的调节器大致有两种类型,即全制式液压调速器和电子式调压器。全制式液压调速器属于比例积分作用规律,较为通用的是 PG 和 UG 调速器。电子调速器较为普遍采用的是比例积分和比例积分微分作用的调节器。

(1)比例积分(PI)作用规律

比例积分作用规律的调节器,其输出信号 $m(t)$ 将同时成比例的反应输入信号 $\varepsilon(t)$ 自身和它的积分,即

$$m(t)=K_P\varepsilon(t)+\frac{K_P}{T_i}\int_0^t\varepsilon(t)\,dt$$

式中 K_P——比例系数；

T_i——积分时间常数；

K_P，T——可调的参数。但是，改变积分时间常数 T_i，只能调节积分规律，而调整比例系数 K_P，则同时对比例作用规律和积分作用规律都有影响。积分时间常数的倒数 $1/T_i$ 说明每秒的调节作用较之比例部分增加的倍数，其单位是(1/s)。

在控制回路中，比例积分调节器规律主要是在保证控制系统稳定的基础上提高它的无差度，从而使它的稳态性能得以改善。

(2)比例积分微分(PID)调节规律

比例积分微分调节作用规律是由比例、积分、微分基本调节作用规律组合成的复合控制规律。比例积分微分调节规律，除可使系统的无差度增加外，还将提供两个负实数零点。这与比例积分调节规律相比较，除了保证提高系统稳态性能的优点外，由于多提供一个负实数零点，从而在提高系统的动态性能方面具有更大的优越性。因此，比例积分微分调节规律在控制系统中得到广泛应用。

【任务实施】

轮机模拟器操作

1. 主机备车操作

(1)备车联络

备车指令由驾驶台发出，机舱集控室作为回令给驾驶台。在模拟器中是通过驾驶台和机舱集控台上的副车钟来实现的。在驾驶台副车钟面板上按下通信按钮“STAND BY”后“FWE”由常亮变为闪烁，集控室的副车钟面板上“STAND BY”按钮灯闪烁，只需轮机值班人员将其按下即可，同时，“FWE”按钮灯均熄灭，完成由完车到备车状态的通信联络。

(2)备车

轮机值班人员在接到备车指令时，需要人工盘车。此操作在大型动态模拟操作板上可以直接操作，使主机转动1~2圈即可。

(3)气动遥控系统的准备

对于气动遥控系统的准备主要是通过打开下面几个阀来完成：控制气源通断阀、控制排气阀弹簧气源通断阀、安保断油控制气源通断阀、盘车机与控制气源间联锁阀、气缸主启动阀、脱开盘车机。

(4)遥控系统复位

遥控系统在备车过程的前期会因为准备工作的先后出现一些报警，但完成准备工作后，这些报警需要手动复位才能消除。

(5)集控室冲车

首先检查主机各缸示功阀是否打开并将其打开(该模拟器没有设置示功阀的相关操作部件，这一步可以不做)，然后在集控室由轮机操作人员通过集控室主车钟要一个车令，比如“AHEAD DEAD SLOW”。此时，驾驶台车钟与集控室车钟不一致，会发出声音提示，同时在驾驶台主车钟“AHEAD DEAD SLOW”位的指示灯开始闪烁。由驾驶台值班人员将主车钟手柄推到"AHEAD DEAD SLOW"位置。这样轮机值班人员就可以进行冲车了,把调速手柄拉到"START"位,待主机转1~2圈后,再将其拉回"STOP"位,完成冲车。

2. 驾控离港操纵

(1)驾机联络并转驾控

驾机联络是通过驾驶台主机遥控系统通信操作按钮(Engine Room,Bridge)和集控室主机遥控系统的通信操作按钮(Bridge Control,Engine Room Control)来实现联络的。比如现处于集控状态下,且驾驶台要求转驾控,具体操作如下:由驾驶台值班人员在驾驶台主机遥控系统中按下通信按钮"Bridge",此时其指示灯变为常亮,旁边的通信按钮"Engine Room"指示灯开始闪烁,同时,集控室主机遥控系统的通信操作按钮"Bridge Control"也开始闪烁,通信操作按钮"Engine Room Control"指示灯保持常亮。轮机值班人员观察到通信操作按钮"Bridge Control"指示灯闪烁时,只需将其按下。此时,驾驶台和集控室操作单元的驾控指示灯均为常亮,完成集控转驾控的联络。联络完成后轮机工作人员就可将控制状态转为驾控,该操作通过集控室车钟面板上的驾驶台/集控室转换手柄来实现。

(2)驾驶台操车

在驾驶台操纵面板,通过主车钟手柄来操纵主机,首先由"STOP"位拉到"AH SLOW",观察主机模型运行情况及气路通断情况。逐渐加速到港内全速,进而与机舱联络后将主车钟手柄推到"MAX AH"(海上定速)。

3. 进港、停车、完车

驾驶台发出进港备车信号,由驾驶台主车钟发出相应的命令,集控室轮机工作人员根据驾驶台车令进行操车,直到最后停车。最后,驾驶台通过副车钟面板发出完成"FWE"信号,机舱轮机工作人员在机舱集控台副车钟面板上进行确认。关闭控制气源通断阀、控制排气阀弹簧气源通断阀、安保断油控制气源通断阀、盘车机与控制气源间联锁阀、气缸主启动阀,合上盘车机,完成完车操作。

任务5.3 主机安全保护系统功能与操作

【任务描述】

掌握主机安全保护系统的功能、保护项目及各报警点含义,掌握主机安全保护系统的操作方法,掌握紧急越控和应急停车的作用及其操作方法。

微课:主机安全保护

【知识链接】

主机安全保护装置是完全独立于遥控系统的安全控制装置,它的作用是监视主机运行中的一些重要参数。一旦某个重要参数发生严重越限,安全保护装置通过遥控系统使主机进行减速,或迫使主机停车,以保障主机安全。

安全保护系统设有被动监视和发光二极管,以指示实际的运行状态。每一报警功能在驾驶室和集控室发出声音信号,与此同时对应的复位按钮开始闪烁,蜂鸣器消声按钮也开始闪烁,按下此按钮,声音信号消失,复位按钮转为稳定光。主机安全保护系统主要由报警点监测传感器、主机安全DPU单元、安全保护操作板、驱动执行装置等组成。主机安全操作板如图 5-3-1 所示,主机安全保护报警蜂鸣器如图 5-3-2 所示。

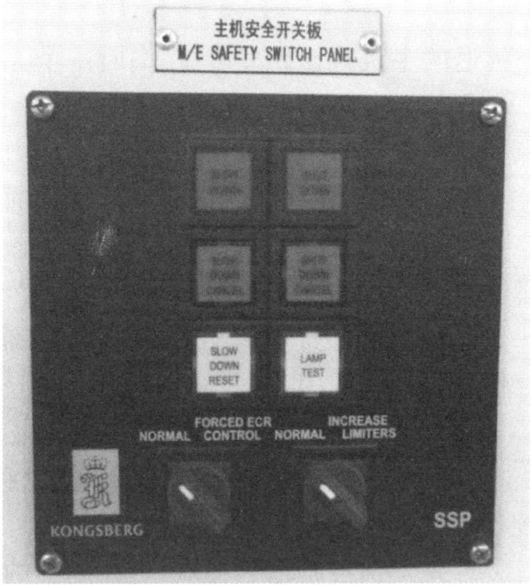

图 5-3-1　主机安全操作板

图 5-3-2　主机安全保护报警蜂鸣器

5.3.1　主机安全保护系统功能

1. 故障停车功能

当相关的参数达到预先的设定值时,主机安全保护系统将安全停车或提前减速,同时,无电压触点信号输出,控制降速或停车电磁阀。减速由减速按钮闪光指示,并发出声音信号。拧压“蜂鸣器停止”可消除声音信号,减速时会有一个稳定的光指示。

停车由“停车复位”按钮闪光指示,拧压“蜂鸣器停止”按钮后,闪光变为稳定光。30 s 内复位将自动产生,而 30 s 以后自持功能将生效,复位就需要拧压复位按钮。

(1)超速停车:如果主机转速超过额定转速的 110%,超速停车将起作用。转速信号提供给安全保护箱经监测超出设定的超速停车极限值,安全保护发出停车信号使停车电磁阀动作,中断燃油供给。复位:当主机转速下降到超速设定值以下,可用超速复位按钮进行复位,同时报警指示灯熄灭。

(2)主轴承滑油压力降低:一旦主轴承滑油压力降低到压力开关的设定值以下,安全保护箱将发出减速信号使主机减速,60 s 以后,减速开始,经过 30 s 安全停车,再过 30 s 指令传给螺旋桨,使其螺距为零,离合器脱扣。在主机由于主轴承滑油压力引起控制系统安全停车的功能中,已经考虑到一个最小的滑油压力及 10 s 的时间延迟,此功能不能被超越。

(3)气缸冷却水压力低:气缸冷却水压力降至压力设定值以下,60 s 后开始降速,再经过 30 s 安全停车。

(4)气源气压太低:一旦空气压力降到压力开关设定值以下,将立即安全停车。

(5)主机空气弹簧压力太低:一旦控制空气弹簧压力降低到设定值以下,将立即安全停车。

(6)停车监视:所有的附加安全停车触点都并接在一起,只要其中一个触点闭合则立即进入主机减速延时状态,并在 60 s 以后减速,再过 30 s 安全停车。

(7)活塞冷却油低压:一旦活塞冷却油的压力在设定值以下,则 30 s 后开始降速,再经过 30 s 安全停车。

2. 故障减速功能

一旦相关的参数达到预先的设定值,一个延迟的主机减速就发生了,同时一个无电压触点信号发出。

故障减速项目主要包括:活塞冷却油出口高温、主轴承和推力轴承滑油低压、推力轴承高温、气缸滑油断流、冷却水入口低压、缸套水出口高温、气缸排气高温(偏差过大)、曲轴箱油雾浓度高等。

例如气缸滑油停止流动:一旦主机控制部件的气缸滑油流动监视回路无流动信号,则立即进入主机降速延时状态,30 s 后主机降速。所有的附加安全减速触点都并接在一起,只要其中一个触点闭合则立即进入主机减速延时状态,60 s 后主机自动降速。

3. 紧急越控

造成停车的故障都可以分为两类:可以取消和不可以取消的。通常"超速停车"和"主机滑油低压停车"是不可取消的,称为不可越控。如果发生的是不可越控的停车故障,主机立即停车,无延时作用。对于可以取消的故障,装置先发预报警信号,经过可以调整的延时时间后,主机开始停车。若在延时时间内故障未消失,驾驶员在驾驶室(或轮机员在集控室)可以通过按压"CANCEL"键来取消停车,称为可以越控。同样,造成主机减速的故障也是如此。

4. 应急停车

应急停车可分割成两部分,一方面它可分为驾驶部位,另一方面也可以分为轮机部位。当应急停车被触发以后,轮机所有控制台上应急停车复位按钮闪光,应急停车能够且只能够在它被触发的那个部位复位。这个部位可以用如下方法确定:当用按钮使蜂鸣器停止消声时,此部位的复位按钮中的闪光变成稳定光,其他部位的应急停车复位按钮仍继续闪光,而这些部位不可能进行复位。

(1)应急停车启动:拧压驾驶部位或轮机部位的应急停车按钮,安全保护箱发出应急停车信号,应急停车电磁阀动作,直到按下相应部位的应急停车复位按钮。

(2)用"应急停车"进行启动连锁:只要应急停车被触发,柴油机的启动就被阻止。

5.3.2 AC C20 主机遥控系统的安全保护

AC C20 是 CONGSBERG 公司生产的现场总线型主机遥控系统,广泛应用在大型自动化船舶上。

1. 应急停车

应急停车包括自动停车和手动停车两种情况,AC C20 的应急停车功能主要通过安全单元 ESU 的实现。

(1)自动停车

自动停车是当测试单元(RPME)发出主机超速信号或其他专门的应急停车传感器发生作用时,ESU 将指挥停车电磁阀动作,转速控制系统也同时将调速器的输出减少至零位,使主机停车。AC C20 一般可设置 6 个自动停车项目,即"Shut down 1"~"Shut down 6"。其中"Shut down 1"固定用作超速停车,其余 5 个可根据实际需要分配给其他应急停车传感器。在某些特殊场合,若所需的应急停车项目较多,则还可以增加 5 个额外的定制项目。

超速信号来自测速单元,当主机转速超过额定转速的109%(可调)时,RPME将发出一个继电器触点信号,并通过硬线连接(指非数据连接)连至ESU的第19输入通道(参见图5-5-4)触发自动停车。

其他应急停车传感器可以是开关量或模拟量传感器,若是开关量传感器,则可通过硬线连接直接接到ESU的备用停车通道,若是模拟传感器,则必须通过CAN网络将应急停车指令送达ESU。

①自动停车的取消

所有的自动停车项目均可通过ACP屏幕操作将其设置为“不可取消(non cancellable)”或“可取消(cancellable)”两种类型,一般情况下超速停车应设为“不可取消”。对于不可取消的项目,只要传感器起作用就将立即触发主机自动停车;而对于不可取消的项目,则可分别设置一定的延长时时间,并且在延时范围内可以取消。取消方法有两种,一是在集控室ACP上通过屏幕操作对当前出现的自动停车项目进行选择性取消(这种方法与当前操作部位无关),二是在当前操作部位按下“cancel SHD”按钮进行一次性全部取消。

②自动停车的复位

一旦发生自动停车,必须在自动停车故障消失后,在当前操作部位用手柄回零进行复位操作,然后才能再次启动主机。

(2)手动应急停车

当值班人员发现紧急情况时,还可通过按下应急停车按钮来实现手动应急停车。驾驶台车钟、集控室车钟和机旁应急车钟均设有应急停车按钮,对于有侧翼操纵台的船舶,则在侧翼操纵台也设有应急按钮,按下任意一个部位的应急停车按钮,均可发出应停车命令,且与当前操作部位无关。再按一次应急停车按钮可取消应急停车信号。

2. 自动降速

AC C20的自动减速是由自动降速传感器和转速控制系统在网络通信的配合下完成的,最多可设置20个自动降速项目,对应20个降速传感器。降速传感器可以是开关量或是模拟量传感器,只要其中某个开关量传感器动作或模拟量传感器的测量值越限都将使调速器的转速设定值降低到某个预设值(一般为“慢速”挡设定值),迫使主机自动降速。此时,主机转速不会超过这一预设速,但在最低稳定期转速和该预设转速之间,手柄调速仍然有效。

和自动停车项目类似,自动降速项目也可被设置为“不可取消(non cancellable)”或“可控系统将指挥调速器时进行立即降速;对于不可取消的项目,则可分别设置一定的延时时间,并可在延时范围内取消。取消方法也有两种,一是在集控室ACP上通过屏幕操作当前出现的自动降速项目进行选择性取消,二是在当前操作部位按下“cancel SLD”按钮进行一次性全部取消。

当引发自动降速的故障现象取消时,自动降速将自动复位。只有复位以后,手柄的转速设定功能才能在正常的转速区间有效。

不论是发生自动降速还是应急停车。AC C20都将发出报警信号,并在ACP显示屏上显示相应的文本信息。此时,可通过ACP上的“sound off”和“alarm ackn.”按钮进行消音和报警确认。

5.3.3 主机安全保护系统报警点常见设置

1. 操作系统报警点(表 5-3-1)

表 5-3-1 操作系统报警点

序号	报警点名称	信号类型	报警设定	备注
1	主机遥控系统故障	开关量	断开报警	
2	主机遥控系统电源故障	开关量	断开报警	
3	主机安全系统综合故障	开关量	断开报警	
4	主机安全系统电源故障	开关量	断开报警	
5	车钟系统综合故障	开关量	断开报警	
6	车钟电源故障	开关量	断开报警	
7	主机自动降速	开关量	断开报警	
8	主机停车	开关量	断开报警	
9	主机辅助鼓风机故障	开关量	断开报警	
10	主机临界转速报警	开关量	断开报警	

2. 主机空气,扫气和排气系统警报点(表 5-3-2)

表 5-3-2 主机空气,扫气和排气系统警报点

序号	警报点名称	信号类型	报警设定	备注
1	启动空气进机压力低	开关量	(1.2±0.1) MPa	断开报警
2	控制空气进机压力低	模拟量	(0.65±0.05) MPa	
3	安全空气进机压力低	开关量	(0.65±0.05) MPa	断开报警
4	空气弹簧空气压力低	模拟量	(0.65±0.05) MPa	
5	1 号空冷气扫气后温度高	模拟量	(65±2) ℃	
6	2 号空冷气扫气后温度高	模拟量	(65±2) ℃	
7	1 号缸扫气箱火灾探测温度高	模拟量	(80±2) ℃	
8	2 号缸扫气箱火灾探测温度高	模拟量	(80±2) ℃	
9	3 号缸扫气箱火灾探测温度高	模拟量	(80±2) ℃	
10	4 号缸扫气箱火灾探测温度高	模拟量	(80±2) ℃	
11	5 号缸扫气箱火灾探测温度高	模拟量	(80±2) ℃	
12	6 号缸扫气箱火灾探测温度高	模拟量	(80±2) ℃	
13	扫气箱水位高	开关量	断开报警	
14	1 号气缸排气温度高	模拟量	(515±10) ℃	
15	2 号气缸排气温度高	模拟量	(515±10) ℃	
16	3 号气缸排气温度高	模拟量	(515±10) ℃	

表 5-3-2(续)

序号	警报点名称	信号类型	报警设定	备注
17	4 号气缸排气温度高	模拟量	(515±10) ℃	
18	5 号气缸排气温度高	模拟量	(515±10) ℃	
19	6 号气缸排气温度高	模拟量	(515±10) ℃	
20	1 号气缸排气温度偏差高	模拟量	±50 ℃	
21	2 号气缸排气温度偏差高	模拟量	±50 ℃	
22	3 号气缸排气温度偏差高	模拟量	±50 ℃	
23	4 号气缸排气温度偏差高	模拟量	±50 ℃	
24	5 号气缸排气温度偏差高	模拟量	±50 ℃	
25	6 号气缸排气温度偏差高	模拟量	±50 ℃	
26	1 号主空气瓶压力低	模拟量	(2.0±0.1) MPa	
27	2 号主空气瓶压力低	模拟量	(2.0±0.1) MPa	
28	控制空气瓶压力低	模拟量	(0.6±0.05) MPa	
29	空气弹簧油泄露	开关量	断开报警	
30	1 号辅助鼓风机故障	开关量	断开报警	
31	2 号辅助鼓风机故障	开关量	断开报警	
32	1 号涡轮增压器进口排气温度高	模拟量	(515±10) ℃	
33	1 号涡轮增压器出口排气温度高	模拟量	(480±10) ℃	
34	2 号涡轮增压器进口排气温度高	模拟量	(515±10) ℃	
35	2 号涡轮增压器出口排气温度高	模拟量	(480±10) ℃	

3. 主机燃油机和滑油系统报警点(表 5-3-3)

表 5-3-3 主机燃油机和滑油系统报警点

序号	报警点名称	信号类型	报警设置	备注
1	主机高压燃油管泄露	开关量	断开报警	
2	燃油进机压力低	模拟量	(0.6±0.05) MPa	
3	燃油进机温度低	模拟量	(100±2) ℃	
4	主轴承滑油进机压力低	模拟量	(0.36±0.02) MPa	
5	主轴承滑油进机压力低	模拟量	(50±2) ℃	
6	十字头轴承滑油进机压力低	模拟量	(1.0±0.05) MPa	
7	推力块轴承油出口温度高	模拟量	断开报警	
8	曲轴箱油雾浓度高	开关量	断开报警	
9	曲轴箱油雾浓度探测器故障	开关量	(80±2) ℃	
10	1 号缸活塞冷却油出口温度高	模拟量	(80±2) ℃	

表 5-3-3(续)

序号	警报点名称	信号类型	报警设定	备注
11	2 号缸活塞冷却油出口温度高	模拟量	(80±2) ℃	
12	3 号缸活塞冷却油出口温度高	模拟量	(80±2) ℃	
13	4 号缸活塞冷却油出口温度高	模拟量	(80±2) ℃	
14	5 号缸活塞冷却油出口温度高	模拟量	(80±2) ℃	
15	6 号缸活塞冷却油出口温度高	模拟量	(80±2) ℃	
16	1 号涡轮增压器滑油进机压力低	开关量	(0. 17±0. 02) MPa	断开报警
17	2 号涡轮增压器滑油进机压力低	开关量	(0. 17±0. 02) MPa	断开报警
18	艏部轴向减振油压低	开关量	(0. 17±0. 02) MPa	断开报警
19	艉部轴向减振油压低	开关量	(0. 17±0. 02) MPa	断开报警
20	汽缸注油器液压低	开关量	断开报警	
21	1 号缸气缸油进机断流	开关量	断开报警	
22	2 号缸气缸油进机断流	开关量	断开报警	
23	3 号缸气缸油进机断流	开关量	断开报警	
24	4 号缸气缸油进机断流	开关量	断开报警	
25	5 号缸气缸油进机断流	开关量	断开报警	
26	6 号缸气缸油进机断流	开关量	断开报警	
27	艉管后轴承温度高	模拟量	(55±2) ℃	

4. 主机冷却水系统(表 5-3-4)

表 5-3-4　主机冷却水系统

序号	报警点名称	信号类型	报警设定	备注
1	主机缸套冷却水进机压力低	模拟量	(0. 3±0. 02) MPa	
2	主机缸套冷却水进机温度低	模拟量	(65±2) ℃	
3	1 号缸缸套冷却水出口温度低	模拟量	(90±2) ℃	
4	2 号缸缸套冷却水出口温度低	模拟量	(90±2) ℃	
5	3 号缸缸套冷却水出口温度低	模拟量	(90±2) ℃	
6	4 号缸缸套冷却水出口温度低	模拟量	(90±2) ℃	
7	5 号缸缸套冷却水出口温度低	模拟量	(90±2) ℃	
8	6 号缸缸套冷却水出口温度低	模拟量	(90±2) ℃	
9	空冷器低温淡水进机压力低	模拟量	(0. 2±0. 02) MPa	
10	空冷器低温淡水进机温度低	模拟量	(25±2) ℃	
11	1 号空冷器低温淡水出口温度高	模拟量	(60±2) ℃	
12	2 号空冷器低温淡水出口温度高	模拟量	(60±2) ℃	

5. 主机降速报警点(表 5-3-5)

说明:A:模拟量信号经机舱监测报警系统转化成开关量信号给主机安全板 SSU。出现报警延时 60 s 后实现降速。

B:开关量信号,从主机上压力开关直接到主机安全板 SSU。出现报警延时 60 s 后实现降速。

表 5-3-5 主机降速报警点

序号	报警点名称	信号类型	报警设定	备注
1	1~6 号气缸排气温度高降速	模拟量	(530±10) ℃	A
2	1~6 号气缸排气温度偏差高降速	模拟量	±70 ℃	A
3	主轴承滑油进机压力低降速	开关量	(0.34±0.02) MPa	B
4	主轴承滑油进机温度高降速	模拟量	(55±2) ℃	A
5	十字头轴承滑油进机压力低降速	开关量	(0.9±0.05) MPa	B
6	推力轴承滑油进机压力低降速	模拟量	(65±2) ℃	A
7	曲拐箱油雾浓度高降速	开关量		B
8	1~6 号缸活塞冷却油出口温度高降速	模拟量	(85±2) ℃	A
9	1~2 号涡轮增压器进机压力低降速	模拟量	(0.13±0.02) MPa	A
10	1~6 号缸缸套冷却水出口温度高降速	开关量		B
11	缸套冷却水进机压力低降速	开关量	(0.25±0.02) MPa	B
12	1~6 号缸缸套冷却水进口温度高降速	模拟量	(95±2) ℃	A
13	1~2 号空冷器高温淡水出口温度高降速	模拟量	(125±2) ℃	A
14	1~6 号缸扫气箱火灾探测温度高减速	开关量	(120±2) ℃	A
15	空气弹簧空气供给压力低降速	开关量	(0.6±0.05) MPa	B
16	1~6 号缸活塞冷却油进口断流降速	开关量		B
17	艉管后轴承温度高降速	开关量	(55±2) ℃	A

6. 主机停车报警点(表 5-3-6)

表 5-3-6 主机停车报警点

序号	报警点名称	信号类型	报警设置	延时	备注
1	主轴承滑油进机压力低停车	开关量	(0.34±0.02) MPa	90 s	C
2	主轴承滑油进机压力很低停车	开关量	(0.29±0.02) MPa	10 s	C
3	1~6 号缸活塞冷却油出口断流停车	开关量		15 s	C
4	1~6 号缸活塞冷却油出口压差高停车	模拟量	(0.04±0.02) MPa	15 s	C
5	1 号涡轮增压器滑油进机压力低停车	开关量	(0.11±0.02) MPa	5 s	C
6	2 号涡轮增压器滑油进机压力低停车	模拟量	(0.11±0.02) MPa	5 s	C
7	缸套冷却水进机压力低停车	开关量	(0.25±0.02) MPa	90 s	C
8	空气弹簧空气供给压力低停车	模拟量	(0.45±0.05) MPa	0 s	C
9	主机超速停车	模拟量	99 RPM	0 s	C

说明:C—开关量信号,从主机上压力开关直接到主机安全板 SSU。出现报警压力后实现停车,然后从 SSU 安全板给机舱监测报警系统停车报警。

【任务实施】

轮机模拟器仿真

1. 集控台主机安全系统面板认识。

2. 故障停车、故障减速报警显示、应答与复位

(1)设置故障使主机出现故障自动减速(SLOW DOWN)

当出现 SLOW DOWN 声光报警时:

①按下应答按钮,先消声消闪;

②观察主机转速表;

③观察导致"SLOW DOWN"的原因,并按下其旁边的"CANCEL"按钮进行越控处理,即暂不执行"SLOW DOWN"命令,观察转速表的变化;

④按下"CANCEL"按钮,将其释放,再观察转速表的变化。

复位:待故障排除后,按下集控台上主机安全系统板"RESET"栏中的"SLOW DOWN"按钮。

(2)设置故障使主机出现故障自动停车("SHUT DOWN")

当出现"SHUT DOWN"声光报警时:

①按下应答按钮,先消声消闪;

②观察主机转速表;

③观察导致"SHUT DOWN"的原因,判断该故障是否可以越控;

④如果是可越控的,则按下其旁边的"CANCEL"按钮进行越控处理,暂不执行"SHUT DOWN"命令,观察转速表的变化;

⑤按下"CANCEL"按钮,将其释放,再观察转速表的变化:转速将继续下降;

⑥当转速降到发火转速前再按下"CANCEL"按钮,观察主机转速变化看"越控"是否起作用;

⑦当转速降到发火转速后再按下"CANCEL"按钮,观察主机转速变化看"越控"是否起作用;

⑧待主机停车后,按下"CANCEL"按钮,再启动主机观察主机转速变化。

复位:待故障排除后,在集控台上将车钟扳回到停车即可复位。

(3)紧急停车

①启动主机,当达全速时,按下红色应急停车按钮"EMEGENCY STOP",观察转速表和报警指示,并应答;

②待故障排除后,将车钟手柄扳回到停车(STOP)即复位。

任务 5.4 主机车钟系统功能与操作

【任务描述】

掌握主机车钟系统的组成、各部分的功能与操作方法,了解车钟的发讯原理,掌握在驾驶台、集控台、机旁进行车令发送、接收与应答等车钟系统操作方法。

微课:主机车钟系统

【知识链接】

在主机遥控系统中,发出操车指令和主机转速设定值信号的装置称为车令发信器或车钟。车钟系统,一般由驾驶台车钟、驾驶台车令打印机、集控室车钟和机旁应急车钟四部分组成。根据所传递指令的性质不同,车钟又可分为主车钟、副车钟和应急车钟。

对于驾驶台安装有自动遥控系统的船舶,车钟系统还兼有主机的控制功能,除了传送车令信息外,还能够向主机遥控系统发送主机的各种操作命令。目前大型自动化船舶所使用的车钟通常都是集传令车钟和遥控手柄于一体的指针跟踪式或指示灯跟踪式车钟,车钟系统已成为主机遥控系统的重要组成部分。AC C20 主机遥控系统驾驶台车钟如图 5-4-1 所示,主车钟蜂鸣器如图 5-4-2 所示。

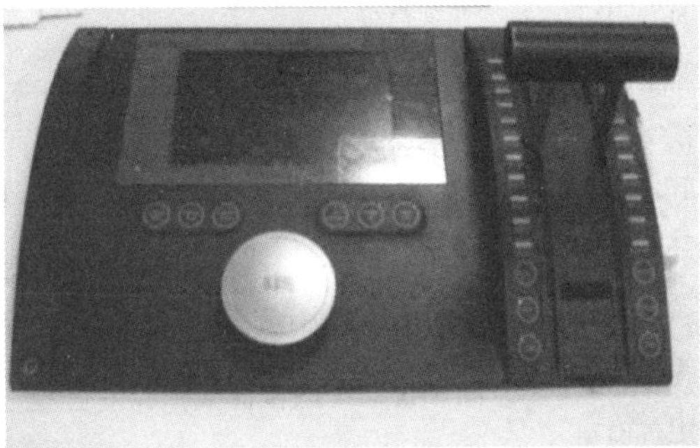

图 5-4-1 AC C20 主机遥控系统驾驶台车钟

图 5-4-2 主车钟蜂鸣器

5.4.1 主车钟及其发讯原理

主车钟用于传送停车、换向和转速设定等主机操纵命令,除了设有停车(STOP)挡位外,一般在前进(AHEAD)和后退(ASTERN)两个运行方向上,均有微速(DEAD SLOW)、慢速(SLOW)、半速(HALF)、全速(FULL)和海上全速(NAVIGATION)挡,在后退方向上还设有应急后退(CRASH ASTERN)挡位。驾驶台车钟和集控室车钟一般采用手柄操作,而机旁应急车钟除了早期船舶采用手柄操作外,目前大多数船舶均采用按键操作。

当驾驶台发出车令后,集控室和机旁的复示指针或指示灯将跟踪驾驶车令,轮机员应在主机的当前操作部位进行回令,即将车钟手柄推到相应的位置,或按下按键式车钟相应的挡位按钮。回令之前,三地车钟均有声响提示,回令结束后,声响提示消失。

在不同的操纵部位操纵主机时,主车钟的工作模式也不同。以定距桨船舶的低速主机为例,在驾驶台操纵时,驾驶台车钟直接对主机进行遥控操作,集控室车钟和机旁应急车钟只对驾驶台车令进行复示;在集控室或机旁操纵时,驾驶台车钟用于传令操作,轮机员回复车令后,在集控室或机旁对主机进行操纵。应当指出的是,集控室车钟手柄通常还兼有主机的换向控制功能,而主机的启动、停车和转速控制则由主机操纵手柄进行控制。

主车钟的车令发信装置按照发信原理通常可分为:气动车令发信器和电动车令发信器,而电动车令发信器又有电位器式和继电器式两种类型。

1. 气动车令发讯器

在气动遥控系统中,车种手柄下面联动一个凸轮,扳动车种手柄则凸轮随之转动,凸轮控制一个转速设定精密调压阀。车钟手柄扳到不同的速度挡,通过凸轮使精密调压阀的顶锥产生不同的位移，调压阀就会输出一个与转速设定成比例的气压信号。气动车令发讯号的逻辑符号和输出特性如图 5-4-3 所示。从图 5-4-3 中可见，控制调压阀凸轮的正车边和倒车边是对称的，因此调压阀正、倒车转速设定即调压阀正、倒车输出特性是一样的。

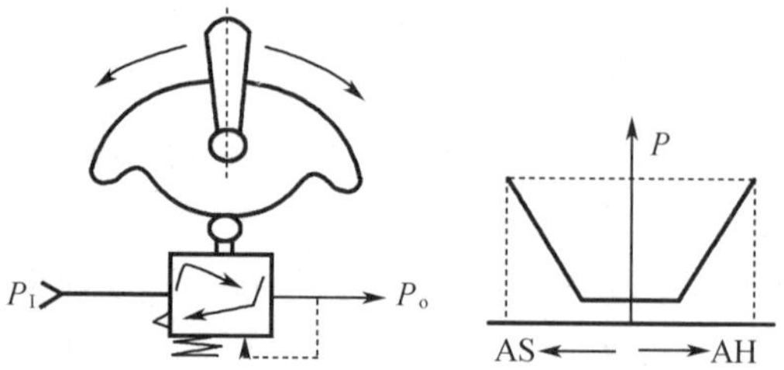

（a）逻辑符号　（b）输出特性

图 5-4-3　气动指令发讯器

2. 电动式车令发信器

(1)电位器式车令发信器

在用电子器件或微型计算机组成的主机遥控系统中，常用电位器作为车令发信器。其工作原理及输出特性如图 5-4-4 所示。环形电位器两端接正电源，中间抽头接地，车钟手柄带动一个滑动触点，与环形电位器接触。把车钟手柄扳到中间即停车位时，其输出电压 $U_o=0$。随着手柄设定在不同速度挡上，就会输出一个相应的电压信号。

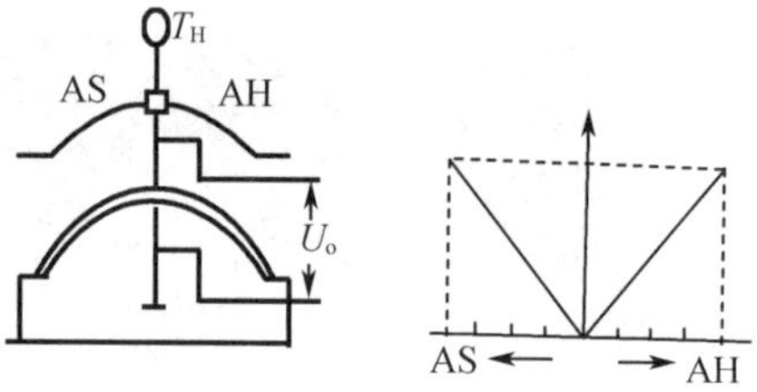

（a）发信器结构原理　（b）输出特性

图 5-4-4　电位器式指令发信器

(2)继电器式车令发信器

在电动有触点主机遥控系统中，常用继电器式车令发信器。图 5-4-5 画出了继电器车令发信器工作原理图。图 5-4-5 中 TH 是车钟手柄，AH、AS 为正、倒车指令，N、F、H、S、D 分别为海上定速、港内全速、半速、微速挡继电器及其触点；CH、CS 为正、倒车凸轮轴位置检测开关，AD 为应急降速触点，M 为执行电动机，COM 为比较器，IN、DE 分别为比较器输出的增速、减速信号，SA 为解除油门 0 位连锁触点，解除时 SA 触点闭合，C 为应急操纵继电器及触点。

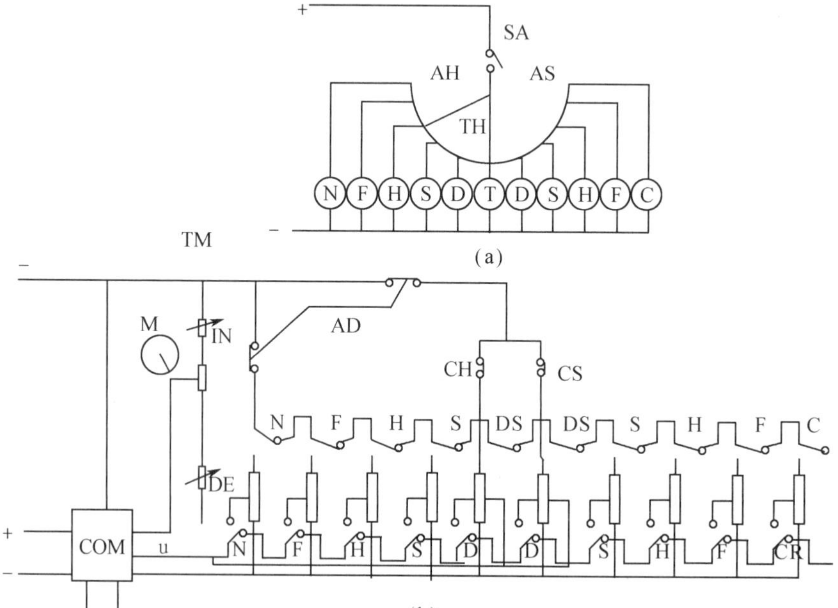

图 5-4-5　继电器式车令发信器

当车钟手柄推到某一速度挡时，相应车速继电器通电，送出该速度挡电位器事先设定好的电压信号。该信号送到比较器 COM 上，与执行电机 M 的反馈电位器信号相比较后，输出增速或减速信号。当执行电机转动到反馈电位器的电压信号与设定速度信号相等时，比较器不再输出加速信号。如车钟手柄由微速 D 挡推到半速挡 H，这时只有半速继电器 H 通电，相应的常开触头闭合，而其他速度挡继电器断电，加之相应电位器触点断开而接通于水平触点。这样正电源 AD 的常闭触点，N、F 的水平触点由 H 挡速度设定电位器送至比较器，UC 就是半速所对应的电压信号。而执行电机 M 的反馈电位器电压值仍为微速所对应的电压值，这时比较器 COM 输出一个加速信号，使执行电机 M 向加速方向转动进行调速。当执行电机转到半速挡时，反馈电位器的电压值与设定转速所对应的电压值相等，比较器 COM 不再输出加速或减速信号，执行电机停转。

在运行过程中，如果发生应急自动降速信号，汽缸冷却水温度过高、滑油压力降低到减速时等，应急降速继电器通电，其常闭触点 AD 闭合。于是电路接通微变挡 D 的电位器，主机自动降低到微速运行。N 为海上全速速度挡，该速度只有正车运行时才能设定。倒车运行时一般只能设定到港内全速挡 F。在应急情况下，车速手柄还可能到应急速度挡 C，可进一步提高倒车转速。

5.4.2 副车钟

副车钟用于传送与主机操纵有关的其他联络信息，如备车（stard by）、完车（finished with engine）和海上定速（at sea）等。

假设当前操纵部位为集控室，则当需要进入备车状态时，首先由驾驶台按下“备车”按钮，发出主机备车指令，车铃声响，“备车”指示灯闪光。值班轮机员在集控室按“备车”按钮予以应答，车铃声响停止，“备车指示灯”变为平光，进入备车状态。冲车和试车完毕后，可将主机的操作部位转到“驾驶台”位置，当船舶结束机动航行进入海上定速航行时，在驾驶台按“定速”按钮，车钟声响，“定速”指示灯闪光，发出海上定速航行指令。在集控室按“定速”按钮，车钟声响停止，“定速”指示灯切换为平光，进入定速航行状态，同时自动取消备车信号。当船舶停泊后不再需要操纵主机时，驾驶台按下“完车”按钮，集控室按“完车”按钮应答后，进入完车状态，“完车”指示灯平光指示。在副车钟操作过程中，备车、完车、定速这三个状态之间是互锁的。

目前船上应用较多的副车钟是采用带灯按钮与逻辑电路相结合的新型副车钟——电子副车钟。电子副车钟用带灯按钮分别设于驾驶室和集控室，进行“备车”“备车完毕”“完车”“定车航行”等信号传送。当一方按下某一按钮，驾驶室和集控室相应的带灯按钮信号指示灯闪光，并伴有声响；待对方回令（按相应按钮）后，闪光变为平光，声响消失，表明回令正确。

5.4.3 应急车钟

应急车钟是船舶在主车钟失效的情况下，驾驶室向机舱或集控室发送操车指令，由轮机人员回令执行情况的信号联络装置。

应急车钟通常由车令发信器、收讯器和电源控制模块组成。发信器安装在驾驶台上，收讯器安装在集控台或主机旁，电源控制模块安装于集控台内或驾驶台内。应急车令钟共分 11 挡：进四、进三、进二、进一、停车、完车、备车、退一、退二、退三、退四。应急车钟设有调光及试灯按钮,能适应夜间航行;采用主备电源供电自动切换,不间断工作,保证系统稳定持续工作,并具有主电失电报警;带 VDR 接口;具有错向报警输出,提示用户以防止误操作。

所谓机旁控制时的错向报警是指:在机旁应急操纵控制时,为避免驾驶室车钟传信与机旁实际操作出现错误而设立的报警。主机在驾驶室或集控室遥控时,错向报警阻塞的工作原理是:当主机需要在机旁应急启动时,首先驾驶室车钟发出正车信号,机旁操作人员应把机旁操作手柄推向正车方向,假如机旁操作人员把机旁操作手柄推向倒车方向,这时就会发出错向报警,同时阻塞主机启动。

5.4.4 AC C20 车钟系统及操作部位切换

1. 车钟系统

AC C20 车钟系统的典型配置是一个由驾驶台车钟、集控室车钟和机舱车钟组成的三地车钟系统,对于有侧翼操作台的系统,则还有侧翼车钟。其中,驾驶台车钟和集控室车钟与 Autochief 控制面板(autochief control panel,ACP)一起组成驾驶台操作单元和集控室操作单元,和 ACP 共用 1 个 DPU,而机舱应急车钟则单独使用一个 DPU。三地车钟通过 DPU 的双冗余 CAN 总线相互通信。驾驶台车钟和集控室车钟完全相同,均为单手柄复合车钟(LTU),而机舱应急车钟则为按键式车钟(push button telegraph,PBT)。AC C20 车钟系统组成如图 5-4-6 所示。

(1)单手柄复合车钟

单手柄复合车钟(LTU)安装在驾驶台操作面板和集控室操作面板上,所谓复合车钟是指装置同时具有传令和主机操作指令的发讯功能。图 5-4-7 所示为 LTU 的面板结构。

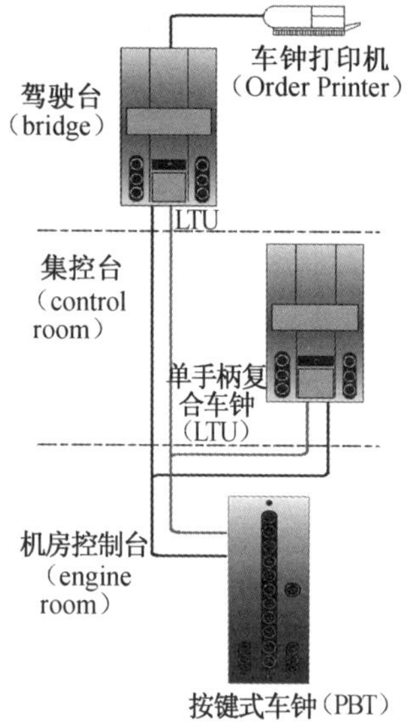

图 5-4-6 AC C20 车钟系统

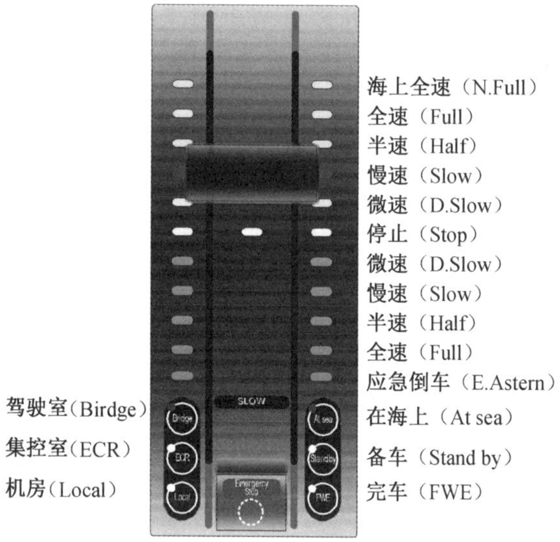

图 5-4-7 单手柄复合车钟

车钟手柄共分 11 挡,包括停车(Stop)位和正、倒车各五个挡位。正车的五个挡位包括微速(Dead slow)、慢速(Slow)、半速(Half)、全速(Full)和应急倒车(Emergency astern)。手柄两侧对应各个挡位,分别布置有发光二极管(LED)指示灯,当手柄打在不同位置时,对应的 LED 点亮,并且手柄下方的文本显示器会显示相应的挡位名称。尽管手柄分为不同的挡位,但手柄也可以自由地移动到两个挡位之间的任意一个位置,由此可实现精细的转速设定。

车钟左下方设有三个带灯按钮，其上标明“Bridge”（驾驶台）、“ECR”（集控室）和“Local”（机旁）标志，用于进行操作部位的指示和切换。

车钟右下方的三个带灯按钮分别为“At sea”（海上航行）、“Stand by”（备车）和“FWE”（完车）按钮，用作辅助车钟。

车钟的正下方还设有一个保护翻盖，上面的红色标志为“Emergency Stop”（应急停车）。紧急情况下，可打开翻盖，按下应急停车按钮。此时，遥控系统将触发主机安保系统发出应急停车信号，同时也将使转速控制系统的转速设定值为0，实现应急停车。再按一次应急停车按钮，并将车钟手柄回零，可实现应急停车的复位。

（2）按键式车钟

按键式车钟（PBT）位于机舱机旁控制台上，用于在机旁操作时与驾驶台或集控室进行传令联络，其面板结构如图5-4-8所示。按键式车钟的挡位划分与单手柄车钟完全一致，区别在于它是通过带灯按钮来进行传令操作和车令指示的。按键式车钟没有主机操作指令的发讯功能，因此它只是一个纯粹的传令车钟。当在机旁进行操作时，轮机员要通过机旁的主机应急操作装置对主机进行手动操作。

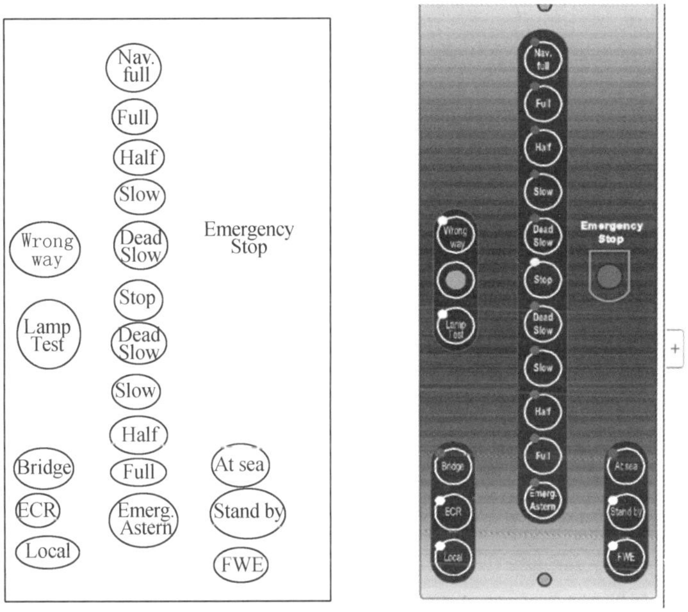

图5-4-8　按键式车钟

按键式车钟的左侧还设有一个试灯按钮和错向报警指示。

2. 操作部位及其切换

AC C20主机遥控系统典型的操作部位包括驾驶台、集控室和机旁三个位置，主机的当前操作部位由车钟上相应的按钮灯指示。

“Bridge”按钮上的LED点亮表示为驾驶台操纵，此时主机将根据驾驶台操作手柄发出的指令由遥控系统进行自动遥控。当进行驾驶台操作时，车钟的传令功能将失效，但集控室和机旁车钟上挡位指示灯还将指示驾驶台手柄的位置。

“ECR”按钮上的 LED 点亮表示为集控室操纵，此时集控室和驾驶台之间的通信联络通过车钟系统进行。当驾驶台车令发生变化时，目标挡位的指示灯点亮，同时蜂鸣器响。轮机员应首先回令（即把集控室车钟手柄移动到目标挡位，蜂鸣器停响），然后通过“主机起/停与转速设定杆”（Start/Stop & Speed-set Lever）操纵主机，使主机达到车令要求的状态。

“Local”按钮上的 LED 亮表示为机旁操纵，此时机旁与驾驶台之间可通过车钟系统建立通信联系。当驾驶台车令发生变化时，轮机员首先通过机旁车钟的按键回令，然后通过机旁应急操纵装置对主机进行相应操纵。机旁应急操纵装置因主机类型而定，一般为主机气动操纵系统自带的手动控制阀和主机油量调节手柄或手轮。

操作部位切换可通过带灯按钮的操作来实现。例如，从集控室转到驾驶台操作时，首先按下集控室车钟上的“Bridge”按钮，这将使集控室和驾驶台车钟上“Bridge”按钮的 LED 闪光且使蜂鸣器响，然后在驾驶台按下“Bridge”按钮，两地“Bridge”按钮的 LED 变为平光，且蜂鸣器停响，“ECR”按钮的 LED 熄灭，操作部位切换完毕。其他切换与上述过程相类似，但需要注意到以下两点。

（1）对于有侧翼操作台的系统，当需要进行侧翼操作时，还需进行驾驶台与侧翼操作台之间的操作转换。

（2）在机旁与集控室之间进行转换时，还需根据气动操纵系统的具体情况进行其他某些操作，例如进行气动阀件的转换操作和油门拉杆的离合切换等。

【任务实施】

轮机模拟器仿真

（1）认识驾驶台、集控台、机旁车钟面板的组成、各部分名称。

（2）按照机旁、集控室、驾驶室、集控室、机旁的顺序进行三个控制部位之间的操纵地点切换。

（3）驾驶室控制时车钟试验。

驾驶室车钟在“STOP”，在驾驶室副车钟发送“备车”“完车”副车令，在集控室和机旁副车钟进行车令接收、显示与应答。

驾驶室车钟发送主车令，在集控室和机旁进行车令接收、显示与应答。

（4）应急控制时车钟操作。

驾驶室应急车钟发送应急车令，集控室与机旁车钟接收、显示与应答。

（5）集控室控制时车钟试验。

在集控室操纵车钟手柄，在其他两个位置观察车令显示、报警，进行车令回令和确认。

任务 5.5　现场总线型主机遥控系统 AC C20 认识与操作

【任务描述】

1. 掌握 AC C20 型主机遥控系统的组成及各模块的基本功能；
2. 了解 AC C20 主机遥控系统的 CAN 总线网络结构特点；
3. 了解各控制面板的操作；
4. 掌握主机安全保护报警点调试方法。

微课：ACC20 主机遥控系统

【知识链接】

现场总线是一种应用于工业现场的计算机互联总线，只需少量的几根通信线便可将各种计算机控制的设备（如智能化仪表、控制器和执行机构等）连接起来。它具有分布式、开放式、互联性和高可靠性等特点，既可以与同层网络互联，也可以与不同层网络（上层局域网或下层现场网络）互联，还可以实现网络数据的共享，因此广泛应用于各种工业控制的场合。

自20世纪90年代以来，现场总线开始应用于船舶机舱监视报警和主机遥控等系统。目前，现场总线技术已经成为船舶自动化的发展趋势。现场总线的种类较多，但目前在船上应用的则以CAN总线和Profibus总线为主，不同的设备厂商所采用的总线类型各不相同。例如，以西门子PLC构建的系统一般采用Profibus，而CONGSBERG（原NORCONTROL）等公司的产品则采用CAN总线。此外还有一些厂商采用自己研制的现场总线，如德国的SAM公司等。这里以KONGSBERG公司生产的AutoChief C20（简称AC C20）为例，介绍基于现场总线的主机遥控系统。

AC C20型主机遥控系统是由CONGSBERG公司开发生产的AutoChief系列产品，是一种集控制、报警和安全保护于一体的综合推进控制系统。AC C20采用分布式模块化设计，分布式模块采用标准化设计，模块之间通过双冗余CAN总线互联。针对不同的船舶和主机类型，可以通过软件灵活组态，除了能适用于连接定距桨的可逆转主机之外，还可适用于各种连接变距桨的不可逆转主机，以及各种通过减速齿轮箱连接螺旋桨的各种中、高速柴油主机。

AC C20系统可以无缝地集成到同一公司生产的K-Chief 500（或DATACHIEF C20）型报警监视与控制系统（也采用CAN总线）中，通过dPSC单元与K-Chief 500系统相连。

在K-Chief 500系统的操作站OS上可以对AC C20系统进行系统组态、参数修改及状态监视，如AC C20系统中各个模块的状态显示，对于使用者十分方便。一些非重要的传感器可以与K-Chief 500系统共享，这样就有效地减少了安装和电缆成本。

5.5.1 AC C20主机遥控系统的组成

与MAN B&W MC主机相配套的AC C20主机遥控系统主要由驾驶台操作单元（bridge manoeuvring unit，BMU）、集控室操作单元（control manoeuvring unit，CMU ）、主机接口单元（main engine interface，MEI）、电子调速器单元（digital governor unit，DGU）和主机安全单元（engine safety unit，ESU）等组成。其结构框图如图5-5-1所示。结构框图按上、中、下分别对应驾驶台、集控室和机舱3个位置。

1. 驾驶台部分

驾驶台主要安装驾驶台操作单元（BMU）和车令打印机。某些特殊要求的船舶要求能够在驾驶台的两侧对主机进行操纵，AC C20系统还可配置侧翼操作单元（bridge wing manoeuvring unit，BWU），在图5-5-1中标示为Port Wing和STB. Wing。驾驶台操作单元BMU包含两部分，一部分是Auto Chief控制面板，另一部分是单手柄复合车钟，两者组装在一起形成一个整体；侧翼操作单元包括操作手柄、指示灯按钮面板、启动空气压力表和主机转速表等；车令打印机与驾驶台操作单元相连，对车令进行实时记录。

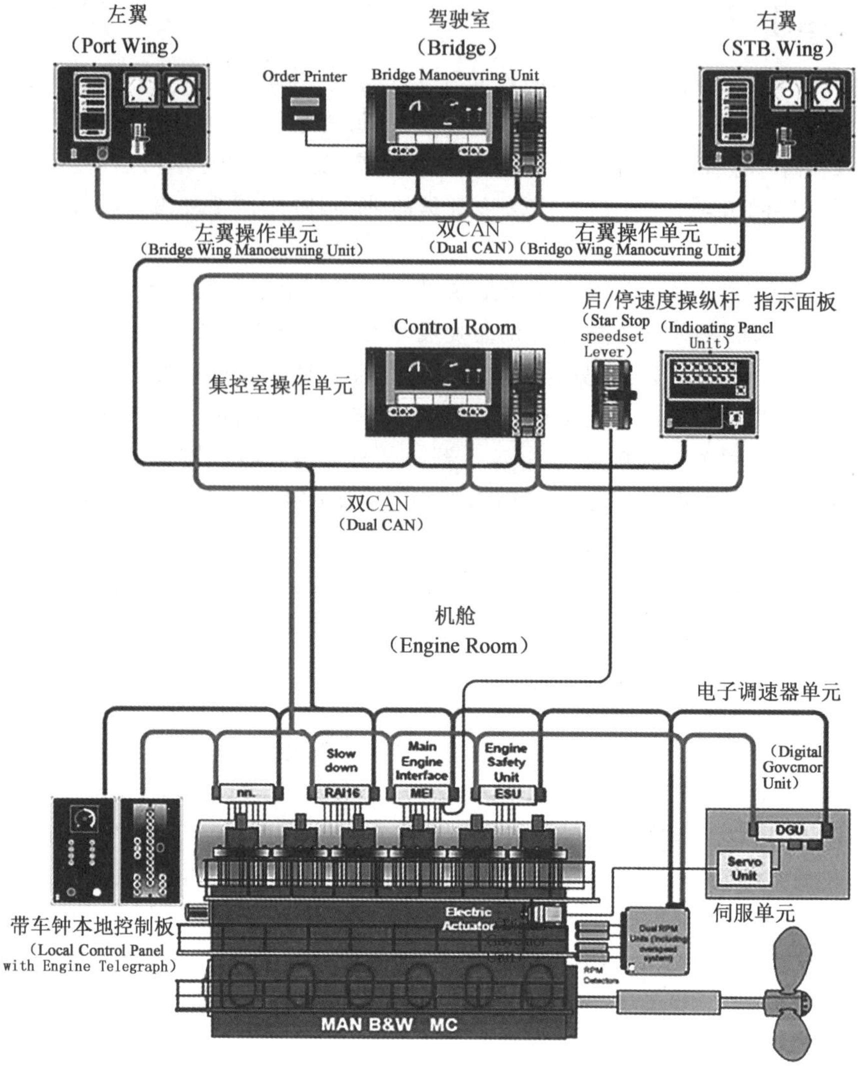

图 5-5-1 AC C20 主机遥控系统的组成原理图

2. 集控室部分

集控室主要布置有集控室操作单元(CMU)、主机启/停和转速设定手柄和指示面板单元(indication panel unit,LPU)。集控室操作单元结构组成与驾驶台操作单元完全一致;主机启/停和转速设定杆设有主机的启动、停车挡位和正、倒车转速设定区域,用于在集控室操作时对主机进行半自动操纵;指示面板单元包括反映主机运行状态和各种指示灯和辅助风机控制开关等。其中,主机启/停和转速设定杆为可选设备,如果不安装,则可通过集控室操作单元上的单手柄复合车钟直接操纵主机。

3. 机舱部分

机舱设有机旁控制面板(L)、按钮式车钟(push-button telegraph,PBT)、主机接口模块(main engine interface,MEI)、数字调速单元(digital governor unit ,DGU)和主机安全单元(engine safety unit,ESU)等。机旁控制面板和按钮式车钟安装在机旁控制台上,配合机旁安装的启动、停车和换向手控气动阀及主机油量调节手轮,用于完成主机的机旁应急操纵。主机接口模块(MEI)一方面通过网络接收驾驶台操作单元或集控室操纵单元发出的操作命令,另一方面输出控制信号控制气动操纵系统中的各个接口电磁阀,实现主机的启动、停油和换向等逻辑动作。主机安全单元(ESU)通过传感器检测主机运行状态,当发生危及主机安全的情况时,将发出自动降速或自动停车命令。数字调速系统(DGS)包括数字调速器(digital governor unit,DGU)、转速测量单元、伺服单元和执行机构四大部分,DGU 通过网络接收转速设定命令和主机实际转速,根据控制规律输出油量信号,由伺服单元控制执行机构,改变主机给油量,实现主机的转速控制。

5.5.2 AC C20 网络结构

AC C20 主机遥控系统是网络化的分布式控制系统。AC C20 系统的各个组成部分都是由单板计算机控制的一个相对独立的子系统,各个子系统通过一种被称为控制器局域网(controller area network,CAN)的网络互联,形成一个 CAN 总线控制网络,AC C20 主机遥控系统的 CAN 总线网络结构如图 5-5-2 所示。

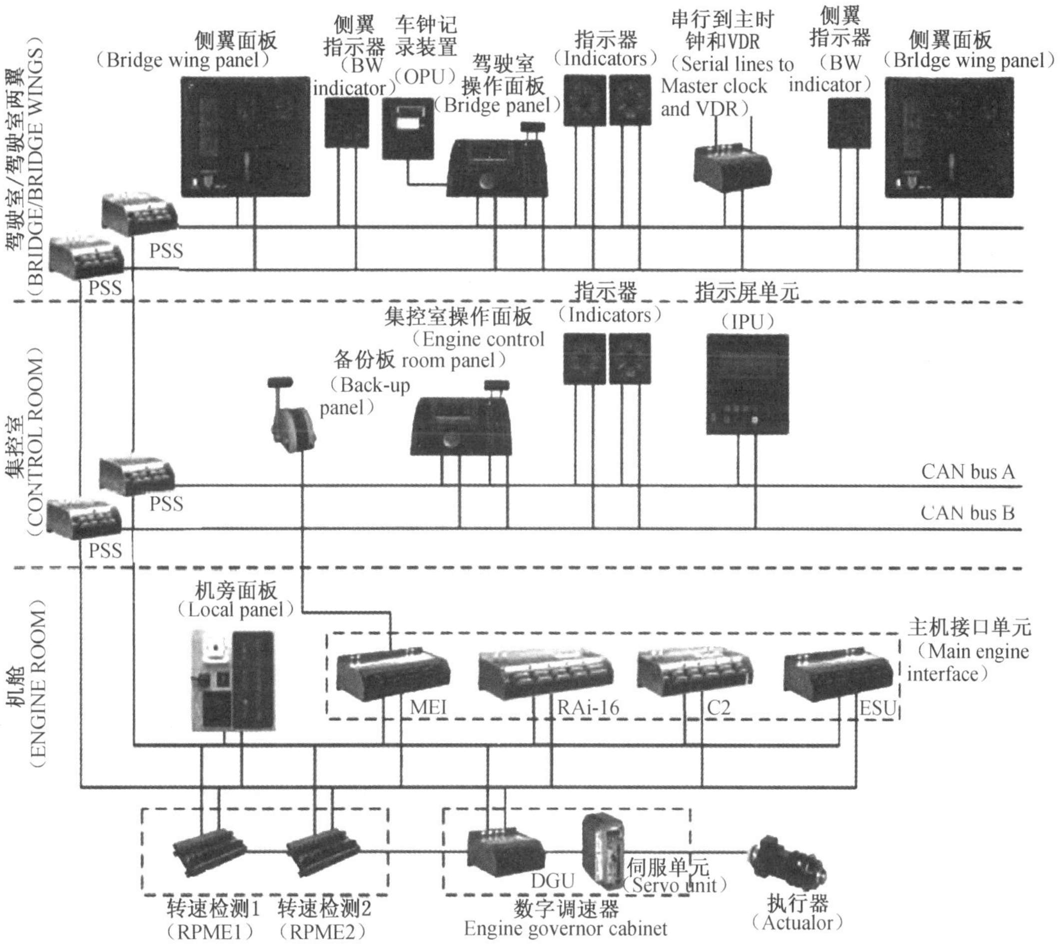

图 5-5-2 AC C20 系统的 CAN 总线网络结构框图

CAN 网络中的每个子系统称为网络的一个节点。不同的节点可根据方便性原则安装在船舶的不同位置，甚至可以直接安装在机器设备（如主机）上，具有分布式安装的特点，因此被称为分布式处理单元（distributed process unit，DPU）。每个 DPU 均有各自的微处理器和输入、输出接口电路，能够对各种模拟量或开关量传感器输入的信号进行检测，并向不同的外围设备进行开关量或模拟量输出。DPU 在机械构造、电气特性和电路原理方面采用标准化设计，但不同的 DPU 加载不同的应用软件，用以适应不同的任务需求。

DPU 均设置有两个 CAN 总线接口，并通过两套 CAN 总线互联。正常工作时，其中一套 CAN 总线工作，另一套备用，当工作网络出现故障时能够自动进行热切换。CAN 总线的这种设计称为双冗余网络设计。

AC C20 就是通过 CAN 网络中的各个 DPU 协同工作来实现主机遥控系统的各种功能的。

5.5.3　分布式处理单元

分布式处理单元（DPU）是 AC C20 主机遥控系统的核心部件，其采用模块化设计，具有智能化远程 I/O 功能，所有监视和自动控制的功能均由这些 DPU 单元实现。DPU 作为传感器和执行器的接口，对来自模拟量、开关量传感信号进行处理、监视和报警，或向不同设备输出模拟量、开关量控制信号。

AC C20 所用到的 DPU 模块可分为通用模块和专用模块。通用模块包括开关量输入、开关量输出、模拟量输入、模拟量输出等；专用模块专门用于主机遥控，包括主机接口单元（MEI）、主机安全单元（ESU）、转速检测（RPMD）和数字调速器单元（DGU）。专用模块在机械和电气特性上与通用模块完全一致，只是在输入输出通道的设计上考虑了主机遥控的特殊需要。

1. DPU 通用模块

AC C20 主机遥控系统所用的 DPU 模块类型和功能简要说明如下。

（1）模拟量输入模块（RAi-16）

RAi-16 是一个具有 16 个通道的模拟量输入模块，每个通道的输入类型可以是电压、电流或电阻信号，具有内建的量程和量纲转换功能和参数超限报警功能。除此之外，模块还包含一个计数器通道难搞，计数频率为 5～500 Hz。此模块适用于检测机舱的各种温度、压力、液位和转速等模拟量信号。必要时，RAi-16 也可当作开关量输入模块来使用。

（2）开关量输入模块（RDi-32，RDi-32A）

RDi-32 和 RDi-32A 都是具有 32 个通道的开关量输入模块，RDi-32 为触点输入，RDi-32A 为 24 V 交流或 24 V 直流电压信号输入，当输入状态异常时，能够发出开关量报警，并由发光二极管（LED）指示每个输入通道的输入状态。该模块用于检测各种机舱设备的运行状态、阀门位置等开关量信号。

（3）模拟量输出模块（RAo-8）

RAo-8 是一个具有 8 个通道的模拟量输出模块，输出信号可以选定为±10 V 直流电压信号或者±20 mA 的电流信号。该模块用于模拟量指示输出和控制量信号输出。

（4）开关量输出模块（RDo-16）

RDo-16 是一个具有 16 个通道的开关量输出模块，设有发光二极管来指示每个通道的输出状态。最大输出交流电压 230 V，最大输出电流 3 A（电阻性负载），支持脉冲输出。该模块用于各种开关量指示输出和开光量控制信号的输出。

(5)混合模块(RIo-C2)

RIo-C2 是混合模块,包含 8 个开关量输入和 8 个开关量输出通道,每个通道均设有发光二极管进行输入/输出的状态指示。其输入信号可以是自由触点或 24 V 交直流电压,输出为继电器触点输出,特别适用于泵和阀门的控制。

(6)网段控制模块(dPSC)

CAN 网最多能支持 110 个节点,即在 CAN 总线上最多能挂接 110 个 DPU 模块。当系统规模较大,或者出于某种特殊需要时,往往需要对 CAN 网络进行扩展,即把 CAN 网络扩展成上下两层,上层一般叫作全局 CAN 总线(global CAN bus),下层则称作局部 CAN 总线(local CAN bus)。

dPSC 就是用于扩展局部 CAN 总线的专门设备,它是一个双二通道 CAN 网关,设有两个单独供电的处理器,每个处理器各有两个 CAN 接口,两个处理器通过双口存储共享信息。dPSC 用来实现两套 CAN 现场总线间的通信。两套总线互为热备份,系统中的主要单元同时连接到两套总线上。

(7)总线耦合控制模块(PSS)

CAN 总线容易因短路、接线松动而损坏,从而导致整个 CAN 总线瘫痪。PSS 使两段总线互相保护。

2. AC C20 专用 DPU 模块

(1)主机接口单元

主机接口单元(MEI)是专门为主机遥控系统的电动部分与主机的气动操纵系统相连接而设计的,模块提供了各种与气动操纵系统相连接的开关量和模拟量输入/输出通道。

图 5-5-3 给出了 MEI 在某轮 AC C20 主机遥控系统中的应用实例。图 5-5-3 中,X1 为输入输出接线端子,端子编号采用 3 位数,个位数为端子编号,十位和百位表示通道号(191 和 192 分别代表第 19 通道的第 1 个和第 2 个接线端子);X8 为 CAN 1 总线的接线端子,X8 中的 81 和 83 连接网络中的上一个相邻 DPU,82 和 84 连接下一个相邻 DPU;X9 为 CAN 2 总线的接线端子,与 X8 类同;X10 接入 24 V DC 电源。不论在 AC C20 主机遥控系统还是 DC C20(或 K-Chief 500)监视与报警系统中,所有 DPU 的端子名称和编号规律均一致。

在本应用实例中,开关量输入(DI)包括各种反映主机当前操作状态的开关量信息,如当前操作是机旁“应急控制”还是“遥控”、是集控控制还是驾驶台控制、空气分配器和主启动阀是手动关闭还是处在工作位置,高压油泵是否泄压停车、调速器输出杆与油门杆式接合还是脱开及集控室的手动操作命令等。开关量输出包括反映当前操作部位的继电器触点输出(即“驾控指示”和“集控指示”)和控制各种电磁阀逻辑动作的电压输出(VO)两大类,其中电压输出可直接驱动电磁阀。模拟量输入(AI)包括来自扫气空气和启动空气压力传感器的电流输入和来自集控室手动转速设定手柄的电位器输入。模拟量输出(AO)包括电子 VIT 控制信号和送至机旁转速表的指示信号。各个输入/输出通道的详细分配情况参见图 5-5-3。

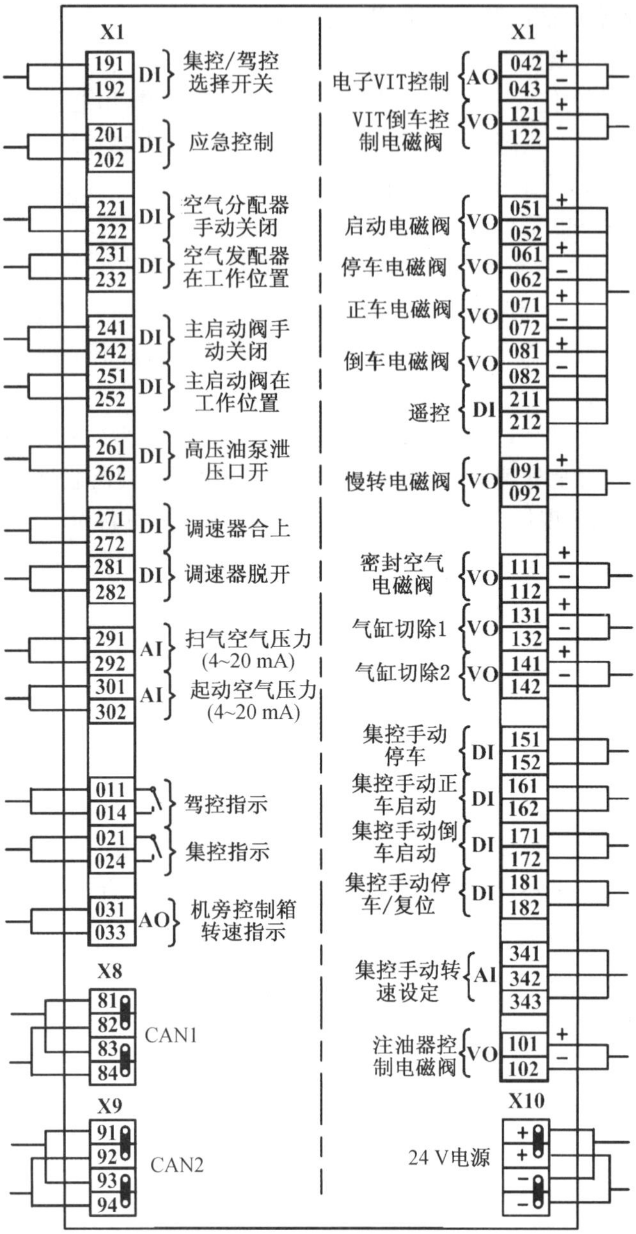

图 5-5-3　主机接口单元

(2)主机安全单元

主机安全保护是指在出现主机超速、滑油低压或曲轴箱油雾浓度高等应急情况下对主机采取自动降速或自动停车的保护性措施,在早期的自动化船上,一般设置独立的主机安全保护系统。随着计算机技术(尤其是网络技术)在船上的普及应用,安全保护系统通常和主机遥控系统相结合,形成一个有机整体。AC C20 系统采用一个专门 DPU 模块来实现主机的自动停车功能,主机的应急降速功能由电子调速系统实现。该 DPU 模块称为主机安全单元(ESU)。

ESU 只有开关量输入和开关量输出通道,开关量输入通道接收主机操作部位开关、手动应急停车和自动应急停车等开关量信号;开关量输出包括转向指示灯和 ALPHA 注油器送出主机状态指示的继电器触点输出和控制停车电磁阀动作的电压输出。ESU 的典型应用实例如图 5-5-4 所示。

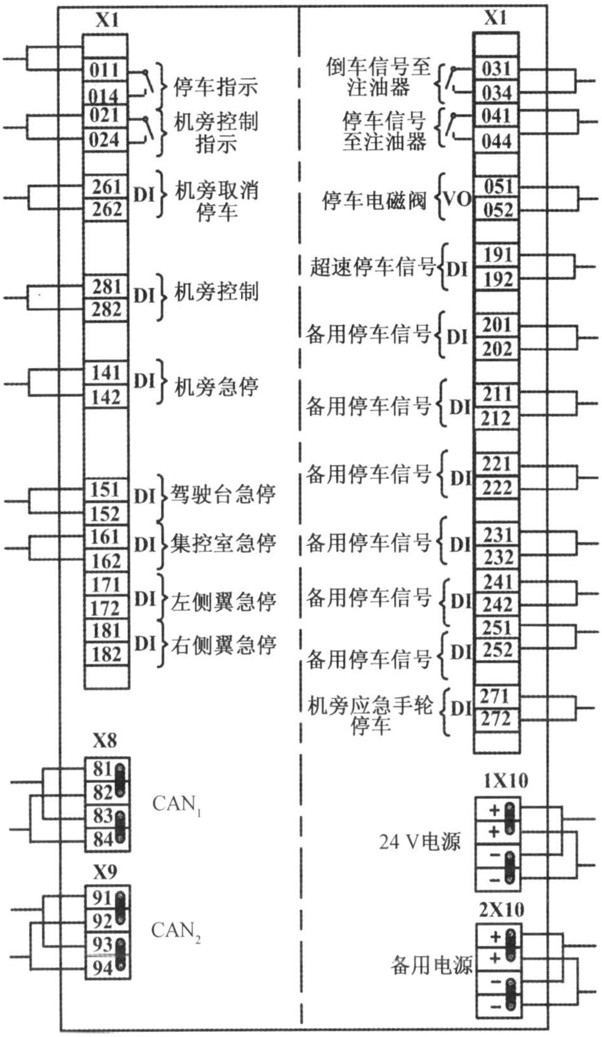

图 5-5-4 主机安全单元

图 5-5-4 中,通道 1~4 为继电器触点输出,输出主机状态信号;通道 5 为电压输出,控制停车电磁阀;通道 14~28 为接触点式开关输入信号,如来自转速测量单元的超速停车信号及来自各个操作部位的应急停车信号等。为确保应急情况下能够可靠地进行应急停车,ESU 的许多输入通道与输出通道在内部电路上直接连通,即使 ESU 故障也不会影响其自动停车功能。

(3)转速检测箱

在 AC C20 系统中,专门采用了两个 DPU 模块 RPME1 和 RPME2 对主机转速进行检测和处理,它们安装在一个转速控制箱(RPMD)内。转速检测系统有两组共 4 个脉冲式检测探头(NPN 输出或 PNP 输出),一组接至 RPME1,另一组接至 RPME2,两组测速装置互为冗余。RPME1 和 RPME2 对探头输入的信号进行计算和处理后得到主机转速的测量值,一方面通过 CAN 网络送至数字调速器(DGU)和网络中的其他 DPU(如 ACP),另一方面还以 RS422/485 通信方式直接送给 DGU。当发生主机超速时,RPMD 将输出一个开关量信号送至主机安全单元(ESU),在 ESU 的输出控制下进行应急停车。

(4)数字调速器

数字调速器(DGU)是为实现主机的转速与负荷控制而设计的 DPU 模块,它包括四个 CAN 网络接口和两个 RS422/485 接口。在 DGU 的四个 CAN 网络接口中,两个称为全局 CAN 网络(global CAN net)接口(其接线端子标志为 X8G 和 X9G),与同层网络的其他 DPU 互连;另外两个称为局部 CAN 网络(local CAN net)接口(其接线端子标志为 X8L 和 X9L),用于在复杂系统中进行网络扩展。在两个 RS422/485 通信接口中,一个连接转速检测模块 RPME,直接获取主机的转速测量值,另一个向油门执行机构的伺服单元传送调速器和油量输出信号(即油门位置信号)。

DGU 在转速控制过程中所需的所有参数命令均通过 CAN 网络获取。若在驾驶台或集控室以单手柄车钟(LTU)操作,则手柄设定值直接通过网络传送;若在集控室通过"主机启/停与转速设定杆"进行手动操作,则手柄发出的电位器输出信号经过 MEI 处理后再由网络送至 DGU。此外,在 ACP 上针对调速器所进行的各种参数设置也由网络传送。

DGU 具有与主机调速有关的所有功能,例如加速速率限制、负荷程序限制、增压空气压力限制和自动调速等,并且可以独立工作。即使网络通信失效,也能以当前设定转速为设定值继续工作。

5.5.4 AC C20 的控制面板

1. Autochief 控制面板

Autochief 控制面板(autochief control panel,ACP)是 AC C20 主机遥控系统的重要组成部分,它和单手柄复合车钟(LTU)一起构成驾驶台/集控室操作单元,如图 5-5-5 所示。ACP 由独立的一个 DPU 控制,内装嵌入式操作系统,通过 LCD 显示窗口、按键和多功能旋转按钮为用户提供了丰富的人机交互功能,操作简单便捷。

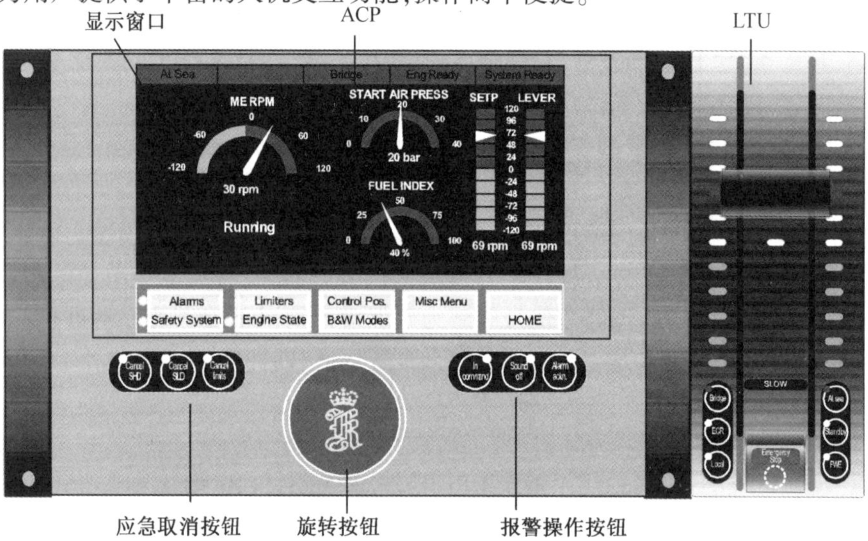

图 5-5-5 AC C20 驾驶台/集控室操作单元

(1)显示窗口

显示窗口具有丰富的显示功能,通过菜单式软按钮能够调出各种 mimic 显示画面。图 5-5-6 所示为两个常用的显示页面。窗口顶部文本显示副车令、操作部位和主机状态等,底部显示为菜单按钮,中间部位为主要显示区域,可以是文本信息、流程图或显示参数的模拟仪表和条形图等。例如图 5-5-6(a)显示主机转速、启动空气压力、燃油齿条刻度、手柄设定转速(SETP)和经过各种转速限制环节之后实际送到调速器的设定转速(ACT);图 5-5-6(b)显示出主机当前状态(STATE)、启动失败/启动阻塞(START FAIL/BLOCK)原因和主机备车未完(ENGINE NOT READY)原因等。

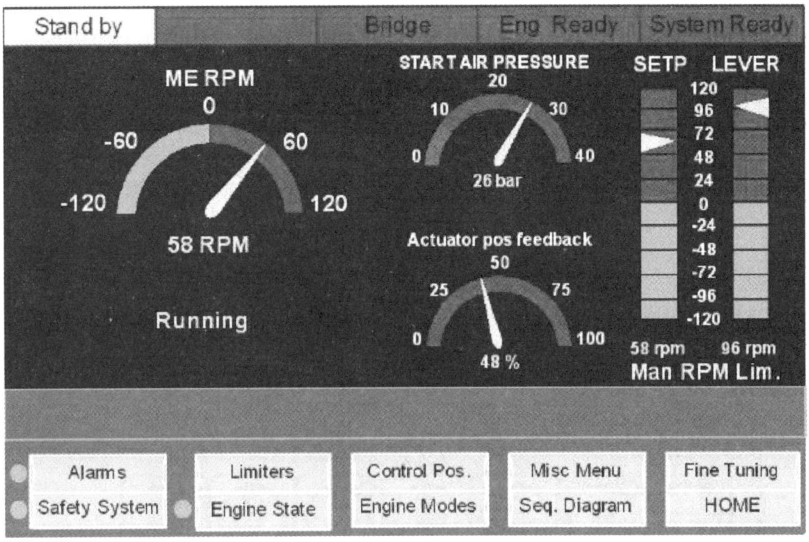

(a)

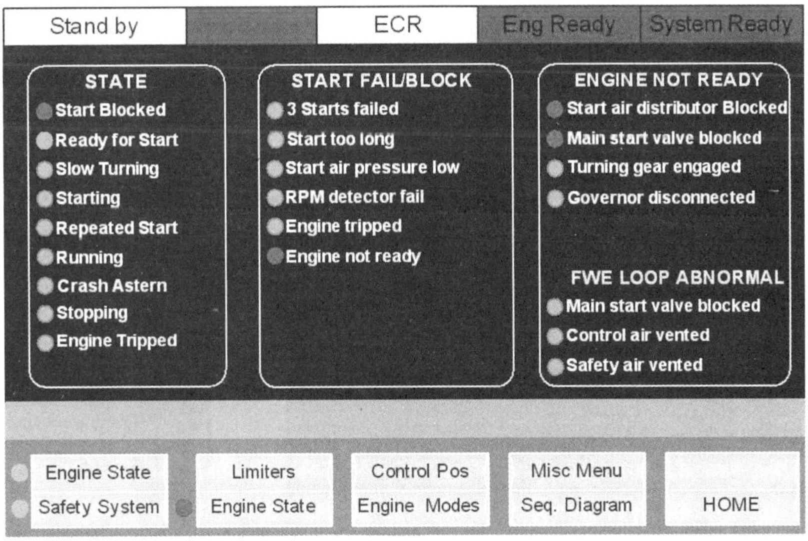

(b)

图 5-5-6 ACP 显示窗口

AC C20 的软件显示功能不仅省去了传统的硬件显示面板，而且也使显示内容更加丰富多彩。

(2)多功能旋转按钮

多功能旋转按钮相当于计算机鼠标，可用于点击显示窗口中菜单键和 mimic 图中的操作对象、移动 mimic 图中的虚拟手柄及进行参数修改。通过左右旋转可对操作目标进行轮回选(被选目标变为高亮)，按下旋转按钮即可激活相应的功能。因此旋转按钮四驾驶台和集控室操作面板的重要操作工具。

(3)应急取消按钮

应急取消按钮是为紧急情况下取消遥控系统的各种限制和自动降速及自动停车功能而设置的。“cancel SHD”键按下时将取消被设定为可取消的自动停车项目，而按下“cancel SLD”则可取消被设定为可取消的自动降速项目，“cancel limits”用于取消转速和负荷限制。

(4)报警操作按钮

报警操作按钮包括“sound off”(消音)按钮和“alarm ackn.”(报警确认)按钮。当有报警事件时，显示窗口将出现报警信息的文本显示，可通过这两个按钮进行消音和确认，恢复正常后报警文本消失。

2. IPU 指示面板单元

IPU 指示面板单元位于集控室控制台，面板的结构和布局如图 5-5-7 所示。

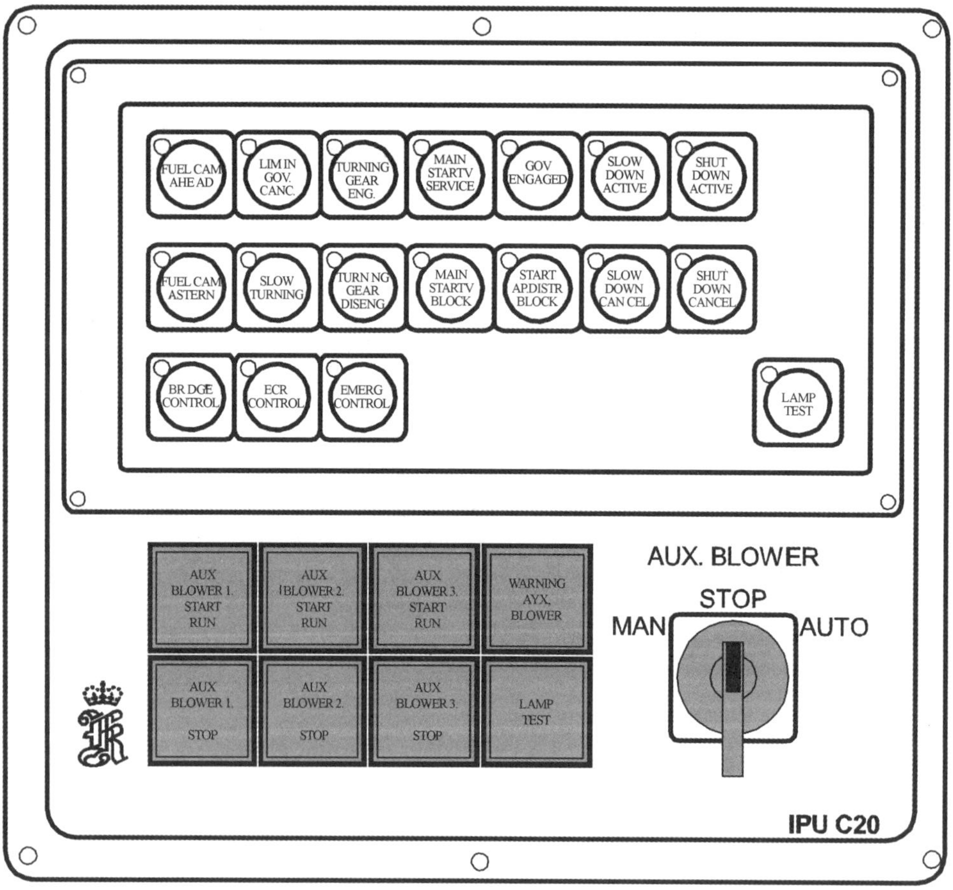

图 5-5-7　指示面板

它由一个独立的DPU进行控制,其主要功能是对主机及遥控系统状态进行直接显示,另外还兼有辅助风机的控制和状态指示功能。面板上半部分指示主机及遥控系统的状态,下半部分用于辅助风机的运行控制和状态显示。辅助风机的数量最多可以有三台,分别通过带灯按钮“START /RUN”和“STOP”进行手动启/停控制和指示。运行选择开关打在“MAN”位置时,可通过“START/RUN”或“STOP”按钮进行手动启停控制;打在“AUTO”位置时,风机将根据风压情况自动启动或自动停止,增加或减少运行风机的数量;打在“STOP”位置时,将禁止对风机的操作。若有风机出现故障,则“WARNING”报警灯发出报警信号。

3. 机旁显示面板

当操作部位切换至机旁操作时,通过按键式车钟与驾驶台联络,根据驾驶台车令在机旁操作主机。此时,借助机旁显示面板能够了解主机当前运行状态、安全状态及操作部位等综合信息。显示内容包括主机转速、主机运转方向指示、主机当前操作部位指示、辅助风机运行指示、应急操作指示、自动停车指示和盘车机未脱开指示等,此外还包括一个自动停车取消按钮和试灯按钮。

5.5.5 AC C20的控制功能

1. 逻辑控制

(1)启动封锁功能

封锁启动是指在某些特定情况下,不允许主机进行启动的一项安全措施。在AC C20遥控系统中,只要出现下列任意一种情况,都将激活遥控系统的启动封锁功能。

①主机故障停车。当主机安保系统检测到某种严重故障而导致故障停车时,将封锁主机的启动操作。故障停车的具体原因可通过ACP上的mimic画面查询。

②启动空气压力低。为保证主机的成功启动,必须保证有足够的启动空气压力,启动空气压力的最低值可在ACP面板上进行设置。当空气压力低于设定压力时,将封锁启动。

③转速检测故障。转速是主机启动过程和运行的关键性参数,当转速监测系统发生故障时,主机不允许启动。

④调速器脱开。当进行机旁操作时,油门拉杆是人工通过气动操作系统进行手动操纵的,油门拉杆离合器应从调速器执行机构断开,合向手动拉杆。此时,主机的启动操作也是在机旁进行的,因此不允许遥控系统发出启动命令。

⑤主启动阀封锁。出于安全的考虑,当主机停止工作时,主启动阀必须手动置于封锁位置。因此,在进行主机启动之前,必须将主启动阀置于工作位置。

⑥空气分配器封锁。和主启动阀一样,在主机停止工作时,还要封锁空气分配器。在主机启动之前,必须将空气分配器的封锁解除。

⑦盘车机未脱开。如果盘车机齿轮未从主机飞轮脱开,主机的启动是被严格禁止的。

(2)主机的启动功能

在主机处于备车完毕状态下,只要将驾驶台操作手柄从停车位置扳向正车(或倒车)任意位置,主机都将自动地进行正车(或倒车)启动。

①正常启动

当驾驶台手柄发出启动命令时,遥控系统将通过MEI触发启动电磁阀动作,使启动空气按空气分配器规定的顺序进入主机气缸,推动主机启动。同时,系统将向调速器送出一个预设的“启动转速设定值”。当主机转速达到油气切换转速时，关闭启动空气，调速器送出一个预设的油量作为启动油量（该启动油量将在主机转速超过“启动转速设定值”时自动取消，切换为按调节规律输出的计算油量）。若启动成功，则主机在“启动转速设定值”下运行某一预设时间（一般为 6 s，可调）后自动切换为手柄设定转速。

②慢转启动

当满足慢转逻辑条件时，主机的第一次启动包含一次慢转过程。若在规定时间内完成曲轴的一圈慢转，则自动进入正常启动程序，否则将在驾驶台和集控室发出慢转失败报警。慢转启动功能可在 ACP 上操作“取消限制”按钮加以取消。此外，是否有慢转功能还和主机的机型有关。

③重复启动

若启动空气切断后，主机未能在燃油的维持下持续运行（即启动失败），则系统将进行自动重复启动。第二次和第三次启动的“启动转速设定值”要比第一次启动高（重启动设定转速）。若第二次启动失败，则将进行第三次启动；若第三次启动失败，则将发出启动失败报警。

④重启动

在重复启动和应急倒车的情况下，遥控系统将自动提高“启动转速设定值”，调速器因此向伺服控制单元输出一个较大的油门拉杆位置设定值，使伺服控制单元给出一个较大的启动油量，提高主机启动的成功率。

⑤启动失败报警

慢转启动、一次启动时间过长和三次启动失败这三种情况均被视为启动失败，并在驾驶台和集控室的 ACP 上发出启动失败报警。将操作手柄扳回到停车位置可对启动失败报警进行复位。

（3）换向功能

AC C20 的换向功能分以下三种情况：

①停车换向

当主机处在停车状态下，驾驶台将车令手柄从停车位置扳到正车或倒车位置，车令与主机的转向控制装置位置（包括空气分配器凸轮轴位置和各个高压油泵的滚轮位置）不一致时，遥控系统将首先执行换向操作，换向完成后再进入启动程序。

②运行中换向

当主机在运行状态下，驾驶台将车令手柄从正车（或倒车）扳到倒车（或正车）位置时，遥控系统将首先停油减速，并进行换向操作和反方向启动。若当前转速高于制动转速，则当转速下降到制动转速时进行换向，并进行强制制动，以加快主机反转的过程。

③应急倒车

应急倒车是运行中换向的一个特例，即驾驶台手柄从全速正车直接扳到应急倒车位置时的一种紧急操作。一般只在船舶避碰的情况下才使用，因此也称为避碰倒车（Crash Astern）。在应急倒车情况下，遥控系统将有如下动作：

a. 驾驶台和集控室 ACP 上显示“Crash Astern”；

b. 发出主机停车命令；

c. 主机转速下降到制动转速；

d. 对主机进行换向，换向结束后打开启动空气进行强制制动；

e. 重启动和取消限制命令送到调速器,进行重启动,并取消各种限制;

f. 倒车转速达到油气切换转速时切断起运空气,调速器供油。

(4)停车功能

当车令手柄扳至停车位置时,遥控系统通过 MEI 控制停车电磁阀动作,各个高压油泵泄压阀动作,使主机停车。同时,停油信号还将送至调速器,使调速器输出油量为零。

另外,在驾驶台、集控室和机旁控制台的车钟面板上还设有应急停车按钮,在应急情况下按下应急停车按钮,将通过主机安全单元(ESU)进行应急停车。

(5)其他辅助功能

AC C20 遥控系统还提供了以下辅助功能:

①辅助风机控制

系统可以控制 1~3 个辅助风机,在主机低负荷条件和启动之前,可在集控室指示面板上通过手动或自动的方式启动或停止风机的运行。在自动模式下,风机的起停由扫气箱压力传感器控制。当扫压力达到 0.065 MPa 时风机自动停止。

②燃油凸轮监控

燃油凸轮监控功能可确保在换向过程中所有的燃油凸轮都能动作到位,以便主机能按照希望的方向正确启动。

③电子 VIT 控制(可选功能)

作为一个可选功能,AC C20 遥控系统可提供电子 VIT 控制功能,以取代机械式 VIT 机构。

④气缸追加润滑(可选功能)

当监测到主机负荷在相对长的时间内有明显增加时,调速器将控制气缸注油系统的一个电磁阀动作,使得注油量在原来的基础上额外增加,更好地适应主机负荷的变化。这是针对 MAN B&W 主机的可选功能。

⑤可变气缸切换

该功能是针对主机的低负荷和低转速情况设计的,也称气缸切除(cylinder cut out, CCO)。当主机的负荷和转速都比较低时,可将主机的工作气缸分为两组,并且只让其中一组工作,即只有一半的气缸在同时工作。其目的是保证主机的低转速和低负荷情况下的运转能够更加平稳。考虑到各缸热负荷的均匀及避免气缸润滑油的浪费,两组气缸一般按照时间顺序进行轮流工作。但是,为保证主机的安全启动,从主机启动直到稳定运行期间,气缸切除功能将被屏蔽。另外,如果"取消限制"功能被激活,或者手柄设定转速和实际转速偏差超出预定的范围,也必须保证所有的气缸同时工作。

2. 转速控制

AC C20 的主机转速控制系统由测速单元、数字调速器、伺服控制单元和电动执行机构组成,如图 5-5-8(a)所示。

为确保测速可靠,测速单元采用了两套 CAN 节点式测速模块(RPME),即通过两个 DPU 对来自测速探头的脉冲信号进行处理,转换为主机实际转速值,并以数字信号输出。转速测量值通过两种方式送给数字测速器(DGU),一种是通过 RS422/485 通信接口直接连接,另一种是通过 CAN 总线连接,两种连接互为备用。

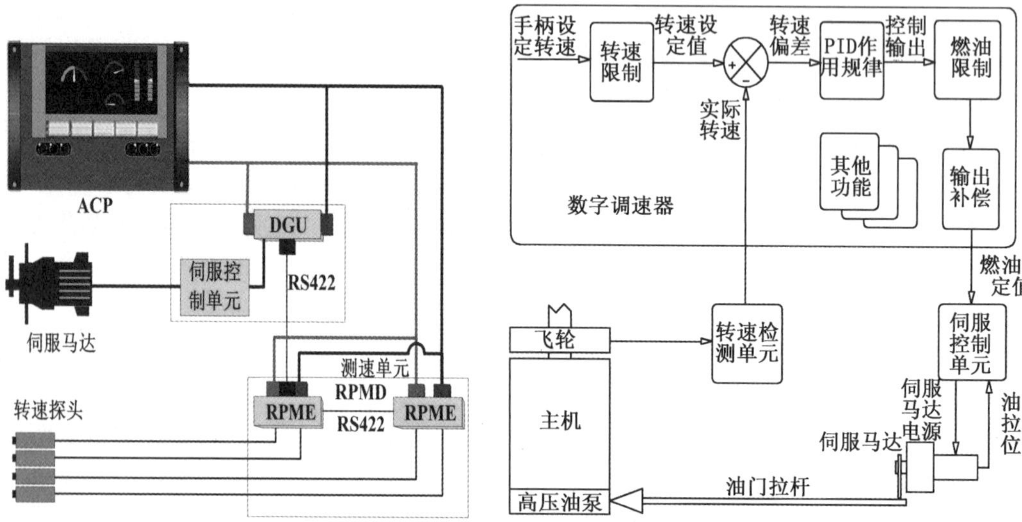

(a) (b)

图 5-5-8　主机转速控制系统结构原理图

DGU 一方面通过 CAN 网络和 RS422 接口接收转速测量信号,另一方面通过 CAN 网络接收操作手柄发出的手柄设定转速,其控制输出通过 RS422/485 通信送给伺服控制单元,由伺服控制单元进行位置反馈控制和功率放大后驱动伺服马达,对油门拉杆进行精确定位。主机转速控制系统的逻辑结构如图 5-5-11(b)所示。手柄设定转速经各种转速限制环节后作为转速设定值与来自测速单元的转速实际值相比较,得到转速偏差,经 PID 作用规律获得控制输出。PID 控制的输出再经燃油限制(负荷限制)和输出补偿(如非线性补偿)得到数字调速器的最终油量输出,送给伺服控制单元。调速器的输出可以理解为燃油给定值(即油门拉杆的希望位置),而伺服控制单元实质上是一个局部反馈控制器。伺服控制单元将油门拉杆设定值与来自伺服马达的绝对编码器所反映的油门拉杆实际位置比较后,根据偏差和控制规律驱动伺服马达带动油门拉杆动作,直到油门拉杆位置与调速器希望的位置相符为止。

为保证主机能在控制系统失电情况下仍能继续运转,调速系统的伺服控制单元设置了对伺服马达的刹车功能。一旦控制系统失电,伺服马达将被锁定在当前的位置,使主机以当前的输出油量继续工作。恢复供电后,调速系统自动转入正常工作。

3. 转速与负荷限制

主机的转速与负荷限制是转速控制系统的附加功能。AC C20 主机遥控系统采用了 DPU 式数字调速器(图 5-5-8),调速器根据转速设定值和实际测量转速的偏差进行 PID 调节,实现对主机的加减速和转速定值控制。但作为转速控制对象,船舶柴油主机具有一定的特殊性,为了防止主机超负荷,AC C20 在数字调速器的软件中设有各种转速限制和负荷限制功能。

(1)转速限制

转速限制包括加速速率限制、负荷程序、最低转速限制、轮机长最大转速限制和临界转速回避等。在 AC C20 系统中,以上各种限制都是通过计算机软件实现的。

①最大转速手动限制

通过 ACP 的菜单操作可以对主机允许的最大转速限制参数进行修改，当手柄转速设定值超过这个预设转速时，实际送至 PID 算法程序的转速设定值将受到限制，如图 5-5-9 所示。由于这一限制通常由轮机长根据主机的工作状况进行设置，因此也称为轮机长最大的转速限制。

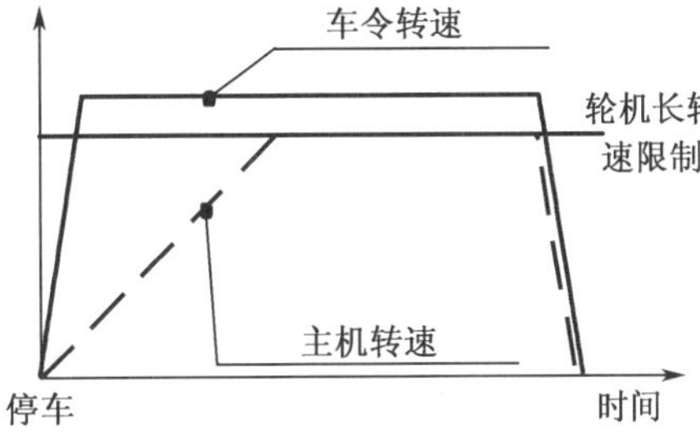

图 5-5-9 轮机长最大转速限制曲线

②负荷程序

当驾驶台手柄推到海上全速(Nav. Full)位置时，从全速(Full)至海上全速(Nav. Full)加速段将实行程序慢加速；同样，当手柄从海上全速(Nav. Full)扳至全速(Full)或全速(Full)以下时，从海上全速(Nav. Full)至全速(Full)减速段出可实行程序慢减速。程序慢加速和程序慢减速统称为负荷程序。系统进入负荷程序时，ACP 将提示“Load up program active”和“Load up program active”。加速和减速速率可通过 ACP 上的菜单操作进行编辑，通常慢加速时间为 30 min，而慢减速时间为 15 min。程序负荷限制曲线如图 5-5-10 所示。

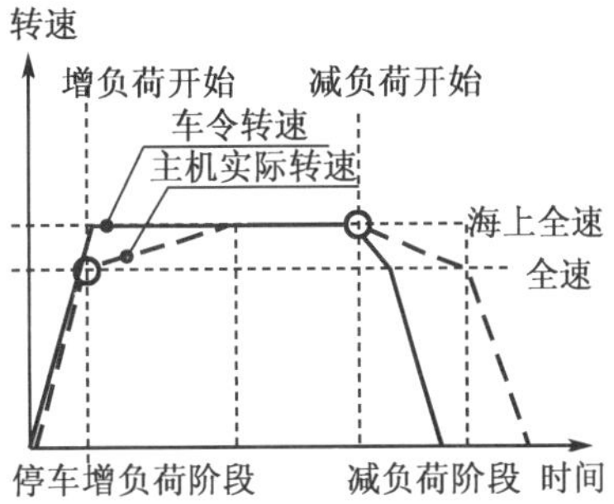

图 5-5-10 负荷程序限制曲线

③加、减速速率限制

当主机在全速(Full)转速以下区间进行加速或减速时，系统将进行加、减速速率限制，其加、减速速率大小通过 ACP 设定。

④最低转速限制

最低转速限制的转速值对应主机的最低稳定转速，当转速设定值低于这一限制时，遥控系统将以此最低转速送至调速器的 PID 算法程序，确保主机能够稳定运行。

⑤自动减速限制

当主机出现异常情况需要减速运行时，遥控系统将根据引发降速的原因，在 ACP 上显示“可取消降速”或“不可取消降速”报警。在预警时间内，对于“可取消降速”，可通过“Cancel SLD”按钮取消。预警时间过后。安全单元将发出自动减速命令，主机将自动减速至预先设定的某一转速运行，即进行自动转速限制。

⑥临界转速限制

AC C20 系统最多可设置两个临界转速区，均采用上、下回避策略，即加速过程采用避上限，减速过程采用避下限。若主机在临界转速区运行的时间过长，则在 ACP 上产生“Critical RPM”报警。

(2)负荷限制

在数字调速器中，经 PID 控制算法得到的油量信号还要经过油量限制环节才能作为油量输出值送给伺服控制单元。这种限制是为了确保主机不超负荷而设置的，即负荷限制。在 AC C20 系统中，负荷限制包括增压空气压力限制、转矩限制和最大油量手动限制，均通过软件实现。

增压空气限制程序根据扫气箱压力传感器测得的扫气压力，对允许的供油量进行分段限制,如图 5-5-11(a)所示。转矩限制是根据主机的实际转速来进行限制的,即根据测量转速值的大小对允许输出的供油量进行分段限制,如图 5-5-11(b)所示,最终送至伺服控制单元的油量值为 PID 计算值和各种限制值中的最小值。图 5-5-11 所示的曲线可根据实际需要再通过 ACP 进行修改。

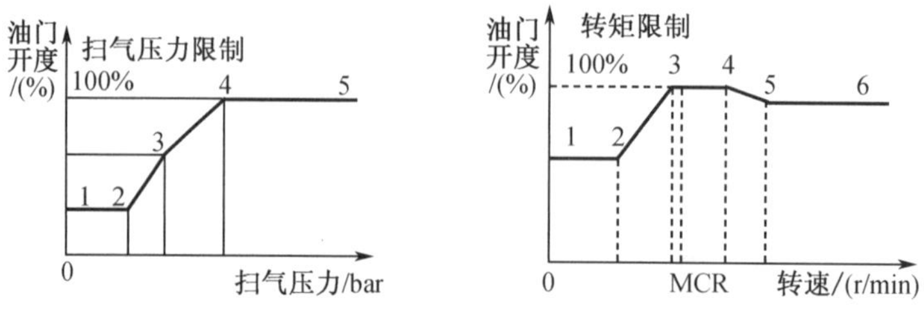

(a) 增压空气压力限制　　(b) 转矩限制

图 5-5-11　负荷限制曲线

最大油量手动限制是通过 ACP 对调速器设定一个最大输出油量值,当数字调速器的计算油量超过这一油量限制时将受到输出限制。和最大转速手动限制相类似,最大油量手动限制也称作轮机长最大油量限制。

4. 限制的取消

当按下 ACP 上的"Cancel limit"按钮时,最大转速和最大油量的手动限制可被取消。同时增压空气压力限制值和转矩限制值将自动提高 10%(可调)。

5. 特殊工作模式

为满足某些特殊情况的需要,AC C20 转速控制系统还提供了几种特殊的工作模式。

(1)轴带发电机模式

当轴带发电机带有恒速装置时,为避免因主机正常减速或自动降速导致全船失电,遥控系统提供了一种可选工作模式,即轴带发电机模式。主配电板上有一路反映轴带发电机并车状态的开关量信号("轴带运行"信号)送至主机遥控系统,当轴带发电机与电网连接时,要求主机转速必须高于某一规定转速(通常为 75%MCR,可调)。

(2)恶劣海况模式

恶劣海况模式是在风浪天航行时采用的一种可选工作模式,其目的是避免主机因超速而导致停车。在海况恶劣的航行条件下,通过 ACP 菜单操作可进入恶劣海况模式。当转速超过设定的上限转速值时,遥控系统切断燃油供应,迫使主机降速,转速下降到停车复位转速后恢复供应油,然后维持该转速持续运行。此后,若想让主机再按手柄设定转速运行,则需将手柄拉回至复位转速,再推向希望的设定转速。

(3)定油量模式

当测量转速在某一预设时间范围内保持恒定时,调速系统将在指令控制下进入定油量控制模式。此时,测速器将通过伺服控制单元锁定燃油齿条,保持恒定的主机供油量,此时转速将随外界负荷的变化而变化,但转速偏差不允许超出规定的范围。转速偏差一旦超限,系统将自动退出定油量模式,转入正常的转速控制模式。

需要注意,这种模式并不适用于低转速区间和高转速区间,因为前者有可能导致主机低于最低稳定转速,而后者则有可能使主机超负荷。通过 ACP 操作可限定此种工作模式的允许转速范围。

【任务实施】

轮机模拟器仿真

1. 熟悉 AC C20 型主机遥控系统的基本构成及操作方法。

2. 系统认识、备车操作、操纵部位切换和系统启动。

3. 实施内容

(1) AC C20 型主机遥控系统认识

①模拟机舱设备

认识模拟主机操纵系统;三台发电机旁启动控制箱;空压机启动控制箱;还有与之相配的音响系统。

②集控室

主机遥控系统以 AC C20 为基础设计,驾驶台、集控室均通过电动逻辑回路操纵主机,还设有机旁主机操纵系统。在集控室主要设有下列设备:两台监控计算机、主机遥控系统控制面板、集中监视与报警系统面板。

电站系统包括三台发电机控制屏、并车屏和两个负载屏,应急电站和岸电箱也在集控室内。

③驾驶台

驾驶台包括主机遥控操纵台、车钟打印机、主机主要报警装置和延伸报警装置。

④教员台

可设置各种模拟的初始工作状态,设置或删除故障,并可对仿真程序进行控制。

(2) AC C20 模拟器基本操作

①打开 AC C20 仿真界面,观察 AC C20 系统实际配置框图,包括设备安装位置、工作状态、控制器总线状态;

②双击 DPU 图标,就可以看到该 DPU 各通道号、通道作用、通道参数设置、通道状态、通道报警限定等。

③在集控室打开 ACP 控制面板,进入参数界面,与仿真系统中各通道的参数设置进行对比。

(3) AC C20 型主机遥控系统操作

①备车

a. 使用多功能旋转按钮将焦点移动到功能键“Engine State”。

b. 按下多功能按钮激活主机状态显示,如图 5-5-12 所示。

c. 根据状态显示,观察启动闭锁状况,采取相应措施。

d. 当阻塞主机启动的问题处理完成后,界面显示主机“Ready for Start”。

②操作部位转换

a. 轮机员在集控台 LTU 上按下带灯按钮。

b. 在集控台和驾驶室上的带灯按钮“Bridge”同时开始闪光,同时蜂鸣器响。

c. 在 ACP mimic 图的“Home”栏显示“Bridge”,控制位置转换如图 5-5-13 所示。

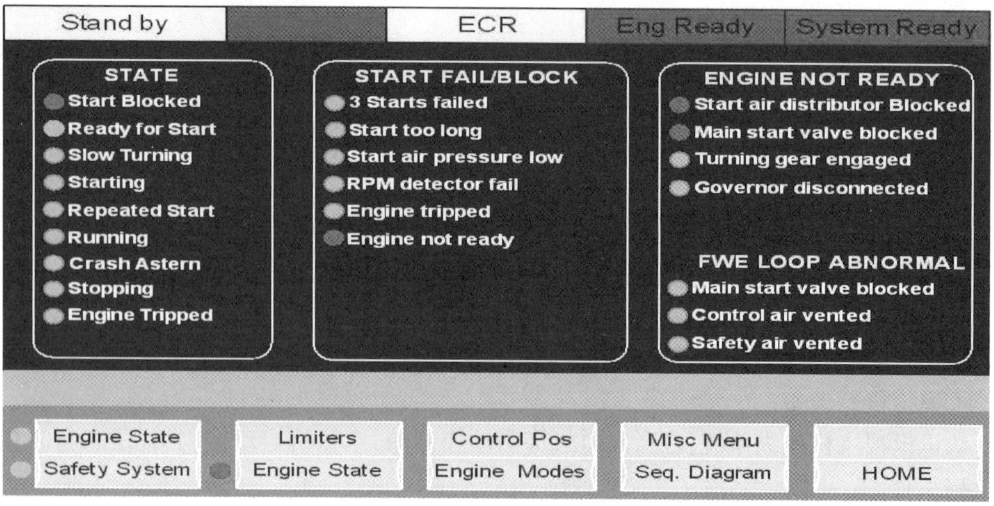

图 5-5-12　主机状态显示

图 5-5-13　控制位置转换

d. 驾驶员在驾驶台的 LTU 上按下带灯按钮“Bridge”，驾驶台上“ECR”带灯按钮熄灭，“Bridge”灯变为平光，驾驶台和集控室蜂鸣器停止。

e. 在 ACP mimic 图的“Home”栏显示“Bridge”控制位置转换，如图 5-5-14 所示。

图 5-5-14

f. 控制位置已经切换到驾驶台，驾驶台 LTU 上的“In Command”指示灯亮。

③启动主机

a. 将驾驶台车钟从“停止”位推到“半速”前进位。

b. 在 ACP 面板上观察转速、燃油指示、启动空气压力等。

c. 观察主机状态的变化。

思考与练习

1. 机舱自动化系统由哪几部分组成？
3. 何为全自动遥控、自动遥控、机旁控制，三者的关系是怎样的？
4. 主机遥控系统的功能有哪些，其含义各是什么？
5. 主机遥控系统有哪几种类型？
6. 主机遥控启动准备条件是什么？
7. 重复启动方式有哪几种？

8. 主机慢转启动的作用是什么？

9. 主机转速或负荷控制有哪几种？

10. 主机安全保护装置的作用是什么？

11. 安全保护装置发出自动停车或减速信号的原因有哪些？

12. 什么是主机换向？换向的条件有哪些？

13. 何为主车钟、副车钟、应急车钟，它们各有哪些作用，其主要区别有哪些？

14. AC C20 主机遥控系统由哪几部分组成？

15. AC C20 专用 DPU 模块主要有哪些？

16. 什么是紧急越控，如何操作，在主机故障停车与降速原因中，哪些通常是不可越控的？

17. 如何进行操作部位的转换？

项目 6　船舶内部语音通信系统认识

任务 6.1　船舶声力电话系统安装与调试

【任务描述】

1. 识读声力电话原理图、船舶声力电话分布图等相关技术图纸；

2. 掌握船舶声力电话的类型、组成、功能及安装与调试方法。

微课:船舶声力电话系统

【知识链接】

船舶通信分为两部分:外部通信和内部通信。外部通信有无线电台、甚高频(VHF)、卫星-C 站、卫星-B(F)站等方式。内部通信包括以下几种方式:主机传令钟、应急电话、自动交换机电话、广播/对讲、火警/通用报警等。目前,船舶上指挥舱室和各操纵部门、各工作舱室之间为了随时保持指挥和通信联络以保证船舶的安全,主要采用船舶电话通信系统。船舶电话通信系统是指挥航灯、传达命令、协调工作、方便日常工作和生活事务联系的装置,是自动化船舶内部通信设备的重要组成部分。

6.1.1　电话通信的基本原理

众所周知,电话通信是电信系统的重要组成部分,它的任务是利用电能将人类的语言从甲地传送到乙地,为此必须进行声-电能量的转换。通常把声波信号转化成随声波频率和幅值变化而变化的电流信号的装置叫作送话器,而把变化的话音电流信号转化成随其变化规律而变化的声波信号的装置叫作受话器。

电话机是电话通信系统中必不可少的部件,也是最基本、最重要的部件。其作用是担负彼此呼叫和双方通话的任务,即把发话人的声音转换成电流送到线路上,再把从线路上传来的电流转换成声音,使受话人能听到。可见电话传输的是信息,收到的是信息的“复制品”。其过程是:发话人在甲地电话机前讲话时,声波作用在送话器上,通过送话器的作用,使声波转换成相应变化的电流,称其为话音电流。话音电流经传输设备传输到乙地,乙地电话的受话器接收到话音电流后,将其转换为声振动,于是受话人听到了发话人的声音。因此任何一部电话机,都必须有三个基本部分构成:通话设备、信号设备和转换附属设备。通话设备是完成声电的相互转换的设备,它包括送话器、受话器及混合线圈等。信号设备担负发出和接收呼叫信号的作用,它包括手摇发电机、拨号盘、电铃、氖灯等。转换附属设备负责通话设备与信号设备的相互转换,它包括叉簧开关、按键和用以改善通话条件的电阻、电容等。

6.1.2 电话通信的基本要求

为了使电话传输的声音能被受话人听懂、听清，电话通信系统应满足如下要求：

1. 声音响度

要保证声音响度，必须具备产生这一响度的声能。一个人讲话，其语言发出的能量与声音大小有关。平常谈话时发出的声能约为 10 μW。为了使人们在打电话时与平常谈话一样，而不必高声喊叫，要求送话器接收到功率为 1~10 μW 的声音便能可靠工作；对受话器的要求是输入 1 μW 以上的话流功率应能听到声音。

2. 清晰度

(1)清晰度的定义

清晰度就是能正确听懂发话人发出声音的程度。其定义是：发出声音(无连贯意义的音节)后，在收听的地方可以听懂的正确程度的百分数。清晰度可以比较客观地判断电话传输系统的质量。在电话通信中，清晰度若大于 85%，则有相当高的可懂度，如果清晰度低于 70%，则电话传输的质量比较差。一般用控制衰耗的办法来保证声音响度，而保证声音的清晰度，则要求电话传输系统必须有恰当的传输频带。

(2)电话传输频带的确定

人类话音的频率范围为 80~8 000 Hz。如果要求经过电话系统传输后能正确重发同样的声音，应将话音信号的全部频率(80~8 000 Hz)都送到对方。但是，这样做电话设备的成本就会很高，而且也没有必要。由于电话通信的目的是传递语言，能将语言以一定的强度从甲地传输到乙地，使受话人听懂、听清，并能判别出发话人是谁就足够了。因此，可对话音信息的传输频带作相应的处理。

话音信号的高频部分对清晰度比较重要，影响话音清晰度的频率在 500~20 000 Hz，其中 1 000~2 000 Hz 是保证清晰度而必须传输的部分。话音信号的低频部分包含的能量较多，如果把低频部分除去，虽然清晰度可以符合要求，可是能量却不够，必然会影响受话响度。因此，电话传输频带的确定，首先应兼顾清晰度和能量两个方面，同时要有一定的音色，即“逼真度”。

早期电话传输频带规定为 300~2 700 Hz，随着通信技术的不断发展和社会生活的实际需要，电话通信对“逼真度”的要求越来越高，要求其必须具有足够的音色。由于话音频谱中的高频部分对音色的表现十分重要，故近年来把电话传输频带扩展为 300~3 400 Hz，现在我国各种制式的电话机，其工作频带大都采用这一范围。

6.1.3 声力电话(sound power telephone)系统组成及安装部位

随着科学技术的发展，船舶内部通信系统也在不断增加新的设备。自动电话、手持电话、电话与广播联动等，使船舶的内部联络更加广泛，但在船舶的重要场所，如主机旁、舵机舱、驾控台、集控台、艏部等，除了配备自动电话以外还要求配置声力电话系统，因为它在失电的情况下，靠手摇发电还能进行正常通话。

声力电话系统主要由声力电话机、接线箱、闪光分铃器及连接电缆组成。电话机应安装于船舶的重要部位，如驾驶室、集控室、机舱、舵机舱、应急发电机室、船首、船尾等，也可依据船舶需要选择设置。接线箱通常安装于电缆通道。闪光分铃器安装于噪声环境大的部位，随电话机共同组合。连接电缆将这些部分连接在一起组成系统，形成声力电话系统。

声力电话是对讲电话系统的专用设备之一。它是不需要电源的最简单的一种电话,直接利用声能通过话筒把声音转变为音频电流,经过导线传送到听筒、再由听筒把音频电流还原为声音的一种无电源的通话系统。其主要元件有受话器、送话器、手摇发电机、交流铃及相关电路组成。

1. 受话器、送话器的作用、结构和原理

送话器是完成声电转换的电话机器件,用它将人们的语言声音转换成电流传送给对方电话机,然后对方电话机经过电路进行电声转换输至受话器。

受话器是一种将话音电流转换成声音振动的电话机器件。它将接收到的话音电流转换为语言声音,供人们收听。我们以电磁受话器为例来理解受话的过程。送话器和受话器都是由电磁盒构成的,如图 6-1-1 所示。

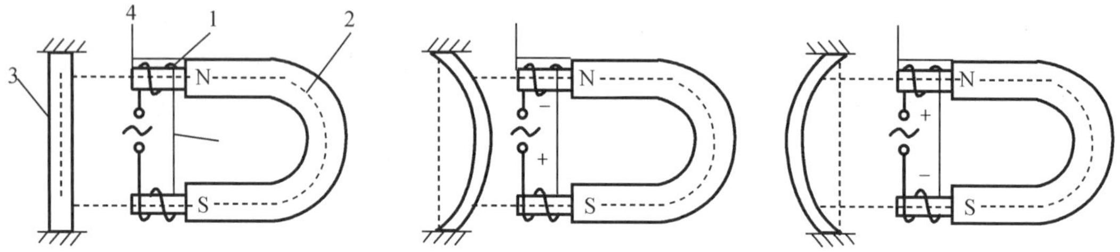

1—极靴(或极块);2—永久磁铁(磁石);3—导磁的振动膜片;4—激励绕组

图 6-1-1　声力电话机的电磁盒原理示意图

作为话筒:不通话时,膜片 3 静止在中间位置,磁路通过恒定磁通,如图 6-1-1(a)中虚线箭头所示,激励绕组 4 中无感应电势。讲话时,声波使膜片 3 跟随声波的振动而振动,使极靴 1 与振动膜片 3 之间的气隙 δ 产生变化。δ 减少时使磁阻减少,磁通量要增大,那么激磁绕组 4 中就要感应电势,由它产生的磁通试图阻止磁路中磁通的增加,因此感应电势的极性如图 6-1-1(b)所示。δ 增大时,磁路的磁阻增大,磁通就要减少,那么激磁绕组 4 中所感应的电势试图弥补原来磁通的减少,因此感应电势的极性如图 6-1-1(c)所示。随着声波频率的变化,感应电势的频率也产生相应地变化;声音大小的变化,使感应电势的幅值也相应改变。这种频率和幅值都随声波变化而变化的感应电势称之为音频电势。当话筒连接成回路时,就有与声音相对应的电流流动,通常称之为音频电流。由于声音是宽频带的声波,所以音频电势是包含多频率的各正弦分量的合成,即

$$e_f = \sum e_{fmi}\sin(\omega_i t - \varphi_i)$$

式中　e_f——音频电势;

e_{fmi}——第 I 个分量的感应电势的幅值;

ω_i——第 I 个分量的感应电势的角频率;

φ_i——第 I 个分量的感应电势的初相角。

作为听筒时,从送话器送来的音频电流在激磁绕组 4 中产生与音频电流同频率、大小与音频电流大小成正比的交变磁通。它与永久性磁铁的磁场叠加后,对膜片的吸力也随之变化,使膜片产生振动发声,振动频率与音频电流相同,振幅与音频电流大小成正比,实现了把音频电流还原为声音的作用。

2. 声力电话主要附件的作用

(1)手摇发电机

①作用

手摇发电机是一种用于转动的小型交流发电机,它是发送呼叫信号的机件。当摇动发电机呼叫某方电话机时,被呼叫电话机的铃声响起,指示灯闪亮,发送呼叫成功。

②组成与工作原理

手摇发电机形式比较多,但一般结构与工作原理相差不大,它由两部分组成:一是手摇传动装置,由摇把、主动轴、大齿轮和小齿轮组成;二是产生电能的电磁系统,由永久磁铁、极靴、电枢(铁芯和线圈)转换簧片组成。

当手摇发电机通过人工转动摇把时,主动轴开始旋转,带动大齿轮和小齿轮,使电枢在永久磁铁的磁场中旋转,线圈切割磁力线而感应产生交变电。摇动摇把的速度一般每秒3圈,手摇发电机中变速齿轮,大小齿轮的比为1∶6,因此大齿轮转1圈,小齿轮转6圈,使发电机输出的铃电流(铃流)频率为20~30 Hz。一般手摇发电机的开路电压可达100 V左右,若是1 kΩ的负载,就可以得到3 W的功率,这个输出功率足以使电铃响起,氖灯闪亮。

(2)交流铃

①作用

交流铃一般是接收手摇发电机输出的100~120 V,15~20 Hz交流信号而工作的,这个交流信号作用在交流铃上,产生铃声,使人们在听觉上得到呼叫指示。

②组成与工作原理

交流铃的组成有:铁芯和线圈、永久磁铁、衔铁和铃锤、铃碗。交流铃的工作原理涉及很多电工基础原理,比较复杂,因此简单地掌握就可以了。由于交流电流(如手摇发电机输出的铃电流)的作用,在线圈和磁铁工作中产生磁通、使衔铁以15~20 Hz的频率周期跳动,带动铃锤不断地敲击铃碗发出响声。

3. 声力电话机电路原理

声力电话机电路原理如图6-1-2所示,图中BE为话筒、BR为听筒,BA为副听筒,其中BE与BR一起构成耳机。CH为叉簧开关,受耳机控制。当耳机挂在叉簧上时,触点1,2断开,2,3闭合,准备接受振铃信号。摘机时,触点1,2闭合,2,3断开,把电路转换成通话状态。G和GK为手摇发电机和辅助触点组,它是产生振铃信号的专用装置。对发电机的要求是当气转速达到3 r/s时,发电机的端电压应达到100~120 V,它是频率在15~20 Hz的交流电,根据P(极对数)= 60 f(频率,Hz)/n(转速,r/min),知道手摇发电机的极对数P需5对以上。为了减少极对数,通常手柄与转子之间有升速的转动装置。辅助触点GK是通话电路转换为信号电路的机构,摇动手摇发电机时,在离心力作用下,GK触点1,2断开,1,3闭合,送出振铃信号。正常时(不摇动发电机时),触点1,2闭合,1,3断开,形成通话电路。

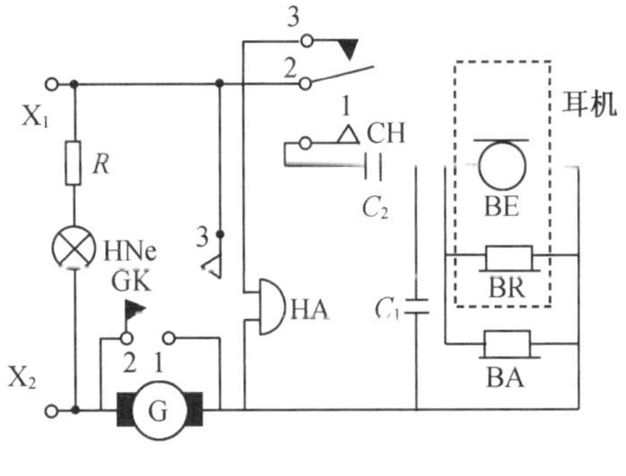

图6-1-2 声力电话机电路原理图

图6-1-2中C_1为电容器,是改善听话效果的,它能把通话电路中高于音频的杂音旁

路。C_2 为电容器，是隔离铃流信号用的，其电容值的选择应使音频信号无阻挡地通过，而低于音频的信号（包括铃流）被隔阻，使耳朵免受铃流振动。HA 为交流极化电铃，起呼叫作用。HNe 为氖灯工作指示灯。R 为限流电阻。

6.1.4 VSZ 系列电话机

VSZ 系列增音式声力电话属于多线制人工电话，是船用指挥电话系统的重要组成设备之一。

1. VSZ 声力电话的特点

(1)采用了晶体管增音器（受话状态）及机械转换装置。可作增音状态通话，保证通话语音有足够的响度，亦可以在没有增音的情况下作声力状态通话。此时，当电缆长度小于 200 m 时，信号衰减不大于 10%，音质频率响应为 400~3 000 Hz。其工作电源由各机自带 4F4 s-2 型 6 V 干电池。

(2)电话机采用手摇发电机作呼叫信号电源，以铃声及指示灯作呼叫指示，其铃响声级不低于 80 dB。

(3)带有闪光呼唤信号器（VSG 闪光分铃器），能保证在高于 95 dB 高噪声的环境条件下进行呼唤，适用于机舱、舵机舱等。

(4)电话机及附件设备的外壳采用铝合金铸成，结构为防溅式，具有一定的抗冲击和抗震性能。

2. VSZ 系列增音式声力电话系统的组成

VSZ 系列电话系统包括单机、总机、闪光呼唤器、增音器、接线箱和电缆线等。

(1)VSZ 电话单机（VSZ-10）

作为用户分机，自身带有电铃和氖灯作为呼叫指示。通常安装于各航行有关舱室，如主、辅机舱、应急发电室等。若安装于高噪声舱室（机舱、舵机舱），必须外接 VSG 闪光分铃器，其原理如图 6-1-3 所示。单机内设有单向受话放大器（VT_1、VT_2），以提高通话响度，其非线性失真不大于 15%，工作电源为直流 6 V 干电池。单机内还设有混合线圈 T 和平衡阻抗 R_1 组成的桥式消侧音电路，以消除侧音和节省材料。

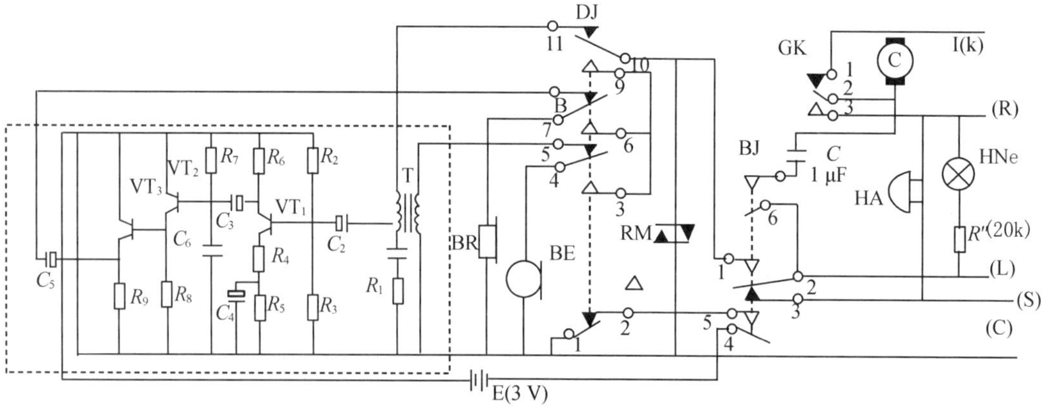

图 6-1-3　VSZ-10 电话单机原理图

VSZ-10 电话单机的外部接线有 5 条，即 I、L、S、R、C。其中 I 为用户选择线，向被叫用户振铃；L 为通话信号线，提供通话回路；S 为外接铃流线，给闪光呼唤器（VSG）送振铃信号；C 为通话地址；R 为铃流地线。

（2）VSZ 系列总机

按用户容量的不同可分 4 门（VSZ-4J）、8 门（VSZ-8J）和 12 门（VSZ-12J）3 种，用于同该总机相连接的用户进行各种形式的通话，如对讲通话、通播通话等。总机通常设于驾驶室。其原理结构与 VSZ-10 单机几乎完全相同，只是用户选择线为多挡转换开关。

（3）闪光呼唤器（VSG）

VSG 型闪光呼唤器是半导体控制的闪光信号指示器，作为工作在高噪声舱室内的电话机的附加信号指示，以提醒值班工作人员注意，适用于机舱、舵机舱等。闪光呼唤器的控制信号是由对方话机的手摇发电机提供的，信号灯电源为 220 V 交流，由照明分线箱供给。

（4）增音器

①作用

增音式声力电话中所说的增音器部分，实际上就是采用了晶体管放大电路，将受话状态下的电流加以放大，增加了输出功率，达到了话音提高响度的目的。

②工作原理

增音器电路的工作原理相对复杂一些，它是利用晶体管具有电流放大的特性，选择合适的电阻、电容与晶体管组成电路并且设置正确的直流工作点，保证电流放大过程中不失真，这个电路称为晶体管放大电路。当输入的话流 i_b 经过晶体管放大电路放大后输出时，得到 β 倍的放大（β 为晶体管放大系数），也就是将话流 i_b 放大了 β 倍，起到了增加音量的作用。

（5）VX 系列接线箱

根据接线数量的不同，VX 系列接线箱分 6 对（VX-6）、12 对（VX-12）和 18 对（VX-18）三种。用于供船内电话系统干线电缆进行分线。由于电话机分布在全船的各部位，设置电话的门数不同，所以电缆的连接必须用接线箱转换，接线箱一般安装在电缆通道内。要求箱体安装牢固，接线螺丝拧紧，以免振动松落或是接触不良而影响通话质量。接线箱的选择要根据电话机的数量。可分为 6 对接线箱，12 对接线箱，多的可用 18 对接线箱。

（6）电缆线

用于各用户之间的连接。该系列电话机在连接时，如果是对讲或指挥通话连接，一般采用 CHF32 型单屏蔽层船用电缆，单机用 4 芯电缆，在与总机相连接时，中间可用一个接线箱连接。如果需要交换通话形式，为了消除成对通话的串音现象，应采用 CHHYP32 型双屏蔽层船用电缆，其外屏蔽层接机壳，内屏蔽层接 C 线（信号地线），故所用电缆芯数为总机所接用户总门数加上 2，即电缆芯数＝用户总门数+2（芯线截面不小于 1 mm^2），如 5 门电话交接则采用 7 芯线。

3. VSZ 电话系统的操作

完成一次电话通话要经过呼叫、应答、通话、机件复位四种状态。我们将通话过程中主动要求通话的用户称为主叫用户，而被呼叫的用户称为被呼叫用户。下面分别说明四种状态：

（1）呼叫

当主叫用户要求呼唤时，主叫为总机。主叫用户将选择开关 I（K）选择到被叫用户号码位置,然后以 3 r/s 的速度摇动手摇发电机数秒,发出振铃信号。摇动手摇发电机时,发电机摇把控制触点 FJ 的常闭触点 1,2 断开,而常开触点 2,3 闭合。此时手摇发电机发出的交流电压经过 FJ(2,3)送到被叫用户电铃 S,使被叫用户的铃声振动响起,并且交流电压另一路经电阻 R_1 送到氖灯 N 使其闪亮,发出呼叫指示,如图 6-1-4(a)所示。

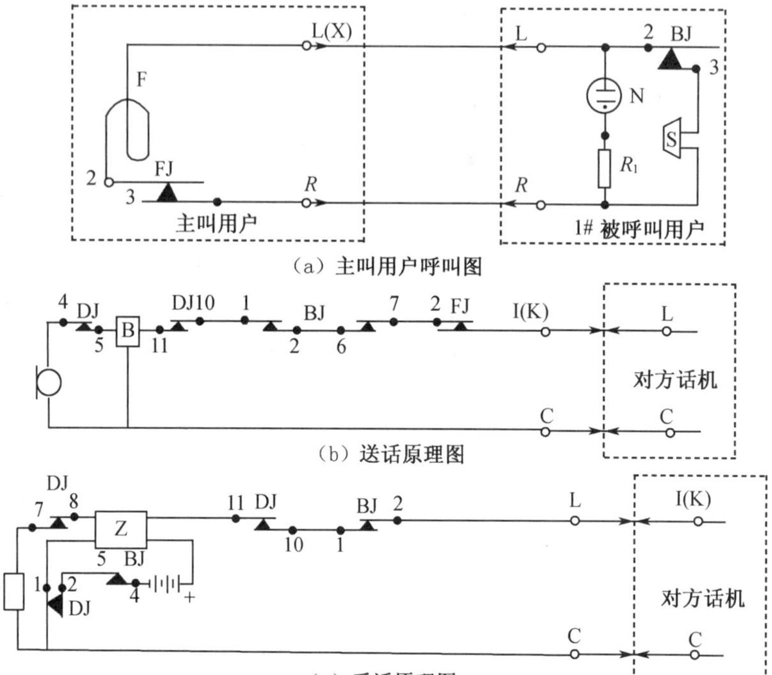

图 6-1-4　VSZ 系列电话

(2)应答

当被叫用户摘机接话后,通过内部触点将振铃信号接地,使主叫用户手摇发电机转动感到费力,同时主叫用户铃响、氖灯闪亮,说明被叫用户已摘机接话。此时便应立即停止摇动发电机。主叫用户的铃响和氖灯闪亮的路线是这样的:摇发电机时的交流电压→本机 I(K)→被叫用户→BJ(1,2) →BJ(6,7) →FJ(1,2)→I(K)线→本机 L→有一路经过 BJ(2,3)到电铃使铃响。另一路经电阻 R 到氖灯 N 使氖灯闪亮。这时主叫用户可以摘机进行通话。

(3)通话

送话时的话音电流传送原理如图 6-1-4(b)所示。话音电流经过声电转换电键 DJ/4,5→话音变压器(b)→DJ(10,11)→手柄控制接触组 BJ 的(1,2)和(6,7)→FJ 的(1,2) →用户选择开关线 I(K)到对方用户。

受话时的受话原理如图 6-1-4(c)所示。由对方用户的 I(K)线到本机的通话信号线→BJ(1,2) →DJ(10,11) →增音器 Z→DJ(8,7)→本机受话器。当选择波段开关置本机号,在挂机状态便成自发自收状态,即摇动手摇发电机发出的呼叫信号被本机接收,此时本机的灯闪亮,同时铃声响,说明本机收发电路正常。

(4)机件复位

通话完毕后,双方都要把手柄送受话器置原处,主叫户必须将用户选择开关 SW 转回零位,增音与声力键扳至“增音”状态。这样一个通话及恢复过程就完成了。

4. 故障排除

(1)呼叫对方话机时铃声不响

除检查连接线路以外,主要检查手摇发电机和交流铃两个部件。

①手摇、电机故障

要判断手摇发电机是否良好,应查看机械部分和电气部分。机械部分:手摇应轻松、自由。否则要检查齿轮的咬合,并清洗内部污垢,使机械转动灵活。电气部分:无输出是线圈断路,也有电气部分受潮湿引起的短路故障,这种情况要更换器件或清洗后使其干燥。

②交流铃故障

交流铃常见的故障是铃声不好,声音小,铃声哑或时响时不响。这时要检查铃锤与铃碗的距离,看铃锤杆是否变形,衔铁与铁芯的距离,铃碗的固定螺丝等机械安装部位。如果完全不响,要检查线圈是否断线或是衔铁是否完全卡住等。

(2)通话发生故障

除检查连接线路以外,主要是送话器和受话器的故障。

①送话器故障

炭精砂送话器最容易出现的故障是炭精砂黏结,其原因是受潮湿水气浸入,使炭精砂黏在一起,解决的方法是加热(35~45 ℃)或者换新。

可用万用表测量电阻值,也可以向送话器吹风,用万用表测量是否有输出。

②受话器故障

如受话时话音沙哑、失真,多为电路直流工作点不正常,应检查晶体管或电阻元件的参数是否正常。测量晶体管和直流工作点,如果没有声音,多为元件损坏造成开路或短路,可用万用表测量检查,然后更换元件。

检查受话器的最简单的方法是用一节电池的正负极碰触受话器的两个电极,看其是否有“喀喀”声响。也可以用电阻表检查直流电阻是否正确,如果是线圈断开的话就要更新。

6.1.5 船用声力电话及其在船上的分布

船舶声力电话系统是供各类船舶内部使用的一种三线制通信设备。它可装于各类大、中、小型船舶作为内部通信及应急设备使用,也可为海上石油平台、油输、石油化工企业等有爆炸性气体混合物存在的危险场所提供安全可靠的内部通信。一般分为直通声力电话系统、选通声力电话系统和指挥电话系统。

1. 直通声力电话及其在船上的分布

(1)直通声力电话

直通声力电话是两部直通电话机之间直接连接而形成的通话方式,是通过按呼叫按钮或手摇发电机的方式建立直通声力电话机之间的相互通信,被叫摘机回叫主叫用户。使用直通声力电话机时用手以顺时针方向摇动发电机手柄或按呼叫按钮(DC 24 V 电源供电时),对方铃响,双方摘机后可相互通话。如图 6-1-5 所示是几种常见的船用直通型声力电话。

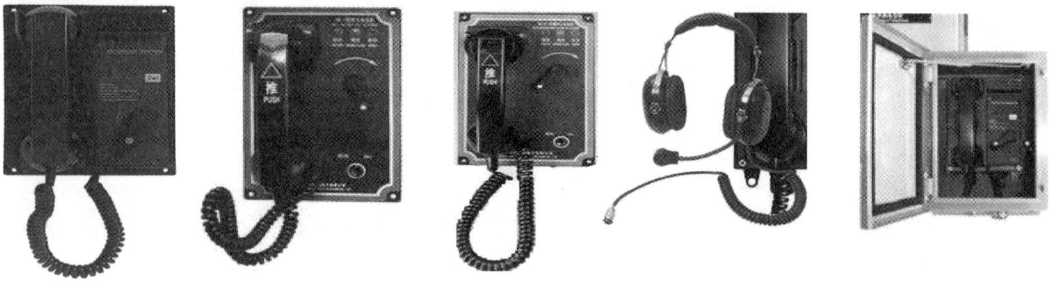

（a）壁挂式直通声力电话　（b）嵌入式直通声力电话　（c）嵌入式防爆声力电话　（d）抗噪音直通声力电话　（e）防风雨直通声力电话

图 6-1-5　船用直通型声力电话

(2)直通声力电话在船上的分布

在直通声力电话分布图 6-1-6 中，我们可以看出这两组声力电话一组用于驾控台和舵机舱之间的直接通信联系，一组用于驾驶室和集控台之间的直接通信联系。

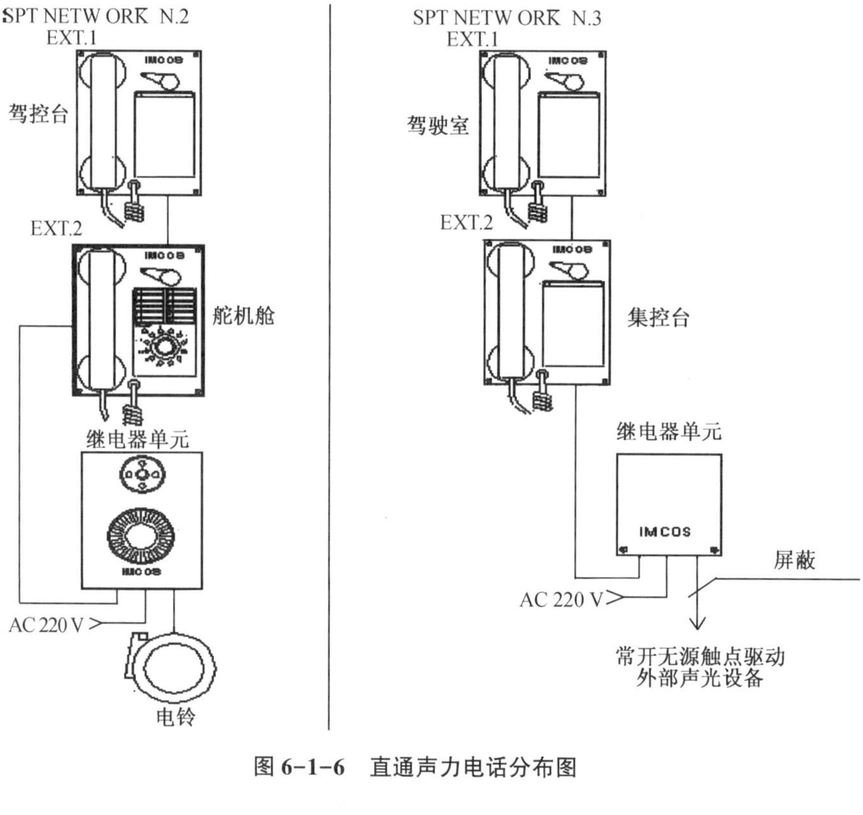

图 6-1-6　直通声力电话分布图

2. 选通声力电话及其在船上的分布

(1)选通声力电话

选通型通话方式是多部选通声力电话机通过选通型汇接箱互相连接而形成的通话方式。是通过按呼叫按钮或手摇发电机的方式建立选通声力电话机与直通声力电话机之间或选通声力电话机与选通声力电话机之间的相互通信。任一电话机可选其余之一通话，也可多对电话同时通话。在使用选通声力电话机时，在声力电话机上将波段开关转到需要呼叫的声力电话机位置，用手以顺时针方向摇动发电机手柄或按呼叫按钮（DC 24 V 电源供电时），对方铃响，双方摘机后可相互通话。选通声力电话有 2~12 门的容量。其通话方式如图 6-1-7 所示。图 6-1-8 为几种常见的船用选通型声力电话。

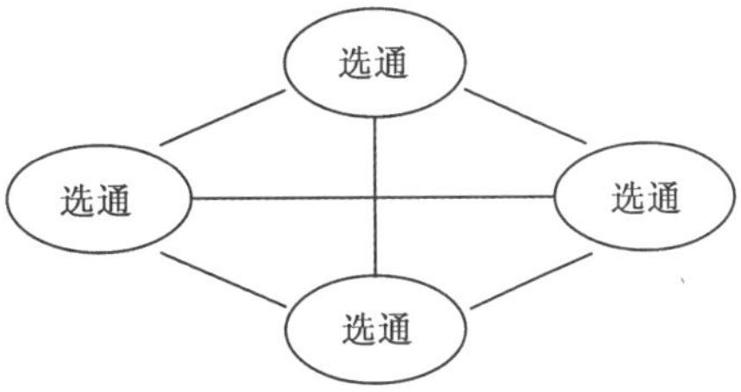

图 6-1-7　选通电话通话方式

（a）嵌入式选通声力电话　（b）抗噪声选通声力电话　（c）头戴选通声力电话

图 6-1-8　船用选通型声力电话

（1）选通声力电话在船上的分布

选通声力电话系统组成及连接如图 6-1-9 所示。

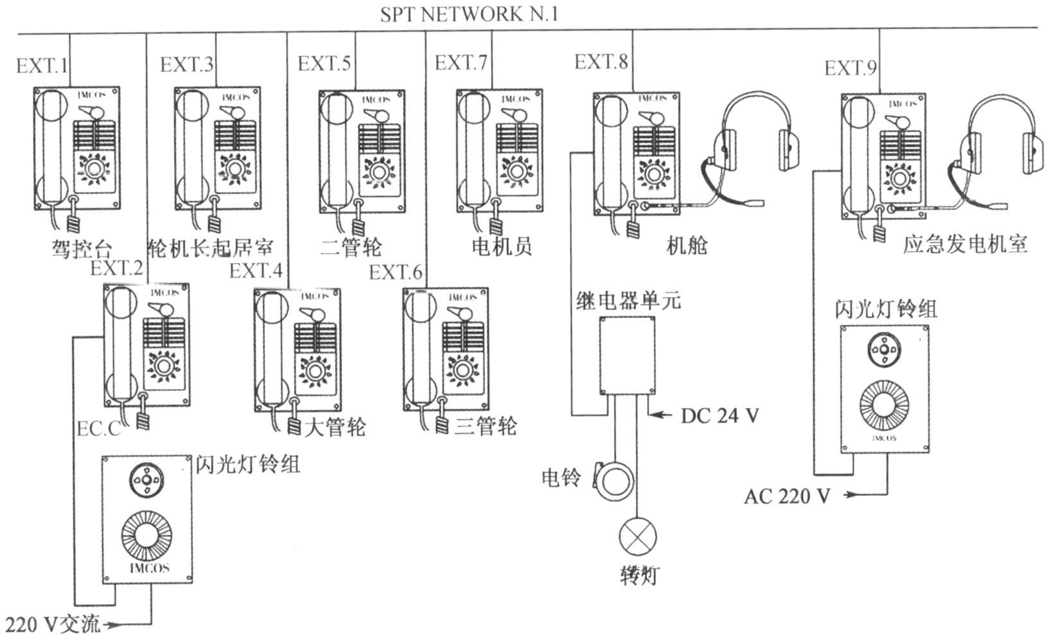

图 6-1-9　选通声力电话分布图

3. 指挥电话及其在船上的分布

下面我们以 VSZ 系列指挥电话系统为例来介绍。

(1)对讲电话系统

①直接对讲

利用设于两个专用舱室内的 VSZ-10 单机进行直接通话。

②间接对讲

同一总机系统内的两个用户单机,可以通过指挥总机的转换而通话。

对讲电话系统是由两台声力电话机(单机、总机)组成的专用指挥电话系统。在船上对讲电话系统常设于两个重要工作部门,通常需设对讲电话系统的舱室有:驾驶室—态机舱;驾驶室—态舵机舱(应急操舵站);驾驶室(或海图室)—CO_2 站(火警中心);机舱—态轮机长室。

(2)指挥通话系统

指挥通话系统是船内电话通信系统中常用的一种通话方式,即指挥总机可以向任意用户或全部用户发送命令,并听取其用户的汇报。

(3)交换通话

交换通话是多门用户总机之间的通话,即指挥总机可以对其用户容量中的一个或几个总机进行同时通话,也可插入其他总机之间的通话或监听。其示意图如图 6-1-10 所示,为 4 门总机的通话示意图。外部连接图如图 6-1-11 所示。电话总机、单机数量是根据船舶的需要来选择的,但其连接方式是一样的。如图 6-1-12 所示为全船 12 门总机的声力电话分布图。

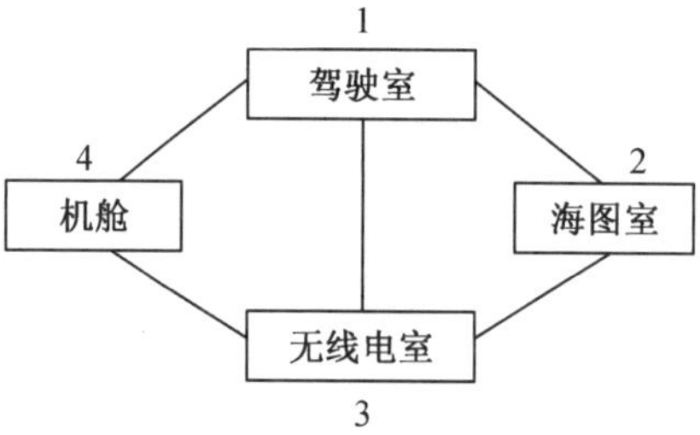

图 6-1-10　VSZ 电话交换通话示意图

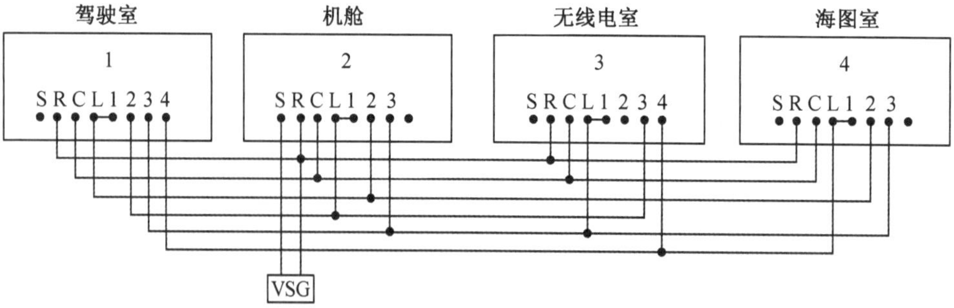

图 6-1-11　VSZ 电话交换通话外部连接图

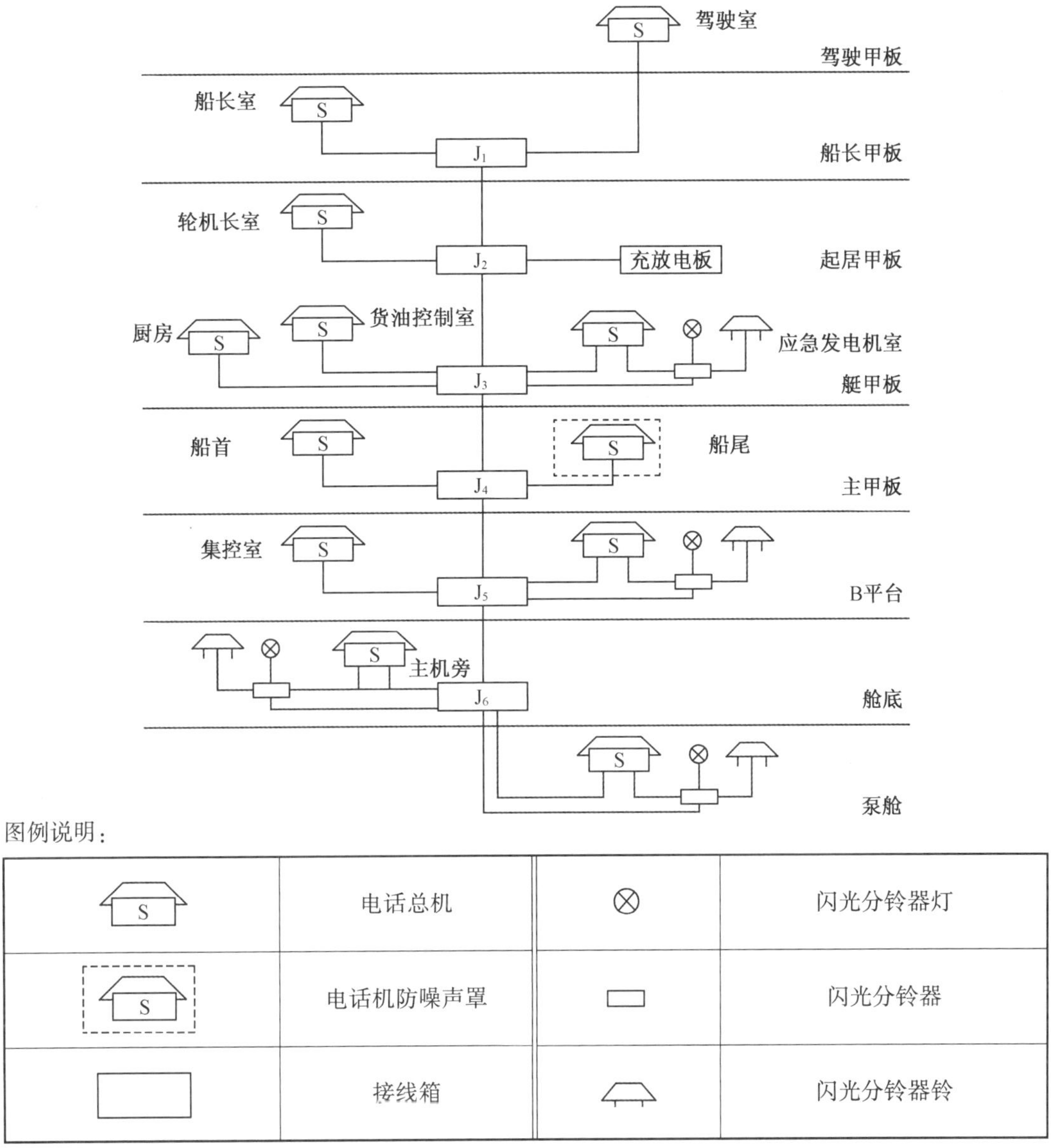

图 6-1-12　全船声力电话分布图

【任务实施】

声力电话系统调试

读识声力电话系统图及系统接线图(图 6-1-13),对声力电话系统通话功能与效果试验。

1. 调试前准备

在正式调试前,需对整个声力电话系统进行检查,并认真填写调试前检查反馈单。调试前需要做好的准备包括以下几个方面:

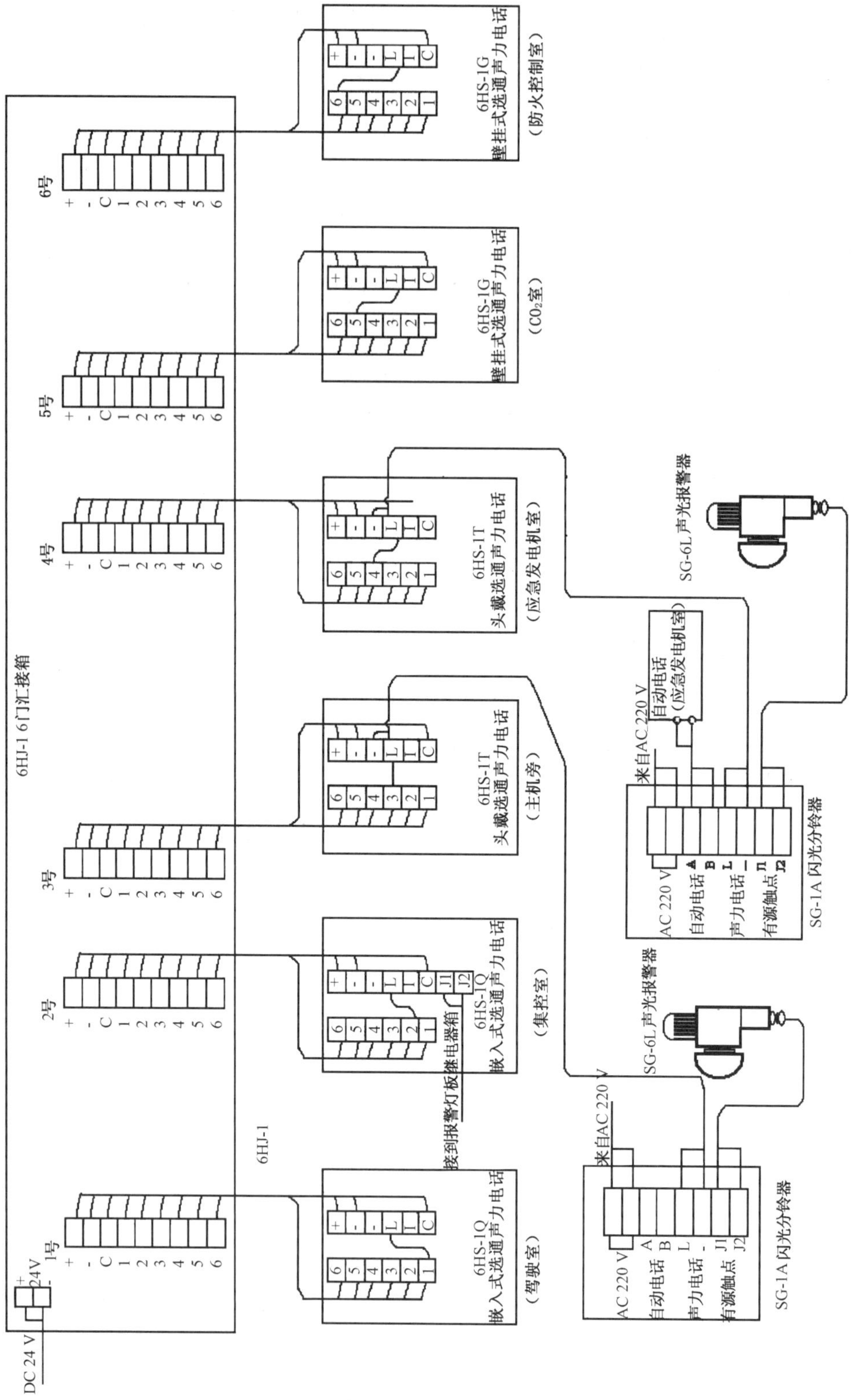

图 6-1-13　声力电话系统图

① 确保电话接线箱安装、接线结束。

② 所有的电话安装、接线结束。

③ 根据系统图电话型号确认安装位置正确。

④ 电话闪光灯安装、接线结束。

⑤ 集控室电话至报警灯柱继电器箱接线结束。

2. 调试步骤

① 声力电话系统所有的附件均已安装完,现场设备应清洁好,保持现场卫生。

② 通电前需认真检查、确认设备接线情况(接线牢固、线号清晰),特别要注意有源电缆和无源信号线的区分及绝缘的测量,无源信号线需检查感应电压的情况。

③ 根据声力电话铭牌调整电话号码。

④ 检查并接通闪光灯电源,测试电话闪光灯功能。

⑤ 测试集控台电话至报警灯柱信号。

⑥ 测试电话功能。直通方式通话:在直通声力电话机上用手以顺时间方向摇动发电机手柄或按【呼叫】按钮(打开 DC 24 V 电源供电时),双方响铃,双方摘机后可相互通话,并确认通话效果。选通方式通话:在选通声力电话机上将波段开关转到需要呼叫的声力电话机位置,用手以顺时针方向摇动发电机手柄或打开 12 门汇接箱 DC 24 V 电源按【call】按钮时,对方铃响,双方摘机后可相互通话。声光报警:各处声力电话打往集控室时,机舱报警灯柱响。

任务 6.2 船舶自动电话系统安装与调试

【任务描述】

通过识读自动电话系统原理图、系统接线图等相关技术图纸,掌握自动电话系统的工作原理、功能、组成及安装与调试方法;能够按照作业规范与图纸要求,完成系统设备领用、设备安装与接线,系统接线正确性检查、系统完整性确认、系统功能逐项试验等工作任务。

微课:船舶自动电话系统

【知识链接】

6.2.1 自动电话系统(automatic telephone system)概述

随着科学技术的日益发展,船舶的功能、种类、吨位不断增加,船内电气化、自动化程度越来越高。为了更好地适应船舶的发展,自动电话系统作为日常生活和工作联系的主要通信系统,被广泛地应用于巨型船舶上。

1. 船用自动电话系统的组成

自动电话系统又称自动交换机电话系统,主要由自动电话交换机、接线盒及终端电话组成。因为是交换机系统,所有电话直接或者通过接线盒连接到电话交换机中。每个电话分配有号码,要与某个人通话,只要呼叫对方的号码即可。电话号码是可以更改的,当电话号码经船东认可后就固化在交换机中。另规范要求自动电话有优先级,优先级高的电话在任何时候都可以执行插入忙线通话功能,规范要求驾驶室、集控室电话优先级最高,其他处所按船东要求可以增加优先级电话。船用自动电话系统图如图 6-2-1 所示。

自动电话交换机一般安装在电气设备间内,接线盒安装在各层甲板,电话布置在包括舱室房间和机舱等重要处所。对于环境噪声大的处所,电话外接声光报警,以提醒操作人员注意,同时为了保证正常通话,使用头戴送受话器,必要时电话机安装在电话隔音罩中,以进一步提高通话质量。根据规范及船东要求,自动电话主机有许多附加功能,主要外部接口有广播系统、通用报警系统等。主机内部功能根据设备制造厂家不同,也有所不同,但大部分有忙音插入、三方通话、广播等功能。

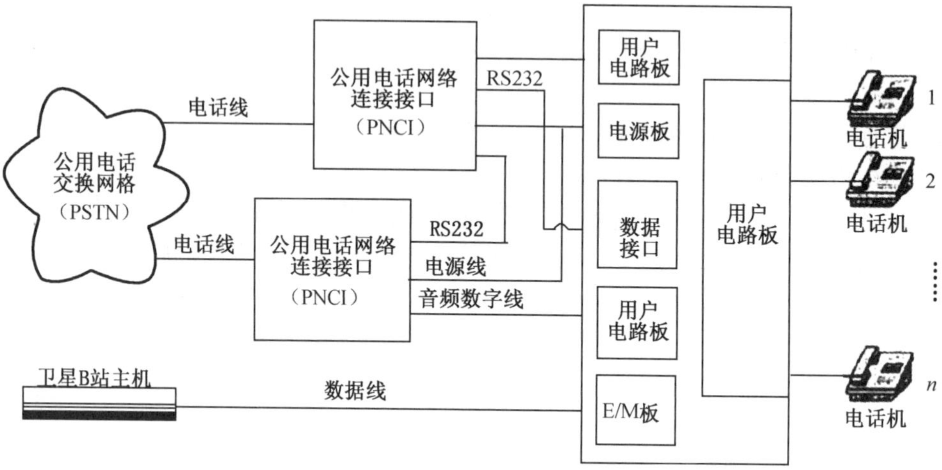

图 6-2-1　船用自动电话系统图

2. 船用自动电话系统的特点

①无线接口　由用户的需要配置

②E/M 接口　与卫星站建立通信。

③遥控广播　有权用户具有开启广播机并选择区域的功能。

④广播寻呼　有权用户可通过广播机喊话找人。被找的人可用任何一部电话机回话。

⑤双电源供电　保证设备工作不间断。

3. 自动电话系统的功能

①遥控广播　摘机后选择广播区域,可遥控广播喊话。

②缩位拨号　指挥机摘机后,遥控广播或呼出重点分机,可按面板上对应的按钮进行选择。

③左、右舷通话　切换到对讲键,指挥机与左右舷通话,完成对讲功能。

④播放告警　指挥机外接扬声器可接听报警、音乐等。

⑤紧急讲话　指挥机上紧急讲话按键具有最高使用权限。报警触发时,按下紧急讲活键,可对全船广播和对所有扩音电话机同时讲话,发布救援或弃船命令。

⑥闹钟服务　所有用户均可设置。

6.2.2　自动电话交换机组成及工作原理

自动电话系统主要由自动电话交换机、接线盒及终端电话组成。其中,自动电话交换机是系统的控制核心。

在两个(或多个)电话机之间,借助通话电路来实现用户之间通话的接通过程,就称为电话交换。实现电话交换的设备,就称为电话交换机。在船舶自动电话系统中广泛应用的是自动程控交换机。

1. 电话交换机的基本任务

电话交换机有四种基本呼叫任务,根据进出交换机的呼叫流向及发起呼叫的起源,可以将呼叫分为:本局呼叫、出局呼叫、入局呼叫和转移呼叫,如图 6-2-2 所示。

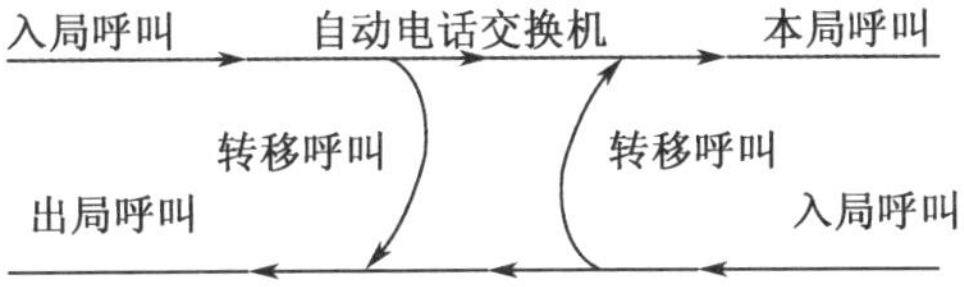

图 6-2-2 自动电话交换机示意图

将交换机理解为一个交换局,根据呼叫的流向可以分为出局呼叫和本局呼叫。主叫用户生成呼叫,被叫用户是本局中的另一个用户时,即本局呼叫;被叫用户不是本局的用户,交换机需要将呼叫接续到其他交换机时,即形成出局呼叫。相应地,从其他交换机发来的来话音,呼叫本局的一个用户时,生成入局呼叫;呼叫的不是本局的一个用户,由交换机又接续到其他交换机,交换机只提供汇接中转的功能,即形成转移呼叫。

2. 电话交换机的基本组成及作用

为了完成电话交换机的基本功能,在交换机中必须有进行通话的话路系统和连接话路的控制系统。

①话路系统

话路系统包括所有提供电话接续任务的终端和交换设备。话路系统的核心部分是“交换网络”。从人工台的接线面板与塞绳电路,步进制的各级接线器,纵横制的用户级、透组级交换网络到数字交换机的数字交换网络,都是用来提供在各种交换方式下的通话通路的。话路系统还包括各种需要通过交换网络进行交换连接的终端,如用户电路、中继设备、信号设备等。简单地说,话路系统是由用户电路、交换网络、出中继器、入中继器、绳路及具有监视功能的信号设备组成的。

用户电路是每个用户所独有,反映用户线的状态变化。其基本功能如下:

a. 用户摘机时,发出呼叫信号;

b. 反映用户线的忙闲状态;

c. 用户挂机时自动复原。

②控制系统

控制系统是在需要的时候接通话路,提供语音信号传送的通路。主要包括译码、忙闲测试、路由选择、链路选试、驱动控制等设备。

交换机的基本组成如图 6-2-3 所示。

绳路和出入中继器是主叫与被叫之间的话音通道。本局呼叫用绳路连接,出局呼叫用出入中继器与对方局相连,入局呼叫则使用入中继器将来自对方局的入线与本局用户相连。驱动器的基本功能是在中央处理器的统一控制一下,驱动话路设备的继电器或触发器动作,所以它是处理机与话路设备间的专用接口设备。

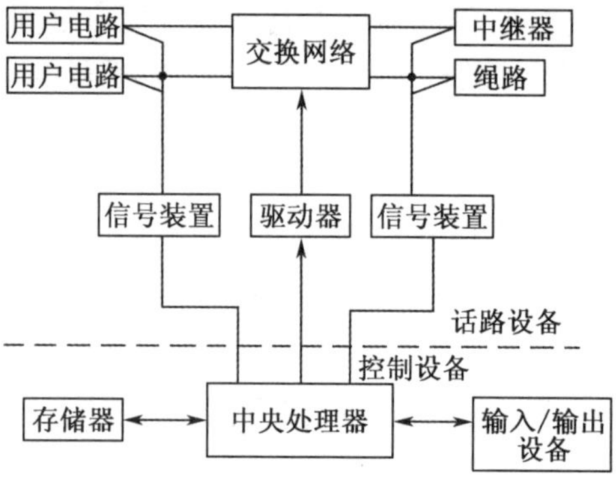

图 6-2-3　交换机的基本组成

控制系统则由中央处理器、存储器、输入输出设备等组成。

存储器用来存储各种程序和数据。存储器包含内存和外存,内存有随机存储器(RAM)和只读存储器(ROM)。经常要用的程序存放在内存里,不经常用的程序则存放在外存里,外存的容量可以很大。

在随机存储器中存储的大多是在交换中频繁变化的信息,如拨号脉冲、用户线或中继线的忙闲信息等均存放在 RAM 中,而呼叫处理程序、执行管理程序等一些不变的程序都存放在 ROM 中。

中央处理器是整个系统的核心。它通过扫描器收集信息作为处理的依据,根据存储器中的程序和数据进行分析、判断,做出处理结果,再向驱动器发出驱动命令,然后驱动器向话路设备发送控制信息以控制话路设备动作。

输入输出设备包括磁带机、CD 机及收音机等设备,它是进行人机对话或输入输出数据的外围设备。

6.2.3　自动电话机及其工作原理

自动电话机有产生供自动交换机需要的控制信号的发送装置,它只能与自动交换机配合使用。用户摘机,向交换机送出呼叫信号;在接续前,供打电话的人发出与被叫用户号码对应的脉冲信号,控制自动交换机进行接续;接续后又是通话回路的主要部件之一;通话结束后又能产生信号使交换复原。

1. 自动电话机的分类

自动拨号装置是自动电话区别于人工电话的显著标志。按其原理又分为机械拨号和电子拨号两类,前者称为旋转拨号盘式电话机,后者称为电子电话机。自动式电话机按拨号制式可分为直流脉冲电话机和双音多频电话机。

直流脉冲电话机　简称脉冲电话机或单音频电话机,这类电话机以发送脉冲的个数代表数字,可适用于任何自动交换机。

双音多频电话机　简称双音频电话机或音频电话机,以高、低两个频率代表一个数字,一般适用于程控自动交换机,或具有双音多频接收装置的自动交换系统。

脉冲、双音频兼容式电话机:简称“P/T”型电话机,这种电话机既可适用于机电制自动交换机,也可适用于程控自动交换机。

按其适用场合可分为:

①桌式电话机　简称桌机，是放在办公桌上使用的电话机。

②墙式电话机　简称墙机，是挂在墙上使用的电话机。

③墙、桌两用机　是一种既能挂在墙上也能放在桌上使用的电话机。

④袖珍电话机　简称手柄机，这种电话机将键盘和通话手柄合为一体，一般适合于电话机接线员查修故障或家庭使用。

2. 自动电话按键的编码方式

键盘式自动电话机是用按键和相应的脉冲发生电路产生与号码一一对应的脉冲，控制交换机工作。发送脉冲有直流脉冲发送方式和多频信号（音频信号）的脉冲发送方式。目前常用的是音频按键的编码方式。它是每一个数字键对应两个脉冲信号。其频率都应落在 300~3 400 Hz 的话音频率带范围，但必须是一个在高频群内，另一个在低频群内。1969 年国际电报电话咨询委员会（CCI-TT）统一标准为高频群为 3 个频率，低频群为 4 个频率，编码与脉冲频率对照表见表 6-2-1。

表 6-2-1　编码与脉冲频率对照表

低频群频率/Hz	高频群频率/Hz		
	1 209	1 336	1 477
679	1	2	3
770	4	5	6
852	7	8	9
941	*	0	#

打电话时，每按一个数字键，就有两个脉冲（不同频率）与之对应，所以称此种编码为“7 中取 2”频率制式。例如：按数字键 2，就送出高频群中的 1 336 Hz 和低群中的 679 Hz 两组脉冲；按数字键 9，则送出高频群中的 1 477 Hz 和低频群中的 852 Hz 两组脉冲。同样若按 * 键，则送出高频群中的 1 209 Hz 和低频群中的 941 Hz 两组脉冲。

3. 典型船用自动电话机工作原理

KATC-10 型自动电话机广泛用于船舶自动电话系统，其电路如图 6-2-4 所示，它采用补偿式消侧音电路。转换元件为叉簧开关，采用断接式的转换电路，通话时，CH(1,2) 断开，振铃 HA 与氖灯 ta 断路，平时（不打电话时）CH(1,2) 闭合，随时准备接收其他话机打来的电话。通话设备与拨号脉冲信号的接线是用短路方法。即拨号时利用拨号装置控制的短路接点 DD 把通话设备短接，不拨号时短路接点 DD 打开，不影响通话电路。

所谓侧音是指自己说话的声音传到自己的受话器中，同时室内的杂音也在受话器中反映出来。侧音的存在，干扰甚至覆盖了对方的来话，听不清对方讲话的内容，影响了通话的质量，使人听觉疲乏，降低了听觉灵敏度，所以目前话机中都要采用消侧音电路。

本话机作为主叫时，首先取下耳机，使叉簧开 CH 动作，CH(1,2) 断开，切断本话机的声光信号电路；CH(2,3) 闭合，使电容器 1 μF 与电阻 R_3 串联后与断续接点 MD 并联，形成消弧电路。CH(4,5) 闭合即接通通话电路和拨号脉冲的通路。当主叫拨打被叫用户号码时，拨号盘装置使短路接点 DD(1,2) 和 DD(3,4) 闭合，把本话机通话设备短路。其作用有：

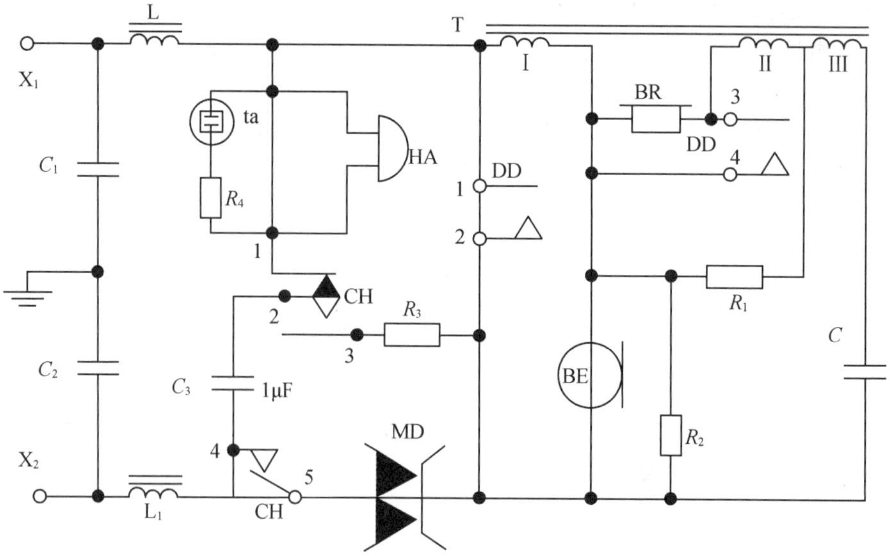

图 6-2-4　KATC-10 型自动电话机电路原理图

①减小拨号脉冲信号的损耗。

②防止在本话机中听到“喀、喀……”声，减少噪声，同时拨号盘装置使断续接点 MD 时断时通，发出与所拨号码一致的脉冲信号，控制自动交换机中的选择器工作。

其回路是：断续接点 MD 右端→短路接点 DD(2,1) →滤高频电感 L_1→引线端 X_1→通过连接线到自动交换机的选择器→通过连线回到另一引线端 X_2→滤高频电感 L→叉簧开关 CH(4,5)→断续接点 MD 的左端。拨完号后，自动形成通话电路，等待对方来话或忙音(回铃声)信号。作为发话一方，声音信号从话筒发出，一路经过初级绕组 I 直接送出去，另一路经过电容 C，绕组Ⅲ等形成回路，它在绕组 I 感应的信号是增强原来送出的信号的(即起帮流作用)。同时应使听筒 BE 两端的信号接近零，从而消除侧音。

作为被叫话机时，由于耳机在叉簧上，所以 CH(1,2)闭合，CH(2,3)、CH(4,5)打开，自动交换机送来的呼叫信号可通过振铃 HA 和氖灯 ta，发出声音和闪光的呼叫信号。其通路如下：自动交换机的铃流产生电路→通过连接线进入接线端 X_1→滤高频电感 L_1→电铃 HA、氖灯 ta、电阻 R_4→叉簧开关常闭触点 CH(1,2)→电容器 1 μF→滤高频电感 L_1→引线端 X_2→通过连接线回到自动交换机的铃流产生电路。当接电话的人取下耳机后，叉簧开关动作，常闭触点 CH(1,2)断开，切断了铃流电路，使呼叫信号停止。常开触点 CH(2,3)，CH(4,5)闭合，接通了通话电路，此时双方通话。对方来话的回路是：引线端 X_1→滤高频电感 L→混合线圈的初级线圈 I→话筒 BR→断续接点 MD→叉簧开关 CH(5,4)→滤高频电感 L_1→引线端 X_2。话流通过初级绕组 I 后必然在绕组Ⅱ和Ⅲ感应相对应的音频电势，给听筒 BR 供电，使接电话的人听到对方的声音。

电路中其他元件的作用：L 和 C_1、C_2 是滤高频噪声的。电容 C 的充放电状态与绕组Ⅲ配合起帮流作用。1 μF 电容器的作用有：

①话机没有通话时，振铃 HA 和氖灯 ta 是一直与铃流信号保持通路的，为了防止直流电源长期通过极化铃绕组和氖灯，用它起隔直作用。

②拨号时电容 1 μF 与电阻 R_3 联成支路，为断续接点 MD 消去电弧，保证脉冲信号的

质量。

6.2.4 常见船用自动电话及其系统连接

图 6-2-5 是几种常见的船用自动电话机。

（a）壁挂式自动电话机　（b）船用台式电话机　（c）防爆自动电话机

图 6-2-5　船用自动电话机

图 6-2-6 为某船用自动电话系统连接示意图。图中交换机主用交流 220 V 电源，备用电源为 DC 24 V，主用电源和备用电源可自动切换。其固定有三个优先级，一级优先级最高，三级优先级最低，一级用户(301,302,303,304)可以同时呼叫任一组 7 个用户(共三组)并同时进行通话，可以主持最多六个用户参加电话会议，也可插入正在通话的低级用户并进行通话。二级用户(300,305,306,307,308,309,310,311,312)除具有单击用户的所有功能外，还具有摘机听到拨号音后再拨号，可对所选电路广播进行喊话的功能。三级用户(其余号码)除普通通话功能外，还具有当通话双方需要与第三方通话时，任一方拨第三方号码即可构成三方通话的功能及呼叫对方忙时，可实现内部呼叫排队的功能。

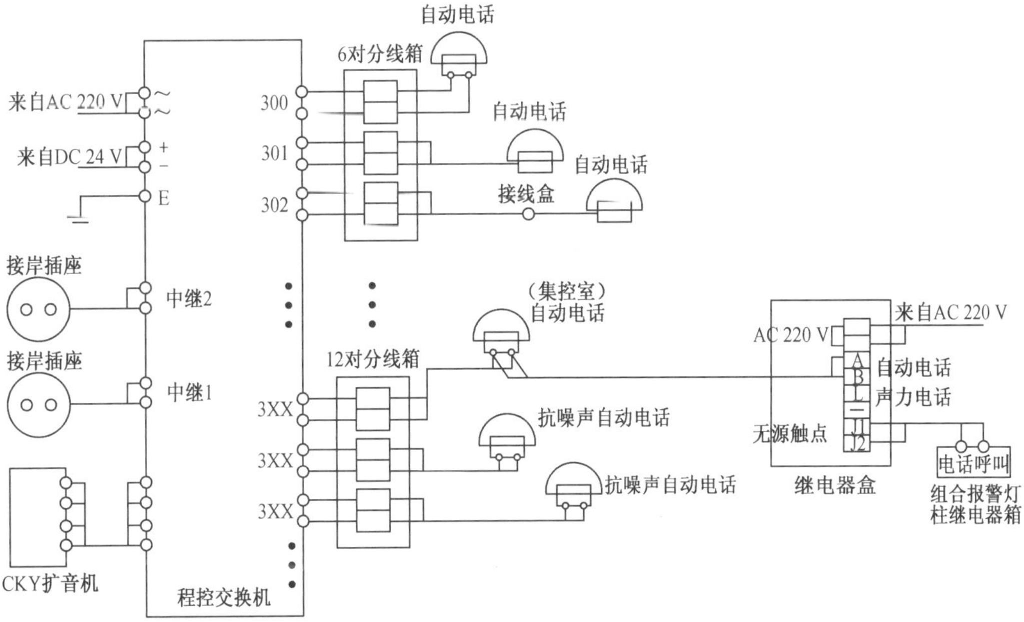

图 6-2-6　程控电话接线示意图

【任务实施】

自动电话机安装与调试

1. 自动电话机的安装及注意事项

电话机一般通过接线盒与外线相连,安装时,只要将外线分别与电话机接线盒上的两个固定螺钉接上并拧紧便可。接线时可不分正、负极性。安装磁石电话机时,接线盒上标有“+”“-”记号的两个接线端子应分别与电池的正、负极相接,不可颠倒,否则话机将不能正常工作。安装电话时应注意以下事项:

①避开高温

温度过高易使电话机的塑料外壳和话筒变形,这种塑料制品变形后,一般很难使其恢复原状。

另外,电话机内的电子元器件,在高温环境下易老化。所以,电话机不宜放在火炉、水暖管附近,也不要放在红外烘干灯下使用。

②避开阳光照射

电话机的塑料机壳在阳光的照射下,不仅表面易褪色和老化,而且会使内部的电子器件寿命下降。

③防止雨水进入话机

雨水进入话机后,电话机将不能正常工作,内部的印刷电路板等也将被腐蚀霉断,甚至使整个话机报废。电话机进水,应将机壳打开放阳光下晒干。

④避开强磁场干扰

电话机在外部强磁场的干扰下将不能正常工作。所以电话机不宜安放在空调器、等离子发生器等设备附近。

2. 自动电话系统通电调试

可参照系统图按照图 6-2-7 所示通电调试流程进行系统通电调试工作。

通电调试:

(1)线路检查,对照系统图和系统接线图,确保电缆敷设和接线的正确性。.

(2)两路电源检查,查看是否有短路现象。在确定无误的情况下,可通电试机。

(3)计算机通过 RS232 串口与交换机相连,把事先编好的程序写入自动电话交换机的存储器内,使交换机可以按照工作所需电话号正常工作。

(4)一切准备就绪,接通电源,按照通电流程图(图 6-2-7)进行调试。

(5)逐个检查电话分机拔出/打入功能,确保每部电话工作正常。如出现问题,可用替换方法,判断是否是电话机本身故障。

(6)测试优先级电话功能,使系统满足规范要求。

上述内容全部正确无误后,自动电话系统调试完成。

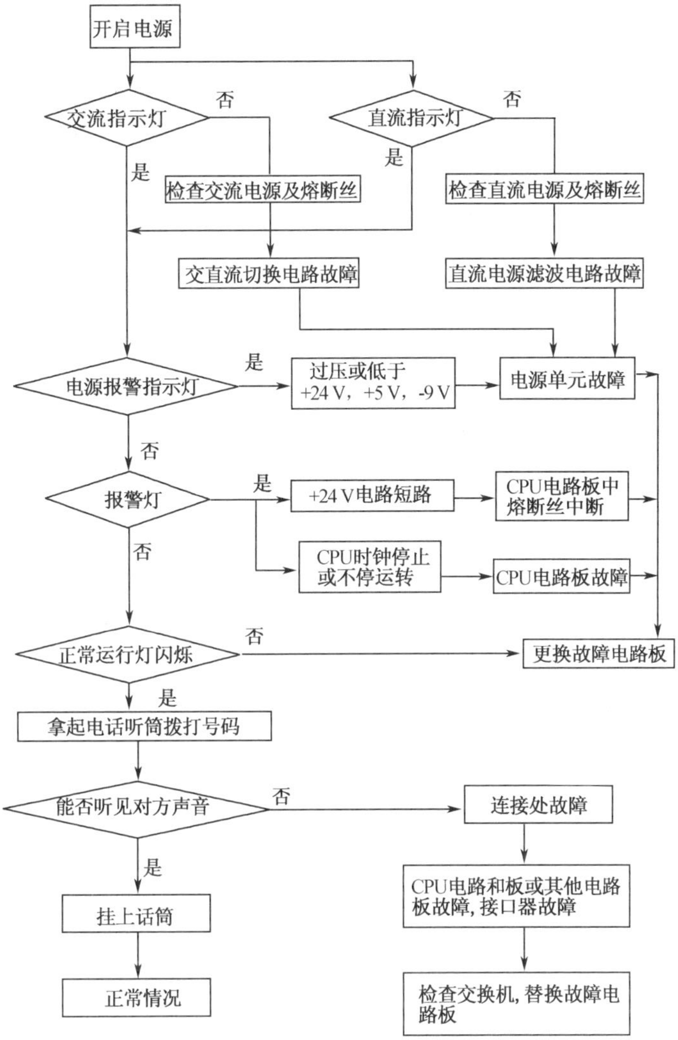

图 6-2-7 通电调试流程

任务 6.3 船用广播对讲系统安装与调试

【任务描述】

通过识读广播对讲系统接线图等相关技术图纸，了解常用的广播设备，掌握广播对讲系统的组成、功能及安装与调试方法；按照作业规范与图纸要求，完成广播对讲系统设备领用、设备安装与接线，系统接线正确性检查及系统功能逐项试验等工作任务。

微课：船用广播对讲系统

【知识链接】

6.3.1 广播对讲系统的组成及功能

广播对讲系统主要由广播主机、广播控制板、扬声器及接线箱组成，电源采用交直流供电。广播主机一般安装在驾驶室。广播控制板根据船舶规格书要求，一般有 1～3 个，扬声器是根据舱室结构及声响等级要求布置的，广播系统典型系统有 3 个控制板，每个控制板上都有选择开关，为了使广播具有更强的针对性，分为几个区域，可进行单独广播。一般分为以下几个区域：甲板区域、舱室区域、机舱区城等。为了满足船员使用要求，有些广播扬声器安装了音量调节开关，可关断某个扬声器声音。这样在紧急通知时，能让所有人听到广播。系统设计了紧急广播功能，在控制板上只要选到紧急广播挡位，即使扬声器音量开关关闭，紧急广播下也能发出最大声音。

对讲匣是根据规范及船舶的使用要求，在广播系统中实现驾驶室与船舶首、尾、桥楼两翼对讲。在船舶首、尾、桥楼两翼增设麦克及扬声器，当船舶抛锚、带缆时可与驾驶室通话。

对于船用广播系统，自动电话系统或共电式电话系统应能启动广播系统电源，如遇到紧急情况时，可切换到直接通过电话对全船喊话的状态；广播系统应具有受内部通信系统遥控的功能，能集中受控，也可分区受控。且遥控指挥功能级别高于文娱广播功能级别；广播系统应具有监听功能和交直流电源自动转换功能。

6.3.2 CCS《钢质海船入级与建造规范》对广播系统的技术要求

500 总吨及以上货船均应设有符合下列要求的公共广播系统：

(1)应能从驾驶室和消防控制站等处所，向船员通常所在的所有处所及集合站发送广播信息；

(2)不需要接收者进行任何操作即可接收广播信息；

(3)应有防止未经许可使用的保护；

(4)放大器应有足够的输出功率，以使广播紧急通告用的所有扬声器能同时工作；

(5)其布置应能防止音频反馈或其他干扰；

(6)当船舶在正常航行状态下航行时，广播紧急通告的声压级应不低于：

①内部处所 75 dB(a)，并应至少高于语音干扰声压级 20 dB(a)；

②外部处所 80 dB(a)，并应至少高于语音干扰声压级 15 dB(a)；

(7)应能由主电源和应急电源供电；

(8)如公共广播系统用来发出通用报警信号，则还应符合下列要求：

①至少设置两个放大器，并单独供电；

②扬声器电路应布置成即使一个放大器或一个扬声器电路发生故障，仍能维持报警信号的发送，但其强度可以有所减弱；

③当扬声器由内置音量控制器控制时，在发出报警信号时，音量控制应自动失去控制功能；

④能随时发出清晰的报警信号，其他同时发送的信号应自动中断；

⑤每一扬声器应设有独立的短路保护。

所有客船应设有符合下列要求的公共广播系统：

(1)应能从驾驶室和中央控制站等处所，同时向船员和乘客或两者通常所在的所有处所以及集合站发送广播信息，同时也应可以分别向船员和乘客发送广播信息；

(2)应符合上述对货船技术要求中(2)～(6)的规定；

(3)在驾驶室的控制位置上应能切断本广播系统从其他位置上发出的任何广播；

(4)系统控制单元所在处所属 CSS 规范第 6 篇定义的控制站，在每一这样的控制站均应具有下列应急功能控制：

①应急功能的清晰显示;

②任何其他输入系统或程序的自动越控;

③所有音量控制和开/关控制的自动越控,以使所有处所均能获得要求的音量;

5. 至少应设有独立且分开的两个放大器,并独立供电;

6. 每一防火区应至少设有两个与各自放大器相连接的扬声器环路,其电缆应在整个长度上都尽可能分开敷设;

7. 每一扬声器均应设有独立的短路保护;

8. 应能由主电源、应急电源和临时应急电源供电;

9. 如公共广播系统用来发出通用紧急报警信号,则还应符合一些其他要求。

随着技术的不断进步,近年来出现了无主机广播/对讲系统,系统彻底打破了交换式的通话方式,不再局限于点对点的烦琐的拨号操作,适用于工作人员工作岗位不固定,长期流动的工作性质,是在危险场所沟通最迅速有效的通信方式。

6.3.3 常用广播设备及其在船上分布

1. 几种常用的广播设备

广播主机是船舶公共广播系统的核心,现在用的广播主机一般都集成有通用紧急报警模块,具有通用报警、公共广播和人员告警功能。广播主机的类型有柜式的、台式的、嵌入式的。

扬声器是广播系统不可或缺的重要组成部分,根据实际使用时的具体需求不同,船上安装的扬声器的类型也是不一样的,常用的船用扬声器有高音喇叭、双面扬声器、壁挂式扬声器、吸顶式扬声器、防水式扬声器和防爆式扬声器等。图 6-3-1 为常见船用广播系统主机。图 6-3-2 为几种常用的船用扬声器。

2. 广播系统在船上的分布

某船配置的广播系统接线图如图 6-3-3 所示。

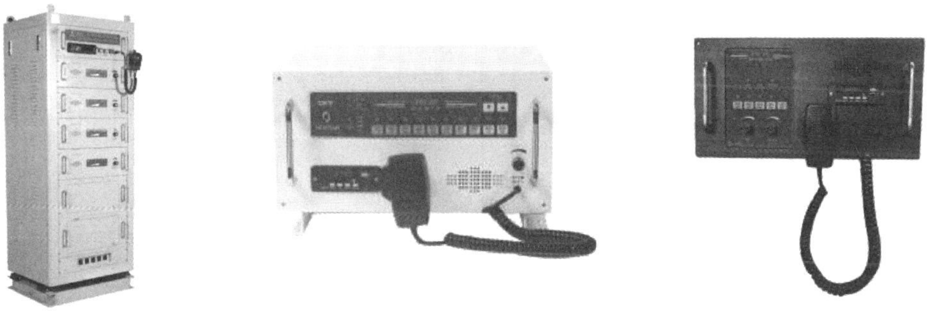

图 6-3-1 船用广播系统主机

(a) 高音喇叭 (b) 双面扬声器 (c) 吸顶式扬声器 (d) 防爆扬声器 (e) 壁挂式扬声器

图 6-3-2 几种常用的船用扬声器

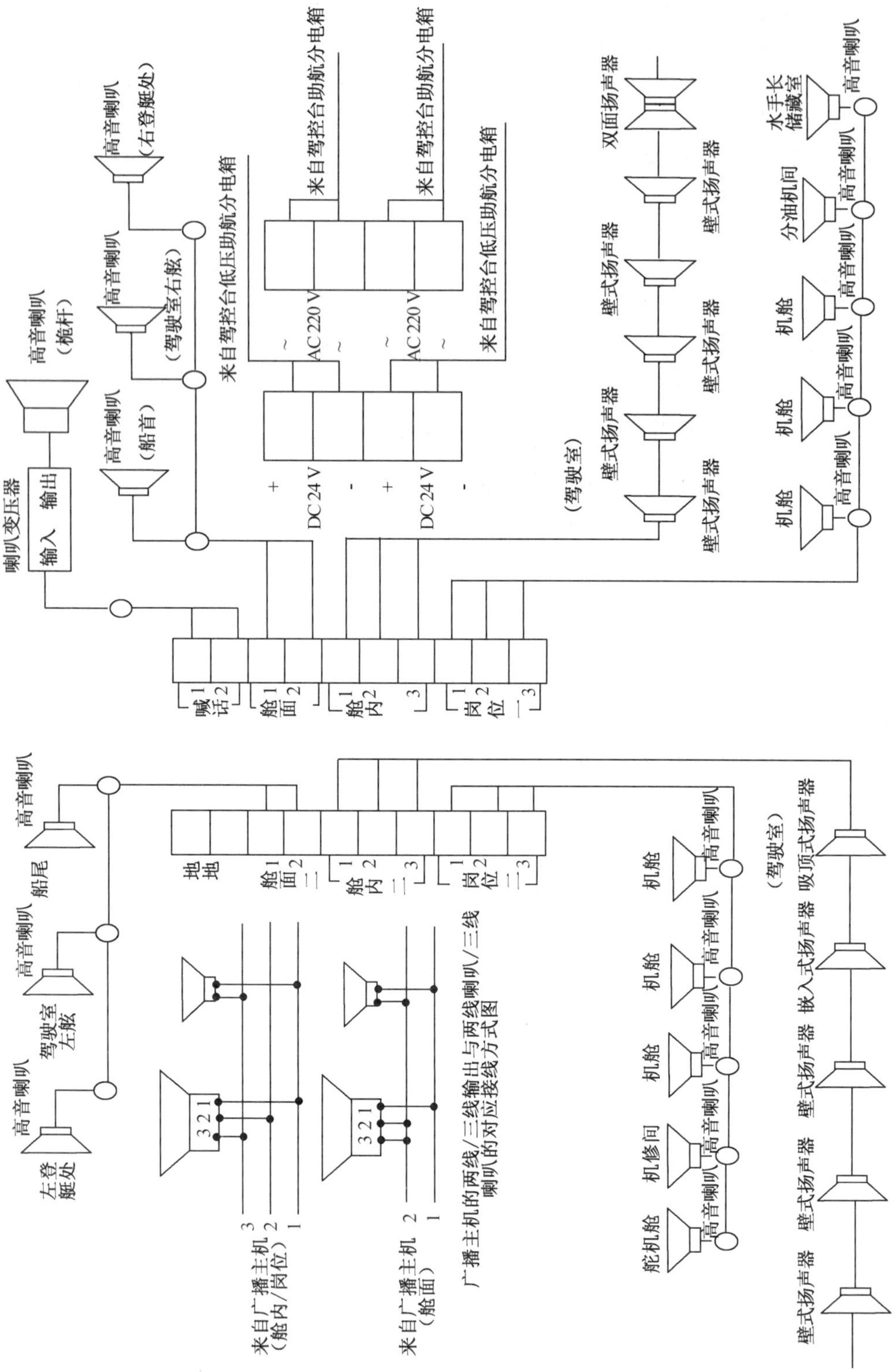

图 6-3-3 广播系统接线图

【任务实施】

广播系统调试

对照广播系统图、系统接线图和广播系统说明书进行广播系统调试，步骤如下。

(1)依照系统图、接线图进行线路检查，确保连线正确。

(2)检查电源是否正确，有无短路、断路现象。

(3)接线正确后，通电试机。

(4)在广播主机上喊话(或播音乐)检查各扬声器是否发声，如有问题查找原因并解决。

(5)在主机上选择各广播区域进行广播，检查能否实现区域广播。

(6)电话遥控广播。在所连的电话机上摘机，拨广播区域号，即可进行电话遥控广播，讲话结束后挂断电话，系统自动恢复原状。

(7)雾笛广播，按下广播主机面板上的【雾笛】按钮，可以通过广播系统施放雾笛信号。

(8)测试对讲功，在广播分机上按【主机对讲】可实现与遥控主机之间的对话。

思考与练习

1. 什么是声力电话，声力电话机包括哪几部分，各部分的作用如何?

2. 船舶声力电话系统的种类有哪些?

3. 何为程控电话，其特点是什么? 自动电话拨号装置的作用是什么，其脉冲特性有哪些?

4. 以图 6-1-2 为例，说明声力电话机的通话原理。

5. 简述船舶直通声力电话系统的组成及分布。

6. 简述船舶选通声力电话系统的组成及分布。

7. 自动电话的接续过程怎样?

8. 简述船舶自动电话系统的组成及各部分作用。

9. 简述船舶广播系统的组成及功能。

项目7 船舶信号系统系泊试验与航行试验

系泊试验是在机电设备和其系统安装结束的基础上进行的,通过对机电设备的调整及性能试验,以验证机电设备是否达到原设计性能,是否满足船舶设计、船检规范和系泊试验大纲规定的要求。

系泊试验时,船上多数设备可进行满负荷试验,并对该设备进行全面考核,例如发电机组、船舶系统及泵和起重设备等。但由于系泊试验无法对与船舶航行有关的设备进行全面考核,例如主机及其动力系统、舵机、锚机、制淡装置和导航通信设备等,所以这些设备的性能试验只能在航行试验时进行,但在系统试验时,这类项目应按系泊试验大纲要求调试到最佳状态,同时检验这些设备能否正常地工作,以保证能够安全地进行航行试验。

航行试验是每艘船舶在建造的最后阶段进行的。航行试验应按规定的大纲进行,对船舶的航海性能、电气设备、导航设备和机械设备进行试验,验证船舶总体性能和设备的质量是否符合合同、政府法规、法令和国际有关公约、规范和图样等要求。航行试验的目的是通过试验,对船舶进行最终验收。

船舶系泊与航行试验应参照《海船系泊及航行试验通则》(GB/T 3471—2011)中的有关要求来进行,对此,GB/T 3471—2011 中有如下规定。

(1)每一新建船舶在系泊试验前,设计单位或船厂应根据本标准的规定,与有关单位协商后,编制该船需进行的试验项目和具体试验大纲,并提交给传动确认和船舶检验机构批准。

(2)每个项目的试验结果,应符合规定的法规、规则、公约或标准的规定。

(3)系泊试验与航行试验所使用的测试设备和仪器,应具有国家有关主管机构签发的有效合格证件。对于法定和船级检验有关项目的测试设备和仪器,执行检验的单位有权检查其测量精度等级、定期鉴定的书面文件或记录。

(4)报验场所应整洁、畅通,并应有足够的照明,同时应采取适当的安全和防火措施。

(5)航行试验前,应按船舶检验机构同意的技术文件进行倾斜试验,其试验报告应经船舶检验机构批准认可。

(6)航行试验前,船厂应消除系泊试验中发现的故障、缺陷,并取得船舶检验机构签发的试航证书。

(7)船厂在系泊试验和航行试验中,应做好各种试验记录。试验结束后,船厂应整理出有关技术文件和试验报告,并作为检验和交船的必需技术文件,提交给船舶检验机构和用船单位。

任务7.1 船舶信号系统系泊试验

【任务描述】

按照系泊试验大纲对船舶信号相关系统,包括:主机遥控、机舱监测报警、船舶内部通信系统,探火及失火报警系统,航行灯、信号灯、雾笛等系统进行设备的调整与性能试验,以验证是否满足达到原设计性能,是否满足船舶设计、船检规范和系泊试验大纲规定的要求。设备调试后,按试验、检验项目向检验员、船东和验船师交验。工厂在完成全部系泊试验项目后,向船检部门申请船舶试航证书。

【知识链接】

GB/T 3471—2011 中关于船舶信号系统系泊试验的具体要求说明如下。

7.1.1 机舱自动化系统试验

1. 试验条件

机舱自动化系统应满足下列试验条件。

①各自动化项目调试合格。

②被控制的电机的效用试验合格。

2. 试验内容及程序

(1)压力/温度传感器在计量实验室内试验

①试验时,测量用仪表的精度等级应高于试验的传感器。

②所有压力/温度传感器应在计量试验室内进行校验,完成传感器设定值的整定并将设定值铅封。

二维码:船舶系泊试验操作视频

(2)报警系统功能试验

①对驾控室、机舱集控室等控制设备的显示,对报警功能进行检查和模拟试验。

②如果在安装过程中松动了传感器设定值的铅封,功能试验前应重新调整设定值。

③对压力、温度、液位等开关量和模拟量的报警点,应逐一进行模拟试验,检查其报警及延伸报警功能。

(3)轮机员值班呼叫系统试验

(4)主机自动化系统试验

①控制位置转换试验:在主机停车的情况下进行该项试验,控制位置按机旁→集控室→驾驶室→集控室→机旁的顺序进行转换,校验转换过程中各控制位置显示报警的正确性。并对机旁控制的优先转换功能作实效试验。

②安全系统试验如下。

a. 安全系统试验在主机停车的情况下进行模拟试验,校核整定值;

b. 应急停车试验:分别按下各控制站的应急停车按钮,应急停车机构应动作,并发出相应的动作和显示;

c. 自动停车试验:分别模拟主机超速,滑油低压,冷却水出口高温等故障,在主机低速的情况下试验主机自动停车功能及相应的报警功能;

d. 自动降速功能试验:按照审批图纸的要求模拟主机自动降速故障,试验主机自动降速功能及相应的声光报警功能;

e. 越控功能试验:分别按下驾驶室控制和机舱集控室的越控按钮(若设有时),如果系泊试验时主机转速过低,无法进行试验,可在航行时试验。

③主机遥控慢转试验如下:

a. 遥控在驾驶室和机舱集控室进行;

b. 本试验可以与主机的系泊试验同时进行,试验时主机的最高转速根据码头的情况而定;

c. 在 a. 规定的控制站遥控启动主机,并控制主机按正车慢速→停车→倒车慢速→停车的顺序操作几个回合,检验控制功能是否正常。

3. 试验记录

略。

7.1.2 传令设备试验

1. 试验条件

设备安装合格。

2. 试验内容及程序

(1)话管系统试验

对话管系统进行效用试验,对驾驶室与罗经平台利用话管系统进行通话,检查通话声音清晰度。对话管哨子进行试验,检查哨子的哨声。

(2)传令钟试验

①进行效用试验,在驾驶室和集控室、机舱互拨传令钟,对传令钟上每一种指令逐一试验,检查传令钟复示指令的一致性与准确性。

②检查与传令钟配合的声、光信号是否正常工作,并检查响度与亮度是否能引起注意。

③对传令钟系统断电,检查失电声、光报警装置的工作可靠性。

④改变主机用车方向,检查主机错向报警装置的工作可靠性。

⑤若安装有车钟自动记录仪及报警装置,则应对该装置进行效用试验。

⑥对驾驶室及其他操纵地点的传令钟面板照明及亮度调节系统进行效用试验。

3. 试验记录

(1) 记录传令钟复示指令的一致性和试验次数

(2) 记录各装置热态绝缘电阻值

7.1.3 信号设备系泊试验

1. 试验条件

信号设备试验应满足下列条件。

①航行灯、信号灯处于工作状态。

②具备试验测量仪器、设备。

2. 试验内容及程序

(1)航行灯、信号灯试验

①检查航行灯、信号灯的位置是否合格。

②对手提白昼信号灯进行效用试验,检查其电源插座、信号灯型号是否符合要求。

③对航行灯、信号灯按图纸规定进行通电试验,检查各灯的发光情况。

④进行断电和故障试验,检查报警系统是否正常工作。

⑤在断电后,检查应急电源的自动转换功能。

⑥进行航行灯断电报警试验。

(2)号笛及其施放装置试验

①鸣放号笛,检查号笛施放装置的可靠性,包括机械传动的非电声号笛,检查号笛是发出持续时间为1 s的短声和4~6 s的长声。

②将号笛施放装置置于自动雾号状态,检查是否能发出规定的雾号及同步信号指示灯显示是否正常,并检查自动雾号是否能立即停止。

3. 试验记录

测量记录航行灯、信号灯及其控制箱的绝缘电阻值。

7.1.4 探火及失火报警系统试验

1. 试验条件

探火及失火报警系统试验应满足下列条件:

(1)系统的布置和安装合格。

(2)系统的各种仪表及报警安全装置校验合格。

2. 试验内容及程序

(1)安装有感温或感烟式探测器的处所,应对各探测器进行人工模拟效用试验。

(2)对抽烟式探火系统的取样风机进行不少于30 min的效用试验。检查风机及电动机运转时是否有异常振动及发热现象。

(3)抽烟式探火系统的取样风机做转换动作试验。取样管路压缩空气冲洗装置做效用试验。

(4)对各手动火警按钮进行动作试验。

3. 试验记录

效用试验后,测量记录电动机及其控制设备的热态绝缘电阻值。

7.1.5 船内通信系统试验

1. 试验条件

船内通信系统试验应满足下列条件:

(1)系统安装合格。

(2)各通信系统的绝缘电阻测试合格。

2. 试验内容及程序

(1)广播系统进行效用试验,检查主机和各控制站工作是否正常,扬声器的话音是否清晰,音量调节与遥控站的控制是否对应。

(2)集合警铃进行效用试验,检查驾驶室、消防控制站等处所报警开关的工作情况,各警灯和警铃是否正常工作。

(3)试验火警报警盒警铃的连锁功能。

(4)对对讲机进行效用试验,检查话音是否清晰。

(5)对自动电话系统和声力电话进行通话试验,检查声光信号是否正确无误,话音是否清晰。

(6)对轮机员报警系统进行试验。

3. 试验记录

略。

【任务实施】

船舶信号系统部分系泊试验

阅读某散货船船舶信号系统部分系泊试验大纲,掌握系泊试验项目、试验内容、要求、操作及数据记录方法。示例系泊试验大纲中,仅有部分数据记录格式。

系泊试验大纲示例如下。

0　总则

0.1　如果试验不能保证按下述试验程序做,需要将备用试验程序提供给船东和(或)船检,经与相关部门讨论认可后再做。

0.2　所有试验程序和在此文件中的检查表格将作为船东监造和船检验收的依据,做试验时船东和船检应在场。然而,当船东由于个人原因不能参加试验和验收时,这些试验和验收工作可以委托给船检或船厂质检员。

0.3　代号和试验方法

表 7-1-1　代号和试验方法

代号	试验方法
A	设备制造厂实际试验条件(如果船上条件很难满足实际试验条件,此试验可以模拟做)
B	手动触发过流继电器
C	断开启动器或控制板上的断路器或开关
D	手动触发簧片或限位开关,用试验杆触动浮球
E	在关上根阀并装上试验压力表之后,用压力试验装置使压力开关动作,或改变压力变送器的信号,或逐渐减少压力开关(变送器)的内部压力。 注:做压差开关试验时请参照轮机部分机舱检测及控制项目表
F	临时预调设定值
G	用一个旁通电路试验继电器
H	尽可能拆掉不使用的端子电路连接
I	(1)用电热壶测试温度开关 (2)用电热壶或电阻箱测试铂电阻式温度传感器 (3)用电热壶或电压发生器测试热电耦式温度传感器 注:包括用(1)(2)试验的温度传感器在内的所有的温度传感器都应该用电热壶测量其量程范围内的一个低的温度点。合上模拟信号(提供时)
J	拔出熔断器
K	使用相序指示器

0.4　试验验收准则

设定值的偏差范围如下。

(1)设定的压力值的偏差范围:± 2.5%。

(2)温度的偏差范围+2 ℃~－3 ℃(≤100 ℃);± 5 ℃(>100 ℃)。

(3)液位偏差范围:±5%。

(4)舵角指示器:±1°。

(5)指示器:±1°。

(6)其他按制造厂说明书要求。

(7)热电偶:与设定值偏差±2%。

上述偏差不含特别指定的数值。

0.5 电气系统应该在现场验船师满意的工作条件下做试验,验船师根据规范要求如果认为有必要的话可以追加试验。

1 自动化系统

1.1 监测报警系统

(1)压力报警 按方法 E 做试验并确认报警和相关功能(如备用泵启动等)。

(2)液位报警 只用方法 D 做试验,安装在舱底污水井的液位开关通过用钩子或手动来试验。

(3)温度报警 温度传感器(PT100 型)和热电偶型温度传感器按方法 I 做试验。

(4)其他报警 如果系统报警是在单独的试验程序中检查,那么就按方法 B、C 和 H 来做试验;其他情况按方法 A 做试验。

1.2 延伸报警和轮机员呼叫系统

无人/有人机舱通过开关位于机舱入口的值守单元来实现,无人机舱通过集控台的主站设定呼叫系统,报警延伸到值班轮机员房间;有人机舱到轮机员室的延伸报警应闭锁,一旦在预设时间(5 min)内集控室无人应答,报警将延伸到轮机长房间。

确认驾控台上延伸报警板的故障报警;确认每个值班工程师更换和从主报警系统到各个房间的报警组。

(1)在一个预定时间后激活住舱内的轮机员报警。

(2)推进装置空间内的火警报警(带清晰声音报警和单独的报警显示)。

(3)推进装置空间内的舱底水液位高报警。

延伸报警板测试见表 7-1-2。

表 7-1-2 延伸报警板测试

延伸报警板测试		船号:			船东:				船级社:	
项目:延伸报警和轮机员呼叫系统注:(此项试验根据产品入级满足规范要求)					位置:船上					
检查内容:功能试验					日期:					
序号	说明	值班指示灯	主机停车	主机降速	主机和轴系报警	柴发和电力系统	锅炉和其他	舱底水液位	火警	轮机员安全报警	ER 蜂鸣器
1	驾控台 1LOP										–
2	船长室 2LOP										

1.3　轮机员安全报警系统

①按下集控台上的启动按钮。

②检查机舱内的预报警信号。

③如果在预设时间内未复位,检查报警是否在预设时间之内到达延伸报警系统。(驾驶室和所有轮机员房间)

④检查在无人机舱期间有报警发生时,系统是否自动启动。

1.4　机舱报警灯柱系统见表7-1-3。

表7-1-3　机舱报警灯柱系统

机舱报警灯柱系统	船号:	船东:	船级社:
项目:机舱报警(报警灯柱)		位置:船上	
检查内容:功能试验		日期:	
序号	说明	结果	附注
1	机舱围井B甲板		
2	舵机舱		

1.5　主机控制系统测试见表7-1-4。

表7-1-4　主机控制系统测试

主机控制系统测试	船号:	船东:	船级社:
项目:主机遥控试验		位置:船上	
检查内容:功能试验		日期:	

(1)引言

依据船级社规范要求,进行主机遥控系统的功能试验,以便校验为主机配套的主机遥控系统功能。

(2)常规测试

①主电源故障见表7-1-5。

表7-1-5　主电源故障

主电源故障	船号:	船东:	船级社:
操作	现象	结果	备注
检查各用电设备连接UPS电源			
断开为UPS供电的220 V主电源	UPS发出报警信号给报警系统		
主电源断开后,系统持续工作30 min,校验UPS容量	系统设备正常工作		

②ACP(主机遥控系统控制板)功能测试见表7-1-6。

该项测试的目的是检验ACP操作面板的功能。但因条件所限,只进行操作面板功能的部分检测,验证操作控制界面的功能性。

该测试需满足下列条件:所有报警被应答,驾控状态,车钟系统电源正常。

表7-1-6 ACP功能测试

操作	现象	结果	备注
1. 按下LAMP TEST按钮	2. ACP面板全部指示灯亮		
3. 按下ALARM TEST按钮	4. ACP报警铃响,报警被激活,ACP屏幕出现红色报警文字		
5. 按SOUND OFF按钮	6. ACP面板警铃静音		
7. 按ALARM ACK按钮	8. ACP面板报警被应答,警灯稳定		
9. 再次按下ALARM TEST按钮	10. ACP面板报警复位		

(3)模拟系统故障

①测试系统通信故障。

DPU通信故障见表7-1-7。

表7-1-7 测试系统通信故障

操作	现象	结果	备注
1. 置系统于驾控状态。 2. 拔出某个DPU的一个CAN网接头	3. 驾驶室ACP面板上的警灯指示已经发出报警。 4. 报警灯开始闪烁。 5. 集控室ACP面板上的警灯闪烁,警铃鸣响。 6. 警报显示屏上指出DPU的CAN网连接错误		
7. 集控室ACP面板上按SOUND OFF	8. 警铃停止鸣响		
9. 集控室ACP面板上按Alarm ACK	10. 警灯停闪		
11. 完成功能测试所选择的模块在使用中	12. 系统工作正常		
13. 插上DPU的CAN网接头	14. ACP面板上的CAN. error alarm for DPU报警被复位		

ACP 通信失败见表 7-1-8。

表 7-1-8　ACP 通信失败

操作	现象	结果	备注
1. 置系统于驾控状态。 2. 拔出某个 ACP 控制面板的一个 CAN 网接头	3. 驾驶室 ACP 面板上的警灯指示已经发出报警。 4. 报警灯开始闪烁。 5. 集控室 ACP 面板上的警灯闪烁,警铃鸣响。 6. 警报显示屏上指出 ACP 相关的 CAN 网连接错误		
7. 集控室 ACP 面板上按 SOUND OFF	8. 警铃停止鸣响		
9. 集控室 ACP 面板上按 Alarm ACK	10. 警灯停闪		
11. 恢复 ACP 的 CAN 网连接	12. ACP 恢复正常工况		

WECS 通信中断见表 7-1-9。

表 7-1-9　WECS 通信中断

操作	现象	结果	备注
置系统于集控状态,主机停,备车在 E25 内断开 dPSC 与 WECS 之间的 CAN A 和 CAN B 连接	集控室 ACP 面板上,Comm. Error dPSC-WECS 报警灯亮相同的报警信息出现在屏幕上,警铃鸣响		
在集控室 ACP 面板上按 SOUND OFF	警铃停止鸣响		
在集控室 ACP 面板上按 Alarm ACK	警灯停闪		
恢复连接	ACP 面板上,Comm. Error dPSC-WECS 报警灯变灰暗		
置系统于集控状态,主机停,备车。在 E25 内断开 DGU 与 WECS 之间的 CAN A 和 CAN B 连接	集控室 ACP 面板上,Comm. Error DGU-WECS 报警灯亮。 相同的报警信息出现在屏幕上。 警铃鸣响		
在集控室 ACP 面板上按 SOUND OFF	警铃停止鸣响		
按 Alarm ACK	警灯停闪		
恢复连接	ACP 面板上,Comm. Error DGU-WECS 报警灯变灰暗		

启动联锁，WECS 通信故障见表 7-1-10。

表 7-1-10 启动联锁，WECS 通信故障

操作	现象	结果	备注
置系统于集控状态，主机停，备车 在 E25 内断开 dPSC 与 WECS 之间的 CAN A 和 CAN B 连接，同时断开 DGU 与 WECS 之间的 CAN A 和 CAN B 连接	集控室 ACP 面板上，Comm. Error dPSC -WECS 和 Comm. Error DGU-WECS 报警灯亮。 相同的报警信息出现在屏幕上。 在 start fail/block 环节，engine not ready 指示灯亮，警铃鸣响		
在集控室 ACP 面板上按 SOUND OFF	警铃停止鸣响		
按 Alarm ACK	警灯停闪		
在集控室尝试启动主机	启动被锁闭		
恢复这两个连接	ACP 面板上的 Comm. Error dPSC-WECS 和 Comm. Error DGU-WECS 报警灯变灰暗。 主机备车		
在集控室尝试启动主机	主机启动		

②直流 24V 电源故障。

DPU 电源故障见表 7-1-11。

表 7-1-11 DPU 电源故障

操作	现象	结果	备注
1. 驾控状态。 2. 断开一个 DPU 的电源	3. 报警灯闪烁。 4. 在集控室和驾驶室的 ACP 控制面板上，报警灯闪，警铃鸣响。 5. 记载断电 DPU 的 Comm. error alarm 报警记录		
6. 按某一 ACP 面板上的"SOUND OFF"钮	7. 警铃停止鸣响		
8. 按 Alarm ACK	9. 警灯停闪		
10. 恢复 DPU 的电源连接	11. 在 ACP 控制面板上的 COM. ERROR alarm for the DPU 报警恢复正常		

驾驶室的 ACP 电源故障见表 7-1-12。

表 7-1-12　驾驶室的 ACP 电源故障

操作	现象	结果	备注
1. 断开驾驶室的 ACP 电源	2. 驾驶室的 ACP 控制面板变暗。 3. ALARMS Lamp is flashing. 4. 在集控室的 ACP 控制面板上,报警灯闪,警铃鸣响。 5. 记载 ACP 的 COM. ERROR alarm 报警记录		
6. 在集控室 ACP 面板上按 SOUND OFF	7. 警铃停止鸣响		
8. Push Alarm ACK	9. 警灯停闪		
10. 恢复驾驶室的 ACP 电源	11. The ACP is back in normal operation. 12. 驾驶室的 ACP 控制面板恢复正常工况,COM. ERROR alarm for the ACP 报警解除		

集控室 ACP 控制板电源故障见表 7-1-13。

表 7-1-13　集控室 ACP 控制板电源故障

操作	现象	结果	备注
1. 断开集控室的 ACP 电源	2. 集控室的 ACP 控制面板变暗。 3. 在驾驶 ACP 控制面板上的报警灯闪,提供给报警系统的信号已经发出		
4. 恢复集控室的 ACP 电源	5. 集控室的 ACP 恢复正常		

(4)标准功能

①启动主机。

主机正常启动见表 7-1-14。

表 7-1-14　主机正常启动

操作	现象	结果	备注
主机备车,驾驶室控制			
操纵车钟手柄到正车(倒车)位置	ACP 显示正在启动主机。 启动信号发送给 WECS。 主机启动完毕,稳定运行。 ACP 显示主机正常运转		

主机启动失败见表 7-1-15。

表 7-1-15 主机启动失败

操作	现象	结果	备注
主机备车,驾驶室控制			
操纵车钟手柄到正车(倒车)位置	ACP 显示正在启动主机。 启动信号发送给 WECS。 主机尝试启动,但启动失败。发出启动失败报警。 ACP 显示主机启动连锁		
按消音和应答按钮	警报静音,报警应答		
操纵车钟手柄到停车位置	启动失败报警复位,主机备车		

停车见表 7-1-16。

表 7-1-16 停车

操作	现象	结果	备注
驾驶室控制,主机运行			
推驾驶室操纵手柄至停车	ACP 板显示 Stopping,停车命令发送给 WECS,转数降低直至停车,ACP 板显示 Ready for start		

②启动闭锁(表 7-1-17)。

表 7-1-17 启动闭锁

操作	现象	结果	备注
驾驶室控制,主机启动闭锁			
操纵车钟手柄到正车(倒车)位置	发出 Start block 报警,主机不动		
按消音和应答按钮	警报静音,报警应答		
操纵车钟手柄到停车位置	启动失败报警复位,启动锁闭保持		

下述情况,会启动连锁故障报警:盘车机啮合、主启动阀闭锁、应急停车动作、启动空气低压。

③主机速度设定(表 7-1-18)。

表 7-1-18 主机速度设定

操作	现象	结果	备注
驾驶室控制,主机运行			
推驾驶室操纵手柄至要求主机转速	主机相应增速/减速		

④倒车(表 7-1-19)。

表 7-1-19　倒车

操作	现象	结果	备注
驾驶室控制,主机正车运行			
推驾驶室操纵手柄至倒车	倒车命令发送给 WECS 转数降低直至停车,主机启动倒车。 ACP 板显示 Starting。 主机运转在倒车状态,ACP 板显示 Running		

⑤机旁到驾驶室控制位置转移见表 7-1-20。

表 7-1-20　机旁到驾驶室控制位置转移

操作	现象	结果	备注
主机停车状态,机旁控制模式			
在 WECS 面板上,按 ECR AUTOMATIC CONTROL	集控室车钟单元的 LED 灯稳定不变		
在驾驶室车钟按 Bridge	Bridge LED 灯闪亮,铃响		
在集控室车钟按 Bridge	铃持续响		
在驾驶室车钟按 Bridge	ECR LED 灯变暗,Bridge LED 灯稳定,驾驶室车钟和集控室车钟振铃停止。驾控实现		
在驾驶室车钟按 ECR	ECR LED 灯闪亮,驾驶室车钟和集控室车钟振铃		
在集控室车钟按 ECR	Bridge LED 灯变暗,ECR LED 灯稳定,驾驶室车钟和集控室车钟振铃停止。集控实现		
在机旁的 WECS Panel 上按 LOCAL MANUAL CONTROL	Local LED 灯稳定		

集控室自动控制转到集控室手动控制见表 7-1-21。

表 7-1-21　集控室自动控制转到集控室手动控制

操作	现象	结果	备注
主机停车,集控室自动控制,在机旁的 WECS Panel 上按 ECR MANUAL CONTROL	C 控制系统从集控室自动控制转到集控室手动控制		

实现集控室手动控制转到集控室自动控制见表 7-1-22。

表 7-1-22 集控室手动控制转到集控室自动控制

操作	现象	结果	备注
主机停车,集控室手动控制,在机旁的 WECS Panel 上按“Remote Automat control”	控制系统从集控室手动控制转到集控室自动控制		

⑥主机保护。

应急停止开关见表 7-1-23。

表 7-1-23 应急停止开关

操作	现象	结果	备注
按应急停止按钮	停车信号通过 ESU 直接给主机。 发出应急停止报警。 发出停车报警。 ACP 显示哪一个应急停止按钮动作		
ACP 上应答报警	报警应答		
释放应急停止按钮	停车命令解除,报警状态恢复正常		
转换 ESU 电源,由船上的直流 24 V 电源给 ESU 供电	ESU 工作正常,发出电源转换报警		
按应急停止按钮	停车信号通过 ESU 直接给主机 发出应急停止报警。 发出停车报警		
ACP 上应答报警	报警应答		
释放应急停止按钮	停车命令解除,报警状态恢复正常		
恢复主电源供电	系统恢复正常工况。		

主机超速见表 7-1-24。转速测量系统发出超速信号给 ESU,ESU 立即输出停车信号。

表 7-1-24　主机超速

操作	现象	结果	备注
驾驶室控制,主机运行			
模拟主机超速	停车信号通过 ESU 直接给主机。 ACP 显示超速报警。 ACP 显示超速停车		
推驾驶室操纵手柄至停车	停车信号解除,报警状态恢复正常		
重新启动主机	恢复正常启动		
转换 ESU 的电源	ESU 工况无影响,报警已发出		
模拟主机超速	停车信号通过 ESU 直接给主机 ACP 显示超速报警。 ACP 显示超速停车		
推驾驶室操纵手柄至停车	停车信号解除。 报警状态恢复正常		
恢复主电源供电	系统恢复正常		

不可取消的停车见表 7-1-25。

表 7-1-25　不可取消的停车

操作	现象	结果	备注
驾驶室控制,主机运行			
触发一个停车信号	停车信号通过 ESU 直接给主机 ACP 显示探测到的报警。 ACP 显示相应停车		
推驾驶室操纵手柄至停车,并消除停车信号	停车信号解除。 报警恢复正常		
重启主机	执行正常启动		
转换 ESU 的电源	ESU 工况无影响,报警已发出		
触发一个不可取消的停车信号	停车信号通过 ESU 直接传递给主机 ACP 显示探测到的报警。 ACP 显示相应停车		
推驾驶室操纵手柄至停车,并消除停车信号	停车信号解除 报警恢复正常		
恢复主电源供电	系统恢复正常		

可取消的停车见表 7-1-26。

表 7-1-26 可取消的停车

操作	现象	结果	备注
驾驶室控制,主机运行			
触发一个停车信号	停车信号通过 ESU 直接给主机。 ACP 显示探测到的报警。 ACP 显示相应停车		
推驾驶室操纵手柄至停车,并消除停车信号	停车号解除,报警恢复正常		
重新启动主机	执行正常启动		
转换 ESU 的电源	ESU 工况无影响,报警已发出		
触发一个自动停车信号	停车信号通过 ESU 直接给主机。 ACP 显示探测到的报警。 ACP 显示相应停车		
推驾驶室操纵手柄至停车,并消除停车信号	停车信号解除,报警恢复正常		
重新启动主机	执行正常启动		
激活一个可退出的自动停车项目 在预报警产生之中按下 CANCEL SHD	ACP 显示探测到的报警。 ACP 显示停车报警被取消		
按下 ACP 前端的 CANCEL SHD 钮	取消自动停车功能复位		

不可取消的降速见表 7-1-27。

表 7-1-27 不可取消的降速

操作	现象	结果	备注
驾驶室控制,主机运行 主机转速在降速转速设定点之上 激活一个不可退出的降速信号	ACP 显示降速预报警,之后主机转速将降低到降速转速设定点		
报警确认	报警被确认,并消声		
取消降速信号	主机将恢复到手柄设定转速		

可取消的降速见表 7-1-28。

表 7-1-28　可取消的降速

操作	现象	结果	备注
驾驶室控制,主机运行 主机转速在降速转速设定点之上 激活一个可退出的降速信号	ACP 显示降速预报警,报警被释放,主机将要执行降速		
报警确认	报警被确认,并消声		
解除降速信号	主机将恢复到手柄设定转速		
取消降速 按 ACP 板上的“CANCEL SLD”钮	在 ACP 板上产生降速取消报警。 主机将保持在手柄设定转速(如果转速已经下降,转速恢复到驾驶室手柄设定)		

转速探测系统见表 7-1-29。

表 7-1-29　转速探测系统

操作	现象	结果	备注
主机运行 断开“pick-up 1.”	报警被释放。 ACP 显示哪个拾取点失效。 主机转速无改变		
报警应答	报警被应答并静音		
连接 pick-up 1.	报警解除		
断开 pick-up 2.	报警被释放。 ACP 显示哪个拾取点失效 主机转速无改变		
应答报警	报警被应答并静音		
连接 pick-up 2.	报警解除		

(5) 车钟系统

①在机旁测试车钟系统。

车钟位于机旁控制位置,主机停见表 7-1-30。

表 7-1-30　车钟位于机旁控制位置,主机停

操作	现象	结果	备注
推动车钟手柄到全速前进,再拉回到紧急倒车	如果不是同位,机旁车钟发出声报警,指示灯闪		

错向见表7-1-31。

表7-1-31 错向

操作	现象	结果	备注
驾驶室车钟正车,机旁应答车钟倒车启动主机	稍后系统产生错向报警,Wrong way报警指示灯亮		

②ECR测试车钟系统。

车钟位于集控室控制位置,主机停见表7-1-32。

表7-1-32 车钟位于集控室控制位置,主机停

操作	现象	结果	备注
将车钟操纵手柄从Navigation Full到Emergency Astern	如果不是同位,ECR车钟发出声报警,指示灯闪		

③驾驶室测试车钟系统。

车钟位于驾驶室控制位置,主机停见表7-1-33。

表7-1-33 车钟位于驾驶室控制位置,主机停

操作	现象	结果	备注
车钟执行不同命令	声音警示1 s,命令车钟在所有控制站的指示灯亮		

辅车钟系统见表7-1-34。主机准备启动,驾驶室控制,辅车钟位置为AT SEA

表7-1-34 辅车钟系统

操作	现象	结果	备注
将驾驶室车钟置于STOP	STAND BY指示灯在所有控制站闪,驾驶室和集控室声报警		
在驾驶室按STAND BY			
在集控室按STAND BY	声报警消音,STAND BY指示灯亮,AT SEA指示灯灭		
在驾驶室按FWE	FWE指示灯在所有控制站闪,驾驶室和集控室声报警		
在集控室按FWE	声报警消音,FWE指示灯亮,STAND BY指示灯灭		
设置主机状态为锁闭	FWE指示灯亮,STAND BY指示灯灭		

2. 航行灯、信号灯系统

航行、信号灯的控制试验

(1)检查航行灯故障报警由单个熔断器保护。

(2)通过切断主电源或应急电源之一来检验航行灯电源自动切换功能。

(3)通过分别开/关航行信号灯开关来检查其安装和功能的正确性。

(4)上层建筑、机舱围阱、艏部和主甲板外灯的控制应试验,确认驾控台上的控制开关与所控制的灯一一对应。航行灯控制板试验见表 7-1-35。信号灯控制板试验见表 7-1-36。

表 7-1-35　航行灯控制板试验

<table>
<tr><td colspan="3">项目:航行信号灯</td><td colspan="2">位置:船上</td></tr>
<tr><td colspan="3">检查内容:功能试验</td><td colspan="2">日期:</td></tr>
<tr><td>序号</td><td>说明</td><td>颜色</td><td>功能</td><td>报警</td></tr>
<tr><td>1</td><td>电源转换试验(主电源/应急电源)</td><td></td><td></td><td></td></tr>
<tr><td>2</td><td>航行灯试验(主电源/应急电源)</td><td></td><td></td><td></td></tr>
<tr><td>3</td><td>桅灯(前桅)</td><td>白色</td><td></td><td></td></tr>
<tr><td>4</td><td>桅灯(雷达桅)</td><td>白色</td><td></td><td></td></tr>
<tr><td>6</td><td>左舷灯</td><td>红色</td><td></td><td></td></tr>
<tr><td>7</td><td>右舷灯</td><td>绿色</td><td></td><td></td></tr>
<tr><td>8</td><td>艉灯</td><td>白色</td><td></td><td></td></tr>
<tr><td>9</td><td>锚灯(前桅)</td><td>白色</td><td></td><td></td></tr>
<tr><td>10</td><td>锚灯(艉旗杆)</td><td>白色</td><td></td><td></td></tr>
<tr><td>11</td><td>失控灯/限制吃水灯(雷达桅)</td><td>红色</td><td></td><td></td></tr>
<tr><td>12</td><td>深吃水灯(雷达桅)</td><td>红色</td><td></td><td></td></tr>
</table>

表 7-1-36　信号灯控制板试验

<table>
<tr><td colspan="4">项目:航行信号灯</td><td colspan="3">位置:船上</td></tr>
<tr><td colspan="4">检查内容:功能试验</td><td colspan="3">日期:</td></tr>
<tr><td>序号</td><td colspan="3">说明</td><td colspan="2">结果</td><td>备注</td></tr>
<tr><td rowspan="9">1</td><td rowspan="9">信号灯</td><td>左</td><td>右</td><td>左</td><td>右</td><td></td></tr>
<tr><td>红色</td><td>红色</td><td></td><td></td><td></td></tr>
<tr><td>白色</td><td>白色</td><td></td><td></td><td></td></tr>
<tr><td>绿色</td><td>红色</td><td></td><td></td><td></td></tr>
<tr><td>红色</td><td>白色</td><td></td><td></td><td></td></tr>
<tr><td>白色</td><td>红色</td><td></td><td></td><td></td></tr>
<tr><td></td><td>白色</td><td></td><td></td><td></td></tr>
<tr><td></td><td>红色</td><td></td><td></td><td></td></tr>
<tr><td></td><td>绿色</td><td></td><td></td><td></td></tr>
<tr><td>2</td><td colspan="3">苏伊士运河艉灯(红色)</td><td colspan="2"></td><td></td></tr>
<tr><td>3</td><td colspan="3">操舵灯(蓝色)</td><td colspan="2"></td><td></td></tr>
<tr><td>4</td><td colspan="3">巨船闪光警告灯(绿)</td><td colspan="2"></td><td></td></tr>
</table>

3 内部通信与报警系统

3.1 总则

此程序适用于下述其他系统的试验。

3.2 内部通信系统功能试验

(1)火警和通用报警:见表7-1-37和表7-1-38。

①确认报警板故障报警、区域报警和延伸报警情况。

②做报警功能试验。测分贝要求在航海试验期间进行。

③能区分检查火警和通用报警。

④确认火警和通用报警到雾笛控制系统与广播系统之间的信号连接。

⑤确认在一个回路中任何故障都不能导致此回路失效。

⑥确认当一个报警发生时,不能阻止随后的其他报警。

⑦检查消防控制室和集控室的复示器。

注:参考电气系统图和布置图、火灾探测报警系统图、综合通信系统图。

(2)公共电话:见表7-1-39。

按照图纸检查每路电话的呼叫和通信。

(3)自动电话:见表7-1-40。

按照图纸检查驾驶室和每一处的电话呼叫和通信。

(4)广播和对讲系统:见表7-1-41。

按照图纸检查麦克风、扬声器和对讲装置的工作正常合理。

对讲系统和广播系统应同时检验。

检查舱室区域的扬声器通用报警功能。

(5)冷库误锁报警系统见表7-1-42。

确认在厨房的冷库误锁报警带灯电铃工作正常。

(6)病室呼叫系统:见表7-1-43。

①确认在布置蜂鸣器处的蜂鸣器工作正常。

②通过按确认按钮应答并确认蜂鸣器消声。

3.3 雾笛控制系统和功能试验见表7-1-44。

确认雾笛控制系统根据选择开关由自动控制器控制。

确认莫氏灯和笛通过按每一处的按钮来控制。

3.4 桥楼航行值守报警系统见表7-1-45。

表7-1-37 火警及通用报警试验

项目:火警及通用报警		位置:船上	
检 查 内 容:功能试验		日期:	
火警报警板试验(按钮)			
序号	说明	结果	备注
1	电源转换试验		
2	火灾探测器和手动报警按钮功能试验		
3	火警转为通用报警		

表 7-1-37(续)

甲板	序号	位置	名称	地址码	结果	备注
4	火灾探测器故障报警试验					
火警						
甲板	序号	位置	名称	地址码	结果	备注
驾驶甲板	1	驾驶室右门	按钮			
	2	驾驶室右	感烟探测器			
E 甲板	3	内走道左出口	按钮			
	4	内走道左	感烟探测器			
	5	会议室	感温探测器			

表 7-1-38　通用报警试验(按钮)

项目:通用报警			位置:船上	
检查内容:功能试验			日期:	
甲板	序号	位置	结果	备注
驾驶甲板	1	梯道		
	2	航行设备间		
	3	驾驶室 W/H		
	4	内走道		
	5	船长办公室		
……				
上甲板	21	内走道		
	22	轮机办公室		
	23	甲板办公室		
	24	压载控制室		
	25	消防控制室		
	26	缓冲间		
	27	健身房		
	28	空调机室		
上甲板艏部	29	锚机控制室		
	30	水手长储藏室		
上甲板	31	液压泵间		
上平台	32	集控室		
下平台	33	机舱机修间		
舵机舱	34	舵机舱		

表 7-1-39 公共电话

项目:公共电话		位置:船上	
检查内容:功能试验		日期:	
公共电话系统电话号码表			
电话号码	位置	电话号码	位置
1	驾驶室	7	艏部
2	集控室	8	艉部
3	船长	9	燃油加油站
4	轮机长	10	舵机舱
5	应急发电机室	11	主机旁
6	消防控制站	12	压载泵旁

表 7-1-40 自动电话

项目:自动电话		位置:船上	
检查内容:功能试验		日期:	
电话号码	位置	结果	备注
20	驾控台		
21	报务桌		
22	船长		
23	轮机长		
24	船东		
25	大副		

表 7-1-41 广播和对讲系统

项目:广播系统试验		位置:船上	
检查内容:功能试验		日期:	
序号	位置	结果	备注
1	舱室区域		
2	机舱区域和舵机室		
3	罗经甲板		
4	露天甲板船首和船尾		
5	加油站		
6	广播主站[航行设备间]		
7	遥控紧急讲话及报警板(只用紧急讲话功能)		

表 7-1-41(续)

项目:对讲系统试验			
序号	位置	结果	备注
1	航行监控台		
2	左桥楼		
3	右桥楼		
4	左加油站		
5	右加油站		
6	上甲板艏部		
7	上甲板艉部		

表 7-1-42　冷库误锁报警

项目:冷库误锁报警		位置：船上	
检查内容:开关功能试验		日期：	
序号	位置	结果	备注
1	肉库		
2	鱼库		
3	蔬菜库		
4	缓冲间		
* 带灯警铃			
序号	位置	结果	备注
1	厨房		
2	驾驶甲板		

表 7-1-43　病房呼叫报警

项目:病房呼叫报警		位置：船上	
检查内容:功能试验		日期：	
* 按钮			
序号	说明	结果	备注
1	病房		
* 蜂鸣器			
序号	位置	结果	备注
1	驾驶室航行监控台		
2	二副		

表 7-1-44 雾笛控制系统和功能试验

项目:雾笛控制系统			位置:船上		
检查内容:功能试验			日期:		
序号	说明		结果		
			电笛	气笛	莫氏键
1	自动	(1)长笛			
		(2)长笛			
2	手动 (雾笛按钮和莫氏键)	雾笛控制板			
		驾驶室前壁(左)			
		驾驶室前壁(中)			
		驾驶室前壁(右)			
		左翼			
		右翼			

(1)长笛:间隔不超过 2 min 鸣(1)长笛。

(2)长笛:在间隔不超过 2 min 期间,鸣(2)长笛,间隔约 2 s。

表 7-1-45 桥楼航行值守报警系统

项目:桥楼航行值守报警系统		位置:船上	
检查内容:功能试验		日期:	
序号	说明	结果	备注
1	主控板功能试验		
2	复位按钮(左翼)		
3	复位按钮(右翼)		
4	报警板(船长卧室)		
5	报警板(大副卧室)		
6	报警板(甲板办公室)		

任务 7.2 船舶信号系统航行试验

微课:船舶信号系统航行试验

【任务描述】

按照航行试验大纲规定,对船舶的航海性能、电气设备、导航设备和机械设备进行试验,验证船舶总体性能和设备的质量是否符合合同、政府法规、法令和国际有关公约、规范和图样等要求。航行试验的目的是通过试验,对船舶进行最终验收。

【知识链接】

航行试验是在系泊试验结束后,消除系泊试验中所发现的质量问题,在验船部门规定的主辅机械设备、救生设备(包括救生艇筏救生浮具抛绳设备和遇难信号等消防设备)、锚设备、舵设备、航行设备、信号设备、通信设备、舱底排水系统及防止油污设备、压载水装置、水密装置、倾斜试验报告、载重线标志、勘划吨位丈量、警报及安全设备等项目符合试航条件后进行。

参加航行试验的人员有:验船部门的验船师、船东代表、船厂质量检验部门、设计技术部门、生产管理部门及有关车间的人员,并各司其职。

7.2.1 航行试验的准备工作

1. 文件准备

(1)设计部门编制的航行试验大纲,经验船部门和船东代表确认后,作为船舶进行试验和检验的依据。

(2)按试验要求,准备必要的记录表格和报告样式。

2. 船舶浮态和供应品准备

(1)按试验大纲要求,调整船舶的吃水和纵横倾,并记录船舶首中尾吃水。

(2)准备好足够的供试验用的燃油、滑油和生活用水,燃油、滑油应取样进行化验,以便试验结束后做比较。

3. 测量设备和仪器准备

试验用的设备和仪器,应具备计量部门签发的有效的合格证书。

4. 救生浮具准备。

船厂应为试航人员每人准备一件救生衣。

5. 航行证书申请

船厂确定试航日期后,一般由质量检验部门向验船部门申请,经验船部门审核,对已具备试航条件的船舶,签发船舶试航证书。如果验船部门提出意见,质量检验部门应尽快向有关部门反馈以便落实解决。

7.2.2 《海船系泊及航行试验通则》(GB/T 3471—2011)中航行试验的有关规定

1. 电话及警铃试验

(1)试验条件

试验在船舶全速航行状态下进行。

(2)试验内容及程序

①对驾驶室→机舱,驾驶室→舵机舱和其他处所之间的声力电话进行效用试验,话音应清晰。

②对驾驶室和其他控制站(若设有时),启动通用报警器,检查各警铃和警灯的工作情况。

2. 机舱自动化试验

(1)试验条件

主机和轴系已试验合格。

(2)试验内容及程序

①主机遥控启动试验，在所有控制站控制主机使其程序进行启动和自动再启动的效用试验。检查试验结果是否可靠、动作是否有误，此外，尚应在压缩机不能供气的情况下，以遥控系统操纵正车和倒车相互交替的启动试验。

②控制位置的转换试验：当主机在正车和倒车运转时，进行控制站的转换试验，检查机电设备是否正常运行。

③安全系统试验如下：

a. 在主机运行中，模拟主机自动降速和自动停车故障，进行自动降速、自动停车效用试验，遥控系统设有越控按钮时，应试验越控操作的功能；

b. 为主机服务的泵、备用设备应进行自动转换及自动启动的切换试验；

c. 在各个控制位置对主机进行手动应急停止试验。

④主机的控制试验：在驾驶室控制站和机舱集控室对主机进行所有运转工况范围内的各种控制试验。

⑤在主机控制试验过程中，检查各种监测报警、安全保护、数据记录和处理等装置的功能或动作是否正确可靠。试验期间，故障报警允许出现的个数应协商决定。

⑥检查自动化系统的控制系统、安全系统、报警系统的备用蓄电池的供电可靠性，蓄电池的容量应进行测试。

(3)试验记录

报警系统和安全系统试验记录见表 7-2-1。

表 7-2-1　报警系统和安全系统试验记录表

<table>
<tr><td colspan="7">报警系统和安全系统试验记录表

船　名____________　　　　　　　试验日期______年____月____日</td></tr>
<tr><td rowspan="2">代号</td><td rowspan="2">名称</td><td rowspan="2">设定值</td><td colspan="3">报警位置</td><td rowspan="2">备注</td></tr>
<tr><td>驾驶室</td><td>集控室</td><td>其他</td></tr>
<tr><td></td><td></td><td colspan="2"></td><td></td><td></td><td></td></tr>
<tr><td></td><td></td><td colspan="2"></td><td></td><td></td><td></td></tr>
<tr><td></td><td></td><td colspan="2"></td><td></td><td></td><td></td></tr>
<tr><td colspan="7">结论：
试验员____________　　　　　　检验员____________
船　东____________　　　　　　验船师____________
　　　　　　　　　　　　　　　　工厂检验部门</td></tr>
</table>

【任务实施】

船舶信号系统部分航行试验

阅读某散货船船舶信号系统部分航行试验大纲,掌握航行试验项目、试验内容、要求、操作及数据记录方法。示例航行试验大纲中,仅有部分数据记录格式。示例如下。

《航行试验大纲》总则

(1)航海试验在重压载状态下进行并带有合适的艉倾,即艏吃水约 8.99 m、艉吃水约 10.04 m、平均吃水约 9.51 m。试验海域为商定海域。

(2)正式试航前,中央淡水冷却系统应调整报验完毕;主机在正式交验前,由主机制造厂服务现场指导调试主机;试航前和试航后,分别对试验用燃油、滑油取样化验。

(3)设备及系统的监测报警、自动化项目试验按“机舱自动化项目明细表”进行。本大纲的试验要求与“机舱自动化项目明细表”的试验要求相矛盾或不一致时,以“机舱自动化项目明细表”的试验项目要求为准。

(4)液舱水压试验与液舱注水试验项目同时进行。水压试验(水压试验时压头高度应在舱柜最高点以上 2.45 m,参见全船密性试验图)的液舱名称如下(包括系泊试验时应该做的水压试验,部分液舱可在码头进行水压试验)。

艏尖舱、第一顶边压载水舱(左/右)、第三顶边压载水舱(左/右)、第五顶边压载水舱(左/右)、第七顶边压载水舱(左/右)、第一底边压载水舱(左/右)、第三底边压载水舱(左/右)、第五底边压载水舱(左/右)、第七底边压载水舱(左/右)、第九底边压载水舱(左/右)、艉尖舱、第四货舱。

在做压载舱和货舱注水及水压试验期间,相关的试验项目如试验条件允许可以同时进行。

(5)在船舶出海前,需要检查船舶的吃水状态,并对液位遥测及水尺进行检查。

(6)在试航前,相关单位准备并携带必需的测试仪器及设备。

(7)焚烧炉,生活污水装置及舱底水分离器投入运行。

1　主机遥控系统试验

1.1　速度控制

准备条件:桥楼控制

进行主机遥控之前主机至少运行了 1 h。试验过程中的所有测试均不能有来自机舱的手动辅助操作,同时试验期间所有的系统均正常运行。

试验按以下步骤进行:

(1)从停车到微速正车,逐级达到全速正车,每一级预设速度均需达到稳定状态。

(2)从约 2/3 全速正车状态快速移到慢速倒车,逐级达到全速倒车。

(3)停车。

(4)停车约 5 min,正车启动。

(5)当航速达到约 2/3 全速正车时,快速移到半速倒车位置。

(6)当船停后,快速移到全速正车位置。

(7)当航速达到约 2/3 全速正车速度时,快速移到微速正车位置。

(8)当船速接近稳定,快速移到全速正车位置。

(9)当航速达到约半速正车速度,在 1 s 内停车并返回微速正车状态。

操纵曲线如图 7-2-1 所示。

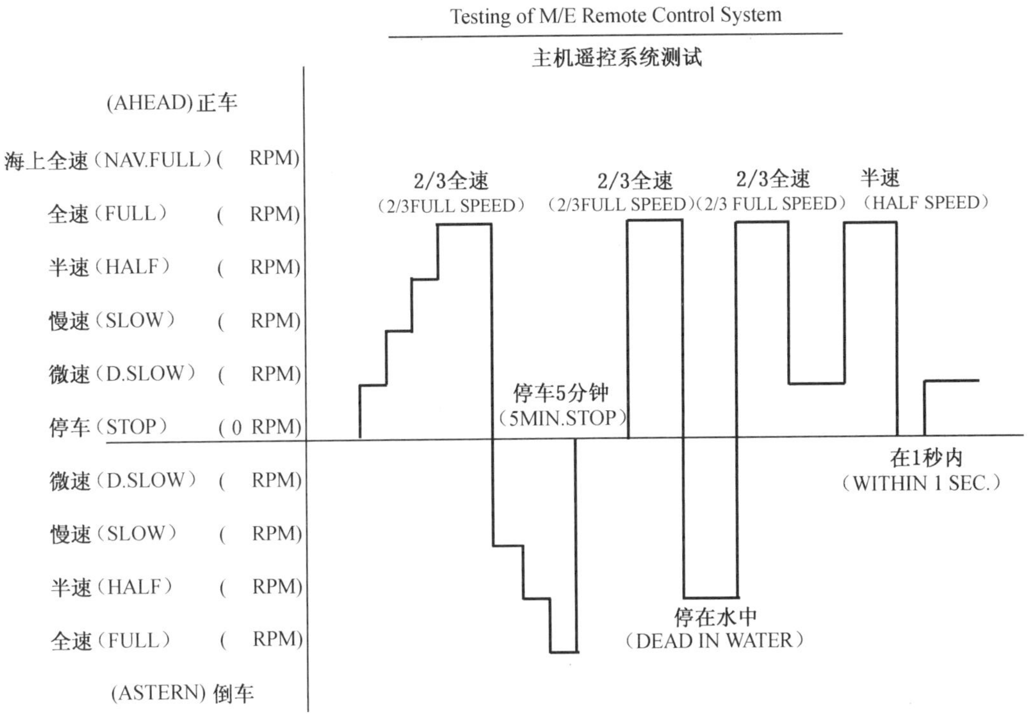

图 7-2-1 主机遥控系统测试操作曲线

1.2 应急停车

当航速达到约 2/3 全速正车速度时,在驾驶室按下手动紧急停车按钮,测试应急停车功能。

1.3 负荷过程控制试验

本项只做功能测试。

将驾驶室手柄至"NAV. FULL",负荷增加程序启动,ACP 面板上显示"Load up program active"当主机达到 MCR(maximum continuous rating),"Load up program active"指示灭。

同样,将驾驶室手柄从"NAV. FULL"推至"FULL AHEAD",负荷减少程序启动。如果将驾驶室手柄推至"FULL AHEAD"以下,负荷减少程序自动取消。

可以通过 ACP 面板上的"Cancel limitation"按钮取消负荷程序。

1.4 主机三次启动失败试验

按下列步骤进行三次启动失败试验

(1)备车 M/E。

(2)切断进主机的燃油。

(3)在驾驶室推动车钟手柄启动主机,主机自动启动 3 次,ACP 面板显示"Start Failed"。

1.5 启动时间限定

(1)备车启动。

(2)切断进主机的燃油。

(3)移动桥楼车钟手柄从停车位置到正车微速,检查启动时间限定报警。

1.6　制动时间限定

(1)主机在微速正车运行(30 r/min)。

(2)切断进主机的启动空气。

(3)移动桥楼车钟手柄从微速正车到微速倒车,检查制动时间限定报警。

1.7　主机过载保护试验

在主机过载保护装置调定好的情况下,在桥楼控制主机,此时主机应不能超负荷运转。

1.8　所有辅助鼓风机故障

(1)备车启动。

(2)关闭所有鼓风机。

(3)移动桥楼车钟手柄从停车位置到正车微速,检查所有鼓风机故障报警。

1.9　错向报警试验

(1)主机停车 M/E。

(2)移动桥楼车钟手柄从停车位置到正车微速。

(3)通知应急车钟车钟命令为正车微速。

(4)在机旁以倒车方向启动主机,这样在桥楼车钟控制装置,集控室车钟控制装置及机旁控制板车钟装置上都将有错误方式指示,同时发出间断声音报警及指示灯闪动。

1.10　主机操纵位置切换试验及机旁应急操纵试验

(1)从机旁→集控室→桥楼→集控室→机旁,主机在正车及倒车运转时,进行操纵位置的转换试验,转换时机电设备的状态不应有变化。

(2)驾驶室半速正车,切断主机遥控系统的电源。无急剧状态发生。转到机舱就地控制,能够实现各控制功能。

1.11　主机停车及越控试验

如果发生下述情况,主机停车

(1)主轴承滑油进机压力低停车。停车点设定值(0.29±0.02) MPa,延时时间 10 s。

(2)1~6 号缸活塞冷却油进口断流停车。延时时间 15 s。

(3)1~6 号缸活塞冷却油进口差压高停车。停车点设定值(0.04±0.02) MPa,延时时间 15 s。

(4)1 号涡轮增压器滑油进机压力低停车。停车点设定值(0.06±0.02) MPa,延时时间 5 s。

(5)2 号涡轮增压器滑油进机压力低停车。停车点设定值(0.06±0.02) MPa,延时时间 5 s。

(6)缸套冷却水进机压力低停车。停车点设定值(0.25±0.02) MPa,延时时间 60 s。

(7)空气弹簧空气供给压力低停车。停车点设定值(0.45±0.05) MPa,延时时间 0 s。

(8)主机超速停车。停车点设定值 99(110%)rpm,延时时间 0 s。

(9)推力轴承油出口温度高停车。停车点设定值(85±2) ℃,延时时间 60 s。

试验时主机超速设定值约 60 r/min 。主机超速试验在集控室操纵主机,逐步增加主转速到 60 r/min 时,主机停车并发出报警。试验结束后将主机转速超速值调到 99 r/min。

1.12　主机降速及越控试验

(1)1~6 号气缸排气温度高降速。降速点设定值(530±10) ℃,延时时间 60 s。

(2)1~6 号气缸排气温度偏差高降速。降速点设定值±70 ℃,延时时间 60 s。

(3)主轴承滑油进机压力低降速。降速点设定值(0.34±0.02) MPa,延时时间 60 s。

(4)主轴承滑油进机温度高降速。降速点设定值(55±2) ℃,延时时间 60 s。

(5)十字头轴承滑油进机压力低降速。降速点设定值(0.9±0.05) MPa,延时时间 60 s。

(6)推进轴承油出口温度高降速。降速点设定值(70±2) ℃,延时时间 60 s。

(7)曲拐箱油雾浓度高降速。延时时间 60 s。

(8)1~6 缸活塞冷却油出口温度高降速。降速点设定值(85±2) ℃,延时时间 60 s。

(9)1~2 号涡轮增压器滑油进机压力低降速。设定值(0.08±0.02) MPa,延时时间 60 s。

(10)缸套冷却水进机压力低降速。设定值(0.28±0.02) MPa,延时时间 60 s。

(11)1~6 号缸缸套冷却水出口温度高降速。降速点设定值(95±2) ℃,延时时间 60 s。

(12)1~6 号缸扫气箱火灾探测温度高降速。降速点设定值(120±2) ℃,延时时间 60 s。

(13)空气弹簧空气供给压力低降速。设定值(0.5±0.05) MPa,延时时间 60 s。

(14)增压器后排气温度高降速。降速点设定值(500±10) ℃,延时时间 60 s。

(15)增压器前排气温度高降速。降速点设定值(500±10) ℃,延时时间 60 s。

(16)艉管后轴承温度高降速。降速点设定值(55±2) ℃,延时时间 30 s。

(17)扫气箱水位高。延时时间 60 s。

(18)扫气箱分离筒前水位高。延时时间 60 s。

(19)空冷器后扫气温度高。降速点设定值(60±2) ℃,延时时间 60 s。

(20)增压器滑油出口温度高。降速点设定值(120±1) ℃,延时时间 60 s。

2 航行灯功能试验

拖轮和本船之间距离至少保证 2 n mile。检查船舶运行工况,用拖轮观察每个航行灯照射范围和照射角度,试验结果填入表 7-2-2。

表 7-2-2 航行灯试验

<table>
<tr><td colspan="3">船号</td><td colspan="3">试验日期</td></tr>
<tr><td rowspan="2">序号</td><td rowspan="2">项目</td><td rowspan="2">水平弧度要求</td><td rowspan="2">图示</td><td colspan="2">试验结果</td></tr>
<tr><td>合格</td><td>不合格</td></tr>
<tr><td>1</td><td>桅灯</td><td>规定水平弧度 225°,
规定光弧外 5°</td><td>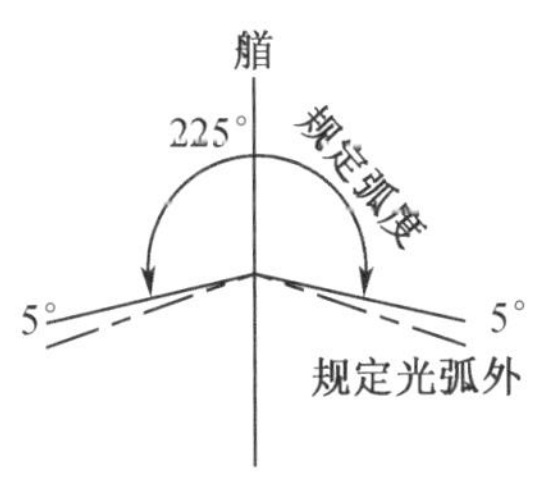
</td><td></td><td></td></tr>
<tr><td>2</td><td>艉灯</td><td>规定水平弧度 135°,
规定弧度外 5°</td><td>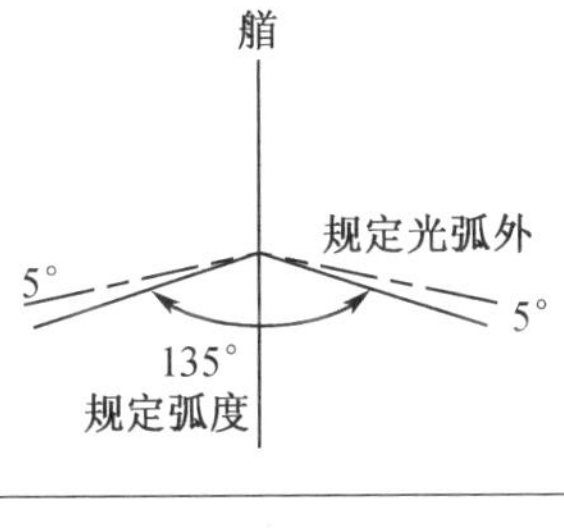
</td><td></td><td></td></tr>
</table>

表 7-2-2(续)

船号			试验日期		
序号	项目	水平弧度要求	图示	试验结果	
				合格	不合格
3	舷灯	规定水平弧度 112.5°，规定光弧外 1~3°	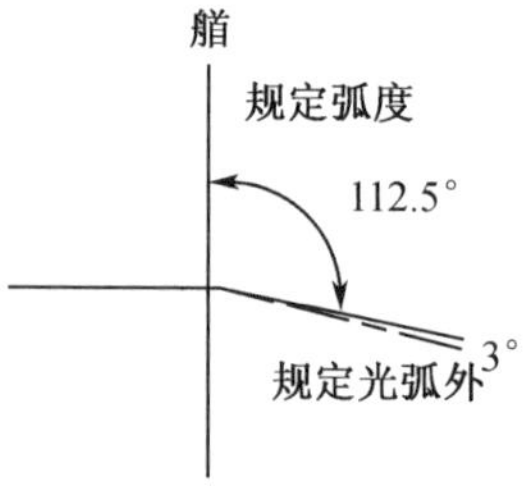		

3　内部通信系统及报警设备试验

3.1　通用报警和应急喊话

主机耐久试验(CSR)工况运转同时,检查内部通信系统-通用报警和应急喊话有足够声响等级(试验结果填入表 7-2-3)。同时在机械设备及风机正常运转状态下,使用测试工具或其他方法对高失火危险区域的火警探测器进行测试(试验结果填入表 7-2-4)。

通用报警要求：最小声级-睡觉处 75~85 dB,工作处 80~90 dB。

应急喊话要求:内部区域 75 dB,外部区域 80 dB。

表 7-2-3　通用报警及广播应急喊话试验记录

序号	位置	声音等级	
		通用报警	应急喊话
驾驶甲板			
1	驾驶室(中)		
2	驾驶室左翼		
3	电气设备间		
4	梯道		
E 甲板			
5	船长室		
6	船长卧室		
…			
舵机舱			
49	舵机舱		
50	报警灯柱		

表 7-2-3(续)

序号	位置	声音等级	
		通用报警	应急喊话
上平台			
51	机舱集控室		
52	报警灯柱		
下平台			
53	机修间		
底层			
54	报警灯柱		

表 7-2-4 火警试验记录表

船号	试验日期	
火警试验		
位置	种类	结果
主机排烟总管附近	S	
柴发排烟总管附近	S	
锅炉燃烧器附近	S	
分油机燃烧器附近	S	
焚烧炉附近	S	

3.2 检查 CO_2 报警试验

主机耐久试验(CSR)工况运转的同时,检查 CO_2 报警声响。

3.3 公共电话效用试验

主机耐久试验(CSR)工况运转的同时,检查实际通话质量。

3.4 桥楼值班报警系统试验

值班报警试验结果填入表 7-2-5。

表 7-2-5　值班报警试验记录表

船号	试验日期

值班报警试验

1. 设定报警时间 3 min

过 3 min，至 3 min 15 s 之间信号发生器和各个复位按钮闪烁，3 min 15 s 至 3 min 30 s 信号发生器声音报警，3 min 30 s 之后各个值班报警报警点发出声光报警，直至人工复位。

序号	报警位置	检查结果	备注
1	船长卧室		E 甲板
2	会议室		E 甲板
3	大副卧室		C 甲板
4	二副房间		C 甲板
5	三副房间		C 甲板
6	高级船员餐厅		A 甲板
7	高级船员休息室		A 甲板
8	船员餐厅		A 甲板
9	甲板办公室		上甲板

4　无人机舱试验

船舶在重压载状态下（CSR）进行 6 h 无人机舱试验。试验时主机燃用燃料油（1 000～1 500 s. RW No. 1 at 100F）。试验前船厂有关人员应检查报警功能的可靠性，确保无人机舱试验顺利进行，主要项目如下：

（1）所有机舱内污水井应清空。

（2）机舱内的报警应正常工作。

（3）从驾驶室进行遥控。

（4）通信系统工作正常。

（5）主机/柴发安保系统完成。

（6）机舱内的火警探测系统完成。

（7）主机/柴发的自动控制系统工作正常。

4.1　试验前机舱内所有参与 UMS（unattended machinery space）试验的设备应达到试验状态要求，由船东/船检/船厂确认无误后进行 UMS 试验

4.2　试验期间，机舱内的主机及所有辅机除非在应急情况下，否则不准用手动操作，如果有手动操作，则详细记录

4.3　主机在桥楼操纵

4.4　试验期间为安全稳妥在取得船东船检许可的情况下可有少部分人留在机舱内

4.5　无人机舱试验与主机耐久试验分开进行

4.6　一般情况下在进行无人机舱试验期间不应出现报警信号，如出现报警，应提供无人机舱试验期间报警记录

4.7 试验期间设备状态见表7-2-6。

表7-2-6 试验期间设备状态

序号	检查内容	要求	检查结果	备注
1	主机控制位置	驾驶室		
2	主机用燃油和锅炉	重燃油		
3	柴发燃油	重燃油		
4	一套燃油清洁器	连续运转		
5	一套燃油清洁器	连续运转		
6	充气式空气压缩机	自动		
7	辅助锅炉	自动		
8	运行的发电机	一台运行柴发,两台备用柴发		
9	辅助锅炉	自动		
10	污水处理车间	运行到自动		
11	值班轮机员	选择		
12	船厂机舱人员	尽量少		

4.8 试验开始及结束指令须在集控室和驾驶室之间清楚地通信,如果试验时间合适,还应通过广播系统广播。

思考与练习

1. 什么是船舶系泊试验?
2. 进行船舶系泊试验的条件有哪些?
3. 什么是航行试验,航行试验的目的是什么?
4. 航行试验的准备条件有哪些?
5. 在《海船系泊试验与航行试验通则》GB 3471—2011中,对机舱自动化系统的系泊试验有哪些具体规定?
6. 在《海船系泊试验与航行试验通则》GB 3471—2011中,对内部通信系统的系泊试验有哪些具体规定?
7. 航行灯系统的系泊试验和航行试验各试验什么功能?
8. 主机降速及停车报警点在航行试验中是如何试验的,在系泊试验中是如何试验的?
9. 简述主机遥控系统的航行试验内容、试验要求和试验方法。

附录 A　常用中英文对照表

英文	中文
A	
acknowledge	应答
anchor light	锚灯
ahead full	正车全速
ahead half	正车半速
ahead slow	正车慢速
ahead dead	正车微速
astern full	倒车全速
astern half	倒车半速
astern slow	倒车慢速
astern dead	倒车微速
alarm bell	报警铃
alarm output off	关闭报警输出
alarm circuits	报警电路
alarm group	报警组
alarm indicator column	报警灯柱/警报指示器柱
alarm allround light	环照等
alarm mindicator panel(board)	报警灯板/警报指示器板
alarm reset	报警复位
all on loop	所有回路警报指示器
audible and visual alarm	声光报警器
auto telephone	自动电话
automation system	自动化系统
audio amplifier output power	音频放大器输出功率
air damper control	风门控制
air horn solenoid/electromagnetic valve	气笛电磁阀
AW(air whistle)/air horn	气笛
B	
back up	备份、复制
battery	电池

续表

英文	中文
batteryless telephone	声力电话
blow	长笛
brown	棕色
bridge control console	桥楼控制台
bridge wing(s)	右翼
bridge wing(p)	左翼
broadcast	广播
BTU(bridge telegraph unit)	驾驶室车钟系统
burner motor	燃烧器电机
button	按钮
buzzer	蜂鸣器
C	
ceiling type	吸顶式
channel	通道
closing	闭合
close	关闭
CO_2 release alarm	CO_2 释放报警
common battery telephone	公共电话
connection box	接线盒
control circuit	控制电路
control relay	控制继电器
control power	控制电源
control/alarm function	控制报警功能
control relay d. o. burner stage1	柴油燃烧器状态 1 控制继电器
control relay sludge burner	污油燃烧器控制继电器
combustion temp high	炉膛温度高
combustible gas alarm system	可燃气体探测报警系统
code	代码
contacts	触点
control contacts	控制触点
change lock	修改锁
counts	计数
crash astern	快速倒车
crankcase	曲轴箱

续表

英文	中文
cylinder	气缸
D	
damper	风门
dead man alarm system	轮机员安全报警系统
debug	调试
DG(diesel generator)	柴油发电机(柴发)
DPU(distributed processing unit)	分布式处理单元
detector of loop:01 is isolated	探测器回路:01 回路被隔离
delayed start of auto control	自动控制延时启动
detector	探测器
directive batteryless telephone	直通声力电话
diesel oil burner	柴油燃烧器
display of isolation	显示隔离信息
diagram selector switch	选择开关图
distribution box	配电箱
double face type	双面壁挂式
door open	门打开
down	下降
deep draft light	深吃水灯
E	
earth	接地
ECR(engine control room)	机舱集控室
ECC(engine control console)	机舱集控台
ECS(engine control system)	机舱控制系统
emergency announcement	应急喊话
ESU (engine safety unit)	机舱安全主机
electronic governor/regulator	电子调速器
ER(engine room)	机舱
ER alarm light column	机舱报警灯柱
engine telegraph	车钟
ER monitoring & alarm system	机舱监测报警系统
enter	确认
error	出错
engineer call system	轮机员呼叫系统

续表

英文	中文
engineer safety alarm system	轮机员安全报警系统
engineer patrol call system	轮机员巡逻呼叫系统
ESU(engine safety unit)	主机安全单元
ETU(engine telegraph unit)	机旁车钟系统
extension alarm device	延伸报警装置
ext. control off	外部输出关闭
explosion proof	防爆
F	
false	假的
fault	故障
fault output	故障输出
feed back	反馈
feeding door	炉膛门
flame failure	火焰故障
flame detector	感火焰探头
flash light and buzzer unit	闪光灯铃组
flush type	嵌入式
flue gas damper manual/auto	手动/自动烟气风门
flue gas temp high	烟气温度高
fog horn	雾笛
fog lamp	雾灯
fog horn pushbutton	雾笛按钮
forehead 1	进一
fore and aft mast lights	前、后桅灯
fire	火警
fire/fault alarmoutput	火警/故障报警输出
fire detection alarm	火警探测报警
fire detection and alarm system	火警探测报警系统
fire alarm control panel	火警报警控制器
frequency	频率
front panel	前面板
front view	前视图/前面
function	功能
fuse	熔断丝

续表

英文	中文
G	
gray/grey	灰色
galley room	厨房
general emergency alarm system	通用紧急报警系统
gooseneck type microphone (mic.)	鹅颈话筒
H	
handle	手柄
handles match	手柄一致/转速匹配
heater control	电加热控制
heat detector	感温探头
horn-type loudspeaker	号筒扬声器
handset microphone	手持话筒
hospital call alarm system	病房(员)呼叫系统
I	
indicator	指示器
installation	安装
insulation resistor measurement	绝缘电阻测量
internal failure	内部故障
interface of general alarm	通用报警接口
I/O button	输入/输出按钮
isolation	隔离
isolation/reconnect	隔离/重接
isolation of detector	探头隔离
isolation of loop no.	隔离回路号
L	
lighting system	照明系统
loudspeaker	扬声器
low oil pressure	低油压
low steam pressure	蒸汽低压
LCD display	LCD 显示屏
lock out indication positions	闭锁显示位置
lower	减小
lock	锁死
loop	回路

续表

英文	中文
M	
machinery fault alarm	机器故障报警
maintenance mode	维护模式
maintenance mode no.	维护模式号码
main menu	主菜单
ME(main engine)	主机
ME fault	主机故障
ME power	主机功率
ME reversing	主机换向
ME starting	主机启动
ME remote control	遥控
ME running	主机运转
manual	手动的;手册,指南
manual alarm	手动报警
meat store	肉库
monitoring system	监测系统
mooring test	系泊试验
morse/maneuvering lamp	莫氏/操纵控制灯(雾灯)
motor overload	电机过载
mounting instruction	安装指导
N	
navigation light	航行灯
normal	正常
nozzle	喷嘴
no. input by keyboard, end with *	回路号由键盘输入,以 * 结束
NUC(not under-command) light	失控灯
O	
oil mist concentration in crankcase high SLD	曲轴箱油雾浓度高降速
optical smoke detector(N. W. T)	光电感烟探测器(非防水型)
OPU(order printer unit)	车钟打印机
overload alarm	过载报警
override	越控/强迫运行
overspeed trip	超速停车
P	

续表

英文	中文
parameter	参数
passive failure	被动故障
PA(public address)	公共广播
pneumatic valve	气动阀
portable selective batteryless telephone	便携式选通声力电话
power	电源
power supply	供电电源
power failure	电源故障
port light	左舷灯
pressure switch	压力开关
program	程序
R	
raise	增大,升
rated current	额定电流
rated voltage	额定电压
rated power	额定功率
RCS(remote control system)	遥控系统
rear view	背视图/后部
reconnection of loop no.	重复连接回路号
receive	接收
red rotating light	红色转灯
reset	复位
refrigerator call alarm system	冷库呼叫系统
remote control station(RCS)	遥控台
RCS not ready	遥控未准备好
remote control fail	遥控故障
remote alarm	遥控报警
relay box	继电器箱
resistor box	电阻箱
rpm	转速
rpm detector	转速探测器
rudder angle indicator	舵角指示器
S	
SAU(signal acquisition unit)	信号采集单元

续表

英文	中文
safety trip	安全停车
sea trial scheme	航海试验大纲
sensitivity	灵敏度
sensor/transducer	传感器
set	设定
seven short and one long alarm signal	7 短 1 长的报警声
section	区域
sound powered telephone	声力电话
signal light	信号灯
side light	舷灯
sludge burner	污油循环泵
sludge/steam press low	污油/蒸汽压力低
sludge dosage valve motor	污油燃烧器
SLD(slow down)	故障减速
SHD(shut down)	故障停车
smoke detector	感烟探测器
socket	插座
solenoid valve loop fail	电磁阀回路故障
sound off	消音
stand by	备车
starter burner motor	燃烧器电机启动器
status	状态
STBD(star board side light)	右舷灯
SG(steering gear)	舵机
steering light	操舵灯
stop	停车
starter	启动器
steering gear	舵机
stern lights	艉灯
system information	系统信息
system wiring schematic drawing	系统接线图
T	
talk-back main unit	对讲主机
talk-back extension	对讲分机

续表

英文	中文
telephone call	电话呼叫
telegraph call	车钟呼叫
temperature	温度
ter minals in control panel	控制箱内接线端子
ter minals in frequency inverter	变频器内接线端子
ter minals in junction box	接线箱内接线端子
ter minals in sludge tank	污油柜内接线端子
temp control combustion chamber	炉膛温度控制
timer stop	计时停
test	测试、试验
test mode	测试模式
test all detectors on loop no.	测试回路号
test of detector no.	测试探头号
thermocouple	热电偶
thermal resistor	热电阻
transmit	发送
true	真的
U	
up	上升
upper deck	上甲板
UPS(uninterruptible power system)	不间断电源
UMS(unattended machinery space)	无人机舱
V	
value	数值
valve	阀
violet	紫色
volume control box	调音盒
W	
wall mounting	壁挂式
warning	警告
watch alarm	值班报警
weather proof	防风雨
watertight morse key	水密莫氏按键
watertight type	防滴式、水密式

续表

英文	中文
wheelhouse	驾驶室/舵手室
WHC(wheelhouse console)	驾控台
wrong way	错向
W.T(watertight)	水密的,不漏水的
其他	
captain	船长
chief officer	大副
2nd officer	二副
1st(chief) engineer	轮机长
2nd(second) engineer	大管轮
3rd(third) engineer	二管轮
motorman	机匠

参 考 文 献

[1] 孙艳秋. 船舶信号与系统[M]. 2 版. 北京:人民交通出版社,2013.

[2] 陈清彬. 轮机自动化[M]. 北京:人民交通出版社,2009.

[3] 王琪,乔宏宇. 轮机自动化[M]. 哈尔滨:哈尔滨工程大学出版社,2012.

[4] 李世臣,徐善林,中国海事服务中心. 船舶机舱自动化[M]. 大连:大连海事大学出版社,2012.